REVISTA ESPÍRITA
JORNAL DE ESTUDOS PSICOLÓGICOS

ANO II - 1859

6ª edição
Do 9º ao 11º milheiro
2.000 exemplares
Dezembro/2024

© 2016-2024 by Edicel Editora.

Capa e Projeto gráfico
Éclat! Comunicação Ltda

Tradução
Julio Abreu Filho

Impressão
Plenaprint Gráfica

Todos os direitos estão reservados.
Nenhuma parte desta obra pode ser reproduzida
ou transmitida por qualquer forma e/ou quaisquer
meios (eletrônico ou mecânico, incluindo fotocópia
e gravação) ou arquivada em qualquer sistema ou
banco de dados sem permissão escrita da Editora.

O produto da venda desta obra é
destinado à manutenção das atividades
assistenciais da Sociedade Espírita
Boa Nova, de Catanduva, SP.

1ª edição: Julho de 2016 - 2.000 exemplares

REVISTA ESPÍRITA
JORNAL DE ESTUDOS PSICOLÓGICOS

Publicada sob a direção de
ALLAN KARDEC

ANO II – 1859

Todo efeito tem uma causa. Todo efeito inteligente tem uma causa inteligente. O poder da causa inteligente está na razão da grandeza do efeito.

Tradução do francês
Julio Abreu Filho

Editora Cultural Espírita Edicel
Instituto Beneficente Boa Nova
Entidade coligada à Sociedade Espírita Boa Nova
Av. Porto Ferreira, 1.031 | Parque Iracema
Catanduva/SP | CEP 15809-020
www.boanova.net | boanova@boanova.net
17.3531-4444

Título do original francês:
Revue Spirite: Journal D'Études Psychologiques
(Paris, 1859)

Dados Internacionais de Catalogação na Publicação (CIP)
(Câmara Brasileira do Livro, SP, Brasil)

Kardec, Allan, 1804-1869.
   Revista Espírita : jornal de estudos
psicológicos, ano V : 1859 / publicada sob a
direção de Allan Kardec ; tradução do francês
Julio Abreu Filho. -- Catanduva, SP : EDICEL,
2016.

   Título original: Revue Espirite : journal
D'Etudes psychologiques
   ISBN 978-85-92793-07-4

   1. Espiritismo 2. Kardec, Allan, 18 -1869
3. Revista Espíri de Allan Kardec I. Título.

                                            CDD-133.901

Índices para catálogo sistemático:

   1. Artigos espíritas : Filosofia espírita   133.901
   2. Doutrina espírita : Artigos   133.901

Escancaram-se as portas do invisível

O segundo volume da *Revista Espírita*, correspondente ao ano de 1859, mostra-nos um dos momentos mais grandiosos da Terceira Revelação. É aquele em que as portas do Mundo Invisível são por assim dizer escancaradas pelos seus próprios habitantes. Durante todo esse ano, que é o terceiro da era espírita, os exemplares da *Revue*, publicados mensalmente, com a regularidade que caracterizou todo o trabalho metódico de Kardec, ofereceram aos assinantes e leitores um vasto panorama da vida dos Espíritos, com os pormenores relativos às suas atividades. As páginas deste volume estão cheias de comunicações mediúnicas do mais alto valor, tanto do ponto de vista histórico, quanto do científico, do filosófico, do literário, do artístico e do religioso.

A abundância de manifestações e sua variedade bastariam para deixar provada, de uma vez por todas, sem nenhuma possibilidade de dúvida, a realidade da sobrevivência espiritual do homem. Mas a cegueira humana é bem maior do que podemos imaginar. Aqui mesmo veremos, ao lado desse imenso material demonstrativo, a maneira cética e levianamente irônica por que o problema era tratado fora do meio espírita. Kardec, paciente, honesto e sensato, não se intimida nem se aborrece. Reproduz as diatribes antiespíritas nestas páginas e dá-lhes a seguir a sua resposta. As diatribes são as mesmas de hoje, mas as respostas de Kardec são modelos que ainda não aprendemos a seguir nas atividades doutrinárias. Ele se recusava a responder os simples gracejos ou os artigos ofensivos, mas não negava respostas aos adversários que, embora irônicos, tocassem em questões doutrinárias que deviam ser esclarecidas. Suas respostas não são peças de defesa nem libelos de acusação, e sim lições de Espiritismo e de urbanidade.

Mas o aspecto principal deste volume é o que nos revela o funcionamento do laboratório espírita. A seção "Palestras Familiares de Além-túmulo" mostra-nos como eram feitas as pesquisas na Sociedade Parisiense de Estudos Espíritas. Quem acompanhar esse trabalho gigantesco e minucioso compreenderá a razão da rápida propagação da Doutrina. Kardec insiste a todo momento na gravidade dos trabalhos ali realizados e na importância das contribuições recebidas de fora, graças â existência de outras sociedades organizadas nas mesmas bases e com a mesma orientação. Não havia nenhuma aparelhagem especial, máquinas de espécie alguma. Os instrumentos de trabalho eram humanos: os médiuns, os assistentes, o método de pesquisa, o ambiente de vibrações psíquicas harmonioso e sério, o recolhimento e a prece. Por isso, Kardec sempre insistiu na natureza espiritual da Ciência Espírita, que tendo por objeto o Espírito, não podia reduzir-se a um apêndice ou a uma cópia das ciências materiais.

O médium é o microscópio através do qual Kardec observa e investiga o mundo infinitesimal dos Espíritos inferiores, na rotina obscura das suas atividades de além-túmulo. O médium é também o telescópio através do qual ele observa e investiga o mundo infinito dos Espíritos superiores e dos próprios Mundos superiores do Espaço. Os instrumentos materiais só podem funcionar no plano fenomênico, nessa zona fronteiriça em que se dão as manifestações físicas do Espírito. É a zona metapsíquica ou parapsicológica, que representa apenas o limiar da Ciência Espírita, pois esta não tem por objeto os fenômenos em si, mas o que esses fenômenos significam, o que eles revelam. Esse problema, às vezes tão difícil de ser compreendido por espíritas e não espíritas, torna-se claro e palpável através do trabalho de Kardec registrado com minúcias neste volume.

O problema da prova de independência do Espírito comunicante, que ainda hoje é um campo de agressividade constante contra a Doutrina e os seus profitentes, é aqui revelado através do processo pelo qual Kardec o resolveu. Podemos ver, passo a passo, como os próprios Espíritos provaram a sua independência. Só os que não tiverem "olhos de ver", segundo a expressão evangélica, poderão ler este volume sem compreender ou perceber o esclarecimento dessa questão. Curioso notar, nesse campo, o desenvolvimento das atividades culturais dos Espíritos através da mediunidade. Eles nos oferecem literatura e música, filosofia, informações históricas e científicas e nos incitam a prosseguir nos estudos superiores a que o Espiritismo nos conduz.

A Sociedade Parisiense de Estudos Espíritas passava, nesse ano de 1859, por uma fase de transição. Remodelava os seus quadros de associados e de direção; modificava as suas normas internas; deixara a sua sede da Galeria de Valois e se instalara num dos salões do Restaurante Donix, na Galeria de Montpensier. Kardec, preocupado com o volume de suas responsabilidades no campo da codificação doutrinária, tentou renunciar à presidência, sendo obstado pela exigência unânime da assembléia. Nada disso impediu que os trabalhos se realizassem de maneira eficiente. Só no ano seguinte a Sociedade teria a sua sede própria e consolidaria a sua estrutura. Mas o ano de 1859 ficou na história do Espiritismo como um marco decisivo da implantação da Doutrina. Este volume provará ao leitor o que acabamos de afirmar.

ANO II
JANEIRO DE 1859

A S. A. O PRÍNCIPE G.

Príncipe,

Deu-me Vossa Alteza a honra de me dirigir várias perguntas relativas ao Espiritismo. Tentarei respondê-las até onde o permite o estado atual dos conhecimentos sobre a matéria, resumindo em poucas palavras aquilo que a respeito aprendemos pelo estudo e pela observação. As questões em causa baseiam-se nos próprios princípios da Ciência. Para dar mais clareza à solução, é necessário ter em mente esses princípios. Permita-me, pois, considerar o assunto de um plano um pouco mais alto, e estabelecer como preliminares certas proposições fundamentais, que servirão, aliás, de resposta a algumas dessas perguntas.

Fora do mundo corpóreo visível existem seres invisíveis, que constituem o mundo dos Espíritos.

Os Espíritos não são seres à parte, mas as próprias almas dos que viveram na Terra, ou em outras esferas, e que se despojaram de seus invólucros materiais.

Os Espíritos apresentam todos os graus de desenvolvimento intelectual e moral. Consequentemente, há-os bons e maus, esclarecidos e ignorantes, levianos e mentirosos, velhacos e hipócritas, que procuram enganar e induzir ao mal, assim como os há em tudo muito superiores, que não procuram senão fazer o bem. Esta distinção é um ponto capital.

Os Espíritos rodeiam-nos incessantemente. Malgrado nosso, dirigem os nossos pensamentos e as nossas ações, assim influindo sobre os acontecimentos e sobre os destinos da Humanidade.

Os Espíritos por vezes denotam sua presença por meio de efeitos materiais. Esses efeitos nada têm de sobrenatural: só nos parecem tal porque repousam sobre bases fora das leis conhecidas da matéria. Uma vez conhecidas estas bases, os efeitos entram na categoria dos fenômenos naturais. É assim que os Espíritos podem agir sobre os corpos inertes e movê-los sem o concurso dos nossos agentes externos. Negar a existência de agentes desconhecidos, pelo simples fato de que não os compreendemos, seria traçar limites ao poder de Deus e crer que a Natureza nos tenha dito a sua última palavra.

Todo efeito tem uma causa; ninguém o contesta. É, pois, ilógico negar a causa pelo simples fato de que é desconhecida.

Se todo efeito tem uma causa, todo efeito inteligente deve ter uma causa inteligente. Quando vemos as peças do aparelho telegráfico produzirem sinais que correspondem ao pensamento, não concluímos que elas sejam inteligentes, mas que são movidas por uma inteligência. Dá-se o mesmo com os fenômenos espíritas. Se a inteligência que os produz não for a nossa, evidentemente independe de nós.

Nos fenômenos das ciências naturais agimos sobre a matéria inerte e a manejamos à nossa vontade. Nos fenômenos espíritas agimos sobre inteligências que dispõem do livre arbítrio e não se submetem à nossa vontade. Há, pois, entre os fenômenos comuns e os fenômenos espíritas uma diferença radical quanto ao princípio. Eis por que a ciência vulgar é incompetente para os julgar.

O Espírito encarnado tem dois envoltórios: um material, que é o corpo, outro semimaterial e indestrutível, que é o perispírito. Deixando o primeiro, conserva o segundo, que constitui uma espécie de segundo corpo, mas de propriedades essencialmente diferentes. Em estado normal é-nos invisível, mas pode tornar-se momentaneamente visível e mesmo tangível: tal a causa do fenômeno das aparições.

Os Espíritos não são, pois, seres abstratos, indefinidos, mas seres reais e limitados, com existência própria, que pensam e agem em virtude de seu livre arbítrio. Estão por toda parte, em volta de nós; povoam os espaços e se transportam com a rapidez do pensamento.

Os homens podem entrar em relação com os Espíritos e receber comunicações diretas pela escrita, pela palavra ou por outros meios. Estando ao nosso lado, ou podendo vir ao nosso apelo, é possível, por certos meios, estabelecer comunicações frequentes com os Espíritos, assim como um cego pode fazê-lo com as pessoas que ele não vê.

Certas pessoas são mais dotadas que outras de uma aptidão especial para transmitir comunicações dos Espíritos: são os médiuns. O papel do médium é o de um intérprete; é um instrumento de que se serve o Espírito; esse instrumento pode ser mais ou menos perfeito, donde as comunicações mais ou menos fáceis.

Os fenômenos espíritas são de duas ordens: as manifestações físicas e materiais e as comunicações inteligentes. Os efeitos físicos são produzidos por Espíritos inferiores; os Espíritos elevados não se ocupam dessas coisas, do mesmo modo que os nossos sábios não se entregam a trabalhos pesados; seu papel é instruir pelo raciocínio. As comunicações tanto podem provir de Espíritos inferiores quanto de superiores. Como os homens, os Espíritos podem ser reconhecidos por sua linguagem: a dos Espíritos superiores é sempre séria, digna, nobre e cheia de benevolência; toda expressão trivial ou inconveniente, todo pensamento que choca a razão e o bom senso, que denota orgulho, acrimônia ou malevolência emana necessariamente de um Espírito inferior.

Os Espíritos elevados só ensinam boas coisas. Sua moral é a do Evangelho; só pregam a união e a caridade e jamais enganam. Os Espíritos inferiores dizem absurdos, mentiras e por vezes até grosserias.

A boa qualidade de um médium não está apenas na facilidade das comunicações, mas sobretudo na natureza das comunicações que recebe. Um bom médium é o que simpatiza com os bons Espíritos e não recebe senão boas comunicações.

Todos nós temos um Espírito familiar, que se liga a nós desde o nascimento, que nos guia, aconselha e protege. Este é sempre um Espírito bom.

Além do Espírito familiar há outros que atraímos graças à sua simpatia por nossas qualidades e defeitos ou em virtude de antigas afeições terrenas. Daí se segue que em toda reunião há uma porção de Espíritos mais ou menos bons, conforme a natureza do meio.

Os Espíritos podem revelar o futuro?

Os Espíritos só conhecem o futuro em razão de sua elevação. Os inferiores nem o seu próprio futuro conhecem; e, com mais forte razão, ignoram o dos outros. Os Espíritos superiores o conhecem, mas nem sempre lhes é permitido revelá-lo. Em princípio e por um sábio desígnio da Providência, o futuro nos deve ser oculto. Se o conhecêssemos, nosso livre arbítrio seria entravado. A certeza do êxito nos tiraria a vontade de fazer qualquer coisa, porque não veríamos a necessidade de nos darmos a esse trabalho; a certeza de uma desgraça nos desencorajaria. Contudo, casos há em que o conhecimento do futuro pode ser útil; entretanto, jamais poderemos ser juízes de tais casos. Os Espíritos no-los, revelam quando o julgam conveniente e quando têm a permissão de Deus. Então o fazem espontaneamente, e nunca a nosso pedido. Devemos esperar a oportunidade com confiança e, sobretudo, não insistir no caso de recusa, pois do contrário arriscar-nos-íamos a tratar com Espíritos levianos, que se divertem à nossa custa.

Os Espíritos podem guiar-nos mediante conselhos diretos nas coisas da vida?

Sim, podem e o fazem de boa vontade. Diariamente tais conselhos nos chegam pelos pensamentos que nos sugerem. Com frequência fazemos coisas cujo mérito levamos ao nosso crédito, quando realmente não passam de uma inspiração que nos foi transmitida. Ora, como somos rodeados de Espíritos que nos influenciam, estes num sentido, aqueles em outro, temos sempre o nosso livre arbítrio para guiar-nos na escolha; e é para nós uma felicidade quando preferimos o nosso gênio bom.

Além dos conselhos ocultos, podemos obtê-los diretamente através de um médium. Mas é este o caso de recordar os princípios fundamentais que acabamos de emitir. A primeira coisa a considerar é a qualidade do médium, quando não somos nós próprios. Um médium que só recebe boas comunicações, que, por suas qualidades pessoais, só se afina com os bons Espíritos, é um ser precioso, do qual podem esperar-se grandes coisas, desde que o secundemos na pureza de suas próprias instruções e o empreguemos convenientemente. Direi mais: é um instrumento providencial.

O segundo ponto, não menos importante, consiste na natureza dos Espíritos a quem nos dirigimos. Não devemos crer que possamos ser guiados pelo primeiro que se apresente. Enganar-se-ia redondamente aquele que nas comunicações espíritas visse apenas um meio de adivinhação e no médium um leitor de "buena-dicha". É preciso considerar que no mundo dos Espíritos temos amigos que por nós se interessam e que são mais sinceros e mais devotados do que os que tomam esses títulos aqui na Terra, os quais não têm nenhum interesse em nos adular ou nos enganar. São, além do nosso Espírito protetor, parentes ou pessoas que nos foram afeiçoadas, ou Espíritos que nos querem bem por simpatia. Quando chamados, vêm de boa vontade e mesmo quando não são chamados. Muitas vezes os temos ao nosso lado quando não o suspeitamos. É a estes que podemos pedir conselhos diretamente pelo médium, e os recebemos, mesmo espontaneamente. Fazem-no sobretudo na intimidade, no silêncio e quando não perturbados por alguma influência estranha. São aliás muito prudentes e nenhuma indiscrição devemos temer de sua parte: calam-se quando há ouvidos demais. Fazem-no ainda mais espontaneamente quando em comunicação frequente conosco. Como dizem apenas coisas adequadas e oportunas, devemos esperar sua boa vontade e nunca imaginar que à primeira vista venham satisfazer a todos os nossos pedidos. Querem assim provar que não se acham às nossas ordens.

A natureza das respostas depende muito da maneira de fazer as perguntas. É necessário aprender a conversar com os Espíritos, assim como aprendemos a conversar com os homens. Em tudo é preciso experiência. Por outro lado o hábito faz com que os Espíritos se identifiquem conosco e com o médium, os fluidos se combinem e as comunicações sejam mais fáceis; então entre eles e nós se estabelecem conversas realmente familiares; aquilo que não dizem hoje, dirão amanhã; habituam-se à nossa maneira de ser, como nós à deles; ficamos reciprocamente mais à vontade. Quanto à interferência de maus Espíritos e de Espíritos enganadores – o que constitui o grande obstáculo – a experiência nos ensina a combatê-los e eles podem sempre ser evitados, se não lhes damos guarida, eles não vêm porque sabem que vão perder o seu tempo.

Qual poderá ser a utilidade da propagação das ideias espíritas?

Sendo o Espiritismo a prova palpável e evidente da existência, da individualidade e da imortalidade da alma, é a destruição do materialismo, essa negação de toda religião, essa chaga de toda sociedade. O número de materialistas que ele trouxe a ideias mais sãs é considerável e aumenta todos os dias. Só isso representa um benefício social. Ele não somente prova a existência da alma e a sua imortalidade, como ainda mostra o seu estado feliz ou desgraçado, conforme os méritos desta vida. As penas e recompensas futuras deixam de ser uma teoria, para tornar-se um fato patente aos nossos olhos. Ora, como não há religião possível sem a crença em Deus, na imortalidade da alma, nas penas e recompensas futuras, o Espiritismo reaviva essas crenças nas pessoas nas quais ela estava apagada; resulta daí que ele é o mais poderoso auxiliar das ideias religiosas: Ele dá religião aos que não a possuem; fortifica-a nos que a têm vacilante; consola pela certeza do futuro, faz suportar com paciência e resignação as tribulações desta vida e desvia o pensamento do suicídio, ideia que naturalmente repelimos quando lhe vemos as consequências; é por isso que os que penetraram em seus mistérios sentem-se felizes. Para estes o Espiritismo é a luz que dissipa as trevas e as angústias da dúvida.

Se considerarmos agora a moral ensinada pelos Espíritos superiores, veremos que é toda evangélica; basta dizer que prega a caridade cristã em toda a sua sublimidade; e ainda faz mais, porque mostra a sua necessidade, tanto para a felicidade presente como para a futura, pois as consequências do bem e do mal que fazemos estão aos nossos olhos. Reconduzindo os homens aos sentimentos de seus deveres recíprocos, o Espiritismo neutraliza o efeito das doutrinas subversivas da ordem social.

Essas crenças não poderiam ser um perigo para a razão?

Todas as ciências não forneceram o seu contingente para os asilos de alienados? E por isto devem ser condenadas? Não estão largamente representadas entre elas as crenças religiosas? Seria justo, por isto, proscrever a religião? Conhecemos o número de loucos produzidos pelo medo do Diabo? Todas as grandes preocupações intelectuais conduzem à exaltação e podem reagir prejudicialmente sobre um cérebro fraco. Teríamos razão de ver no Espiritismo um perigo especial, se ele fosse a causa única ou mesmo preponderante dos casos de loucura. Faz-se um grande barulho em torno de dois ou três casos que, noutras circunstâncias, teriam passado despercebidos. E além disso não se levam em conta as causas predisponentes anteriores. Eu poderia citar outros casos em que as ideias espíritas bem compreendidas sustaram o desenvolvimento da loucura. Em resumo, o Espiritismo não oferece, a tal respeito, mais perigo do que mil e uma causas que a produzem diariamente. Direi mais: ele as oferece em número muito menor, por isso que traz em si o corretivo e, pela direção que dá às ideias, pela calma que proporciona ao espírito dos que o compreendem, pode neutralizar o efeito das causas estranhas. Uma dessas causas é o desespero. Ora, o

Espiritismo, fazendo-nos encarar as coisas mais desagradáveis com sangue frio e resignação, dá-nos a força de suportá-las com coragem e resignação e atenua os funestos efeitos do desespero.

As crenças espíritas não são a consagração das ideias supersticiosas da Antiguidade e da Idade-Média e não irão aboná-las? As pessoas sem religião não taxam de superstição a maior parte das crenças religiosas? Uma ideia só é supersticiosa pelo fato de ser falsa; deixa de o ser, quando se torna uma verdade. Está provado que no fundo da maioria das superstições existe uma verdade amplificada ou desnaturada pela imaginação. Ora, tirar dessas ideias todo o seu conteúdo fantástico e deixar apenas a realidade é destruir a superstição. Tal é o efeito da ciência espírita, que põe a nu o que há de verdadeiro e de falso nas crenças populares.

Durante muito tempo as aparições foram consideradas como crendices; hoje, que são um fato provado e, mais ainda, perfeitamente explicado, elas entraram para o domínio dos fenômenos naturais. Não adianta condená-las, porque não impediremos que continuem a produzir-se. Entretanto aqueles que as compreendem não só não se apavoram, mas ficam satisfeitos. E isto, a tal ponto, que aqueles que não tem essas ideias desejam tê-las. Deixando o campo livre à imaginação, os fenômenos incompreendidos são a fonte de uma porção de ideias acessórias e absurdas, que degeneram em superstições. Mostre-se a realidade, explique-se a causa e a imaginação se detém no limite do possível; o maravilhoso, o absurdo e o impossível desaparecem, e com eles a superstição. Tais são, entre outras, as práticas cabalísticas, a virtude dos signos e das palavras mágicas, as fórmulas sacramentais, os amuletos, os dias nefastos, as horas diabólicas e tantas outras coisas cujo ridículo o Espiritismo bem compreende e demonstra.

Tais são, Príncipe, as respostas que me pareceram devidas às perguntas com que Vossa Alteza me honrou. Sentir-me-ei feliz se elas vierem corroborar as ideias que Vossa Alteza já possui sobre essa matéria e induzirem Vossa Alteza a aprofundar uma questão de tão elevado interesse. Mais feliz ainda se meu concurso ulterior puder ser de alguma utilidade.

Com o mais profundo respeito, sou, de Vossa Alteza, muito humilde e muito obediente servidor.

Allan Kardec

ADRIEN, MÉDIUM VIDENTE

II

Desde a publicação de nosso artigo sobre o médium vidente Sr. Adrien, grande número de fatos nos são comunicados confirmando nossa opinião de que essa faculdade, bem como outras faculdades mediúnicas, é mais comum do que se pensa. Nós já a tínhamos observado numa porção de casos particulares e sobretudo no estado sonambúlico. O fenômeno das aparições é hoje um fato comprovado e, podemos dizer, frequente, sem falar dos numerosos exemplos oferecidos pela história profana e pelas Sagradas Escrituras. Muitos dos que têm sido relatados ocorreram pessoalmente com os nossos informantes. São, porém, quase todos fortuitos e acidentais. Ainda não tínhamos visto ninguém em quem tal faculdade fosse, de algum modo, um estado normal. No Sr. Adrien ela é permanente: por toda parte onde ele se ache, a população oculta, que formiga em volta de nós, lhe é visível, sem que ele a chame; ele representa para nós o papel de um vidente em meio a uma população de cegos; vê os seres que poderíamos chamar de duplicata do gênero humano, indo e vindo, misturando-se em nossas ações e ocupados em seus negócios, se assim podemos dizer.

Dirão os incrédulos que se trata de uma alucinação, vocábulo sacramental e com o qual se pretende explicar aquilo que não se compreende. Gostaríamos que nos explicassem o que é uma alucinação e, principalmente, qual a sua causa. Entretanto no Sr. Adrien ela tem um caráter absolutamente insólito: o da permanência. Até aqui aquilo que se tem convencionado chamar de alucinação é um fato anormal e quase sempre consequência de um estado patológico. Mas não é este o caso. E nós, que temos estudado essa faculdade, que a observamos diariamente em seus mínimos detalhes, chegamos mesmo a constatar-lhe a realidade. Para nós ela não é objeto de dúvida e, como veremos, prestou notável auxílio em nossos estudos espíritas: ela nos permitiu meter o escalpelo da investigação na vida extracorporal. Ela é um facho na escuridão.

O Sr. Home, dotado de notável faculdade como médium de efeitos físicos, produziu resultados surpreendentes. O Sr. Adrien nos inicia na causa de tais efeitos, porque os vê produzir-se e vai muito além daquilo que fere os nossos sentidos.

A realidade da vidência do Sr. Adrien é provada pelo retrato que faz de pessoas que jamais viu e cuja descrição é reconhecida como exata. Seguramente quando ele descreve, com rigorosa minúcia, os mínimos traços de um parente ou de um amigo, que evocamos por seu intermédio, temos a certeza de que ele vê, pois não pode ser coisa de sua imaginação. Mas há pessoas cuja prevenção as leva a negar a própria evidência. E o que é mais esquisito é que, para refutar aquilo que não querem admitir, explicam-no por causas ainda mais difíceis que as que lhes apresentamos.

Os retratos do Sr. Adrien, entretanto, nem sempre são infalíveis. Nisto, como em toda ciência, quando se apresenta uma anomalia, é necessário procurar-lhe a causa, pois a causa de uma exceção frequentemente confirma a regra geral. Para compreender esse fato não devemos perder de vista quanto já dissemos sobre a forma aparente dos Espíritos. Essa forma depende do perispírito, cuja natureza, essencialmente flexível, se presta a todas as modificações que lhe queira dar o Espírito. Deixando o envoltório material, o Espírito leva consigo o seu invólucro etéreo, que constitui uma outra espécie de corpo. Em seu estado normal, tem esse corpo uma forma humana, mas não calcada traço a traço sobre aquele que ficou, principalmente quando foi deixado há algum tempo. Nos primeiros instantes que se seguem à morte e enquanto existe um laço entre as duas existências, maior é a similitude; esta, porém, apaga-se à medida que se opera o desprendimento e que o Espírito se torna mais estranho ao seu último envoltório. Contudo, ele pode sempre retomar essa primeira aparência, quer quanto às feições, quer quanto às roupas, quando julga útil para dar-se a conhecer; em geral, porém, isto requer um grande esforço da vontade. Não é, pois, de admirar que em certos casos a semelhança falhe em alguns detalhes: bastam-lhe os traços principais. Também para o médium essa investigação não é feita sem certo esforço, que se torna penoso, quando muito repetido. As visões comuns não lhe causam nenhuma fadiga, por isso que ele não se preocupa senão com as generalidades. É o que acontece quando vemos uma multidão: vemos tudo; todos os indivíduos se destacam aos nossos olhos com seus traços distintivos, sem que, entretanto, esses traços nos impressionem tanto que os possamos descrever; para os precisar é necessário concentrar nossa atenção sobre os menores detalhes que desejamos analisar, apenas com a diferença que, em circunstâncias ordinárias, o olhar desce sobre uma forma material e invariável, enquanto na visão ela repousa sobre uma forma essencialmente móvel e modificável pelo mais simples efeito da vontade.

Saibamos, pois, tomar as coisas como elas são; consideremo-las em si mesmas e em função de suas propriedades. Não esqueçamos que no Espiritismo não lidamos com a matéria inerte, mas com inteligências que possuem o livre arbítrio e que, consequentemente, não podemos submeter ao nosso capricho nem fazê-las agir à nossa vontade, como se movêssemos um pêndulo. Toda vez que quisermos tomar nossas ciências exatas como ponto de partida nas observações espíritas, extraviar-nos-emos. Por isso a ciência comum é incompetente em tal assunto; é exatamente como um músico que quisesse julgar a arquitetura do ponto de vista musical.

Revela-nos o Espiritismo uma nova ordem de ideias, de novas forças, de novos elementos, de fenômenos que absolutamente não se baseiam naquilo que conhecemos. Saibamos, pois, a fim de o julgar, despojar-nos de nossos preconceitos e de qualquer ideia preconcebida; sobretudo compenetremo-nos desta verdade: fora daquilo que conhecemos pode existir outra coisa, a menos que queiramos cair no absurdo, fruto de nosso orgulho, de que Deus não tenha mais segredos para nós.

De acordo com isto, compreende-se que delicadas influências podem agir sobre a produção dos fenômenos espíritas. Outras há, entretanto, que merecem uma atenção não menos séria.

Despojado de seu corpo, dizemos nós, o Espírito conserva toda a sua vontade e uma liberdade de pensar bem maior do que quando vivo; tem suscetibilidades que dificilmente compreenderíamos; aquilo que, muita vez, nos parece simples e natural, o melindra e lhe desagrada; uma pergunta imprópria o choca e magoa; eles nos mostram sua independência não fazendo aquilo que queremos, ao passo que por vezes fazem aquilo que nem teríamos tido a lembrança de pedir. É por esta razão que os pedidos de provas e de curiosidade são essencialmente antipáticos aos Espíritos, os quais raramente respondem de modo satisfatório. Sobretudo os Espíritos sérios a isto não se prestam e de modo algum querem servir de divertimento. Compreende-se, assim, que a intenção pode influir muito sobre a sua disposição de se apresentar aos olhos de um médium vidente sob esta ou aquela aparência; e como, em última análise, eles não revestem uma determinada aparência senão quando assim lhes convém, só o fazem quando para isso existe um motivo sério e útil.

Há uma outra razão que, de certo modo, liga-se ao que poderíamos chamar a filosofia espírita. A visão do Espírito pelo médium se realiza por uma espécie de radiação fluídica, que parte do Espírito e se dirige ao médium; este, por assim dizer, absorve os raios e os assimila. Se estiver só, ou cercado de pessoas simpáticas, unidas pela intenção e pelo pensamento, sobre ele concentram-se aqueles raios; então a visão é clara e precisa e é em tais condições que as figuras são de notável exatidão. Se, ao contrário, tem em seu redor influências antipáticas e pensamentos divergentes e hostis, se não há recolhimento, os raios fluídicos se dispersam e são absorvidos, pelo ambiente; daí uma espécie de nuvem que se projeta sobre o Espírito e não permite que se lhes distingam as nuanças. Tal seria uma luz com ou sem refletor. Uma outra comparação menos material pode ainda nos dar conta do fenômeno. Todos sabemos que a verve de um orador é excitada pela simpatia e pela atenção do auditório; ao contrário, se for distraído pelos rumores, pela desatenção e pela má vontade, seus pensamentos já não serão livres: dispersam-se e os seus recursos se ressentem. Um Espírito influenciado por um meio absorvente encontra-se no mesmo caso: ao invés de sua radiação se dirigir para um ponto único, dissemina-se e perde a sua força.

Às considerações precedentes devemos acrescentar uma, cuja importância será facilmente compreendida por todos os que conhecem a marcha dos fenômenos espíritas. Sabe-se que várias causas podem impedir que um Espírito atenda ao nosso apelo no momento em que o evocamos: pode estar reencarnado ou ocupado alhures. Ora, entre os Espíritos que se apresentam quase sempre simultaneamente, deve o médium distinguir aquele que desejamos e, caso aí não esteja, pode confundi-lo com um outro Espírito, igualmente simpático à pessoa que evoca. Descreve o Espírito que vê, sem entretanto poder afirmar que seja este ou aquele, se o Espírito que se apresenta for sério, não enganará quanto à sua identidade; interrogado a respeito, poderá explicar a causa do equívoco e dizer quem ele é.

Um meio pouco propício será também prejudicial por outra razão. Cada um tem como companheiros Espíritos que simpatizam com os seus defeitos e com as suas qualidades. Tais Espíritos são bons ou maus, conforme os indivíduos. Quanto maior for o número de pessoas reunidas, maior será a variedade de Espíritos e maiores as possibilidades de encontrar antipatias. Se, pois, na reunião houver pessoas hostis, quer por pensamentos difamantes, quer pelo caráter leviano ou por sua incredulidade sistemática, por isso mesmo atrairão Espíritos pouco benevolentes, que por vezes entravam as manifestações de toda natureza, tanto escritas quanto visuais. Daí a necessidade de nos colocarmos nas mais favoráveis condições, se quisermos manifestações sérias: quem quer o fim quer os meios. As manifestações espíritas não são coisas com as quais possamos brincar impunemente. Se quiserdes coisas sérias, sede sérios na mais rigorosa acepção do vocábulo: do contrário sereis joguetes de Espíritos levianos, que se divertirão à vossa custa.

O DUENDE DE BAYONNE

Em nosso número passado dissemos algumas palavras relativamente a essa estranha manifestação. As informações nos haviam sido dadas muito sucintamente e de viva voz por um de nossos assinantes, amigo da família onde ocorreram aqueles fatos. Tinha ele prometido detalhes mais circunstanciados e nós lhe somos reconhecidos pelas abundantes informações que nos transmitiu por carta.

A família reside perto de Bayonne e as cartas foram escritas pela própria mãe da menina, uma criança de dez anos, a um filho que mora em Bordéus, pondo-o ao corrente do que se passava em casa. Este último teve o trabalho de as copiar para nós, a fim de que se lhes não pudesse contestar a autenticidade. É uma atenção pela qual lhe somos infinitamente reconhecidos.

Compreende-se a reserva com que cercamos os nomes das pessoas – reserva que para nós é uma regra, a menos que recebamos autorização formal. Nem todos gostam de atrair a multidão de curiosos. Àqueles para quem tal reserva constitui um motivo de suspeitas diremos que é necessário estabelecer uma diferença entre um jornal eminentemente sério e os que apenas visam distrair o público. Nosso fim não é contar casos para encher as páginas, mas esclarecer a Ciência. Se fôssemos enganados, sê-lo-íamos de boa fé: quando aos nossos olhos uma coisa não é formalmente demonstrada, damo-la apenas a título de registro; já o mesmo não se dá quando se trata de pessoas respeitáveis,

cuja honorabilidade conhecemos e que, longe de ter interesse em indu-
zir-se em erro, também querem instruir-se.

A primeira carta é do filho ao nosso assinante, enviando as cartas
de sua mãe.

Saint-Esprit, 20 de novembro de 1858.

Meu caro amigo,

Chamado para junto de minha família por motivo da morte de um
de meus irmãos menores, que Deus houve por bem tirar-nos, esta circunstância, afastando-me por algum tempo de minha casa, é o motivo
do atraso de minha resposta. Ficaria muito triste se vos fizesse passar
por um contador de histórias junto ao Sr. Allan Kardec; por isso quero
dar-vos alguns pormenores sumários sobre as coisas que se passam
em minha família. Penso que já vos disse que as aparições cessaram há
algum tempo e não mais se manifestam à minha irmã. Aí vão as cartas
que a respeito me escrevia minha mãe. Devo observar que muitos dos
fatos foram omitidos, embora não sejam os menos interessantes. Es-
creverei novamente para completar a história, caso não o possais fazer,
recordando-vos aquilo que vos disse de viva voz.

23 de abril de 1855.

Há cerca de três meses, uma tarde, tua irmã X teve necessidade
de sair para fazer uma compra. Como sabes, o corredor da casa é
longo e nunca iluminado; mas o velho hábito que temos de percorrê-lo
sem luz faz que jamais tropecemos nos degraus da escada. X já nos
havia dito que cada vez que saía ouvia uma voz a lhe dizer coisas que,
a princípio, não compreendia, mas que, depois, se tornaram inteligíveis.
Algum tempo depois ela viu uma sombra e, no trajeto, não cessava de
ouvir a mesma voz. As palavras ditas por esse ser invisível tendiam
sempre a tranquilizá-la e a lhe dar sábios conselhos. Uma boa moral
constituía o fundo de tais palavras. X ficava muito perturbada e, ao que
nos disse, por vezes não tinha forças para prosseguir. "Criança", dizia-
lhe o invisível cada vez que ela se perturbava, "nada temas, pois apenas
te quero bem." Ensinou-lhe um lugar onde por vários dias ela encontrou
algumas moedas; de outras vezes nada encontrou. X conformou-se
com a recomendação que lhe foi dada e durante muito tempo ou encontrava dinheiro ou alguns brinquedos, como verás. Certamente esses

presentes eram feitos com o fito de lhe dar coragem. Não eras esquecido na conversa desse ser: muitas vezes ele falava de ti e nos dava as tuas notícias por intermédio de tua irmã. Várias vezes ele nos pôs a par do que fazias à noite: viu-te a ler em teu quarto; outras vezes nos disse que os teus amigos estavam reunidos em tua casa; enfim ele nos acalmava sempre que a preguiça te impedia de nos escrever.

De algum tempo para cá X tem relações quase que contínuas com o invisível. Durante o dia ela nada vê; ouve sempre a mesma voz que lhe dirige palavras sensatas, não cessando de estimulá-la ao trabalho e ao amor a Deus. À noite ela vê, na direção de onde parte a voz, uma luz rósea que não ilumina, mas que, em sua opinião, poderia ser comparada ao faiscar de um diamante na sombra. Agora ela perdeu o medo completamente. Se lhe manifesto dúvidas, diz-me: "Mamãe, é um anjo que me fala; e se, para te convenceres, te armares de coragem, ele me pede para dizer-te que esta noite fará com que te levantes. Se te falar deverás responder. Vai ao lugar que ele te indicar; verás alguém em tua frente; mas não temas." Não quis pôr à prova a minha coragem; tive medo e a impressão que me ficou impediu-me de dormir. Muitas vezes, à noite, parecia-me ouvir um sopro à cabeceira de meu leito. As cadeiras moviam-se sem que ninguém as tocasse. Depois de algum tempo meus terrores desapareceram completamente e eu lamento muito não ter me submetido à prova que me era proposta para ter ligações diretas com o invisível e ainda para não ter que lutar continuamente contra as dúvidas.

Aconselhei a X interrogar o invisível quanto à sua natureza.

Eis a conversa de ambos.

– Quem és tu?

– Sou teu irmão Eliseu.

– Meu irmão morreu há doze anos.

– É verdade: teu irmão morreu há doze anos. Mas havia nele, como há em todos os seres, uma alma que não morre e que neste mesmo instante se acha em tua presença, te ama e protege a todos.

– Gostaria de ver-te.

– Estou à tua frente.

– Contudo nada vejo.

– Tomarei uma forma visível para ti. Depois da cerimônia religiosa descerás, então tu me verás e eu te abraçarei.

– Mamãe quereria também conhecer-te.

– Tua mãe é a minha; ela me conhece. Preferiria manifestar-me a ela a manifestar-me a ti: era o meu dever; mas não me posso mostrar a várias pessoas, pois Deus não o permite; lamento que mamãe não tenha tido coragem. Prometo dar-te provas de minha existência: então desaparecerão todas as dúvidas.

À tarde, à hora marcada, X foi à porta do Templo. Um rapaz apresentou-se-lhe e disse: "Eu sou o teu irmão. Disseste que me querias ver. Estás satisfeita? Abraça-me, porque não posso conservar por muito tempo a forma que tomei."

Como bem compreendes, a presença desse ser deveria ter espantado X a ponto de impedi-la de fazer qualquer observação. Assim que a abraçou, desapareceu no ar.

Na manhã seguinte, aproveitando o momento em que X deveria sair, o invisível se manifestou novamente e lhe disse:

"Deverias ter ficado muito surpreendida com a minha desaparição. Pois bem, eu te quero ensinar a elevar-te nos ares, para que me possas acompanhar." Qualquer outra que não X teria ficado com medo de tal proposta. Ela, porém, aceitou-a com entusiasmo e logo sentiu que se elevava como uma andorinha. Em pouco tempo chegou a um lugar onde havia uma multidão considerável. Segundo nos contou, viu ouro, diamantes e tudo quanto na Terra satisfaz a nossa imaginação. Ninguém considerava essas coisas mais do que nós consideramos as pedras das calçadas por onde andamos. Reconheceu várias crianças de sua idade que moravam na nossa rua e há muito falecidas. Num apartamento ricamente decorado, onde não estava ninguém, o que sobretudo lhe chamou a atenção foi uma grande mesa na qual, de espaço a espaço, havia um papel. Diante de cada papel havia um tinteiro; ela via as penas molhar-se por si sós e traçar caracteres sem que qualquer mão as movesse.

De volta censurei-a por se ter ausentado sem minha autorização e a proibi expressamente de recomeçar tais excursões. O invisível lhe manifestou pesar por me haver contrariado e lhe prometeu formalmente que, de então em diante, não a convidaria mais para ausentar-se sem que eu estivesse prevenida.

24 REVISTA ESPÍRITA

26 de abril.

O invisível transformou-se aos olhos de X. Tomou tua forma tão bem que tua irmã pensou que estivesses no salão. Para certificar-se ela lhe pediu que tomasse sua forma primitiva. Pois assim que desapareceste, foste substituído por mim. Seu espanto foi grande: perguntou como eu me achava ali, desde que a porta do salão estava fechada a chave. Então ocorreu uma nova transformação: ele tomou a forma do irmão morto e disse a X: "Tua mãe e todos os membros da família não veem sem espanto e, mesmo, sem um certo receio, todos os fatos que se realizam por minha intervenção. Meu desejo não é amedrontar; contudo, quero provar minha existência e te pôr ao abrigo da incredulidade de todos, pois que poderiam tomar como mentira tua o que seria da parte deles uma obstinação em não se renderem à evidência. A senhora C é lojista; sabes que é preciso comprar botões; iremos ambos comprá-los. Eu me transformarei em teu irmãozinho (ele tinha então nove anos) e quando voltares para casa pedirás à mamãe que mande perguntar à senhora C quem estava contigo no momento em que os botões foram comprados." X observou as instruções. Eu mandei perguntar à senhora C e ela respondeu que tua irmã estava com teu irmão, a quem muito elogiou, dizendo que, em sua idade, ninguém poderia pensar que tivesse respostas tão fáceis e, sobretudo, tão pouca timidez. É bom dizer que o pequeno estava no colégio desde manhã e que só voltaria às sete horas; além disso é muito tímido e não tem aquela facilidade que lhe querem reconhecer. É muito curioso, não achas? Creio que a mão de Deus não é estranha a essas coisas inexplicáveis.

7 de maio de 1855.

Não sou mais crédula do que se deve ser e não me deixo dominar por ideias supersticiosas. Contudo não posso recusar-me a crer em fatos que se realizam aos meus olhos. Eram-me necessárias provas muito evidentes para não mais infligir à tua irmã os castigos que lhe dava, às vezes a meu pesar, receando que nos quisese ludibriar e abusar de nossa confiança.

Ontem, por volta das cinco horas, o invisível disse a X: "É provável que a mamãe te mande a qualquer parte, dar um recado. Em caminho serás agradavelmente surpreendida pela chegada da família de teu tio." Imediatamente X me transmitiu o que o invisível lhe havia dito; eu estava longe de esperar tal visita e mais surpreendida ainda de o saber por esta maneira. Tua irmã saiu e as primeiras pessoas que encontrou foram realmente meu irmão, sua mulher e seus filhos, que nos vinham ver. X apressou-se em dizer que eu tinha uma prova a mais da veracidade de tudo quanto ela me dizia.

10 de maio de 1855.

Hoje não posso mais duvidar de algo extraordinário em casa. Vejo sem medo que se realizam todos esses fatos singulares, dos quais, entretanto, não posso extrair nenhum ensinamento, porque esses mistérios me são inexplicáveis.

Ontem, depois de ter arrumado toda a casa, e sabes que é uma coisa a que ligo especial atenção, o invisível disse a X que, a despeito das provas que havia dado de sua intervenção em todos os fatos curiosos que te contei, eu sempre tinha dúvidas que ele queria eliminar por completo. Sem que se tivesse ouvido qualquer ruído, um minuto foi bastante para pôr os quartos em completa desordem. Uma substância vermelha, que acredito fosse sangue, tinha sido derramada no soalho. Se tivessem sido apenas algumas gotas, eu teria pensado que X se tivesse cortado ou sangrado pelo nariz; mas imagina que o soalho ficou inundado. Esta prova esquisita deu-nos um trabalho considerável para restituir ao piso do salão o seu primitivo brilho.

Antes de abrir as cartas que nos escreves, X conhece o conteúdo. É o invisível quem lho transmite.

16 de maio de 1855.

X não aceitou uma observação que a irmã lhe fez, não sei a propósito de quê. Deu uma resposta inconveniente e teve a merecida reprimenda. Castiguei-a e ela foi deitar-se sem jantar. Antes de dormir ela tem o hábito de rezar a Deus. Essa noite ela o esqueceu. Mas alguns instantes depois de deitada o invisível lhe apareceu. Exibiu-lhe um castiçal e um livro de orações semelhante ao que ela habitualmente usava, e lhe disse que, apesar da punição que ela merecera, não devia esquecer-se de cumprir sua obrigação. Então ela se levantou, fez o que ele ordenara e tudo desapareceu quando a prece terminou.

Na manhã seguinte, depois de me haver abraçado, X me perguntou se o castiçal que se achava sobre a mesa no andar superior do seu

26 REVISTA ESPÍRITA

quarto tinha sido retirado. Ora, esse castiçal, semelhante ao que lhe havia sido apresentado na véspera, não tinha mudado de lugar, assim como o seu livro de preces.

4 de junho de 1855.

De algum tempo para cá nenhum fato digno de menção ocorreu, a não ser o seguinte: eu estava resfriada nestes últimos dias; anteontem todas as tuas irmãs estavam ocupadas e eu não dispunha de ninguém para mandar comprar um unguento. Disse a X que quando ela tivesse acabado a sua tarefa seria bom ir à farmácia mais próxima comprar-me alguma coisa. Ela esqueceu minha recomendação e eu mesma não pensei mais no caso. Tenho certeza de que ela não saiu, nem deixou o trabalho senão para ir buscar uma sopeira de que necessitávamos. Com grande surpresa, ao abri-la encontramos um pacote de balas de cevada que o invisível tinha trazido, para poupar uma caminhada e também para satisfazer um desejo meu, que havia sido olvidado.

Evocamos esse Espírito numa das sessões da Sociedade e lhe dirigimos as perguntas abaixo. O Sr. Adrien o viu com a fisionomia de um menino de 10 a 12 anos; bela cabeça, cabelos negros e ondulados, olhos negros e vivos, pálido, lábios irônicos, caráter leviano, mas bondoso. O Espírito disse ignorar por que o evocavam.

Nosso correspondente estava presente à sessão e disse que seus traços correspondem perfeitamente aos que a menina lhe descreveu em várias circunstâncias.

1. – Ouvimos contar a história de tuas manifestações numa família de Bayonne e, a tal respeito, queríamos fazer-te umas perguntas. R – Façam e eu responderei. Mas façam rapidamente, pois tenho pressa de ir embora.

2. – Onde apanhaste o dinheiro que davas à tua irmã? R – Tirei do bolso dos outros. Os senhores compreendem que eu não me iria divertir em cunhar moedas. Tomo-as dos que as podem dar.

3. – Por que te ligaste àquela menina? R – Por grande simpatia.

4. – É certo que foste seu irmão, falecido aos quatro anos? R – Sim.

5. – Por que és visível para ela e não para tua mãe? R – Minha mãe deve estar impedida de ver-me; mas minha irmã não necessitava de punição. Aliás foi por concessão especial que lhe apareci.

JANEIRO DE 1859

6. – Poderias explicar como, à vontade, te tornas visível ou invisível? R – Não sou bastante instruído e estou muito preocupado com o que me atrai, para que possa responder a tal pergunta.

7. – Se quisesses poderias aparecer em nosso meio assim como te mostraste à dona da loja? R – Não.

8. – Nesse estado serias sensível à dor, se apanhasses? R – Não.

9. – Que aconteceria se a dona da loja te houvesse batido? R – Teria batido no vácuo.

10. – Sob que nome poderemos te chamar, quando falarmos de ti? R – Chamem-me de Duende, se quiserem. Mas deixem-me ir; é preciso que eu vá.

11. – (*A São Luis*). Seria útil termos às nossas ordens um Espírito assim? R – Muitas vazes os tendes junto a vós, a vos assistir sem que o suspeiteis.

CONSIDERAÇÕES SOBRE O DUENDE DE BAYONNE

Se compararmos esses fatos com os de Bergzabern, dos quais os nossos leitores não perderam a lembrança, veremos uma diferença capital. O de Bergzabern era mais que um Espírito batedor; era – e o é ainda neste momento – um Espírito perturbador, em toda a acepção do vocábulo. Sem fazer mal, é um hóspede muito incômodo e muito desagradável, sobre o qual voltaremos, em nosso próximo número, à vista de novas e recentes proezas. Ao contrário, o de Bayonne é eminentemente benévolo e obsequiador; é o tipo desses bons Espíritos serviçais, cujos feitos nos são transmitidos pelas lendas alemãs, nova prova de que nas histórias lendárias pode haver um fundo de verdade. Aliás é de convir que a imaginação pouco teria a fazer para colocar esses fatos no plano de uma lenda e que os mesmos poderiam ser tomados como uma história medieval se não se passassem, por assim dizer, aos nossos olhos.

Um dos traços mais notáveis do Espírito a quem demos o nome de Duende de Bayonne são as suas transformações. Que dirão agora da fábula de Proteu[1]? Entre o de Bayonne e o de Bergzabern há ainda a

---

[1] Deus marinho grego. Era filho de Poseidon (Netuno) e da deusa Fenioia; predizia o futuro e guardava os cardumes marinhos de Anfitrite, a deusa do mar. Morava numa ilha do Egito e podia tomar múltiplas formas, a fim de subtrair-se à curiosidade daqueles que pretendiam que lhes revelasse o futuro. (N. do T.)

diferença de que este último só se mostrou em sonhos, enquanto que o nosso diabrete se tornava visível e tangível, como uma pessoa real, não só para a irmã, como para estranhos; testemunha-o a compra de botões na lojista. Por que não se mostrava a todos e a toda hora? Eis o que ignoramos. Parece que não tem tal poder e que mesmo não podia ficar muito em tal estado. Talvez que para isso fosse necessário um trabalho íntimo, um poder da vontade acima de suas forças.

Novos detalhes prometidos permitirão que voltemos ao assunto.

PALESTRAS FAMILIARES DE ALÉM-TÚMULO

CHAUDRUC, DUCLOS E DIÓGENES

Duclos:

1. – Evocação. R – Eis-me aqui.

O Sr. Adrien, médium vidente, que jamais o vira em vida, fez-lhe o seguinte retrato, considerado muito exato pelas pessoas presentes que o tinham conhecido.

Rosto comprido; faces cavadas; fronte arqueada e com rugas. Nariz um pouco longo e ligeiramente aquilino; olhos cinzentos e um pouco à flor das órbitas; boca mediana e trocista; tez um pouco pálida; cabelos grisalhos e longa barba. Estatura mais para grande do que para pequena.

Paletó de tecido azul, todo esgarçado e com rasgões; calças pretas, velhas e em frangalhos; colete claro; lenço de uma cor indecisa, amarrado como gravata.

2. – Lembra-se de sua última existência terrena? R – Perfeitamente.

3. – Que motivo o levou a viver a vida excêntrica que levou? R – Estava cansado da vida e tinha pena dos homens e dos motivos de suas ações.

4. – Dizem que era por vingança e para humilhar um parente de alta posição. É verdade? R – Não só por isso. Humilhando aquele homem, humilhava muitos outros.

5. – Se era uma vingança, custava-lhe caro, porque, durante longos anos, privou-se de todos os prazeres sociais para satisfazê-la. Não acha isto um tanto duro? R – Eu me alegrava de outra maneira.

JANEIRO DE 1859

6. – Havia, ao lado disso, um pensamento filosófico? É por isto que o comparavam a Diógenes? R – Havia alguma relação com a parte menos certa da filosofia desse homem.

7. – Que pensa de Diógenes? R – Pouca coisa, um pouco daquilo que penso de mim. Diógenes tinha sobre nós a vantagem de ter feito alguns séculos mais cedo aquilo que agora faço e em meio a homens menos civilizados do que esses em cujo meio eu vivia.

8. – Entretanto há uma diferença entre você e Diógenes: neste a conduta era consequência de seu sistema filosófico, enquanto a sua teve origem numa vingança. R – Em mim a vingança conduziu a uma filosofia.

9. – Sofreu por se ver assim isolado e por ser objeto de desprezo e de asco; porque sua educação o afastava da sociedade dos mendigos e dos vagabundos e você era repelido pelas pessoas educadas? R – Eu sabia que não temos amigos na Terra. Ah! como eu o havia provado!

10. – Quais as suas ocupações atuais e onde passa o tempo? R – Percorro mundos melhores e instruo-me... Lá existem tantas almas boas que nos revelam a ciência celeste dos Espíritos!

11. – Vem algumas vezes ao Palais-Royal, depois de sua morte? R – Que me importa o Palais-Royal!

12. – Entre as pessoas que aqui se acham reconhece algumas que tivesse conhecido em suas peregrinações no Palais-Royal? R – Como não as reconheceria?

13. – É com prazer que as revê? R – Com prazer, com o maior prazer mesmo. Elas foram boas para mim.

14. – Revê o seu amigo Charles Nodier? R – Sim, principalmente depois de sua morte.

15. – Está errante ou encarnado? R – Errante, como eu.

16. – Por que escolheu o Palais-Royal, o lugar então mais frequentado em Paris, para os seus passeios? Não estaria isto contra seus gostos de misantropo? R – Lá eu via todo mundo, todas as tardes.

17. – Não haveria de sua parte um sentimento de orgulho? R – Sim, infelizmente. O orgulho teve boa parte em minha vida.

18. – É agora mais feliz? R – Oh! Sim!

19. – Entretanto, seu gênero de vida não deve ter contribuído para

o seu aperfeiçoamento. R – Essa existência terrena! Muito mais do que poderiam pensar! Quando eu entrava em casa, sozinho e desolado, não passava momentos sombrios. Ali tinha tempo de ruminar muitos pensamentos.

20. – Se tivesse que escolher outra existência, qual seria ela? R – Não em vossa Terra. Hoje, posso esperar melhor.

21. – Lembra-se de sua penúltima existência? R – Sim, e de outras também.

22. – Onde viveu essas existências? R – Na Terra e em outros mundos.

23. – E a penúltima? R – Na Terra.

24. – Pode dá-la a conhecer? R – Não, era uma vida obscura e oculta.

25. – Sem nos revelar tal existência, poderia dizer que relação tem ela com esta que conhecemos, de vez que uma deve ser consequência da outra? R – Não exatamente uma consequência, mas um complemento: eu tinha vida infeliz, pelos vícios e defeitos, que muito se modificaram, antes que eu viesse habitar o corpo que conheceram.

26. – Poderemos fazer-lhe algo de útil ou de agradável? R – Ah! pouco. Hoje estou muito acima da Terra.

DIÓGENES

1. – Evocação. R – Ah! Como venho de longe!

2. – Podeis aparecer ao Sr. Adrien, nosso médium vidente, tal qual éreis na existência que vos conhecemos? R – Sim. E até, se quiserdes, virei com a lanterna.

Retrato: fronte larga e de ossos frontais bem pronunciados; nariz fino e aquilino, boca grande e séria; olhos pretos e encovados; olhar penetrante e zombeteiro. Rosto um pouco alongado, magro e enrugado; tez amarela; bigodes e barba incultos; cabelos grisalhos e raros.

Roupa branca e muito suja; pernas e braços nus; corpo magro e ossudo. Sandálias estragadas, amarradas com cordas nas pernas.

3. – Dissestes que vinheis de longe, de que mundo vindes? R – Não o conheceis.

4. – Teríeis a bondade de responder a algumas perguntas? R – Com prazer.

5. – A existência em que vos conhecemos sob o nome de Diógenes, o Cínico, foi proveitosa à vossa felicidade futura? R – Muito. Enganai-vos levando-a a ridículo, como o fizeram meus contemporâneos. Admiro-me mesmo de que a História haja esclarecido tão pouco a minha existência e que a posteridade, pode-se dizer, tenha sido injusta comigo.

6. – Que bem pudestes fazer, de vez que vossa existência foi muito pessoal? R – Trabalhei para mim, mas podiam aprender muito comigo.

7. – Quais as qualidades que gostaríeis de ter encontrado no homem que procuráveis com a lanterna? R – Firmeza.

8. – Se em vosso caminho tivésseis encontrado o homem que acabamos de invocar, Chaudruc Duclos, tê-lo-íeis tomado pelo homem que procuráveis? Ele também renunciava voluntariamente a tudo quanto fosse supérfluo? R – Não.

9. – Que pensais dele? R – Sua alma transviou-se na Terra. Quantos são como ele e não o sabem!... Ele ao menos o sabia.

10. – Sem dúvida pensáveis possuir aquelas qualidades que procuráveis no homem? R – Sem dúvida, era o meu critério.

11. – Qual dos filósofos do vosso tempo tem a vossa preferência? R – Sócrates.

12. – Qual o que preferis agora? R – Sócrates.

13. – E o que dizeis de Platão? R – Muito duro. Sua filosofia é muito severa. Eu admitia os poetas; ele, não!

14. – É verdade aquilo que se conta de vossa entrevista com Alexandre? R – Realíssimo. A História até a truncou.

15. – Em que a História a truncou? R – Refiro-me a outras conversas entre nós dois. Pensais que ele me tivesse vindo ver para só me dizer uma palavra?

16. – É verdadeiro o dito que se lhe atribui, de que se ele não fosse Alexandre gostaria de ser Diógenes? R – Talvez o tenha dito, mas não em minha presença. Alexandre era um jovem maluco, vão e orgulhoso; aos seus olhos eu não passava de um mendigo. Como poderia o tirano se dizer instruído pelo miserável?

REVISTA ESPÍRITA

17. – Reencarnastes na Terra depois de vossa existência em Atenas? R – Não, só em outros mundos. Atualmente pertenço a um mundo em que não somos escravos. Isso quer dizer que se vos evocassem em estado de vigília, não poderíeis atender, como entretanto o faço nesta noite[1].

18. – Poderíeis traçar-nos um quadro das qualidades que buscáveis no homem, tais quais as concebíeis então e tais quais as concebeis atualmente?

OUTRORA:	AGORA:
Coragem, ousadia, segurança de si mesmo e poder sobre os homens pela inteligência.	Abnegação, doçura, poder sobre os homens pelo coração.

OS ANJOS DA GUARDA

COMUNICAÇÃO ESPONTÂNEA OBTIDA PELO SR. L., UM DOS MÉDIUNS DA SOCIEDADE

Há uma doutrina que deveria converter os mais incrédulos, por seu encanto e por sua doçura: a dos anjos da guarda. Pensar que tendes sempre junto a vós seres que vos são superiores, que aí estão sempre para vos aconselhar, para vos sustentar, para vos ajudar a subir a áspera montanha do bem, que são os amigos mais certos e mais dedicados que as mais íntimas ligações que possais estabelecer na Terra, não é uma ideia consoladora? Estes seres aí estão por ordem de Deus; foi ele quem os pôs ao vosso lado; aí se acham por amor a ele e junto a vós realizam bela e penosa missão. Sim, onde quer que estejais, estarão convosco: os calabouços, os hospitais, os lugares de deboche, a solidão – nada vos separa desses amigos que não vedes, mas cujos suaves impulsos vossa alma sente, como lhes escuta os sábios conselhos.

---

[1] Não sendo escravo do corpo, no mundo superior em que se encontrava, Diógenes podia atender a evocação, embora estivesse acordado no momento em que se realizava a sessão. O Espírito aproveitou a ocasião para acentuar a diferença entre o nosso mundo e o mundo superior em que então vivia. A resposta à pergunta seguinte confirma essa condição mais elevada que ele havia atingido, e o faz de maneira muito significativa: na Terra ele buscava um homem dominador, cheio de ousadia e firmeza; com a visão dos mundos superiores prefere um abnegado, capaz de dirigir por meio do amor.

Se conhecêsseis melhor esta verdade, quantas vezes ela vos ajudaria nos momentos de crise! Quantas vezes ela vos salvaria das mãos dos maus Espíritos! Mas em pleno dia esse anjo do bem muitas vezes vos poderá dizer: "Eu não te disse? E tu não o fizeste. Não te mostrei o abismo? E nele te precipitaste. Não te fiz ouvir na consciência a voz da verdade? E seguiste os conselhos da mentira." Ah! interrogai os vossos anjos da guarda, estabelecei com eles essa terna intimidade, que reina entre os melhores amigos. Nada penseis ocultar-lhes, pois eles tem o olhar de Deus e não os podereis enganar. Pensai no futuro e procurai avançar nesta vida: vossas provas serão assim mais curtas e vossas existências mais felizes. Eia! homens, coragem; lançai para longe, de uma vez por todas, os preconceitos e os pensamentos ocultos; entrai na nova via que se abre à vossa frente; marchai, marchai, pois tendes guias a quem deveis seguir. O alvo não vos pode frustrar porque esse alvo é o próprio Deus.

Aos que pensassem ser impossível a Espíritos realmente elevados ater-se a uma tarefa tão laboriosa e de todos os instantes, diremos que influenciamos vossas almas mesmo estando a milhões de léguas de vós: para nós nada é o espaço e, mesmo vivendo num outro mundo, nossos Espíritos conservam suas ligações com o vosso. Desfrutamos de qualidades que não podeis compreender, mas ficai certos de que Deus não nos impôs uma tarefa acima de nossas forças e de que não vos abandonou na Terra sem amigos e sem apoio. Cada anjo da guarda tem o seu protegido, sobre o qual vela como um pai sobre o filho; é feliz quando o vê seguir o bom caminho e sofre quando seus conselhos são desprezados.

Não temais fatigar-nos com as vossas perguntas. Ao contrário, ficai sempre em contato conosco. Sereis mais fortes e mais felizes. São estas comunicações de cada um com seu Espírito familiar que fazem todos os homens médiuns – médiuns hoje ignorados, mas que se manifestarão mais tarde e que se espalharão como um oceano sem limites para afugentar a incredulidade e a ignorância. Homens instruídos, instruí; homens de talento, educai os vossos irmãos. Não sabeis que obra assim realizais: é a obra do Cristo, que Deus vos impõe. Por que Deus vos deu inteligência e a ciência, se não para as repartirdes com os vossos irmãos, para os adiantar no caminho da ventura e da felicidade eterna?

São Luis e Santo Agostinho

Observação: A doutrina dos anjos da guarda, que velam sobre os seus protegidos, apesar da distância que separa os mundos, nada tem de surpreendente, é, ao contrário, grandiosa e sublime. Não vemos na Terra um pai velar sobre seu filho, mesmo à distância, ajudando-o com seus conselhos por correspondência? Que haveria, pois, de estranho em que os Espíritos pudessem guiar aos que tomam sob sua proteção, de um mundo a outro, de vez que, para eles, a distância que separa os mundos é menor que aquela que na Terra separa os continentes?

UMA NOITE ESQUECIDA OU A FEITICEIRA MANUZA

Milésima segunda noite dos contos árabes

DITADA PELO ESPÍRITO DE FRÉDÉRIC SOULIÉ
(SEGUNDA PUBLICAÇÃO)

Observação: Os algarismos romanos marcam as interrupções no ditado. Muitas vezes o trabalho só era recomeçado após duas ou três semanas e, apesar disso, conforme já observamos, o relato se desenvolve como se tivesse sido escrito de um jato. E isto não constitui um dos menos curiosos caracteres desta produção de além-túmulo. Seu estilo é correto e perfeitamente apropriado ao assunto. Repetimos para aqueles que poderiam ver nisto uma futilidade que não o publicamos como obra filosófica, mas como estudo. Para o observador nada é inútil: ele sabe aproveitar-se de tudo para aprofundar a ciência que estuda.

III

Nada, entretanto, parecia dever perturbar a nossa felicidade. Tudo era calma em volta de nós: vivíamos em perfeita segurança, quando uma noite, no momento em que mais seguros nos julgávamos, apareceu de repente aos nossos lados (posso assim dizer porque estávamos numa rotunda para onde convergiam várias aleias) apareceu o sultão, acompanhado de seu grão-vizir. Tinham ambos uma expressão apavorante: a cólera havia alterado a sua fisionomia; estavam – principalmente o sultão – numa exasperação facilmente compreensível. O primeiro pensamento do sultão foi mandar matar-me; mas, sabendo a que família pertenço e a sorte que o aguardava se ousasse tirar um único cabelo de minha cabeça, fingiu não me haver notado, de vez que, à sua chegada, eu me havia posto à margem. Mas precipitou-se como um furioso sobre Nazara, a quem prometeu não demorar o castigo que ela merecia. Levou-a consigo, sempre acompanhado do vizir. Para mim, passado o primeiro momento de susto, apressei-me a voltar ao meu palácio, a fim de procurar um meio de subtrair a estrela de minha vida das mãos daquele selvagem, que, provavelmente, ia cortar essa preciosa existência.

– E depois, que fizeste? perguntou Manuza. Porque, afinal de contas, não vejo razão de te atormentares tanto para tirar tua amante da dificuldade em que a meteste por tua própria falta. Dás-me a impressão de um pobre homem que não tem coragem nem força de vontade, quando se trata de coisas difíceis.

– Manuza, antes de condenar, deves escutar. Venho a ti depois de haver examinado todos os meios ao meu alcance. Fiz ofertas ao sultão; prometi-lhe ouro, jóias, camelos, até palácios, se ele me entregasse a minha suave gazela. Tudo ele desprezou. Vendo repelidos os meus sacrifícios, fiz ameaças; estas foram desprezadas, como o resto, ele riu de tudo e zombou de mim. Também tentei penetrar no palácio, corrompi escravos, cheguei ao interior dos quartos. Mas, a despeito de todos os meus esforços não cheguei até a bem-amada.

– Tu és franco, Nureddin, tua sinceridade merece uma recompensa e terás aquilo que vens buscar. Vou fazer-te ver uma coisa terrível. Se tiveres a força de suportar a prova pela qual te farei passar, podes estar certo de que reencontrarás tua antiga felicidade. Dou-te cinco minutos para te decidires.

Passados os cinco minutos Nureddin disse a Manuza que estava pronto a fazer tudo o que ela quisesse, a fim de salvar Nazara. Então, levantando-se, disse-lhe a feiticeira: "Está bem, segue!" Depois, abrindo uma porta ao fundo da sala, o fez passar à frente. Atravessaram um pátio sombrio, cheio de objetos horríveis: serpentes, sapos que passeavam gravemente em companhia de gatos pretos, com ar de superioridade entre os animais imundos.

IV

Na extremidade desse pátio havia outra porta que Manuza também abriu. E, tendo feito passar Nureddin, entraram numa sala baixa, apenas iluminada do alto: a luz vinha de um zimbório muito alto, guarnecido de vidros multicores, formando toda sorte de arabescos. Ao meio dessa sala havia um rescaldo aceso e num tripé sobre o rescaldo, um grande vaso de bronze, no qual fervia uma porção de ervas aromáticas, cujo odor, de tão forte, mal se podia suportar. Ao lado desse vaso havia uma espécie de poltrona grande, em veludo negro e de forma extraordinária. Quando nela se sentava, a gente desaparecia imediatamente; porque, tendo-se acomodado nela Manuza, Nureddin a procurou em vão durante alguns instantes e não a percebia. De repente ela reapareceu e lhe perguntou:

– Ainda estás disposto?

– Sim, respondeu Nureddin.

– Então vai sentar-te naquela poltrona e espera.

Nem bem Nureddin sentara na poltrona e tudo mudou de aspecto. A sala povoou-se de uma multidão de figuras brancas, a princípio apenas visíveis e que depois pareciam de um rubro sanguíneo ou se diriam homens cobertos de feridas sanguinolentas, dançando uma ronda infernal; e, no meio deles, Manuza, de cabelos esparsos, olhos chamejantes, vestes em tiras, tendo à cabeça uma coroa de serpentes. Na mão, à guiza de cetro, brandia uma tocha acesa que lançava chamas, cujo odor apertava a garganta. Depois de haverem dançado durante um quarto de hora, pararam de repente, a um sinal de sua rainha que, para isto, lançara a tocha numa caldeira fervente. Quando todas essas figuras se postaram em volta da caldeira, Manuza fez aproximar-se o mais velho, reconhecível por sua longa barba branca, e lhe disse:

– Vem cá, tu que segues o Diabo. Devo encarregar-te de missão muito delicada. Nureddin quer Nazara e eu prometi que lh'a daria. É um negócio difícil. Tanapla, conto com o teu auxílio. Nureddin suportará todas as provas necessárias. Avante, pois! Sabes o que quero; faze como o entenderes, mas faze. Treme se fracassares. Eu recompenso a quem me obedece; mas ai daquele que não me faz a vontade!

– Ficarás satisfeita, disse Tanapla. Podes contar comigo.

– Então vai e trabalha!

V

Assim que ela disse essas palavras, tudo mudou aos olhos de Nureddin. Os objetos tornaram-se o que eram antes e Manuza achou-se a sós com ele.

– Agora, disse ela, vai para casa e espera. Eu te mandarei um dos meus gnomos dizer o que deves fazer. Obedece, e tudo irá bem.

Nureddin sentiu-se feliz com essas palavras e mais feliz ainda por deixar o antro da feiticeira. Atravessou novamente o pátio e a sala por onde havia entrado, depois ela o acompanhou até à porta da rua. Aí, tendo Nureddin perguntado se devia voltar, ela respondeu:

– Não, por enquanto, seria inútil. Se for necessário eu te avisarei.

Nureddin apressou-se a voltar ao seu palácio. Estava impaciente por saber se algo de novo se tinha passado desde que saíra. Encontrou tudo no mesmo estado, apenas na sala de mármore, sala de repouso para o verão usada pelos habitantes de Bagdá, viu perto da bacia, colocada no meio da sala, uma espécie de anão de fealdade repugnante. Vestido de amarelo, com bordados vermelhos e azuis, tinha uma corcunda monstruosa, pernas muito curtas, rosto grande, de olhos verdes e vesgos, uma boca rasgada até as orelhas e cabelos de um ruivo que rivalizava com o sol.

Nureddin lhe perguntou como chegara ali e o que vinha fazer.

– Sou o enviado de Manuza, disse ele, para te entregar tua amante. Chamo-me Tanapla.

– Se és realmente o enviado de Manuza, estou pronto a obedecer-te. Mas avia-te. Aquela a quem amo está acorrentada e tenho pressa em libertá-la.

– Se tens pressa, conduze-me ao teu quarto e eu te direi o que é preciso fazer.

– Segue-me, então, disse Nureddin.

VI

Depois de haver atravessado pátios e jardins, Tanapla encontrou-se nos aposentos do jovem. Fechou todas as portas e lhe disse:

– Sabes que tens de fazer tudo o que eu te disser, sem objeção? Vais vestir trajes de mercador. Levarás às costas um pacote contendo os objetos que nos são necessários. Vou vestir-me de escravo e carregarei o outro pacote.

Com grande estupefação, Nureddin viu dois enormes embrulhos ao lado do anão, embora não tivesse visto nem ouvido ninguém trazê-los.

– Depois, disse Tanapla, iremos à casa do Sultão. Mandarás dizer-lhe que tens objetos raros e curiosos; que se ele os quiser oferecer à sultana favorita, nenhuma huri jamais terá usado outros iguais. Conheces a sua curiosidade. Ele terá vontade de nos ver. Uma vez em sua presença, não terás dificuldade em mostrar a tua mercadoria e lhe venderás tudo quanto lhe levamos: são vestidos maravilhosos, que transformam as pessoas que os vestem, assim que o sultão e a sultana os vestirem, todo o palácio os tornará por nós e não por eles: a ti, pelo sultão e a mim por Ozara, a nova sultana. Operada essa metamorfose, estaremos livres para agir à vontade e libertarás Nazara.

Tudo se passou como Tanapla havia anunciado: a venda ao sultão e a transformação. Depois de alguns minutos de horrível furor da parte do sultão, que queria expulsar os importunos e fazia um barulho terrível, Nureddin chamou vários escravos, conforme as ordens de Tanapla. mandou prender o sultão e Ozara como escravos rebeldes, e ordenou a seguir que o levassem à presença da prisioneira Nazara. Queria verificar, dizia ele, se ela estava disposta a confessar seu crime e se estava preparada para morrer. Também quis que a favorita Ozara viesse com ele, a fim de assistir ao suplício que ele infligia às mulheres infiéis. Dito isto, marchou, precedido pelo chefe dos eunucos, durante um quarto de hora, por um sombrio corredor, ao fim do qual havia uma porta de ferro, pesada e maciça. Tomando uma chave, o escravo abriu três fechaduras; entraram num grande gabinete, comprido e de apenas três ou quatro côvados de altura. Ali, sobre uma esteira de palha, estava sentada Nazara, com uma bilha de água e algumas tâmaras ao lado. Não era mais a brilhante Nazara de outrora, era sempre bela, mas pálida e emagrecida. Ao ver aquele que ela tomara por seu senhor, estremeceu de medo, pensando que tivesse chegado a sua hora.

(Continua no próximo número)

AFORISMOS ESPÍRITAS

Sob este título daremos, de tempos em tempos, pensamentos avulsos que, em poucas palavras, resumirão certos princípios essenciais do Espiritismo.

I – Aqueles que pensam preservar-se da ação dos maus Espíritos abstendo-se das comunicações espíritas são como crianças que julgam evitar o perigo colocando uma venda nos olhos. Tanto vale dizer que é preferível não saber ler nem escrever para não se expor à leitura de maus livros ou a escrever tolices.

II – Aquele que recebe más comunicações espíritas, orais ou escritas, está sob uma influência má. Essa influência se exerce sobre ele, quer escreva, quer não. A escrita oferece-lhe um meio de assegurar-se da natureza dos Espíritos que atuam sobre ele. Se estiver bastante fascinado, a ponto de não os compreender, outros poderão abrir-lhe os olhos.

III – É necessário ser médium para escrever absurdos? Quem diz que entre todas as coisas ridículas ou más que se imprimem não há aquelas em que o escritor, impulsionado por algum Espírito zombeteiro ou malévolo, representou ao escrever, sem o saber, o papel de médium obsedado?

IV – Os Espíritos bons, mas ignorantes, confessam sua insuficiência a respeito daquilo que não sabem. Os maus dizem que sabem tudo.

V – Os Espíritos adiantados provam sua superioridade por suas palavras e pela constante sublimidade de seus pensamentos, mas não se vangloriam. Desconfiai daqueles que dizem enfaticamente estar no mais alto grau da perfeição e entre os eleitos. Para os Espíritos, assim como entre os homens, a basófia é sempre sinal de mediocridade.

SOCIEDADE PARISIENSE DE ESTUDOS ESPÍRITAS

AVISO

As sessões que se realizavam às terças-feiras passaram agora para as sextas-feiras, na nova sede da Sociedade, à rua Montpensier, 12, no Palais-Royal, às 8 horas da noite. Os estranhos só serão admitidos nas segundas, quartas e sextas-feiras, mediante cartões nominais de apresentação.

Em relação a tudo quanto interessa à Sociedade, dirigir-se ao Sr. Allan Kardec, *rue des Martyrs,* 8, ou ao Sr. Le Doyen, livreiro, Galeria d'Orléans, 31, *Palais-Royal.*

Allan Kardec

ANO II
FEVEREIRO DE 1859

ESCOLHOS DOS MÉDIUNS

A mediunidade é uma faculdade multiforme; apresenta uma infinidade de nuanças em seus meios e em seus efeitos. Quem quer que seja apto a receber ou transmitir as comunicações dos Espíritos é, por isso mesmo, um médium, seja qual for o meio empregado ou o grau de desenvolvimento da faculdade – desde a simples influência oculta até à produção dos mais insólitos fenômenos. Contudo, no uso corrente, o vocábulo tem uma acepção mais restrita e se diz geralmente das pessoas dotadas de um poder mediatriz muito grande, tanto para produzir efeitos físicos, como para transmitir o pensamento dos Espíritos pela escrita ou pela palavra.

Embora não seja a faculdade um privilégio exclusivo, é certo que encontra refratários, pelo menos no sentido que se lhe dá. Também é certo que não deixa de apresentar escolhos aos que a possuem, pode ser alterada e até perder-se e, muitas vezes, ser uma fonte de graves desilusões. Sobre tal ponto julgamos útil chamar a atenção de todos quantos se ocupam de comunicações espíritas, quer diretamente, quer através de terceiros. Através de terceiros, dizemos, porque importa aos que se servem de médiuns poder apreciar o valor e a confiança que merecem suas comunicações.

O dom da mediunidade depende de causas ainda imperfeitamente conhecidas e nas quais parece que o físico tem uma grande parte. À primeira vista pareceria que um dom tão precioso não devesse ser partilhado senão por almas de escol. Ora, a experiência prova o contrário, pois encontramos mediunidade potente em criaturas cuja moral deixa muito a desejar, enquanto outras, estimáveis sob todos os aspectos, não a possuem. Aquele que fracassa, a despeito de seus desejos, esforços e perseverança, não deve tirar conclusões desfavoráveis à sua pessoa nem julgar-se indigno da benevolência dos

Espíritos. Se tal favor lhe não é concedido, outros há, sem dúvida, que lhe podem oferecer ampla compensação. Pela mesma razão aquele que a desfruta não poderia dela prevalecer-se, pois a mediunidade não é nenhum sinal de mérito pessoal. O mérito, portanto, não está na posse da faculdade mediatriz, que a todos pode ser dada, mas no uso que dela fazemos. Eis uma distinção capital, que jamais se deve perder de vista; a boa qualidade do médium não está na facilidade das comunicações, mas unicamente na sua aptidão para só receber as boas. Ora, é nisto que as suas condições morais são onipotentes; e é nisso também que ele encontra os maiores escolhos.

Para perceber esse estado de coisas e compreender o que vamos dizer é necessário reportar-se ao princípio fundamental de que entre os Espíritos há todos os graus do bem e do mal, do saber e da ignorância; que os Espíritos pululam em redor de nós e que, quando nos julgamos sós, estamos incessantemente rodeados de seres que nos acotovelam, uns com indiferença, como estranhos, outros que nos observam com intenção mais ou menos benevolente, conforme sua natureza.

O provérbio "Quem se parece se reúne" tem sua aplicação entre os Espíritos, como entre nós; e mais ainda entre eles, se possível, porque não estão, como nós, sob a influência das considerações sociais. Contudo, se entre nós essas considerações algumas vezes confundem homens de costumes e gostos muito diversos, tal confusão, de certo modo, é apenas material e transitória; a similitude ou a divergência de pensamentos será sempre a causa das atrações e repulsões.

Nossa alma, que afinal de contas não é mais que um Espírito encarnado, não deixa por isso de ser um Espírito. Se se revestiu momentaneamente de um envoltório material, suas relações com o mundo incorpóreo, embora menos fáceis do que quando no estado de liberdade, nem por isto são interrompidas de modo absoluto; o pensamento é o laço que nos une aos Espíritos, e pelo pensamento atraímos os que simpatizam com as nossas ideias e inclinações. Representamos, pois, a massa de Espíritos que nos envolvem como a multidão que encontramos no mundo; para onde preferirmos ir, encontraremos homens atraídos pelos mesmos gostos e pelos mesmos desejos; às reuniões que têm objetivo sério vão homens sérios; às que são frívolas, vão os frívolos. Por toda parte encontram-se Espíritos atraídos pelo pensamento dominante. Se lançarmos um olhar sobre o estado moral da Humanidade em

FEVEREIRO DE 1859

geral, compreenderemos sem dificuldade que nessa multidão oculta os Espíritos elevados não devem constituir a maioria. É uma consequência do estado de inferioridade do nosso globo.

Os Espíritos que nos cercam não são passivos formam uma população essencialmente inquieta, que pensa e age sem cessar, que nos influencia, malgrado nosso, que nos excita e nos dissuade, que nos impulsiona para o bem ou para o mal, o que não nos tira o livre arbítrio mais do que os bons ou maus conselhos que recebemos de nossos semelhantes. Entretanto, quando os Espíritos imperfeitos solicitam alguém a fazer uma coisa má, sabem muito bem a quem se dirigem e não vão perder o tempo onde veem que serão mal recebidos; eles nos excitam conforme as nossas inclinações ou conforme os germens que em nós veem e segundo as nossas disposições para os escutar. Eis por que o homem firme nos princípios do bem não lhes dá oportunidade.

Essas considerações nos levam naturalmente ao problema dos médiuns. Como todas as criaturas, estes são submetidos à influência oculta dos Espíritos bons e maus; atraem-nos e repelem-nos conforme as simpatias de seu próprio Espírito e os Espíritos maus aproveitam-se de todas as falhas, como de uma falta de couraça, para introduzir-se junto a eles, intrometendo-se, malgrado seu, em todos os atos de sua vida particular. Além disso, tais Espíritos, encontrando no médium um meio de expressar seu pensamento de modo inteligível e atestar sua presença, intrometem-se nas comunicações e as provocam, porque esperam ter mais influência por este meio e acabam por assenhorear-se dele. Consideram-se como na própria casa, afastam os Espíritos que se lhe poderiam contrapor e, conforme a necessidade, lhes tomam os nomes e mesmo a linguagem, com o fito de enganar. Mas não podem representar esse papel por muito tempo, com um pouco de contato com um observador experimentado e prevenido, logo são desmascarados. Se o médium se deixa dominar por essa influência os bons Espíritos se afastam, ou absolutamente não vêm quando chamados, ou vêm com certa repugnância, porque veem que o Espírito que está identificado com o médium, e neste estabeleceu o seu domicílio, pode alterar as suas instruções. Se tivermos que escolher um intérprete, um secretário, um mandatário qualquer, é evidente que escolheremos não só um homem capaz, mas, ainda, digno de nossa estima; não confiaremos uma delicada missão e os nossos interesses a um insano ou a um frequentador de uma sociedade suspeita. Dá-se o mesmo com os Espíritos. Os Espíritos superiores não escolherão, para transmitir instruções sérias, um médium que tem familiaridade com Espíritos levianos, a menos que haja necessidade e que não encontrem, no momento, outros médiuns à disposição; a menos, ainda, que queiram dar uma lição ao próprio médium, como por vezes acontece, mas, então, dele se servem só acidentalmente e o abandonam logo que encontrem um melhor, deixando-o entregue às suas simpatias se ele faz questão de conservá-las. O médium perfeito seria, pois, o que nenhum acesso desse aos maus Espíritos, por um descuido qualquer. É condição muito difícil de preencher. Mas se a perfeição absoluta não é dada ao homem, sempre lhe é possível por seus esforços aproximar-se dela; e os Espíritos levam em conta sobretudo os esforços, a força de vontade e a perseverança.

Assim, o médium perfeito não teria senão comunicações perfeitas de verdade e de moralidade. Desde que a perfeição é impossível, o melhor médium seria o que desse as melhores comunicações. É pelas obras que eles podem ser julgados. As comunicações constantemente boas e elevadas, nas quais nenhum indício de inferioridade fosse notado, seriam incontestavelmente uma prova da superioridade moral do médium, porque atestariam simpatias felizes. Pelo fato mesmo de que o médium não é perfeito, Espíritos levianos, embusteiros e mentirosos podem misturar-se em suas comunicações, alterando-lhes a pureza e induzindo em erro ao médium e àqueles que o procuram. Eis o maior escolho do Espiritismo, cuja gravidade não dissimulamos. É possível evitá-lo? Dizemos alto e bom som: sim, o meio não é difícil, exigindo apenas discernimento.

As boas intenções, a própria moralidade do médium nem sempre bastam para evitar a intromissão dos Espíritos levianos, mentirosos e pseudossábios nas comunicações. Além das falhas de seu próprio Espírito, pode dar-lhes entrada por outras causas das quais a principal é a fraqueza de caráter e uma confiança excessiva na invariável superioridade dos Espíritos que com ele se comunicam. Essa confiança cega reside numa causa que a seguir explicaremos.

Se não quisermos ser vítimas de Espíritos levianos, é necessário julgá-los, e para isso temos um critério infalível: o bom senso e a razão. Sabemos que as qualidades de linguagem, que caracterizam entre nós os homens realmente bons e superiores, são as mesmas para os Espíritos. Devemos julgá-los por sua linguagem. Nunca seria demais repetir o que a caracteriza nos Espíritos elevados: é constantemente digna, nobre, sem basófia nem contradição, isenta de trivialidades, marcada por um cunho de inalterável benevolência. Os bons Espíritos aconselham, não ordenam; *não se impõem;* calam-se naquilo que ignoram. Os Espíritos levianos falam com a mesma segurança do que sabem e do que não sabem, a tudo respondem sem se preocuparem com a verdade. Em mensagem supostamente séria, vimo-los, com imperturbável audácia, colocar César no tempo de Alexandre; outros afirmavam que não é a Terra que gira em redor do Sol. Resumindo: toda expressão grosseira ou apenas inconveniente, toda marca de orgulho e de presunção, toda máxima contrária à sã moral, toda notória heresia científica é, nos Espíritos como nos homens, inconteste sinal de natureza má, de ignorância ou, pelo menos, de leviandade. De onde se segue que é necessário pesar tudo quanto eles dizem, passando-o pelo crivo da lógica e do bom senso. Eis uma recomendação feita incessantemente pelos bons Espíritos. Dizem eles: "Deus não vos deu o raciocínio sem propósito. Servi-vos dele a fim de saber o que estais fazendo". Os maus Espíritos temem o exame. Dizem eles: "Aceitai nossas palavras e não as julgueis". Se tivessem a consciência de estar com a verdade, não temeriam a luz.

O hábito de perscrutar as menores palavras dos Espíritos, de lhes pesar o valor – do ponto de vista do conteúdo e não da forma gramatical, com que pouco se preocupam eles – naturalmente afasta os Espíritos mal intencionados, que não viriam então inutilmente perder seu tempo, de vez que rejeitamos tudo quanto é mau ou tem origem suspeita. Mas quando aceitamos cegamente tudo quanto dizem, quando, por assim dizer, nos ajoelhamos ante sua pretensa sabedoria, eles fazem o que fariam os homens, eles abusam de nós.

Se o médium for senhor de si, se não se deixar dominar por um entusiasmo irrefletido, poderá fazer o que aconselhamos. Mas acontece frequentemente que o Espírito o subjuga a ponto de o fascinar, levando-o a considerar admiráveis as coisas mais ridículas; então ele se entrega cada vez mais a essa perniciosa confiança e, estribado em suas boas intenções e em seus bons sentimentos, julga isto suficiente para afastar os maus Espíritos. Não, isso não basta, esses Espíritos ficam satisfeitos por fazê-lo cair na cilada, para o que aproveitam sua fraqueza e sua credulidade. Que fazer, então? Expor tudo a uma terceira pessoa desinteressada, para que esta, julgando com calma e sem prevenção, possa ver um argueiro onde o médium não via uma trave.

A ciência espírita exige uma grande experiência que só se adquire, como em todas as ciências filosóficas ou não, através de um estudo longo, assíduo e perseverante, e por numerosas observações. Ela não abrange apenas o estudos dos fenômenos, propriamente ditos, mas também e sobretudo os costumes se assim podemos dizer, do mundo oculto, desde o mais baixo ao mais alto grau da escala. Seria presunção julgar-se suficientemente esclarecido e graduado como mestre depois de alguns ensaios. Não seria esta a pretensão de um homem sério, pois quem quer que lance um golpe de vista indagador sobre esses estranhos mistérios, vê desdobrar-se à sua frente um horizonte tão vasto que longos anos não bastam para o abranger. Há, entretanto, quem o queira fazer em alguns dias!

De todas as disposições morais, a que maior entrada oferece aos Espíritos imperfeitos é o orgulho. Este é para os médiuns um escolho tanto mais perigoso quanto menos o reconhecem. É o orgulho que lhes dá a crença cega na superioridade dos Espíritos que a eles se ligam porque se vangloriam de certos nomes que eles lhes impõem. Desde que um Espírito lhes diz: *Eu sou Fulano,* inclinam-se e não admitem dúvidas, porque seu amor próprio sofreria se, sob tal máscara, encontrasse um Espírito de condição inferior ou um malvado desprezível. O Espírito percebe e aproveita o lado fraco, lisonjeia seu pretenso protegido, fala-lhe de origens ilustres, que o enfunam ainda mais, promete-lhe um futuro brilhante, honra e fortuna, de que parece ser o distribuidor; se for necessário, mostra por ele uma ternura hipócrita. Como resistir a tanta generosidade? Numa palavra, ele o embrulha e o leva pelo beiço, como se diz vulgarmente; sua felicidade é ter alguém sob sua dependência.

Interrogamos a vários deles sobre os motivos de sua obsessão. Um dos mesmos assim nos respondeu: "Quero ter um homem que me faça a vontade, É o meu prazer". Quando lhe dissemos que íamos fazer tudo para descobrir os seus artifícios e tirar a venda dos olhos de seu oprimido, disse: "Lutarei contra vós e não tereis resultado, porque farei tais coisas que ele não vos acreditará". E, com efeito, uma das táticas desses Espíritos malfazejos: inspiram a desconfiança e o afastamento das pessoas que os podem desmascarar e dar bons conselhos. Jamais acontece coisa semelhante com os bons Espíritos. Todo Espírito que insufla a discórdia, que excita a animosidade, que entretém os dissentimentos revela, por isso mesmo, sua natureza má. Seria preciso ser cego para não compreender isso e para crer que um bom Espírito possa arrastar à desinteligência.

Muitas vezes o orgulho se desenvolve no médium à medida que cresce a sua faculdade. Esta lhe dá importância. Procuram-no e ele acaba por sentir-se indispensável. Daí, muitas vezes, um tom de jactância e de pretensão ou uns ares de suficiência e de desdém, incompatíveis com a influência de um bom Espírito. Aquele que cai em tal engano está perdido, porque Deus lhe deu sua faculdade para o bem e não para satisfazer sua vaidade ou transformá-la em escada para a sua ambição. Esquece que esse poder, de que se orgulha, pode ser retirado e que, muitas vezes, só lhe foi dado como prova, assim como a fortuna para certas pessoas. Se dele abusa, os bons Espíritos pouco a pouco o abandonam e o médium se torna um joguete de Espíritos levianos, que o embalam com suas ilusões, satisfeitos por terem vencido aquele que se julgava forte. Foi assim que vimos o aniquilamento e a perda das mais preciosas faculdades que, sem isso, se teriam tornado os mais poderosos e os mais úteis auxiliares.

Isto se aplica a todos os gêneros de médiuns, quer de manifestações físicas, quer para comunicações inteligentes. Infelizmente o orgulho é um dos defeitos que somos menos inclinados a reconhecer em nós e menos ainda a acusar nos outros, porque eles não acreditariam. Ide dizer a um médium que ele se deixa conduzir como uma criança, ele virará as costas, dizendo que sabe conduzir-se e que não vedes as coisas claramente. Podeis dizer a um homem que ele é bêbado, debochado, preguiçoso, incapaz e imbecil; ele rirá ou concordará; dizei-lhe que é orgulhoso e ficará zangado. É a prova evidente de que tereis dito a verdade. Nesse caso os conselhos são tanto mais difíceis quanto mais o médium evita as pessoas que os possam dar: foge de uma intimidade que teme. Os Espíritos, sentindo que os conselhos são golpes desferidos no seu poder, empurram o médium, ao contrário, para quem lhe alimente as ilusões. Preparam-se, assim, muitas decepções, com o que sofrerá muito o amor próprio do médium. Feliz dele se não lhe resultarem ainda coisas mais graves.

Se insistimos longamente sobre esse ponto foi porque nos demonstrou a experiência, em muitas ocasiões, que isso constitui uma das grandes pedras de tropeço para a pureza e a sinceridade das comunicações dos médiuns. Diante disso, é quase inútil falar das outras imperfeições morais, tais como o egoísmo, a inveja, o ciúme, a ambição, a cupidez, a dureza de coração, a ingratidão, a sensualidade, etc. Cada um compreende que elas são outras tantas portas abertas aos Espíritos imperfeitos ou, pelo menos, causas de fraqueza. Para repelir esses Espíritos não basta dizer-lhes que se vão; nem mesmo basta querer e ainda menos conjurá-los. É necessário fechar-lhes a porta e os ouvidos, provar-lhes que somos mais fortes – o que seremos incontestavelmente pelo amor do bem, pela caridade, pela doçura, pela simplicidade, pela modéstia e pelo desinteresse, qualidades que nos atraem a benevolência dos bons Espíritos. É o apoio destes que nos dá força; e se estes por vezes nos deixam a braços com os maus, é isso uma prova para a nossa fé e para o nosso caráter.

Que os médiuns não se arreceiem demasiado da severidade das condições de que acabamos de falar: essas são lógicas, havemos de convir, e seria erro desanimar. É certo que as más comunicações que podemos receber são índice de alguma fraqueza, mas nem sempre sinal de indignidade. Podemos ser fracos, mas bons. Em qualquer caso, temos nelas um meio de reconhecer as próprias imperfeições. Já dissemos no outro artigo que não é necessário ser médium para estar sob a influência de maus Espíritos, que agem na sombra. Com a faculdade mediúnica o inimigo se mostra e se trai, ficamos sabendo com quem tratamos e poderemos combatê-lo. É assim que uma comunicação má pode tornar-se uma lição útil, se a soubermos aproveitar.

Seria injusto, aliás, atribuir todas as comunicações más à conta do médium. Falamos daquelas que ele obtém sozinho e fora de qualquer outra influência, e não das que são produzidas num meio qualquer. Ora, todos sabem que os Espíritos atraídos por esse meio podem prejudicar as manifestações, quer pela diversidade de caracteres, quer pela falta de recolhimento. É regra geral que as melhores comunicações ocorrem na intimidade, num círculo concentrado e homogêneo. Em toda comunicação acham-se em jogo várias influências: a do médium, a do meio e a da pessoa que interroga. Essas influências podem reagir umas sobre as outras, neutralizar-se ou corroborar-se: isto depende do fim a que nos propomos e do pensamento dominante. Vimos excelentes comunicações obtidas em reuniões e com médiuns que não possuíam todas as condições desejáveis. Nesse caso os bons Espíritos vinham por causa de uma pessoa em particular, porque isso era útil. Vimos também más comunicações obtidas por bons médiuns, unicamente porque o interrogante não tinha intenções sérias e atraía Espíritos levianos, que dele zombavam.

Tudo isso requer tato e observação. E compreende-se facilmente a preponderância que devem ter todas essas condições reunidas.

OS AGÊNERES

Por várias vezes demos a teoria das aparições. Em nosso número passado a recordamos a propósito dos estranhos fenômenos então relatados. Relembramo-la aos nossos leitores, para melhor compreensão do que se segue.

Todos sabem que, no número das mais extraordinárias manifestações produzidas pelo Sr. Home, estava o aparecimento de mãos perfeitamente tangíveis, que todos podiam ver e apalpar, que apertavam em cumprimento e que, de repente, ofereciam o vazio quando as queriam pegar de surpresa. É um fato positivo, produzido em diversas circunstâncias, atestado por numerosas testemunhas oculares. Por mais estranho e anormal que pareça, cessa o maravilhoso desde o momento em que é possível dar-lhe uma explicação lógica. Então entra na categoria dos fenômenos naturais, muito embora de uma ordem completamente diversa daqueles que se produzem aos nossos olhos e com os quais não os devemos confundir.

Nos fenômenos comuns podemos encontrar pontos de comparação, como aquele do cego que percebia o brilho da luz e das cores pelo toque da trombeta, mas não similaridades. É precisamente a mania de querer tudo assimilar ao que conhecemos que leva tanta gente à confusão: pensam que podem manejar esses elementos novos como se fossem hidrogênio e oxigênio. Ora, isto é um erro. Tais fenômenos são submetidos a condições que escapam ao círculo habitual de nossas observações. Antes de mais nada é necessário conhecê-las e com elas nos conformarmos, se desejarmos obter resultado. É, sobretudo, necessário não perder de vista este princípio essencial, verdadeira

50 REVISTA ESPÍRITA

chave da ciência espírita: o agente dos fenômenos vulgares é uma força física, material, que pode ser submetida às leis do cálculo, ao passo que nos fenômenos espíritas esse agente é *constantemente uma inteligência que tem vontade própria e que não se submete aos nossos caprichos.*

Nessas mãos havia carne, pele, ossos e unhas reais? Evidentemente, não. Era uma aparência, mas de tal ordem que produzia o efeito de uma realidade. Se um Espírito tem o poder de tornar visível e palpável uma parte qualquer de seu corpo, não existe razão para que não aconteça o mesmo com os outros órgãos. Suponhamos então que um Espírito estenda essa aparência a todas as partes do corpo – e teremos a impressão de ver um ser semelhante a nós, agindo como nós, quando não passa de um vapor momentaneamente solidificado. Tal é o caso do Duende de Bayonne. A duração dessa aparência está submetida a condições para nós desconhecidas. Sem dúvida depende da vontade do Espírito, que a pode produzir ou a desfazer à vontade, mas em certos limites, que nem sempre tem liberdade de transpor. Interrogados a respeito, bem como sobre todas as intermitências de quaisquer manifestações, sempre disseram os Espíritos que agiam em virtude de um consentimento superior.

Se a duração da aparência corporal é limitada para certos Espíritos, podemos dizer que, em princípio, ela é variável e pode persistir mais ou menos tempo; pode produzir-se a qualquer momento e a qualquer hora. Um Espírito cujo corpo fosse inteiramente visível e palpável darnos-ia a aparência de um ser humano, poderia conversar conosco, sentar-se em nosso lar, como qualquer visita, pois que o tomaríamos como um de nossos semelhantes.

Partimos de um fato patente – o aparecimento de mãos tangíveis – para chegar a uma suposição que lhe é consequência lógica. Entretanto não a teríamos aventado se a história do menino de Bayonne não nos tivesse aberto o caminho, mostrando-nos a possibilidade.

Interrogado a respeito, um Espírito superior respondeu que efetivamente podemos encontrar seres de tal natureza, sem que o suspeitemos; acrescentou que isso é raro, mas que se vê.

Como para nos entendermos necessitamos de um nome para cada coisa, a Sociedade Parisiense de Estudos Espíritas os chama *agêneres,* para indicar que sua origem não é o resultado de uma geração.

O fato que segue, ocorrido recentemente em Paris, parece pertencer a essa categoria.

Uma pobre mulher estava na Igreja de São Roque e pedia a Deus que a auxiliasse na sua aflição. À saída, na rua Santo Honorato, encontra um senhor que a aborda e lhe diz:

– Minha boa senhora, ficaria contente se arranjasse trabalho?

– Ah! meu bom senhor, responde ela, peço a Deus que me faça esse favor, porque estou muito necessitada.

– Então vá à rua tal, número tanto. Procure a Senhora T... e ela lhe dará trabalho.

Dito isto, continuou o seu caminho. A pobre mulher foi sem demora ao endereço indicado.

A senhora procurada lhe disse:

– Com efeito, tenho um trabalho para mandar fazer. Mas como não o disse a ninguém, não sei como pode a senhora vir procurar-me.

Então a pobre necessitada, avistando um retrato à parede, respondeu.

– Senhora, foi este cavalheiro quem me mandou.

– Este cavalheiro? retrucou espantada a senhora. Mas é impossível! Este é o retrato de meu filho, falecido há três anos.

– Não sei como pode ser isto; mas eu vos asseguro que foi este senhor que eu encontrei ao sair da igreja onde tinha ido pedir auxílio a Deus. Ele me abordou e foi ele mesmo quem me mandou aqui.

De acordo com o que acabamos de ver, nada existe de surpreendente em que o Espírito do filho daquela senhora, a fim de prestar um serviço à pobre mulher, cuja prece por certo ouvira, lhe tenha aparecido sob forma corpórea, para lhe indicar o endereço da própria mãe. Em que se transformou depois? Sem dúvida no que era antes: um Espírito, a menos que tivesse achado oportuno mostrar-se a outras pessoas sob a mesma aparência, continuando o seu passeio.

Aquela mulher teria, assim, encontrado um *agênere* com o qual conversara.

Perguntarão, entretanto, porque não se teria apresentado à sua mãe?

Nessas circunstâncias os motivos que determinam a ação dos Espíritos nos são completamente desconhecidos. Agem como bem lhes parece, ou antes, conforme disseram, em virtude de uma permissão, sem a qual não podem revelar a sua existência de modo material. Aliás, compreende-se que a sua presença pudesse causar à mãe perigosa emoção. E quem sabe se não se apresentou a ela durante o sono ou de qualquer outro modo? E, além disso, não terá sido um meio de lhe revelar sua existência? É mais provável que ele tivesse sido testemunha invisível do encontro das duas senhoras.

Não nos parece que o Duende de Bayonne deva ser considerado como *agênere,* pelo menos nas circunstâncias em que se manifestou, por isso que para a família ele teve sempre o caráter de um Espírito e nunca procurou dissimulá-lo, era o seu estado permanente. As aparências corporais que revestia eram apenas acidentais; ao passo que o *agênere* propriamente dito não revela a sua natureza e aos nossos olhos não passa de um homem comum; sua aparição corpórea pode ter longa duração, conforme a necessidade, a fim de estabelecer relações sociais com um ou vários indivíduos.

Pedimos ao Espírito de São Luís a bondade de nos esclarecer sobre esses diversos pontos, respondendo às nossas perguntas.

1. – O Espírito do Duende de Bayonne podia mostrar-se corporalmente em outros lugares e a outras pessoas além da sua família? R – Sim, sem dúvida.

2. – Isso depende da sua vontade? R – Não exatamente. O poder dos Espíritos é limitado, só fazem o que lhes é permitido.

3. – Que aconteceria se se apresentasse a um desconhecido? R – Tê-lo-iam tomado por uma criança comum. Dir-vos-ei entretanto uma coisa: por vezes existem na Terra Espíritos que revestiram essa aparência e são tomados como homens.

4. – Tais seres pertencem à categoria dos Espíritos superiores ou dos inferiores? R – Podem pertencer a uma ou a outra. São fatos raros, de que há exemplos na Bíblia.

5. – Raros ou não, basta a sua possibilidade para que mereçam atenção. Que aconteceria se, tomando um tal ser por um homem comum, lhe fizessem um ferimento mortal? Seria morto? R – Desapareceria subitamente, como o jovem de Londres[1].

---

[1] Vide a *Revista Espírita* de dezembro de 1858, *Fenômeno de bicorporeidade.*

FEVEREIRO DE 1859

6. – Eles têm paixões? R – Sim. Como Espíritos, têm as paixões dos Espíritos, conforme a sua inferioridade. Se tomam um corpo aparente é, por vezes, para gozar das paixões humanas. Se são elevados, é com um fim útil.

7. – Podem procriar? R – Deus não o permitiria. Isto é contrário às leis por ele estabelecidas na Terra e estas não podem ser contrariadas.

8. – Se um tal ser se nos apresentasse, teríamos um meio de o reconhecer? R – Não, a não ser pelo desaparecimento inesperado. Seria o mesmo que o transporte de móveis de um para outro andar, que lestes anteriormente[2].

9. – Qual o objetivo que pode levar certos Espíritos a tomar esse estado corporal, o mal ou o bem? R – Muitas vezes o mal; os bons Espíritos têm a seu favor a inspiração, agem sobre a alma e pelo coração. Sabeis que as manifestações físicas são produzidas por Espíritos inferiores, e elas são numerosas. Entretanto, como disse, os bons Espíritos também podem tomar essa aparência corporal com um fim útil. Falei em tese.

10. – Nesse estado podem tornar-se visíveis ou invisíveis à vontade? R – Sim, desde que podem desaparecer quando querem.

11. – Tem eles um poder oculto superior ao dos homens? R – Têm apenas aquele que lhes dá a sua categoria de Espíritos.

12. – Têm necessidade real de alimento? R – Não. O seu corpo não é real.

13. – Entretanto o jovem de Londres, embora não tivesse um corpo real, almoçou com os amigos e lhes apertou a mão. Que aconteceu com o alimento ingerido? R – Antes de apertar a mão, onde estavam os dedos que apertam? Compreendeis que o corpo desapareça? Por que não quereis compreender que também desapareça a matéria? O corpo do jovem de Londres não era real, pois se achava em Boulogne; era, portanto, aparência. Dava-se o mesmo com o alimento que parecia ingerir.

14. – Se tivéssemos entre nós um ser semelhante, seria um bem ou um mal? R – Seria antes um mal. Aliás, não é possível adquirir

---

[2] Alusão a um fato dessa natureza lido no começo da sessão.

grandes conhecimentos com esses seres. Não vos podemos dizer muita coisa. Tais fatos são excessivamente raros e jamais têm um caráter de permanência. Principalmente essas aparições corpóreas instantâneas, como a de Bayonne.

15. – Algumas vezes o protetor familiar toma essa forma? R – Não. Não dispõe ele das cordas interiores? Ele as toca mais facilmente do que se estivesse sob forma visível e o tomássemos por um nosso semelhante.

16. – Perguntam se o Conde de Saint-Germain não pertenceria à categoria dos agêneres. R – Não. Era um hábil mistificador.

A história do jovem de Londres, relatada em nosso número de dezembro, é um fato de bicorporeidade, ou antes, de dupla presença, que difere essencialmente daquele de que tratamos. O agênere não tem corpo vivo na Terra; apenas o seu perispírito toma forma palpável. O jovem de Londres era perfeitamente vivo; enquanto seu corpo dormia em Boulogne, seu Espírito, envolvido pelo perispírito, foi a Londres, onde tomou uma aparência tangível.

Conhecemos um fato quase análogo. Enquanto estávamos calmamente na cama, um de nossos amigos nos viu várias vezes em sua casa, posto que sob aparência não tangível, sentando-nos a seu lado e conversando com ele, como de hábito. Uma vez nos viu de "chambre", outras, de paletó. Transcreveu nossa conversa e no-la remeteu no dia seguinte. Era, como é bem de ver, relativa a nossos trabalhos prediletos. Querendo fazer uma experiência, ofereceu-nos refrescos. Eis a nossa resposta: "Não tenho necessidade disto, porque não é o meu corpo que está aqui. Bem sabeis que, assim, não há necessidade de vos dar uma ilusão".

Uma circunstância muito esquisita ocorreu então. Quer por disposição natural, quer como resultado de nossos trabalhos intelectuais, sérios desde a nossa juventude, quase diríamos, desde a infância, o fundo de nosso caráter foi sempre de extrema gravidade, mesmo na idade em que não se pensa senão nos prazeres. Essa preocupação constante nos dá uma aparência de frieza, mesmo de muita frieza. E, pelo menos, aquilo que muitas vezes nos tem sido censurado. Mas sob essa aparência glacial, talvez o Espírito sinta mais vivamente que no caso de se dar a expansões exteriores. Ora, em nossas visitas noturnas ao nosso amigo, este ficou muito surpreendido por nos ver completamente outro: éramos mais extrovertido, mais comunicativo, quase alegre. Tudo em nós respirava satisfação e a calma do bem-estar. Não estará aí um efeito do Espírito desprendido da matéria?[1].

MEU AMIGO HERMANN

Com este título, o Sr. H. Lugner publicou no folhetim do *Journal des Débats,* de 26 de novembro de 1858, uma espirituosa história fantástica, no gênero de Hoffmann e que, à primeira vista, parece ter alguma analogia com os nossos agêneres e os fenômenos de tangibilidade de que acabamos de falar. A extensão da história não nos permite reproduzi-la na íntegra; limitar-nos-emos a analisá-la, fazendo notar que o autor a conta como um fato de que tivesse sido testemunha e como se estivesse ligado por laços de amizade ao herói da aventura.

Esse herói, chamado Hermann, morava numa pequena cidade da Alemanha. "Era", diz o narrador, "um belo rapaz de 25 anos, de porte avantajado, cheio de nobreza em todos os seus movimentos, gracioso e espiritual no falar. Muito instruído e sem o menor pedantismo, muito fino e sem malícia, muito cioso de sua dignidade e sem a menor arrogância. Logo, era perfeito em tudo e mais perfeito ainda em três coisas mais que no resto. Seu amor à filosofia, sua vocação particular pela valsa e a doçura de seu caráter. Essa doçura não era fraqueza, nem medo dos outros, nem desconfiança exagerada de si mesmo; era uma inclinação natural, uma superabundância desse *milk of human kindness*[2] que de ordinário só encontramos nas ficções dos poetas e da qual a Natureza havia aquinhoado Hermann com uma dose invulgar. Ele continha e ao mesmo tempo animava os seus adversários com uma bonda-

---

[1] Sobre os *agêneres,* Kardec deixou algumas páginas notáveis, além da que damos acima. Elas se encontram em seus livros:

A Gênese. Cap. XIV, ns. 36, 37 e 38, pg. 260/1, 10.ª ed. da FEB, 1944;

IBIDEM, cap. XV, ns. 61 a 67, pg. 308 a 313, idem, idem.

Obras Póstumas, Estudo sobre a natureza do Cristo, pg. 96 e seg., principalmente ns. VIII e IX, pg. 127 a 135.

Em todas as passagens, Allan Kardec deixa bem claras as condições gerais que marcam a apresentação dos agêneres. Por aí se vê que jamais se poderia aceitar a tese docetista, restaurada por J. B. Roustaing. (N. do T.)

[2] Expressão inglesa que significa "leite da bondade humana". (N. do R.)

de onipotente e superior aos ultrajes; podiam feri-lo, mas não encolerizá-lo. Seu barbeiro um dia, ao frisá-lo, queimou-lhe a ponta da orelha. Hermann apressou-se em desculpá-lo, atribuindo-se a culpa, assegurando que se havia mexido desajeitadamente. Não houve nada disso, posso dizê-lo em consciência, porque me achava presente e vi claramente que tudo foi devido à inabilidade do barbeiro. Deu ele muitas outras provas da imperturbável bondade de sua alma. Ouvia a leitura de maus versos com um ar angélico e respondia aos mais tolos epigramas com elogios bonitos, quando Espíritos malévolos lhe teriam mencionado as suas maldades. Essa doçura singular o havia tornado celebre; não havia mulher que não desse a vida para vigiar sem descuido o caráter de Hermann, procurando fazê-lo perder a paciência ao menos uma vez na vida.

"Acrescente-se a todos esses méritos a vantagem de uma completa independência. A posse de uma fortuna suficiente para que fosse contado entre os mais ricos homens da cidade, e dificilmente podereis imaginar que faltasse alguma coisa à felicidade de Hermann. Entretanto não era feliz e dava frequentes mostras de tristeza. Isso era devido a uma enfermidade singular, que o afligira a vida toda e que de há muito vinha provocando curiosidade de toda a sua cidadezinha.

"Hermann não podia ficar desperto um instante depois do pôr do sol. Quando o dia se aproximava do fim, ele era tomado de uma languidez invencível e pouco a pouco caía numa letargia que nada podia evitar e da qual ninguém o tirava. Deitava-se com o sol e levantava-se ao romper do dia; seus hábitos matinais tê-lo-iam tornado um excelente caçador, se tivesse podido vencer o horror ao sangue e suportar a ideia de dar uma morte cruel a inocentes criaturas."

Eis os termos em que, num momento de expansão, descreve ele a sua situação ao seu amigo do *Journal des Débats:*

"Você sabe, meu amigo, a que enfermidade sou sujeito e que sono invencível me oprime regularmente, desde o pôr do sol até o seu nascer. Sobre isso você sabe o que todos sabem; e como todos, ouviu dizer que esse sono quase se confunde com a morte. Nada mais verdadeiro. E isso pouco me importaria, eu o juro, se a natureza se contentasse em tomar-me o corpo como motivo para uma de suas fantasias. Mas a minh'alma também é seu joguete. Não lhe posso dizer sem horror a sorte bizarra e cruel que lhe foi infligida. Cada uma de minhas noites é preenchida por um sonho, e esse sonho se liga com a mais fatal clareza ao sonho da noite anterior. Esses sonhos (Deus o permitisse que fossem sonhos!) se seguem e se encadeiam como os acontecimentos de uma existência comum, que se desenvolvesse à face do sol e na companhia de outros homens. Assim, vivo duas vezes e levo duas existências diferentes: uma se passa aqui, com você e com os nossos amigos; a outra, muito longe daqui, com homens que conheço tão bem como a você, com quem falo como lhe falo, e que me chamam de louco, como vocês o fazem quando me refiro a outra existência além desta que passo com vocês. Entretanto, estou aqui vivo, falando, sentado ao seu lado e bem desperto, como me parece. E quem pretendesse que nós sonhamos, ou que somos sombras, com justo motivo não passaria por um insensato? Então! meu caro amigo, cada um dos momentos, cada um dos atos que enchem as horas de meu sono inevitável não tem menos realidade; e quando me acho inteiramente nessa outra existência, é esta que eu seria tentado a considerar como um sonho.

"Entretanto, não sonho mais aqui do que lá. Vivo alternativamente nos dois lados e não poderia duvidar, embora minha razão fique estranhamente chocada, que minha alma anime sucessivamente dois corpos e defronte, assim, duas existências. Ah! meu caro amigo, prouvera a Deus que ela tivesse nesses dois corpos os mesmos instintos e a mesma conduta e que lá eu fosse o homem que vocês aqui conhecem e estimam. Mas nada disso: não ousariam talvez contestar a influência do físico sobre o moral se minha história fosse conhecida. Não me quero gabar, aliás o orgulho que me pudesse inspirar uma de minhas existências é muito abatido pela vergonha inseparável da outra. Entretanto, posso dizer sem vaidade que aqui sou justamente amado e por todos respeitado; elogiam-me a figura e as maneiras; acham-me o aspecto nobre, liberal e distinto. Como você sabe, amo as letras, a filosofia, as artes, a liberdade, tudo o que faz o encanto e a dignidade da vida humana; socorro os infelizes e não invejo ninguém. Você sabe que minha suavidade se tornou proverbial, como meu espírito de justiça e de misericórdia e meu insuperável horror à violência. Todas essas qualidades que me elevam e me adornam aqui, eu as expio lá, por vícios contrários. A Natureza, que aqui me cumulou de bênçãos, aprouve lá amaldiçoar-me. Não só me atirou numa condição inferior, onde tive que ficar sem letras e sem cultura, como deu a esse outro corpo, que também é meu,

58 REVISTA ESPÍRITA

órgãos tão grosseiros ou tão perversos, sentidos tão cegos ou tão fortes, tais inclinações e tais necessidades, que minh'alma obedece em
vez de comandar e se deixa arrastar por esse corpo despótico às mais
vis desordens. Lá eu sou duro e covarde, perseguidor dos fracos e
servil diante dos fortes, impiedoso e invejoso, naturalmente injusto e
violento até o delírio. Entretanto sou eu mesmo e, por mais que me
odeie e me despreze, não posso deixar de me reconhecer.

"Hermann parou um instante. Sua voz estava trêmula e os olhos
molhados. Esbocei um sorriso e lhe disse: – Quero abrandar a sua loucura, para melhor a curar. Diga-me tudo. Para começar, onde se passa
essa outra existência e com que nome você é conhecido?

"Chamo-me William Parker – respondeu ele. Sou um cidadão de
Melbourne, na Austrália. É para lá, nos antípodas, que voa minh'alma,
assim que os deixa. Quando o sol se põe aqui, ela deixa Hermann inanimado e o sol se levanta lá do outro lado quando ela vai dar vida ao
corpo inanimado de Parker. Então começa minha miserável existência
de vagabundagem, de fraude, de rixas e de mendicância. Frequento
uma sociedade má, onde sou contado entre os piores; estou em luta
incessante com os companheiros e com frequência me acho de faca
em punho; estou sempre em guerra com a polícia e por vezes sou obrigado a esconder-me. Mas tudo tem um termo neste mundo; esse suplício está chegando a um fim. Felizmente cometi um crime. Matei covarde e estupidamente uma pobre criatura que me estava ligada. Assim
levei ao cúmulo a indignação pública, já excitada por minhas desordens.
O júri condenou-me à morte e espero minha execução. Algumas pessoas humanas e religiosas intercederam por mim junto ao governador, a
fim de obter-me graça ou pelo menos o *sursis,* que me desse tempo
para me converter. Mas é muito conhecida a minha natureza grosseira
e intratável. Recusaram-no e amanhã, ou melhor, esta noite, serei infa-
livelmente conduzido à forca.

"Pois bem – disse-lhe eu sorrindo. Tanto melhor para você e para
nós, é uma boa saída a morte desse patife. Uma vez lançado Parker na
eternidade, Hermann viverá tranquilo, poderá velar como todo o mundo
e ficar conosco dia e noite. Essa morte curá-lo-á, meu caro amigo, e eu
sou grato ao governador de Melbourne por ter recusado graça a esse
miserável.

"Você se engana – respondeu Hermann com uma gravidade que

me causou dó, – morreremos juntos os dois, porque não somos senão um; apesar de nossas diversidades e de nossa natural antipatia, temos apenas uma alma, que será ferida por um golpe único; em todas as coisas, respondemos um pelo outro. Crê então que Parker ainda estaria vivo se Hermann não tivesse sentido que tanto na morte como na vida eles eram inseparáveis? Teria eu hesitado um instante se tivesse podido arrancar e lançar no fogo essa outra existência, como o olho maldito de que falam as Escrituras? Eu estava tão feliz por viver aqui que não me podia resolver a morrer lá; e minha irresolução durou até que a sorte me resolveu essa terrível questão. Agora, tudo está acabado. Creia que estou fazendo a minha despedida.

"No dia seguinte encontraram Hermann morto em seu leito. Alguns meses depois os jornais da Austrália trouxeram a notícia da execução de William Parker, com todas as circunstâncias descritas por seu duplo."

Toda essa história é contada com um imperturbável sangue frio e em tom sério; nada falta nos detalhes que omitimos, para lhe dar um cunho de verdade. Em presença dos fenômenos estranhos, que testemunhamos, um fato dessa natureza poderia parecer senão real, ao menos possível e, até certo ponto, ligado àqueles por nós citados. Não seria talvez análogo ao do jovem que dormia em Boulogne enquanto, ao mesmo tempo, falava com os amigos em Londres? E ao de Santo Antônio de Pádua, que no mesmo dia pregava na Espanha e se mostrava em Pádua, para salvar a vida de seu pai, acusado como assassino?

À primeira vista pode-se dizer que se estes últimos fatos são exatos, também não é impossível que esse Hermann vivesse na Austrália enquanto dormia na Alemanha, e reciprocamente. Embora seja nossa opinião a respeito perfeitamente estabelecida, julgamo-nos no dever de referi-la aos nossos instrutores de além-túmulo, numa das sessões da Sociedade. À pergunta: "É verdadeiro o fato relatado pelo *Jornal des Débats*?" responderam: "Não é uma história feita especialmente para distrair os leitores. Perguntado: "Se não é verdadeira, é possível? responderam ainda: "Não, uma alma não pode animar dois corpos."

Com efeito, na história de Boulogne, embora o moço fosse visto simultaneamente em dois lugares, não havia realmente senão um só corpo de carne e osso que estava em Boulogne; em Londres havia apenas a aparência ou perispírito, tangível, é certo, mas não o próprio corpo, o corpo mortal; ele não poderia morrer em Londres e em Boulogne. Ao contrário, segundo a história, Hermann teria, na realidade, dois corpos, de vez que um foi enforcado em Melbourne e o outro enterrado na Alemanha. A mesma alma teria, assim, levado simultaneamente duas existências, o que, conforme os Espíritos, não é possível.

Os fenômenos do gênero desse de Boulogne e de Santo Antônio de Pádua, embora muito frequentes, são aliás sempre acidentais e fortuitos num indivíduo e jamais têm um caráter de permanência, ao passo que o pretenso Hermann era assim desde a infância. Mas a razão mais grave é a diferença de caracteres. Com toda a certeza, se esses dois indivíduos não tivessem tido senão uma só e mesma alma, esta não poderia ser alternativamente de um homem de bem e de um bandido. É certo que o autor se baseia na influência do organismo. Lamentamos que esta seja a sua filosofia e, ainda mais, que procure aboná-la, porque isto seria negar a responsabilidade dos atos. Semelhante doutrina seria a negação de toda moral, porque reduziria o homem à condição de máquina.

ESPÍRITOS BARULHENTOS.
COMO LIVRAR-SE DELES

Escrevem-nos de Gramat, no Lot:

"Numa casa da aldeia de Coujet, comuna de Bastat, no departamento de Lot, há cerca de dois meses ouvem-se ruídos extraordinários. A princípio eram golpes secos e muito semelhantes a pancadas de um machado no soalho e ouvidos por todos os lados: sob os pés, acima da cabeça, nas portas, nos móveis. Depois as passadas de um homem descalço e o tamborilar de dedos nas vidraças. Os moradores ficaram amedrontados e mandaram rezar missas; a população inquieta ia à aldeia e escutava; a polícia tomou conhecimento, fez várias pesquisas e o barulho aumentou. Em breve as portas eram abertas, os objetos revirados, as cadeiras projetadas pela escada, os móveis transportados do rés-do-chão para o sótão. Tudo quanto informo ocorre em pleno dia e é atestado por grande número de pessoas. A casa não é um pardieiro antigo, sombrio e negro, que só pelo aspecto faz sonhar com fantasmas: é uma construção recente e risonha; os proprietários são gente boa, incapaz de querer enganar e morrem de medo. Entretanto muitas pessoas pensam que ali não há nada de sobrenatural e procuram explicar tudo quanto se passa de extraordinário quer pela física, quer pelas más intenções que atribuem aos moradores. Eu, que vi e acredito, resolvi dirigir-me ao senhor para saber quais são os Espíritos que fazem todo esse barulho e conhecer o meio, caso exista, de os silenciar. É um serviço que prestaria a essa boa gente, etc..."

Os fatos dessa natureza não são raros; todos eles se assemelham mais ou menos e, em geral, só diferem pela intensidade e por sua maior ou menor tenacidade. Em geral, a gente pouco se inquieta quando eles se limitam a alguns ruídos sem consequência, mas tornam-se verdadeira calamidade quando atingem certas proporções.

Nosso distinto correspondente pergunta-nos quais os Espíritos que fazem esse barulho. A resposta não deixa dúvidas: sabe-se que só os Espíritos de uma ordem muito inferior são capazes de tanto.

Os Espíritos superiores, assim como entre nós as pessoas graves e sérias, não se divertem a fazer charivaris. Muitas vezes os chamamos a fim de lhes perguntar por que motivo assim perturbam o repouso alheio. A maior parte não tem outro objetivo senão divertir-se. São antes Espíritos levianos do que maus. Riem-se do medo que provocam, como das inúteis pesquisas para descobrir a causa do tumulto. Muitas vezes se obstinam junto a um indivíduo que gostam de vexar e que perseguem de casa em casa; outras vezes se ligam a um determinado lugar sem qualquer motivo, a não ser por capricho. Por vezes também é uma vingança que exercem, como teremos ocasião de ver. Em certos casos, sua intenção é mais louvável: querem chamar a atenção e estabelecer contato, seja para fazer uma advertência útil à pessoa a quem se dirigem, seja para pedir algo para si mesmos. Muitas vezes vimo-los pedir preces; outros solicitavam o cumprimento, em seu nome, de promessas que não puderam cumprir; outros, enfim, no interesse de seu próprio repouso, queriam reparar alguma ação má que tinham praticado quando encarnados.

Em geral não há razão para nos amedrontarmos, sua presença pode ser importuna, mas não é perigosa. Aliás, compreende-se que tenhamos desejo de nos desembaraçarmos deles, entretanto, quase sempre fazemos exatamente o contrário do que deveríamos. Se são Espíritos que se divertem, quanto mais levamos a coisa a sério, mais eles persistem, como meninos travessos que apoquentam tanto mais quanto mais veem que nos impacientamos, e que metem medo aos covardes. Se tomássemos o sábio partido de rir de suas malandrices, acabariam cansando e deixando-nos tranquilos. Conhecemos alguém que, longe de irritar-se, os excitava, desafiava-os a fazer isto ou aquilo, de modo que ao cabo de alguns dias eles não mais apareceram. Entretanto, como dissemos, alguns têm motivos menos frívolos. Eis por que é sempre útil saber o que eles querem. Se pedem alguma coisa, podemos estar certos de que suas visitas cessarão assim que forem satisfeitos. O melhor meio de instruir-se a respeito é evocar o Espírito através de um bom médium psicógrafo; por suas respostas veremos imediatamente com quem tratamos e, em consequência, poderemos agir. Se for um Espírito infeliz, manda a caridade que o tratemos com os cuidados que merece. Se for um brincalhão de mau gosto, poderemos agir com ele sem cerimônias; se for malévolo, é preciso pedir a Deus que o torne melhor. Em todo caso a prece só bons resultados poderá dar. Mas a gravidade das fórmulas de exorcismo causa-lhes riso e por elas não têm nenhum respeito. Se pudermos entrar em comunicação com eles, é necessário desconfiar das qualificações burlescas ou apavorantes que por vezes se dão, para divertir-se com a nossa credulidade.

Em muitos casos a dificuldade está em não ter médiuns à disposição. Devemos então procurar substituí-los por nós mesmos ou interrogar o Espírito diretamente, de acordo com os preceitos que damos nas nossas *Instruções Práticas sobre as Manifestações*.

Embora produzidos por Espíritos inferiores, esses fenômenos são, muitas vezes, provocados por Espíritos de ordem mais elevada, com o fito de nos convencer da existência de seres incorpóreos e de um poder superior ao do homem. A repercussão dai resultante, o próprio medo que causam, chamam a atenção e acabarão por abrir os olhos dos mais incrédulos. Estes acham mais fácil levar tais fenômenos para o plano da imaginação, explicação muito cômoda, que dispensa quaisquer outras. Entretanto, quando os objetos são sacudidos ou atirados à nossa cabeça, fora necessária uma imaginação muito complacente para supor que tais coisas acontecem, quando não acontecem. Se observamos um efeito qualquer, este terá, necessariamente, uma causa. Se uma observação *calma e fria* nos demonstra que tal efeito independe de toda vontade humana e de toda causa material; se, além disso, nos dá indícios *evidentes* de inteligência e de livre vontade, *o que constitui o mais característico dos sinais,* somos então forçados a atribuí-lo a uma inteligência oculta.

Quais são esses seres misteriosos? Eis o que os estudos espíritas nos ensinam da maneira menos contestável, através dos meios que nos apresenta de com eles nos comunicarmos. Além disso, esses estudos nos ensinam a separar o que é real daquilo que é falso ou exagerado nos fenômenos cujas causas não percebemos. Se se produz um efeito insólito – ruído, movimento, até mesmo uma aparição – o primeiro pensamento que devemos ter é que seja devido a uma causa absolutamente natural, que é o mais provável. Então é preciso rebuscar essa causa com o maior cuidado e não admitir a intervenção dos Espíritos senão com plena razão. É o meio de não nos iludirmos.

DISSERTAÇÃO DE ALÉM-TÚMULO

A INFÂNCIA

COMUNICAÇÃO ESPONTÂNEA DO SR. NÉLO, MÉDIUM, LIDA NA SOCIEDADE A 14 DE JANEIRO DE 1859

Não conheceis o segredo que, na sua inocência, ocultam as crianças; não sabeis o que são, nem o que foram, nem o que hão de ser. Entretanto vós as amais, vós as prezais como se fossem uma parte de vós mesmos e de tal modo que o amor da mãe pelos filhos é considerado como o maior amor que um ser possa ter a outro ser. De onde vem essa doce afeição, essa terna benevolência que os próprios estranhos experimentam para com uma criança?

Vós o sabeis? Não. Eis o que vos quero explicar.

As crianças são os seres que Deus envia a novas existências; e para que elas não possam queixar-se de sua grande severidade, dá-lhes toda a aparência da inocência; mesmo numa criança naturalmente má, os defeitos são cobertos pela inconsciência de seus atos. Esta inocência não é uma superioridade real sobre aquilo que foram antes. Não, é a imagem do que deveriam ser; e se não o são, a culpa cairá sobre elas unicamente.

Mas não foi apenas por elas que Deus lhes deu tal aspecto; foi também – e sobretudo – por seus pais, cujo amor é necessário à sua fraqueza, e esse amor ficaria singularmente enfraquecido à vista de um caráter impertinente e intratável, ao passo que, supondo os filhos bons e meigos, lhes dão toda a sua afeição e os cercam das atenções mais delicadas. Quando, entretanto, as crianças não mais necessitam dessa proteção, dessa assistência, que lhes foi dada durante quinze ou vinte anos, seu caráter real e individual aparece em toda a sua nudez: permanece bom, se for fundamentalmente bom, mas se irisa sempre de nuanças que estavam ocultas pela primeira infância.

Vedes que os caminhos de Deus são sempre os melhores e que, quando se tem o coração puro, fácil é conceber a explicação.

Com efeito, imaginai que o Espírito dos filhos que nascem entre vós pode vir de um mundo em que adquiriu hábitos completamente diversos. Como quereríeis que estivesse em vosso meio esse novo ser, que vem com paixões completamente diversas das que possuís, com inclinações, com gostos totalmente opostos aos vossos? Como quereríeis que se incorporasse em vossas fileiras de modo diferente daquele que Deus o quis, isto é, pelo crivo da infância?

Aí vêm confundir-se todos os pensamentos, todos os caracteres, todas as variedades de seres engendrados por essa multidão de mundos onde crescem as criaturas. E, ao morrer, vós mesmos vos encontrais numa espécie de infância, em meio a novos irmãos, e em nova existência não terrena ignorais os hábitos, os costumes e as relações desse mundo novo para vós, com dificuldade manejareis uma língua que não estais habituados a falar, uma língua mais viva do que o vosso pensamento atual.

A infância tem ainda outra utilidade. Os Espíritos só entram na vida corpórea para o seu aperfeiçoamento, para sua melhora; a fraqueza da infância os torna flexíveis, acessíveis aos conselhos da experiência e daqueles que têm o encargo de seu progresso. É então que seu caráter pode ser reformado, pela repressão de suas más inclinações. Tal o dever que Deus confiou aos pais, missão sagrada pela qual hão de responder.

Assim, a infância não só é útil, necessária e indispensável, mas também uma consequência natural das leis estabelecidas por Deus e que regem o Universo.

Observação: Chamamos a atenção dos leitores para essa dissertação notável, cujo elevado alcance filosófico é facilmente compreensível. Que há de mais belo, de mais grandioso que essa solidariedade existente entre todos os mundos? Que de mais conveniente para nos dar uma ideia da bondade e da majestade de Deus? A Humanidade cresce por tais pensamentos, ao passo que se rebaixa se a reduzimos às mesquinhas proporções de nossa vida efêmera e de nosso mundo, imperceptível entre os mundos.

CORRESPONDÊNCIA

Loudéac, 20 de dezembro de 1858.

Senhor Allan Kardec,

Felicito-me por estar em contato convosco através do gênero de estudos a que mutuamente nos entregamos. Há mais de vinte anos eu me ocupava com uma obra que devia ter por título *Estudo sobre os Germens.* Deveria ser especialmente sobre fisiologia, entretanto minha intenção era demonstrar a insuficiência do sistema de Bichat[1], que não admite senão a vida orgânica e a vida de relação. Eu queria provar que existe um terceiro modo de existência, que sobrevive aos dois outros, em estado anorgânico. Esse terceiro modo não é outra coisa senão a vida anímica ou *espírita,* como a chamais. Numa palavra, é o gérmen primitivo que engendra os dois outros modos de existência: orgânica e o de relação. Também queria demonstrar que os germens são de natureza fluídica, que são biodinâmicos, atrativos, indestrutíveis, autógenos e em número definido, tanto no nosso planeta quanto em todos os meios circunscritos.

Quando apareceu *Céu e Terra,* de Jean Reynaud, fui obrigado a modificar minhas convicções. Reconheci que o meu sistema era demasiado estreito, e admiti, com ele, que os astros, pela troca de eletricidade que podem estabelecer reciprocamente, por meio de várias correntes elétricas, devem necessariamente favorecer a transmigração dos germens ou Espíritos da mesma natureza fluídica.

Quando se falou das mesas girantes, entreguei-me logo a essa prática e obtive resultados tais que não tive mais nenhuma dúvida quan-

---

[1] Célebre anatomista francês (1771-1802) e grande fisiologista. Bichat foi o precursor da *Teoria celular,* de Virchow. Sua obra principal é o célebre tratado intitulado *Anatomie Générale.* (N. do T.)

66 REVISTA ESPÍRITA

to às manifestações. Compreendi logo que chegara o momento em que o mundo invisível ia tornar-se visível e tangível, e que, desde então, marchávamos para uma revolução sem exemplo nas Ciências e na Filosofia. Entretanto, eu estava longe de esperar que um jornal espírita pudesse estabelecer-se tão depressa e manter-se na França. Hoje, senhor, graças à vossa perseverança, é um fato consumado e de grandíssimo alcance. Estou longe de pensar que todas as dificuldades estejam vencidas; encontrareis muitos obstáculos e sofrereis muitos gracejos, mas, no fim de contas, a verdade brilhará; chegar-se-á a reconhecer a justeza da observação do nosso célebre professor Gay-Lussac[1], que nos dizia em seu curso, a propósito dos corpos *imponderáveis* e *invisíveis,* que estas eram expressões inexatas, que apenas constatavam a nossa limitação no estado atual da Ciência, acrescentando que seria mais lógico chamá-los de *imponderados.*

Assim também quanto à visibilidade e à tangibilidade. Aquilo que para um não é visível, o é para outro, mesmo a olho nu. Exemplo: os sensitivos. Enfim, a audição, o olfato, o gosto, que não passam de modificações da propriedade tangível, são nulos no homem quando comparados com os do cão, da águia e de outros animais. Nada há, pois, de absoluto nessas propriedades que se multiplicam conforme os organismos. Nada há de invisível, de intangível, de imponderável: tudo pode ser visto, tocado ou pesado, quando nossos órgãos, que são os nossos primeiros e mais preciosos instrumentos, se tiverem tornado mais sutis.

A tantas experiências a que deveis ter recorrido para constatar o nosso terceiro modo de existência, a vida espírita, peço que acrescenteis a seguinte: magnetizai um cego de nascença e, no estado sonambúlico, fazei-lhe uma série de perguntas sobre as formas e as cores. Se o sensitivo for lúcido, provar-vos-á, de modo peremptório, que sobre estas coisas tem um conhecimento que não lhe foi possível adquirir senão em *uma ou várias existências anteriores.*

Termino, senhor, pedindo-vos aceiteis minhas felicitações muito sinceras pelo gênero de estudos a que vos consagrais. Como jamais

---

[1] Notável físico e químico francês (1778-1850). Estudou os alógenos e os derivados cianogênicos. Formulou a *lei* da *dilatação dos* gases, geralmente conhecida com o nome de *lei* de *Gay-Lussac,* posto haja sobradas razões para admitir-se que a prioridade caiba ao seu colega italiano Alessandro Volta, que a enunciou em 1793, quando Gay-Lussac tinha apenas 15 anos. (N. do T.)

temi manifestar as minhas opiniões, podeis inserir esta em vossa revista, se a julgardes de utilidade.

Vosso servo muito dedicado,

Morhéry, Doutor em Medicina

Observação: Sentimo-nos feliz com a autorização que o Dr. Morhéry nos concede para a publicação, com o seu nome, da notável carta que acabamos de ler. Ela prova que há nele, ao lado do homem de ciência, o homem sensato, que vê algo além das nossas sensações e que sabe fazer o sacrifício de suas opiniões pessoais em face da evidência. Nele a convicção não é fé cega, mas raciocinada: é a dedução lógica do sábio que não pensa saber tudo.

UMA NOITE ESQUECIDA OU MANUZA, A FEITICEIRA

Milésima segunda noite dos Contos Árabes

DITADA PELO ESPÍRITO DE FRÉDÉRIC SOULIÉ

(Terceira e última publicação)

VII

– Levante-se, disse-lhe Nureddin, e siga-me.

Nazara lançou-se em pranto aos seus pés, pedindo graça.

– Nenhuma piedade para semelhante falta, disse o falso sultão. Prepare-se para morrer.

Nureddin sofria muito por lhe falar desse modo; mas não julgava azado o momento para se dar a conhecer.

Vendo que era impossível dobrá-lo, Nazara o seguiu trêmula. Voltaram aos aposentos; aí Nureddin disse a Nazara que fosse vestir-se convenientemente; depois, terminada a toalete e sem outra explicação, disse-lhe que iriam, ele e Ozana (o anão) conduzi-la para um subúrbio de Bagdá onde encontraria aquilo que merecia. Cobriram-se com grandes mantos, a fim de não serem reconhecidos, e saíram do palácio. Mas, oh! terror! apenas transpuseram as portas do palácio mudaram de aspecto aos olhos de Nazara; não eram o Sultão e Ozana, nem os vendedores de roupas, mas o próprio Nureddin e Tanapla. Ficaram tão aterrados, principalmente Nazara, por se encontrarem tão perto da morada do Sultão, que estugaram o passo, a fim de não serem reconhecidos.

Mal entraram em casa de Nureddin, esta foi cercada por uma porção de homens, escravos e tropas, enviadas pelo Sultão para os prender.

Ao primeiro ruído, Nureddin, Nazara e o anão refugiaram-se nos mais retirados aposentos do palácio. Lá, disse-lhes o anão que nada deviam recear. Só uma coisa deviam fazer, a fim de não serem presos: era enfiar na boca o dedo mínimo da mão esquerda e assoviar três vezes; Nazara devia fazer o mesmo e imediatamente ficariam invisíveis para aqueles que os quisessem prender.

O rumor continuou a aumentar de maneira alarmante; então Nazara e Nureddin seguiram o conselho de Tanapla: quando os soldados penetraram em seus aposentos acharam-nos vazios. Retiraram-se após pesquisas minuciosas. Então o anão disse a Nureddin que fizesse o contrário do que havia feito, isto é, que pusesse na boca o pequeno dedo da mão direita e assoviasse três vezes. Feito isto, logo se converteram no que eram antes.

À vista disso o anão os advertiu que não estavam em segurança naquela casa e que deviam deixá-la por algum tempo, até que se apaziguasse a cólera do Sultão. Então ofereceu-se para os conduzir ao seu palácio subterrâneo, onde estariam muito à vontade, enquanto seriam promovidos os meios para que pudessem, sem receio, retornar a Bagdá nas melhores condições possíveis.

VIII

Nureddin hesitava, mas Nazara tanto pediu que ele acabou concordando. O anão mandou que fossem ao jardim, chupassem uma laranja com o rosto voltado para o nascente e que então seriam transportados sem o perceber. Fizeram um ar de dúvida, mas Tanapla objetou-lhes que não compreendia a sua dúvida depois do que por eles havia feito.

Tendo descido ao jardim e chupado a laranja como lhes fora indicado, viram-se subitamente elevados a uma altura prodigiosa; de súbito experimentaram um forte abalo e um grande frio e sentiram que desciam a grande velocidade. Nada viram durante o trajeto; mas, quando tiveram consciência da situação, acharam-se num subterrâneo, num magnífico palácio iluminado por vinte mil velas.

Deixemos os dois namorados em seu palácio subterrâneo e voltemos ao nosso anão, que havíamos deixado em casa de Nureddin. Vimos que o sultão enviara os seus soldados para prender os fugitivos. Depois de haverem rebuscado os mais afastados recantos da habitação, bem como os jardins, nada encontraram. Viram-se forçados a regressar e prestar contas ao sultão de suas pesquisas infrutíferas.

Tanapla os havia acompanhado em todo o percurso com um ar brincalhão e, de vez em quando, perguntava quanto o sultão pagaria a quem lhes entregasse os dois fugitivos.

E acrescentava: "Se o sultão está disposto a me conceder uma audiência de uma hora eu lhe direi algo que o acalmará e ele ficará encantado de se desembaraçar de uma mulher como Nazara, que possui um mau gênio e que faria cair sobre ele todas as desgraças possíveis, se lá ficasse por mais algumas luas".

O chefe dos eunucos lhe prometeu dar o recado e lhe comunicar a resposta do sultão.

Mal chegaram ao palácio, o chefe dos negros lhe veio dizer que o seu senhor o aguardava; mas o preveniu de que seria empalado se fosse com imposturas.

Nosso monstrinho se apressou a chegar ao sultão. Em presença desse homem duro e severo, inclinou-se três vezes, como é de hábito perante os príncipes de Bagdá.

– Que me tens a dizer? perguntou o sultão. Sabes o que te espera se não dizes a verdade. Fala, eu te escuto.

– Grande Espírito, celeste Lua, tríade de Sóis, não direi senão a verdade. Nazara é filha da Fada Negra e do Gênio da Grande Serpente dos Infernos. Sua presença em tua casa te acarretaria todas as pragas imagináveis: chuva de serpentes, eclipse do sol, lua azul impedindo os amores noturnos; enfim, todos os teus desejos seriam contrariados e tuas mulheres envelheceriam antes que passasse uma lua. Eu poderia dar-te uma prova do que digo, sei onde se acha Nazara; se queres, irei buscá-la e poderás convencer-te. Só há um meio de evitar essas desgraças – é dá-la a Nureddin. Nureddin também não é o que pensas: é o filho da feiticeira Manuza e do gênio Rochedo de Diamante. Se os casares, em sinal de reconhecimento Manuza te protegerá. Se recusas... Pobre príncipe! eu te lamento. Experimenta. Depois decidirás.

O sultão ouviu muito calmo as palavras de Tanapla. Mas logo a seguir chamou uma tropa e mandou prender o pequeno monstro, até que um acontecimento viesse provar aquilo que acabara de dizer.

Tanapla respondeu: "Pensava que estivesse tratando com um grande príncipe; vejo, entretanto, que me enganei e deixo aos gênios o cuidado de vingar os seus filhos". Dito isso, seguiu os que o tinham vindo prender.

IX

Apenas algumas horas haviam passado desde que Tanapla entrara na prisão, quando o sol se cobriu de uma nuvem sombria, como se um véu tivesse querido roubá-lo à Terra; depois ouviu-se um grande ruído e de uma montanha, à entrada da cidade, saiu um gigante armado, dirigindo-se para o palácio do sultão.

Não direi que o sultão tivesse ficado muito calmo, longe disso. Tremia como uma folha de laranjeira açoitada por tolo. À aproximação do gigante, mandou fechar todas as portas e ordenou prontidão a todos os soldados, a fim de defender o seu príncipe. Mas, oh! estupefação! à aproximação do gigante todas as portas se abriram, como se empurradas por mão invisível; depois, gravemente, o gigante avançou para o sultão, sem fazer um sinal ou dizer uma palavra. À sua vista, o sultão caiu de joelhos e suplicou ao gigante que o poupasse e dissesse o que exigia.

"Príncipe!" disse o gigante, "não digo muita coisa da primeira vez, apenas te advirto. Faze o que Tanapla te aconselhou e te asseguramos a nossa proteção. Do contrário, sofrerás as consequências de tua teimosia".

Dito isso, retirou-se.

A princípio o sultão ficou muito aterrado; mas ao fim de um quarto de hora refez-se do susto e, longe de seguir o conselho de Tanapla, mandou publicar um édito prometendo magnífica recompensa a quem o pusesse no encalço dos fugitivos; depois mandou postar guardas às portas do palácio e da cidade e esperou pacientemente. Entretanto a paciência não durou muito ou, pelo menos, não lhe deixou o tempo de submetê-la à prova. Logo ao segundo dia apareceu às portas da cidade um exército que parecia saído debaixo da terra. Os soldados vestiam peles de toupeira e tinham como escudos cascos de tartaruga; usavam machados feitos de lascas de rochedos.

À sua aproximação os guardas quiseram opor resistência, mas o aspecto formidável do exército logo os fez baixar as armas; abriram as portas sem dizer palavra, sem romper suas filas e a tropa inimiga marchou solenemente para o palácio. O sultão quis resistir à entrada de seus aposentos, mas, com grande surpresa, os guardas adormeceram e as portas se abriram por si mesmas. Depois o chefe do exército avançou com passo grave até os pés do sultão e lhe falou:

"Vim dizer-te o seguinte: vendo a tua teimosia, Tanapla nos mandou procurar-te; ao invés de ser o sultão de um povo que não sabes governar, vamos conduzir-te para o meio das toupeiras; tornar-te-ás uma toupeira e serás um sultão amaciado. Vê o que preferes: isto ou fazer aquilo que te disse Tanapla? Tens dez minutos para refletir".

X

O sultão preferiria resistir. Mas, para a sua felicidade, após alguns momentos de reflexão concordou com aquilo que lhe exigiam. Apenas quis impor uma condição: que os fugitivos não habitassem o seu reino. Foi-lhe prometido, e imediatamente, sem saber como nem para onde, o exército desapareceu aos seus olhos.

Agora que a sorte dos dois amantes estava perfeitamente assegurada, voltemos a eles, lembrando que os havíamos deixado no palácio subterrâneo.

Depois de alguns minutos, deslumbrados, encantados pelo aspecto das maravilhas que os cercavam, quiseram visitar o palácio e os seus arredores. Viam jardins deslumbrantes. E, coisa estranha! ali viam quase que tão claramente quanto a céu aberto. Aproximaram-se do palácio, todas as portas estavam abertas e havia aparatos como para uma grande festa. À porta encontrava-se uma dama em toalete magnífica. Nossos fugitivos não a reconheceram logo; entretanto, aproximando-se mais, viram Manuza, a feiticeira, Manuza completamente transformada: já não era a velha suja e decrépita; era uma senhora de certa idade, mas ainda bela e de porte magnífico.

"Nureddin", disse-lhe ela, "eu te prometi ajuda e assistência. Hoje vou cumprir a minha promessa. Estás no fim de teus males e vais receber o preço de tua constância. Nazara vai ser tua esposa. Além disso, dou-te este palácio. Nele habitarás e serás o rei de um povo bravo e reconhecido. Eles são dignos de ti, como és digno de reinar sobre eles". A essas palavras ouviu-se uma música harmoniosa. De todos os lados apareceu inumerável multidão de homens e mulheres em trajes de festa; à sua frente, grãos-senhores e grandes damas vinham prostrar-se aos pés de Nureddin. Ofereceram-lhe uma coroa de ouro cravejada de diamantes e disseram que o reconheciam como rei; que o trono lhe pertencia como herança paterna; que havia 400 anos eles estavam encantados pela vontade de magos perversos e esse encantamento só deveria terminar pela presença de Nureddin. Em seguida fizeram um longo discurso sobre as suas virtudes e as de Nazara.

Então Manuza lhes disse: "Sois felizes e nada mais tenho a fazer aqui. Se um dia tiverdes necessidade de mim, batei na estátua que está no meio do vosso jardim e eu virei imediatamente". Dito isso, desapareceu.

Nureddin e Nazara tinham vontade de retê-la por mais tempo e agradecer-lhe toda a bondade para com eles. Depois de conversarem alguns momentos voltaram aos seus súditos. As festas e os regozijos duraram oito dias. Seu reinado foi longo e feliz; viveram milhares de anos e posso dizer-vos que ainda vivem. Só que o seu país jamais foi descoberto, ou melhor, nunca se tornou muito conhecido.

FIM

Observação: Chamamos a atenção dos leitores para as observações que antecederam este conto, nos números de novembro de 1858 e janeiro de 1859.

Allan Kardec

ANO II
MARÇO DE 1859

ESTUDO SOBRE OS MÉDIUNS

Como intérpretes das comunicações espíritas, os médiuns têm um papel de extrema importância e nunca seria demasiada a atenção dada ao estudo de todas as causas que os podem influenciar; e isto não só em seu próprio interesse, como também no daqueles que, não sendo médiuns, deles se servem como intermediários. Poderão assim julgar o grau de confiança que merecem as comunicações por eles recebidas. Todos – já o dissemos – são mais ou menos médiuns. Mas convencionou-se dar esse nome aos que apresentam manifestações patentes e, por assim dizer, facultativas. Ora, entre estes, as aptidões são muito diversas, pode-se dizer que cada um tem a sua especialidade. Ao primeiro exame, duas categorias se desenham muito nitidamente: os médiuns de efeitos físicos e os das comunicações inteligentes. Estes últimos apresentam numerosas variedades, das quais as principais são: os escreventes ou psicógrafos, os desenhistas, os falantes, os auditivos e os videntes. Os médiuns poetas, músicos e poliglotas constituem subclasses dos escreventes e falantes.

Não voltaremos às definições desses diversos gêneros: queremos apenas, e sucintamente, lembrar o conjunto, para maior clareza.

De todos os gêneros de médiuns, o mais comum é o psicógrafo, e isso por ser a modalidade mais fácil de se adquirir pelo exercício. Eis por que, e com razão, para ela se dirigem geralmente os desejos e os esforços dos aspirantes. Também apresenta duas variedades, igualmente encontradas nas outras categorias: os escreventes mecânicos e os escreventes intuitivos. Nos primeiros o impulso da mão independente da vontade; ela se move por si, sem que o médium tenha consciência do que escreve; seu pensamento pode até mesmo ser dirigido para outra coisa. No médium intuitivo o Espírito age sobre o cérebro; seu pensamento atravessa, se assim podemos dizer, o pensamento do médium, sem que haja confusão.

Em consequência, ele tem consciência do que escreve, por vezes mesmo uma consciência prévia, porque a intuição precede o movimento da mão; entretanto, o pensamento expresso não é o do médium. Uma comparação muito simples nos dá a compreender o fenômeno. Quando queremos conversar com alguém cuja língua não sabemos, servimo-nos de um intérprete; este tem consciência do pensamento dos interlocutores; ele deve entendê-lo, para o poder expressar e, portanto, esse pensamento não é dele. Assim, o papel do médium intuitivo é o mesmo de um intérprete entre nós e o Espírito. Ensinou-nos a experiência que os médiuns mecânicos e os intuitivos são igualmente bons, igualmente aptos para a recepção e transmissão de boas comunicações. Como meio de convicção, os primeiros valem mais, sem dúvida, mas quando a convicção é adquirida, não há preferência útil; a atenção deve ser inteiramente concentrada sobre a natureza das comunicações, isto é, sobre a aptidão do médium para receber as dos bons e maus Espíritos e, então, dizemos que ele é bem ou mal assistido. Nisso se encerra toda a questão, questão capital, desde que só ela pode determinar o grau de confiança que ele merece; é o que resulta do estudo e de observações, pelo que recomendamos nosso artigo precedente sobre os escolhos dos médiuns.

Com o médium intuitivo a dificuldade está em se distinguir os seus pensamentos daqueles que lhe são sugeridos. Essa dificuldade existe também para ele. O pensamento sugerido lhe parece tão natural que ele o toma às vezes por seu e põe em dúvida a sua faculdade. O meio de o convencer e convencer aos outros é um exercício frequente. Então, no número das evocações de que participará se apresentarão mil e uma circunstâncias, uma porção de comunicações íntimas, de particularidades das quais não poderia ter nenhum conhecimento prévio e que, de maneira irrecusável, demonstrarão a inteira independência do seu Espírito.

As diferentes variedades de médiuns repousam sobre aptidões especiais, cujo princípio até agora não conhecemos bem. À primeira vista e para as pessoas que não fizeram um estudo sistemático dessa ciência, parece que não seja mais difícil a um médium escrever versos do que escrever prosa; dir-se-á – sobretudo se ele for mecânico – que tanto pode o Espírito fazê-lo escrever numa língua estranha, quanto desenhar ou ditar música. Entretanto, não é assim. Embora a todo momento estejamos vendo desenhos, versos e músicas feitos por médiuns que, em estado normal, não são desenhistas, nem poetas, nem músicos, o certo é que nem todos são aptos à produção dessas coisas.

A despeito de sua ignorância, possuem uma faculdade intuitiva e uma flexibilidade que os transforma nos mais dóceis instrumentos. Foi o que muito bem exprimiu Bernard Palissy, quando lhe perguntaram por que havia escolhido o Sr. Victorien Sardou, que não sabia desenhar, para fazer seus admiráveis desenhos; é "porque", respondeu ele, "o acho mais flexível". O mesmo acontece com outras aptidões. E – coisa interessante! – vimos Espíritos recusar-se a ditar versos a médiuns que conheciam a arte poética, ao passo que os ditaram, e encantadores, a outros que lhes desconheciam as regras. Isto prova, ainda uma vez, que os Espíritos têm livre arbítrio e que vã será a tentativa de os submeter ao nosso capricho.

Resulta das observações precedentes que o médium deve seguir o impulso que lhe é dado, conforme a sua aptidão; deve procurar aperfeiçoar essa aptidão pelo exercício, mas será inútil querer adquirir a que lhe falta; isso seria talvez prejudicial à que possui. Forçando o nosso talento, nada faríamos com perfeição, diz La Fontaine; ao que podemos acrescentar: nada faríamos de bom. Quando um médium possui uma faculdade preciosa, com a qual pode tornar-se verdadeiramente útil, que se contente com ela e não busque uma vã satisfação ao seu amor-próprio, numa faculdade que enfraqueceria a faculdade primordial. Se esta deve ser transformada, como frequentemente acontece, ou se deve adquirir uma nova, tudo virá espontaneamente e não por efeito de sua vontade.

A faculdade de produzir efeitos físicos constitui uma categoria bem nítida, que raramente se alia às comunicações inteligentes, sobretudo às de elevado alcance. Sabe-se que os efeitos físicos são peculiares aos Espíritos de classes inferiores, assim como entre nós a exibição de força aos trapezistas. Ora, os Espíritos batedores estão nessa classe inferior; agem o mais das vezes por conta própria, para divertir-se ou vexar os outros, mas algumas vezes, por ordem dos Espíritos superiores, que deles se servem, como nós dos trabalhadores. Seria absurdo

---

[1] Vide *Revista Espírita* n°s 4 e 8 de abril e agosto de 1858.

pensar que Espíritos superiores viessem divertir-se em bater nas mesas ou fazê-las girar. Eles usam tais meios, dizemos nós, através de intermediários, quer para convencer-nos, quer para comunicar-se conosco, desde que não disponhamos de outros meios; mas os abandonam logo que possam agir de modo mais rápido, mais cômodo e mais direto, assim como nós abandonamos o telégrafo aéreo desde que tivemos o telégrafo elétrico. De modo algum devem ser desprezados os efeitos físicos, desde que para muitos representam um meio de convicção; além disso oferecem precioso material de estudo sobre as forças ocultas. É de notar, entretanto, que os Espíritos os recusam aos que deles não necessitam ou, pelo menos, os aconselham a não se ocuparem com os mesmos de modo especial.

Eis o que a respeito escreveu o Espírito de São Luís, na Sociedade Parisiense de Estudos Espíritas:

"Zombaram das mesas girantes, mas não zombarão jamais da filosofia, da sabedoria e da caridade que brilham nas comunicações sérias. Aquelas foram o vestíbulo da Ciência, onde, ao entrar, devemos deixar os preconceitos, assim como quem deixa a capa. Nunca sereis por demais aconselhados a transformar as vossas reuniões em centros sérios: que se façam demonstrações físicas, que se veja, que se escute, mas que haja compreensão e amor. Que esperais parecer aos olhos dos Espíritos superiores, quando fazeis girar uma mesa? Ignorantes. O sábio passara o tempo a recordar o a, b, c da Ciência? Se vos virem rebuscando as comunicações inteligentes e instrutivas, considerar-vos-ão como homens sérios, em busca da verdade".

Impossível é resumir de modo mais lógico e mais preciso o caráter dos dois gêneros de manifestações. Aquele que recebe comunicações elevadas deve-as à assistência dos bons Espíritos: é uma prova da simpatia dos mesmos por ele; renunciar a elas e procurar os efeitos materiais é deixar uma sociedade escolhida por outra inferior. Querer aliar as duas coisas é atrair seres antipáticos; e, nesse conflito, é provável que se vão os bons e que ficarão os maus.

Longe de nós desprezar os médiuns de efeitos físicos. Têm eles a sua razão de ser e o seu fim providencial; prestam incontestáveis serviços à Ciência Espírita; mas quando um médium possui uma faculdade que o põe em contato com seres superiores, não compreendemos que dela abdique, ou que deseje outras, a não ser por ignorância. Porque,

MARÇO DE 1859

muitas vezes, a ambição de querer ser tudo faz com que se acabe não sendo nada".

MÉDIUNS INTERESSEIROS

Em nosso artigo sobre os escolhos dos médiuns colocamos a cupidez no rol dos defeitos que podem dar acesso aos Espíritos imperfeitos. Não será inútil desenvolver este assunto.

Na primeira linha dos médiuns interesseiros devem colocar-se aqueles que poderiam fazer de sua faculdade uma profissão, dando o que se costuma chamar de sessões ou consultas remuneradas. Não os conhecemos, pelo menos na França. Como, porém, tudo pode tornar-se objeto de exploração, não seria de admirar que um dia quisessem explorar os Espíritos. Resta saber como eles encarariam o fato, se acaso se tentasse introduzir uma tal especulação. Mesmo sem iniciação ao Espiritismo, compreende-se quanto isso representa de aviltante; mas quem quer que conheça um pouco o quanto é difícil aos bons Espíritos virem comunicar-se conosco e quão pouco é preciso para os afastar, bem como a sua repulsa por tudo quanto represente interesse egoístico, jamais poderá admitir que os Espíritos superiores sirvam ao capricho do primeiro que os evocasse a tanto por hora. O simples bom senso repele uma tal suposição. Não será ainda uma profanação evocar pai, mãe, filhos e amigos por semelhante meio? Sem dúvida que dessa maneira se podem ter comunicações; mas só Deus sabe de que fonte! Os Espíritos levianos, mentirosos, travessos, zombeteiros e toda a caterva de Espíritos inferiores vêm sempre; estão sempre prontos a tudo responder. São Luís nos dizia outro dia, na Sociedade: *Evocai um rochedo e ele vos responderá.*

Quem quiser comunicações sérias deve antes de tudo informar-se quanto à natureza das simpatias do médium com os seres de alémtúmulo; aquelas que são dadas pela ambição do lucro só podem inspirar uma confiança falsa e precária.

Médiuns interesseiros não são apenas os que poderiam exigir uma determinada importância; o interesse nem sempre se traduz na esperança de um lucro material, mas também nos pontos de vista ambiciosos de qualquer natureza, sobre os quais pode fundar-se a esperança pessoal. É ainda um tropeço que os Espíritos zombadores sabem utilizar muito bem, e de que se aproveitam com uma destreza e com uma desfaçatez verdadeiramente notáveis, acalentando enganadoras ilusões naqueles que assim se colocam sob sua dependência.

Em resumo, a mediunidade é uma faculdade dada para o bem e os bons Espíritos se afastam de quem quer que pretenda transformá-la em escada para alcançar seja o que for que não corresponda aos desígnios da Providência. O egoísmo é a chaga da sociedade; os bons Espíritos o combatem e, portanto, não é possível supor que venham servi-lo. Isto é tão racional, que sobre tal ponto seria inútil insistir.

Os médiuns de efeitos físicos não estão nas mesmas condições: seus efeitos sendo produzidos por Espíritos inferiores, pouco escrupulosos quanto aos sentimentos morais, um médium dessa natureza, que quisesse explorar a sua faculdade, poderia encontrar os que o assistissem sem muita repugnância. Mas teríamos ainda outro inconveniente. Assim como o médium de comunicações inteligentes, o de efeitos físicos não recebeu sua faculdade para seu prazer; esta lhe foi dada com a condição de usá-la bem, e, se abusar, ela lhe pode ser retirada ou revertida em seu prejuízo porque, afinal de contas, os Espíritos inferiores estão às ordens dos Espíritos superiores. Os inferiores gostam de mistificar, mas não gostam de ser mistificados; se de boa vontade se prestam às brincadeiras e questões de curiosidade, como os demais, não gostam de ser explorados e, a cada momento, provam que têm vontade própria, que agem quando e como bem entendem, o que faz com que o médium de efeitos físicos esteja ainda menos seguro da regularidade das manifestações que os médiuns escreventes. Pretender produzi-las em dias e horas predeterminados seria dar mostras de profunda ignorância.

Que fazer então para ganhar o seu dinheiro? Simular os fenômenos. Eis o que pode acontecer, não só aos que disso fizessem uma profissão declarada, como também às criaturas aparentemente simples, que se limitam a receber uma retribuição qualquer dos visitantes. Se o Espírito nada produz, eles produzem: a imaginação é muito fecunda quando se trata de ganhar dinheiro. É uma tese que desenvolveremos em artigo especial, a fim de prevenir quanto à fraude.

Concluímos, de tudo quanto precede, que o mais absoluto desinteresse é a melhor garantia contra o charlatanismo, pois não há charlatães desinteressados; se ele nem sempre assegura a bondade das comunicações inteligentes, tira aos maus Espíritos um poderoso meio de ação e fecha a boca a certos detratores.

FENÔMENO DE TRANSFIGURAÇÃO

O fato que se segue foi extraído de uma carta que, em setembro de 1857, recebemos de um dos nossos correspondentes em Saint-Etienne. Depois de falar de várias comunicações de que foi testemunha, acrescenta:

"Fato dos mais admiráveis se passa numa das famílias de nossas proximidades. Das mesas girantes passou-se à poltrona que fala; depois um lápis foi ligado ao pé da poltrona e esta indicou a psicografia; praticaram-na durante muito tempo, mais como distração do que como coisa séria. Por fim a escrita designou uma das moças da casa e ordenou que lhe passassem as mãos sobre a cabeça, depois que a fizessem deitar; ela adormeceu quase imediatamente e, depois de um certo número de experiências, transfigurou-se. A moça tomava os traços, a voz e os gestos de parentes mortos, dos avós que não tinha conhecido, de um irmão morto há poucos meses. As transfigurações ocorriam sucessivamente na mesma sessão. Falava um dialeto que não é o de nossa época, segundo me disseram, pois não conheço o atual nem o outro. O que posso afirmar é que numa sessão onde havia tomado a aparência de seu irmão, vigoroso, folgazão, me deu essa jovem de treze anos um rude aperto de mão.

"O fenômeno se repete constantemente, há dezoito meses ou dois anos; apenas agora se produz natural e espontaneamente, sem imposição das mãos".

Embora bastante raro, esse fenômeno não é excepcional; já nos falaram de diversos casos semelhantes e nós mesmos testemunhamos algo de parecido em sonâmbulos no estado de êxtase, bem como nalguns estáticos que não se encontravam em estado sonambúlico. Por outro lado, é certo que as emoções violentas operam uma mudança na fisionomia, dando-lhe uma expressão completamente diferente daquela do estado normal. Não vemos, também, criaturas cujos traços móveis se prestam, à vontade, a modificações que lhes dão a aparência de outras pessoas? Vemos por aí que a rigidez da face não é tal que não possa prestar-se a modificações passageiras, mais ou menos profun-

80 REVISTA ESPÍRITA

das. Nada há, pois, de admirar que um fato semelhante possa ocorrer nesse caso, quiçá por uma causa independente da vontade.

Eis as respostas dadas a respeito por São Luís, na sessão da Sociedade no dia 25 de fevereiro último.

1. – O caso de transfiguração de que acabamos de falar é verdadeiro? R – Sim.

2. – Nesse fenômeno existe um efeito material? R – O fenômeno de transfiguração pode dar-se de modo material, a tal ponto que as suas diversas fases poderiam ser reproduzidas em daguerreotipia.

3. – Como se produz esse efeito? R – A transfiguração, como a entendeis, não passa de uma modificação da aparência, uma mudança ou uma alteração dos contornos que pode ser produzida pela ação do próprio Espírito sobre o seu envoltório ou por uma influência exterior. O corpo nunca muda; mas, por força de uma contração nervosa, reveste aparências diversas.

4. – Podem os espectadores ser enganados por uma falsa aparência? R – Pode também acontecer que o perispírito represente o papel que bem conheceis. No caso citado houve contração nervosa, muito ampliada pela imaginação. Aliás, esse fenômeno é muito raro.

5. – O papel do perispírito seria análogo ao que representa nos fenômenos de bicorporeidade? R – Sim.

6. – Então nos casos de transfiguração é necessário que haja um desaparecimento do corpo real, de modo que os espectadores não veem senão o perispírito sob forma diferente? R – Não propriamente desaparecimento físico, mas *oclusão*. Entendei-vos sobre os vocábulos.

7. – Do que acabais de dizer parece podermos concluir que no fenômeno de transfiguração pode haver dois efeitos: I – alteração dos traços do corpo real, por força de uma contração nervosa; II – aparência variável do perispírito, tornado visível. É isso mesmo? R – Certamente.

8. – Qual a causa primeira desse fenômeno? R – A vontade do Espírito.

9. – Todos os Espíritos podem produzi-lo? R – Não, nem sempre podem os Espíritos fazer o que querem.

10. – Como explicar a força anormal dessa moça, transfigurada

MARÇO DE 1859

na pessoa de seu irmão? R – Não possui o Espírito uma grande força? Aliás, é a do corpo em seu estado normal.

Observação: Esse fato nada tem de surpreendente. Muitas vezes vemos pessoas muito fracas, dotadas momentaneamente de uma força prodigiosa, devida a uma superexcitação.

11. – Desde que, no fenômeno de transfiguração, o olho do observador pode ter uma imagem diferente da realidade, dar-se-ão mesmo em certas manifestações físicas? Por exemplo: quando uma mesa se ergue sem contato das mãos e a vemos acima do solo, é realmente a mesa que se desloca? R – Ainda perguntais?

12. – Quem a levanta? R – A força do Espírito.

Observação: Esse fenômeno já foi explicado por São Luís e dele tratamos de modo completo nos números de maio e junho de 1858, a propósito da teoria das manifestações físicas. Disseram-nos que, nesse caso, a mesa ou qualquer outro objeto que se move está animado de uma vida factícia momentânea que lhe permite obedecer a vontade do Espírito.

Algumas pessoas quiseram ver no fato uma simples ilusão de ótica que, por uma espécie de miragem, as faria ver uma mesa no espaço, quando realmente ela estava no solo. Se assim fosse, a coisa não seria menos digna de atenção. É curioso como aqueles que querem contestar ou criticar os fenômenos espíritas os expliquem por causas que, também, seriam verdadeiros prodígios e igualmente difíceis de compreender. Mas por que tratar o assunto com tanto desdém? Se a causa que apontam é real, por que não as aprofundam? O físico procura conhecer a causa do menor movimento da agulha magnética; o químico, da mais ligeira mudança na atração molecular[1]; por que, então, ver com indiferença os fenômenos tão estranhos como esses de que falamos, quer sejam eles consequência de simples desvio do raio visual, quer uma nova aplicação das leis conhecidas? Isto não é lógico.

Certo, não seria impossível que, por um efeito de ótica, análogo ao que nos faz ver um objeto na água mais alto do que realmente está, por causa da refração dos raios luminosos, uma mesa nos parecesse no espaço quando estivesse no solo. Há, porém, um fato que resolve o problema: é quando a mesa cai ruidosamente no chão e quando se quebra. Isto não parece uma ilusão de ótica.

---

[1] No original lemos *attraction musculaire*, manifesto erro tipográfico, explicável pela reiteração, no texto, do vocábulo muscular, em relação à alteração da fisionomia. Deveria ser a expressão original *attraction moléculaire*. Trata-se, por outro lado, de um fenômeno de Química geral e não de Química orgânica. Por isso traduzimos atração molecular. (N. do T.)

Mas, voltemos à transfiguração.

Se uma contração muscular pode modificar os traços fisionômicos, não o será senão dentro de certos limites; mas certamente se uma mocinha toma a aparência de um velho, nenhum efeito fisiológico lhe faria criar barba. Então devemos procurar uma causa alhures. Recordando quanto dissemos anteriormente a respeito do papel do perispírito em todos os fenômenos de aparição, mesmo de pessoas vivas, compreender-se-á que aí está a chave do fenômeno de transfiguração. Com efeito, desde que o perispírito pode isolar-se do corpo e tornar-se visível que, por sua extrema sutileza, pode tomar diversas aparências, conforme a vontade do Espírito, concebe-se sem dificuldade que assim se passe com uma pessoa transfigurada: o corpo continua o mesmo; só o perispírito mudou de aspecto. Mas então, perguntareis, em que se torna o corpo? Por que motivo o observador não vê uma imagem dupla, isto é, de um lado o corpo real e do outro o perispírito transfigurado? Fatos estranhos, dos quais falaremos dentro em pouco, provam que por força da fascinação que, em tais circunstâncias se opera no observador, o corpo real pode, de alguma sorte, ser oculto pelo perispírito.

O fenômeno que é objeto deste artigo já nos foi comunicado há tempos; e se dele ainda não havíamos falado é que não nos propomos transformar a nossa Revista em simples catálogo de fatos destinados a alimentar a curiosidade, uma árida compilação sem apreciação e sem comentários. Nossa tarefa seria então muito fácil; e nós a levamos mais a sério. Antes de mais nada, dirigimo-nos aos homens de razão, àqueles que, como nós, querem descobrir as causas das coisas, pelo menos daquilo que nos é possível. Ora, ensinou-nos a experiência que os fatos, por mais estranhos e multiplicados que sejam, não são elementos de convicção, e o são tanto menos quanto mais estranhos. Quanto mais extraordinário é um fato, mais anormal se nos afigura e menos dispostos nos encontramos a acreditar. A gente quer ver e, tendo visto, ainda duvida: desconfia-se da ilusão e da conivência. Já isso não acontece quando para os fatos encontramos uma causa plausível. Vemos diariamente criaturas que atribuíam os fenômenos espíritas à imaginação e credulidade cega e que hoje são adeptos fervorosos, precisamente porque agora tais fenômenos não lhes repugnam à razão: explicam-nos, compreendem a sua possibilidade e creem, mesmo sem ter visto.

Tendo que falar de certos fatos, deveríamos esperar que os princípios fundamentais estivessem suficientemente desenvolvidos, a fim de compreendermos as suas causas. Neste número está o da transfiguração. Para nós, o Espiritismo é mais do que uma crença, é uma ciência, e nos sentimos felizes por ver que os nossos leitores nos compreenderam.

DIATRIBES

Provavelmente algumas pessoas esperam encontrar aqui uma resposta a certos ataques pouco comedidos à Sociedade, a nós pessoalmente e, em geral, aos partidários do Espiritismo, ataques dos quais temos sido vítimas nos últimos tempos. Pedimos que se reportem ao nosso artigo sobre a polêmica espírita, que abriu o nosso número de novembro último, no qual fizemos a nossa profissão de fé a respeito. Poucas palavras devemos acrescentar, uma vez que não nos sobra tempo para discussões ociosas. Que aqueles que têm tempo a perder para rir de tudo, mesmo daquilo que não compreendem, para a maledicência, para a calúnia ou para as piadas fiquem satisfeitos: não temos a pretensão de lhes criar obstáculos. A Sociedade Parisiense de Estudos Espíritas, composta de homens dignos por seu saber e por sua posição, assim franceses como estrangeiros, médicos, escritores, artistas, funcionários, oficiais, negociantes, etc.; recebendo diariamente as mais altas notabilidades sociais e tendo correspondência com todas as partes do mundo, está acima das pequenas intrigas do ciúme e do amor-próprio; ela prossegue seus trabalhos na calma e no recolhimento, sem se inquietar com as piadas de mau gosto que não poupam nem mesmo as mais respeitáveis organizações.

Quanto ao Espiritismo em geral, que é uma das potências da Natureza, a zombaria será destruída, como se destruiu contra muitas outras coisas, consagradas pelo tempo; essa utopia, essa maluquice, como o classificam certas pessoas, já fez a volta do globo e todas as diatribes não impedirão a sua marcha, do mesmo modo que outrora os anátemas não impediram que a Terra girasse. Deixemos, pois, que os gracejadores riam à vontade, desde que assim lhes apraz; fá-lo-ão à custa do Espírito. Se eles riem da religião, por que não haveriam de rir do Espiritismo, que é uma ciência? Esperamos que nos prestem mais serviços do que prejuízos e que nos poupem despesas de publicidade, porque não há um só de seus artigos, mais ou menos espirituosos, que não tenha produzido a venda de alguns de nossos livros e que não nos tenha proporcionado alguns assinantes. Obrigado, pois, pelo serviço que nos prestam involuntariamente.

Também pouco diremos quanto ao que nos toca pessoalmente. Perdem seu tempo todos quantos nos atacam ostensiva ou disfarçadamente, se julgam que nos perturbam também se enganam, se pensam em nos barrar o caminho, pois nada pedimos e apenas aspiramos a tornar-nos útil, no limite das forças que Deus nos concedeu. Por mais modesta que seja a nossa posição, contentamo-nos com aquilo que para muitos seria mediocridade; não ambicionamos posição, nem honras ou fortuna; nem procuramos o mundo nem os seus prazeres; aquilo que não podemos ter não nos causa desgosto e o vemos com a mais completa indiferença; desde que está fora de nossos gostos, não invejamos a nenhum daqueles que possuem tais vantagens, se vantagens há – o que a nossos olhos é um problema – porque os prazeres pueris deste mundo não asseguram um melhor lugar no outro; longe disso. Nossa vida é toda de trabalho e de estudo e consagramos ao trabalho até os momentos de repouso. Isto não é para causar inveja. Como tantos outros, trazemos a nossa pedra ao edifício que se ergue, entretanto, coraríamos se disso fizéssemos um degrau para atingir fosse o que fosse. Que outros tragam mais pedras que nós; que outros trabalhem tanto e melhor que nós e os veremos com sincera alegria. O que queremos, antes e acima de tudo, é o triunfo da Verdade, venha de onde vier, pois não temos a pretensão de ver sozinho a luz; se disso deve surgir alguma glória, o campo a todos está aberto e estenderemos a mão a todos aqueles que, neste duro curso da vida, nos seguirem lealmente, com abnegação e sem segundas intenções pessoais.

Sabíamos muito bem que, arvorando abertamente a bandeira das ideias das quais nos fizemos um dos propagadores, afrontando preconceitos, atrairíamos inimigos, sempre prontos a desferir setas envenenadas contra quem quer que erga a cabeça e se ponha em evidência. Há, porém, uma diferença entre eles e nós: não queremos para eles o mal que nos procuram fazer, porque compreendemos a fragilidade humana e é somente nisto que a eles nos julgamos superior; o homem se avilta pela inveja, pelo ódio, pelo ciúme e por todas as paixões mesquinhas, mas eleva-se pelo esquecimento das ofensas. Eis a moral espírita. Não vale ela a das pessoas que estraçalham o próximo? Ela nos foi ditada pelos Espíritos que nos assistem; por aí podemos julgar se eles são *bons* ou *maus*. Ela nos mostra as coisas do alto tão grandes, e as de baixo tão pequenas que apenas devemos lamentar aqueles que voluntariamente se torturam para proporcionar efêmeras satisfações ao seu amor-próprio.

PALESTRAS FAMILIARES DE ALÉM-TÚMULO

PAUL GAIMARD

Médico da marinha e viajante naturalista, falecido a 11 de dezembro de 1858 na idade de 64 anos. Foi evocado a 24 do mesmo mês, por um de seus amigos, o Sr. Sardou.

1. – (*Evocação*). R – Eis-me aqui. Que queres?

2. – Qual o teu estado atual? R – Estou errante como os Espíritos que deixam a Terra e sentem o desejo de avançar pelo caminho do bem. Buscamos, estudamos e depois escolhemos.

3. – Modificaram-se as tuas ideias sobre a natureza do homem? R – Muito. Bem podes avaliar.

4. – Que pensas agora sobre o gênero de vida que levaste, na existência que acabas de deixar aqui na Terra? R – Estou contente porque trabalhei.

5. – Pensavas que para o homem tudo acabasse no túmulo. Daí o teu epicurismo e o desejo que por vezes exprimias de viver séculos, a fim de bem gozar a vida. Que pensas dos vivos que têm apenas essa filosofia? R – Lamento-os, embora isso lhes sirva, Com um tal sistema podem apreciar friamente tudo quanto entusiasma os outros. Isso lhes permite julgar de maneira sadia as boas coisas que facilmente fascinam os crédulos.

Nota: É a opinião pessoal do Espírito, que damos como tal e não como máxima.

6. – O homem que se esforça moralmente, mais do que intelectualmente, procede melhor do que aquele que se liga sobretudo ao progresso intelectual e despreza o moral? R – Sim. O aspecto moral é mais importante. Deus dá Espírito como recompensa aos bons, ao passo que o moral deve ser adquirido.

7. – Que entendes por Espírito que Deus dá? R – Uma vasta inteligência.

8. – Entretanto há muitos maus que possuem uma vasta inteligência. R – Já o disse. Perguntastes o que era preferível procurar adquirir, e eu vos disse que o moral era preferível. Mas quem trabalha o aperfeiçoamento de seu Espírito pode adquirir um alto grau de inteligência. Quando compreendereis os subentendidos?

9. – Estás completamente desprendido da influência material do corpo? R – Sim. Aquilo que a respeito vos foi dito alcança apenas uma classe da Humanidade.

Nota: Aconteceu algumas vezes que Espíritos evocados, mesmo alguns meses depois de sua morte, declararam que ainda se encontravam sob a influência da matéria. Todos eles, porém, tinham sido homens que não haviam progredido nem moral nem intelectualmente. É a esta parte da Humanidade que se refere o Espírito de Paul Gaimard.

10. – Tiveste na Terra outras existências além da última? R – Sim.

11. – Esta última é uma consequência da precedente? R – Não, houve um grande intervalo entre elas.

12. – Apesar do intervalo não poderia, entretanto, haver uma certa relação entre essas duas existências? R – Se bem me entendes, cada minuto desta vida é consequência do minuto anterior.

Nota: Assistindo a essa reunião, o Dr. B. externou a opinião de que certos instintos, por vezes despertados em nós, bem poderiam ser o reflexo de uma existência anterior. Cita vários casos perfeitamente verificados em senhoras jovens que, durante a gravidez, foram levadas a atos ferozes, como, por exemplo, uma que se atirou ao braço de um empregado do açougue e lhe deu valentes dentadas; outra que cortou a cabeça de uma criança e ela própria a levou ao Comissariado de Policia; uma terceira que matou o marido, cortou-o em pedacinhos, salgou-o e dele se alimentou durante vários dias. Perguntou aquele médico se, em existência anterior, não teriam elas sido antropófagas.

13. – Ouviste o que acaba de dizer o Dr. B.; serão esses instintos, que nas senhoras grávidas têm nome de desejos, uma consequência de hábitos concentrados de uma existência anterior? R – Não, são uma *loucura transitória;* uma paixão no seu mais alto grau; o Espírito fica eclipsado pela vontade.

Nota: O Dr. B. faz notar que os médicos consideram realmente esses atos como casos de loucura passageira. Nós compartilhamos de tal opinião, mas por outros motivos, uma vez que as pessoas não familiarizadas com os fenômenos espíritas geralmente são levadas a atribuí-los exclusivamente às causas que conhecem. Estamos persuadidos de que devemos ter reminiscências de certas disposições morais anteriores; diremos, até, que é impossível que as coisas se passem de outro modo, pois o progresso só se realiza paulatinamente. Mas não é esse o caso de que se trata, porque as pessoas em causa não davam nenhum sinal de ferocidade, fora daquele estado patológico: evidente-

MARÇO DE 1859

mente nelas não havia senão uma perturbação momentânea das faculdades morais.

Reconhece-se o reflexo das disposições anteriores por meio de outros, de certa maneira inequívocos, que desenvolveremos em artigo especial, apoiado pelos fatos.

14. – Em tua última existência realizaste simultaneamente progresso moral e intelectual? R – Sim, principalmente intelectual.

15. – Poderias dizer-nos qual o gênero de tua penúltima existência? R – Oh! fui obscuro. Tive uma família que tornei infeliz. Mais tarde o expiei duramente. Mas por que mo perguntais? Isso já passou e agora me acho em novas fases.

Nota: Paul Gaimard morreu solteiro, com a idade de 64 anos. Mais de uma vez se lamentou por não haver constituído um lar.

16. – Esperas reencarnar brevemente? R – Não. Quero antes pesquisar. Gostamos deste estado de erraticidade porque a alma é mais senhora de si; o Espírito tem mais consciência de sua força; a carne pesa, obscurece e entrava.

Nota: Todos os Espíritos dizem que no estado de erraticidade pesquisam, estudam, observam a fim de fazer a escolha. Não está aí a contrapartida da vida corporal? Não erramos, às vezes, durante anos, antes de nos fixarmos numa carreira que consideramos mais adequada ao nosso progresso? Por vezes não a mudamos, à medida que amadurecemos? Cada dia não é empregado em buscar o que fazer no dia seguinte?

Ora, que representam as diversas existências corpóreas para o Espírito, sendo fases, períodos, dias da vida espírita, a qual é, como bem o sabemos, a vida normal, pois a vida corpórea é apenas transitória e passageira? Nada mais sublime que esta teoria. Não está ela em correspondência com a harmoniosa grandiosidade do Universo? Ainda uma vez, não fomos nós que a inventamos e lamentamos não possuir esse mérito; entretanto, quanto mais aprofundamos, mais s achamos fecunda em soluções de problemas até aqui inexplicados.

17. – Em que planeta pensas ou desejas ir reencarnar? R – Não sei, dai-me tempo para procurar.

18. – Que gênero de existência pedirias a Deus? R – A continuação desta última; o maior desenvolvimento possível das faculdades intelectuais.

19. – Parece que colocas em primeira linha as faculdades intelectuais e que deixas as faculdades morais em segundo plano, contrariando o que disseste anteriormente. R – Meu coração ainda não se encontra suficientemente bem formado para poder apreciar as outras.

88 REVISTA ESPÍRITA

20. – Vês outros Espíritos e com eles entras em relação? R – Sim.

21. – Entre esses há alguns que tivesses conhecido na Terra? R – Sim, Dumont-d'Urville.

22. – Vês também o Espírito de Jacques Arago, com quem viajaste? R – Sim.

23. – Esses Espíritos estão nas tuas condições? R – Não, uns são mais elevados, outros mais em baixo.

24. – Referimo-nos aos Espíritos de Dumont-d'Urville e de Jacques Arago. R – Não quero especificar.

25. – Estás satisfeito por te havermos evocado? R – Sim, principalmente por causa de uma pessoa.

26. – Poderemos fazer algo por ti? R – Sim.

27. – Se te evocássemos em alguns meses terias a bondade de nos responder a algumas perguntas? R – Com prazer. Adeus.

28. – Tu te despedes. Queres ter a bondade de dizer para onde vais? R – Neste passo, para empregar a linguagem de alguns dias passados, vou atravessar um espaço mil vezes mais considerável que o percurso que fiz na Terra em minhas viagens, que considerava tão longínquas; e isto em menos de um segundo, de um pensamento. Vou a uma reunião de Espíritos, onde tomarei lições e onde poderei aprender minha nova ciência, minha vida nova. Adeus.

Observação: Quem tivesse conhecido perfeitamente o Sr. Paul Gaimard confessaria que esta comunicação está marcada pelo cunho de sua individualidade. Aprender, ver, conhecer era a sua paixão dominante. Eis o que explica suas viagens à volta do mundo, às regiões do pólo Norte, suas excursões à Rússia e à Polônia, quando da primeira irrupção do cólera na Europa. Dominado por essa paixão e por essa necessidade de a satisfazer, conservava um raro sangue frio ante os maiores perigos. Assim, por sua calma e por sua firmeza, soube livrar-se das garras de uma tribo de antropófagos, que o haviam surpreendido no interior de uma ilha da Oceania.

Uma palavra sua caracteriza perfeitamente essa avidez de ver fatos novos, de assistir ao espetáculo de acidentes imprevistos. Um dia, diante do mais dramático período de 1848, exclamou ele: "Que felicidade viver numa época tão fértil em acontecimentos extraordinários e imprevistos!"

Quase que unicamente voltado para as ciências que tratam da

MARÇO DE 1859

matéria organizada, seu Espírito havia negligenciado muito as ciências filosóficas. Assim, poder-se-ia dizer que lhe faltava elevação em tais ideias. Contudo nenhum ato de sua vida prova que jamais tivesse desconhecido as grandes leis morais impostas à Humanidade. Em suma, o Sr. Paul Gaimard tinha uma bela inteligência: essencialmente probo e honesto, naturalmente obsequioso, era incapaz de causar o menor prejuízo a quem quer que fosse. Apenas se lhe pode fazer a censura de ter sido, talvez, demasiadamente amigo dos prazeres; mas nem o mundo nem os prazeres corromperam o seu raciocínio ou o seu coração. Assim, o Sr. Paul Gaimard mereceu as saudades de seus amigos e de quantos o conheceram.

Sardou

SRA. REYNAUD

Sonâmbula, falecida em Annonay, há cerca de um ano. Embora analfabeta, tinha uma lucidez notável, sobretudo em questões médicas.

Pensando que pudesse obter ensinamentos úteis, um dos nossos correspondentes, que a conhecera, dirigiu-nos algumas perguntas para lhe serem feitas, caso julgássemos conveniente interrogá-la. Foi o que fizemos na sessão da Sociedade de 28 de janeiro de 1859.

Às do nosso correspondente juntamos algumas perguntas que nos pareceram interessantes.

1. – (*Evocação*). R – Eis-me aqui. Que quereis de mim?

2. – Tendes uma lembrança exata de vossa existência corpórea? R – Sim, muito precisa.

3. – Podeis descrever-nos vossa situação atual? R – É a mesma de todos os Espíritos que habitam a Terra: geralmente possuem a intuição do bem, e no entanto não podem conseguir a felicidade perfeita, reservada somente a maior grau de perfeição.

4. – Quando viva, éreis sonâmbula lúcida. Poderíeis dizer-nos se vossa lucidez de então era análoga à que tendes agora, como Espírito? R – Não, era diferente, pois não tinha a prontidão, a justeza que meu Espírito possui agora.

5. – A lucidez sonambúlica é uma antecipação da vida espírita,

isto é, um afastamento do Espírito em relação à matéria? R – É uma das fases da vida terrena; mas a vida terrena é a mesma que a vida celeste.

6. – Que quereis significar, dizendo que a vida terrena é a mesma que a vida celeste? R – Que a cadeia das existências é formada de anéis seguidos e contínuos; nenhuma interrupção lhe suspende o curso. Pode, pois, dizer-se que a vida terrena é a continuação da vida celeste precedente e o prelúdio da vida celeste futura, e assim por diante, para todas as encarnações que o Espírito venha a ter. Isto faz que entre duas encarnações não haja uma separação tão absoluta como pensais.

Observação: Durante a vida terrestre o Espírito ou alma pode agir independentemente da matéria e, em certos momentos, o homem goza a vida espírita, durante o sono ou mesmo em estado de vigília. Desde que as faculdades do Espírito se exercem malgrado a presença do corpo, há entre a vida terrestre e a vida de além-túmulo uma constante correlação, que levou a Sra. Reynaud a dizer que era a mesma. À resposta subsequente esclareceu o seu pensamento.

7. – Porque então nem todos são sonâmbulos? R – É que ainda ignorais que todos vós o sois, no sono ou em vigília, mas em graus diversos.

8. – Compreendemos que todos o sejamos mais ou menos, durante o sono, desde que o estado de sonho é uma espécie de sonambulismo imperfeito. Mas que quereis dizer quando afirmais que o somos, mesmo em estado de vigília? R – Não tendes intuições despercebidas, e que não passam de uma faculdade do Espírito? O poeta é um médium, um sonâmbulo.

9. – Vossa faculdade sonambúlica contribuiu para o desenvolvimento do vosso Espírito depois da morte? R – Pouco.

10. – No momento da morte estivestes perturbada muito tempo? R – Não, reconheci-me imediatamente; estava rodeada de amigos.

11. – Atribuís o vosso pronto desprendimento à vossa lucidez sonambúlica? R – Sim, um pouco. Eu tinha um conhecimento antecipado da sorte dos agonizantes. Mas isso não me teria servido de nada se eu não tivesse uma alma capaz de achar uma vida melhor por outros meios, além de boas faculdades.

12. – É possível ser bom sonâmbulo sem possuir um Espírito de ordem elevada? R – Sim. As faculdades sempre estão em relação;

apenas vos enganais quando pensais que essas faculdades requeiram boas disposições; não, por vezes o que pensais ser um bem é um mal. Se não o compreendeis, eu desenvolverei esta ideia.

Há sonâmbulos que conhecem o futuro, contam fatos passados dos quais nenhum conhecimento possuem em estado normal; outros há que descrevem perfeitamente o caráter das pessoas que os interrogam, dizem a idade exatamente, assim como a quantia que têm no bolso, etc. Isso não requer nenhuma superioridade real: é apenas o exercício da faculdade que possui o Espírito e que se manifesta nos sonâmbulos adormecidos. O que requer uma real superioridade é o emprego que podem fazer para o bem; é a consciência do bem e do mal; é conhecer Deus melhor que os homens; é poder dar conselhos aptos a fazer progredir na via do bem e da felicidade.

13. – O uso feito de sua faculdade influi sobre o estado de Espírito do sonâmbulo após a morte? R – Sim, e muito, assim como o bom ou mau uso de todas as faculdades dadas por Deus.

14. – Podeis explicar como tendes conhecimentos médicos, sem terdes feito qualquer estudo? R – É sempre uma faculdade do Espírito, outros Espíritos me aconselhavam. Eu era médium: eis o estado de todos os sonâmbulos.

15. – Os medicamentos prescritos por um sonâmbulo são sempre indicados por um Espírito ou são dados instintivamente, assim como os animais buscam a erva que lhes é salutar? R – São-lhe indicados, caso peça conselho ou quando sua experiência não lhe baste. Ele os conhece por suas qualidades.

16. – O fluido magnético é o agente da lucidez dos sonâmbulos, como a luz o é para nós? R – Não, é o agente do sono.

17. – O fluido magnético é o agente da visão, no estado de Espírito? R – Não.

18. – Não vedes aqui tão claramente como se estivésseis viva com o vosso corpo? R – Agora vejo melhor. Vejo além disso o homem interno.

19. — Poderíeis ver-nos da mesma maneira se estivéssemos na obscuridade? R – Igualmente bem.

20. – Vedes mais ou menos como nos veríeis quando viva e em estado sonambúlico? R – Melhor ainda.

92   REVISTA ESPÍRITA

21. – Qual o agente ou intermediário que vos faz ver? R – Meu Espírito. Não tenho olhos nem pupilas, não tenho retina nem cílios; entretanto, vejo melhor do que cada um de vós vê o vizinho: vedes pelos olhos, mas quem vê é o vosso Espírito.

22. – Tendes consciência da obscuridade? R – Sei que ela existe para vós, não para mim.

Observação: Isso confirma o que sempre nos foi dito: que a faculdade de ver é uma propriedade inerente à natureza mesma do Espírito e que reside em todo o seu ser, enquanto no corpo é localizada.

23 – A dupla vista pode ser comparada ao estado sonambúlico? R – Sim, a faculdade não vem do corpo.

24. – O fluido magnético emana do sistema nervoso ou está espalhado na atmosfera? R – Do sistema nervoso, mas o sistema nervoso o tira da atmosfera, sua fonte principal. A atmosfera não o possui em si, ele vem dos seres que povoam o universo. Ele não é produzido pelo nada: é antes uma acumulação de vida e de eletricidade, desprendida dessa multidão de existências.

25. – O fluido nervoso é um fluido próprio ou seria o resultado da combinação de todos os outros fluidos imponderáveis que penetram nos corpos, tal como o calórico, a luz, a eletricidade? R – Sim e não. Não conheceis os fenômenos suficientemente para assim falar. Vossos vocábulos não exprimem aquilo que quereis dizer.

26. – Qual a causa do entorpecimento produzido pela ação magnética? R – A agitação produzida pela sobrecarga de fluido que o magnetizado acumula.

27. – O poder magnético do magnetizador depende de sua constituição física? R – Sim, mas muito de seu caráter. Numa palavra: depende dele mesmo.

28. – Quais as qualidades morais que podem ajudar ao sonâmbulo no desenvolvimento de sua faculdade? R – As boas. Perguntastes quais as que podem ajudar.

29. – Quais os efeitos que mais o prejudicam? R – A má fé.

30. – Quais as qualidades mais essenciais para o magnetizador? R – O coração, as boas intenções sempre firmes, o desinteresse.

31. – Quais os defeitos que mais o prejudicam? R – As más inclinações, ou melhor, o desejo de prejudicar.

MARÇO DE 1859

32. – Víeis os Espíritos quando viva e em estado sonambúlico? R – Sim.

33. – Por que nem todos os sonâmbulos os veem? R – Todos os veem por momentos e em diversos graus de clareza.

34. – De onde vem, a certas pessoas não sonâmbulas a faculdade de ver os Espíritos no estado de vigília? R – Isto é dom de Deus, como para outros a inteligência e a bondade.

35. – Tal faculdade resulta de uma organização física especial? R – Não.

36. – E pode ser perdida? R – Sim, tanto quanto pode ser adquirida.

37. – Quais as causas que podem determinar a sua perda? R – Já o dissemos: as intenções malévolas. Como primeira condição é necessário propor-se a fazer bom uso dela; isso posto, deve-se julgar se tal favor é merecido, pois que ele não é dado inutilmente. O que prejudica os que a possuem é que a ela se mescla sempre essa infeliz paixão humana, que tão bem conheceis – o orgulho – mesmo quando têm o desejo de levar a melhores resultados. Vangloriam-se daquilo que é apenas obra de Deus e, muitas vezes, querem tirar proveito. Adeus.

38. – Saindo daqui onde ireis? R – Às minhas ocupações.

39. – Poderíeis dizer-nos quais são essas ocupações? R – Tenho algumas, assim como vós, procuro instruir-me e para isso frequento a sociedade dos que são melhores do que eu; para descansar faço o bem. Minha vida se passa na esperança de atingir uma felicidade maior. Não temos necessidades materiais a satisfazer e, consequentemente, toda a nossa atividade visa ao nosso progresso moral.

HITOTI, CHEFE TAITIANO

Um oficial de marinha, presente à sessão da Sociedade no dia 4 de fevereiro último, mostrou desejos de evocar um chefe taitiano, chamado Hitoti, que conhecera pessoalmente quando estivera na Oceania.

1. – (*Evocação*). R – Que quereis?

2. – Poderíeis dizer-nos por que preferistes abraçar a causa francesa na Oceania? R – Eu gostava dessa nação. Além disso, meu interesse a tanto me obrigava.

94 REVISTA ESPÍRITA

3. – Ficastes satisfeito com a viagem à França, que proporcionamos ao vosso neto e com os cuidados que lhe foram dispensados? R – Sim e não. Talvez que a viagem tenha aperfeiçoado muito o seu Espírito; mas o tornou alheio à sua pátria, porque lhe deu ideias que jamais teriam brotado nele.

4. – Das recompensas recebidas do governo francês, quais as que mais vos satisfizeram? R – As condecorações.

5. – E entre essas condecorações, qual a que preferis? R – A Legião de Honra.

Observação: Essa circunstância era ignorada do médium e de todos os presentes; foi confirmada pela pessoa que fez a evocação. Embora o médium empregado fosse intuitivo e não mecânico, como poderia ser a ele atribuído tal pensamento? Poder-se-ia admiti-lo, em se tratando de uma pergunta banal; mas isso seria inadmissível quando se trata de um fato positivo, do qual ninguém lhe poderia ter dado uma ideia.

6. – Sois mais feliz agora do que quando vivo? R – Sim, muito mais.

7. – Em que estado se encontra o vosso Espírito? R – Errante, mas devo reencarnar brevemente.

8. – Quais as vossas ocupações nessa vida errante? R – Instruir-me.

Observação: Essa resposta é quase geral em todos os Espíritos errantes. Os mais adiantados moralmente acrescentam que se ocupam em fazer o bem e assistem aos que necessitam de seus conselhos.

9. – De que maneira vos instruis, já que não o fazeis do mesmo modo que quando estáveis vivo? R – Não, trabalho meu Espírito e viajo. Compreendo que isto vos é pouco compreensível; mais tarde vireis a sabê-lo.

10. – Quais as regiões que frequentais com melhor disposição? R – Regiões? Eu não viajo pela vossa Terra – ficai bem certos. Subo e desço, para um lado e para o outro, moral e fisicamente. Vi e examinei com o maior cuidado mundos ao nascente e ao poente e que ainda se encontram em terríveis estados de barbárie e outros que estão imensamente acima de vós.

11. – Dissestes que em breve estaríeis encarnado. Sabeis em que mundo? R – Sim, nele já tenho estado muitas vezes.

12. – Podeis designá-lo? R – Não.

MARÇO DE 1859

13. – Por que em vossas viagens desprezais a Terra? R – Porque a conheço.

14. – Embora não viajeis mais pela Terra, ainda pensais nalgumas pessoas a quem amastes? R – Pouco.

15. – Não vos preocupais mais com as pessoas que vos testemunharam afeição? R – Pouco.

16. – Recordai-vos delas? R – Muito bem. Mas nós nos veremos e então espero pagar tudo. Perguntam-me se não me preocupo com isso? Não, mas nem por isso as esqueço.

17. – Não revistes esse amigo ao qual pouco antes eu aludia e que, como vós, também está morto? R – Sim, mas nós nos veremos mais materialmente: encarnaremos na mesma esfera e nossas existências se tocarão.

18. – Somos gratos por terdes atendido ao nosso apelo. R – Adeus. Trabalhai e pensai.

Observação: A pessoa que fez a evocação e que conhece os costumes desses povos declara que esta última frase está de acordo com os seus hábitos; entre eles é uma expressão usual, de certo modo banal, e que o médium não poderia adivinhar. Reconhece igualmente que toda a palestra está em relação com o caráter do Espírito evocado e que sua identidade lhe é evidente.

A resposta à pergunta 17 oferece notável particularidade: *encarnaremos na mesma esfera e nossas existências se tocarão.* Está provado que os seres que se amaram se encontram no mundo dos Espíritos; entretanto, parece, de acordo com muitas respostas análogas, que o continuem em outras existências corporais, onde as circunstâncias os aproximam sem que eles o percebam, quer pelos laços de parentesco, quer pelas relações de amizade. Isto nos dá a razão de certas simpatias.

UM DUENDE

O Sr. J., um dos nossos companheiros na Sociedade, por diversas vezes tinha visto chamas azuis passeando sobre o seu leito. Certos de que se tratava de manifestações, tivemos a ideia de evocar um desses Espíritos, na sessão de 20 de janeiro último, a fim de nos instruirmos sobre a sua natureza.

1. – (*Evocação*). R – Mas que queres de mim?

2. – Com que fim te manifestaste em casa do Sr. J...? R – Que te importa?

3. – A mim pouco importa, mas para ele é diferente. R – Ah! que boa razão!

Nota: Essas primeiras perguntas foram feitas pelo Sr. Kardec; o Sr. J... continuou o interrogatório.

4. – É que eu não recebo a qualquer um em minha casa. R – Não tens razão, eu sou muito bom.

5. – Faze-me então o favor de dizer o que vens fazer em minha casa? R – Julgas acaso que, pelo fato de ser bom, eu te devo obedecer?

6. – Disseram-me que és um Espírito leviano. R – Pois nesse caso julgaram-me muito mal.

7. – Se é calúnia, prova-o. R – Eu não ligo.

8. – Eu bem poderia empregar um meio de te fazer dizer quem és. R – Palavra que isso me divertiria um pouco.

9. – Intimo-te a que digas o que vens fazer em minha casa. R – Tinha um único propósito: divertir-me.

10. – Isso não concorda com o que me foi dito pelos Espíritos superiores. R – Fui mandado a tua casa e tu sabes a razão. Estás satisfeito?

11. – Então mentiste? R – Não.

12. – Não tinhas, então, más intenções? – Não, disseram-te o mesmo que eu.

13. – Podes dizer qual a tua categoria entre os Espíritos? R – Tua curiosidade me agrada.

14. – Desde que pretendes ser bom, porque não respondes de modo mais conveniente? R – Porventura eu te insultei?

15. – Não, mas por que respondes de maneira evasiva e te recusas a dar-me as explicações que te peço? R – Tenho a liberdade de fazer o que quero, sob o comando de certos Espíritos.

16. – Ainda bem! Vejo com prazer que começas a ser mais razoável; por isso prevejo que iremos ter relações amigáveis. R – Deixa de palavras: será muito melhor.

17. – Sob que forma aqui estás? R – Não tenho nenhuma forma.

18. – Sabes o que é o perispírito? R – Não, salvo se é o vento.

19. – Que poderia eu fazer para te ser agradável? R – Já te disse: cala-te.

20. – A missão que vieste desempenhar em minha casa te fez progredir como Espírito? R – Isso é outro assunto. Não me faças tais perguntas. Sabes que obedeço a certos Espíritos. Dirige-te a eles. Quanto a mim, deixa-me ir.

21. – Porventura teríamos tido más relações numa outra existência, o que seria a causa de teu mau humor? R – Não te recordas de quanto disseste mal de mim e a quem quisesse ouvir. Cala-te – digo-te eu.

22. – Eu só digo de ti aquilo que me foi dito por Espíritos superiores a ti. R – Também disseste que eu te havia obsedado.

23. – Ficaste satisfeito com o resultado obtido? R – Isso é comigo.

24. – Queres então que conserve de ti uma opinião desfavorável? R – É possível. Vou-me embora.

Observação: Pelas palestras relatadas podemos ver a diversidade extrema existente na linguagem dos Espíritos, conforme o seu grau de elevação. A dos Espíritos dessa natureza é caracterizada quase sempre pela grosseria e pela impaciência; quando chamados às reuniões sérias, percebe-se que não vêm de boa vontade; têm pressa de partir, por isso que não se sentem à vontade no meio de seus superiores e de pessoas que os apertam com perguntas. Já não acontece o mesmo nas reuniões frívolas, onde a gente se diverte com as suas facécias: estão em seu ambiente e se regalam.

PLÍNIO, O MOÇO

CARTA A SURA (LIVRO VII – CARTA 27)

"O repouso de que gozais permite que ensineis e que eu aprenda. Gostaria eu de saber se os fantasmas têm algo de real, se têm uma verdadeira expressão, se são gênios ou se não passam de imagens vãs, criadas por imaginações perturbadas pelo medo. O que me inclina a crer que há verdadeiros espectros é o que me contam como tendo acontecido a Curtius Rufus. Quando ele ainda não tinha nome nem fortuna, havia acompanhado à África aquele a quem coubera o governo. Ao cair da noite, passeava sob um pórtico, quando se lhe apresentou uma senhora de um porte e de uma beleza mais que humanas, e lhe disse: "Eu sou a África. Venho predizer o que te vai acontecer. Irás a Roma; desempenharás os mais altos cargos; depois voltarás para governar esta província, onde morrerás". "Tudo aconteceu como ela havia predito. Diz-se mesmo que, aportando a Cartago, ao sair do navio, a mesma figura se lhe apresentou, vindo ao seu encontro no cais.

"O que há de verdade é que ele caiu doente e que, julgando o futuro pelas boas coisas do passado e a infelicidade que o ameaçava pela boa sorte de que havia gozado, desesperou logo de sua cura, apesar da opinião otimista dos seus.

"Eis, entretanto, uma outra história não menos surpreendente e muito mais horrível. Vou contá-la tal qual a recebi.

"Havia em Atenas uma casa muito grande e muito confortável, mas desacreditada e deserta. No mais profundo silêncio da noite ouviam-se ruídos de ferros e, se se prestasse bem atenção, um rumor de correntes, que a princípio parecia vir de longe, aproximando-se pouco a pouco. Em breve via-se o espectro como que de um velho, muito magro, muito abatido, com uma longa barba e cabelos desgrenhados, com correntes nos pés e nos pulsos, as quais sacudia horrivelmente. Daí as noites horrorosas e em claro para os habitantes daquela casa. A insônia prolongada trazia a doença, e a doença, redobrando o pavor, era seguida pela morte. Porque, durante o dia, embora o espectro não aparecesse, a impressão que havia deixado o revivia sempre aos olhos de todos e o medo causado gerava novo medo. Por fim a casa foi abandonada inteiramente ao fantasma. Contudo, foi posto um aviso de que estava exposta à venda ou para locar, na esperança de que alguém, menos avisado de tão terrível incômodo, viesse a ser enganado.

"O filósofo Atenodoro veio a Atenas. Leu o aviso e procurou saber o preço; a modicidade causou-lhe suspeitas; procurou informar-se. Contaram-lhe a história e, longe de interromper o negócio, tratou de o concluir sem demora. Instalou-se e à tarde mandou que lhe preparassem o leito na sala da frente, que lhe trouxessem as tábuas, sua pena e luz e que as demais pessoas se retirassem para os fundos da casa. Temendo que sua imaginação chegasse a um temor tão frívolo que imaginasse fantasmas, aplicou o seu Espírito, os olhos e a mão a escrever. No começo da noite um profundo silêncio reinou pela casa, como por toda parte. Depois ouviu o entrechoque dos ferros e o barulho das correntes; não levantou os olhos nem largou a pena; tranquiliza-se e esforça-se por escutar. O ruído aumenta, aproxima-se e dá a impressão de ser junto à porta do quarto. Ele olha e vê o espectro, tal qual lhe haviam descrito. O fantasma estava de pé e o chamava com o dedo. Atenodoro fez sinal com a mão para que esperasse um pouco e continuou a escrever como se nada houvesse. O espectro recomeça o barulho com as correntes, o qual fere os ouvidos do filósofo. Este olha ainda uma vez e vê que continua a ser chamado com o dedo. Então, sem mais demora, levanta-se, toma da luz e segue. O fantasma caminha com um passo lento, como se abatido pelo peso das correntes. Chegando ao pátio interno da casa, desaparece de súbito, deixando ali o nosso filósofo, que colhe ervas e folhas, com as quais marca o lugar em que ele o havia deixado, a fim de o reconhecer. No dia seguinte foi procurar os magistrados e pediu que mandassem escavar aquele lugar. Cavaram; encontraram os ossos ainda presos às correntes; o tempo havia consumido as carnes. Depois os juntaram cuidadosamente, fizeram o enterro público e renderam ao morto as últimas homenagens. Então nunca mais ele perturbou o sossego da casa.

"O que acabo de contar, faço-o sob a palavra de outrem. Eis, porém, o que posso assegurar aos outros sob a minha própria fé.

"Tenho um liberto chamado Marcus, que não é ignorante. Estava ele deitado com seu irmão mais novo, quando lhe pareceu ver alguém sentado em sua cama e que aproximava uma tesoura de sua cabeça e chegava a lhe cortar os cabelos acima da fronte. Pela manhã percebeu que tinha os cabelos cortados no alto da cabeça e que os cabelos se achavam espalhados em sua volta. Pouco depois semelhante ocorrência foi verificada com um de meus familiares, o que permitiu não mais duvidasse da veracidade da outra. Um de meus jovens escravos dormia com os seus companheiros nos aposentos que lhes eram destinados. Segundo contaram, dois homens vestidos de branco vieram pela janela, rasparam-lhe a cabeça enquanto dormia e se foram como tinham vindo. No dia seguinte encontraram-no tosquiado, como tinha sido encontrado o outro e os cabelos esparsos pelo chão.

"Essas aventuras não tiveram outra consequência, a não ser que fui acusado perante Domiciano, sob cujo império elas ocorreram. Se ele tivesse vivido eu não teria escapado, pois encontraram em sua pasta uma queixa contra mim, dada por Carus. Daí pode conjeturar-se que, como o costume dos acusados é negligenciar o cabelo e deixá-lo crescer, aqueles que tinham cortado o da minha gente indicavam que eu estava fora de perigo. Suplico que ponhais nisto toda a vossa erudição. O assunto é digno de profunda meditação e talvez eu não seja indigno de participar de vossas luzes. Se, como é vosso costume, derdes um balanço nas duas opiniões contrárias, fazei que a balança penda para algum lado, a fim de me tirar da inquietude em que me acho. Só por isto vos consulto. – Adeus."

RESPOSTAS DE PLÍNIO ÀS PERGUNTAS DIRIGIDAS NA SESSÃO DO DIA 28 DE JANEIRO, NA SOCIEDADE

1. – (*Evocação*). R – Falai e eu responderei.

2. – Embora estejais morto há 1743 anos, tendes recordação de vossa existência em Roma ao tempo de Trajano? R – Por que, então, nós Espíritos não nos poderíamos recordar? Lembrai-vos de muitos atos de vossa infância. Que é para o Espírito uma existência passada senão a infância das existências pelas quais devemos passar antes de chegarmos ao fim das provas? Toda existência terrena ou envolvida pelo véu material é um passo para o éter e, ao mesmo tempo, uma infância espiritual e material; espiritual, porque o Espírito ainda se acha no começo das provas; material, porque ele apenas acaba de entrar nas fases grosseiras por que deve passar a fim de depurar-se e instruir-se.

3. – Poderíeis dizer-nos o que tendes feito desde aquela época? R – Seria longo dizer o que fiz: procurei fazer o bem; sem dúvida não quereis passar horas e horas até que eu conte tudo; contentai-vos, pois, com uma resposta. Repito: procurei fazer o bem, instruir-me e levar as criaturas terrenas e errantes a se aproximarem do Criador de todas as coisas, daquele que nos dá o pão da vida espiritual e material.

4. – Que mundo habitais agora? R – Pouco importa. Estou um pouco por toda parte; o espaço é o meu domínio e o de muitos outros. Estas são questões que um Espírito sábio e esclarecido pela luz santa e divina não deve responder ou fazê-lo em ocasiões muito raras.

5. – Numa carta que escrevestes a Sura relatais três casos de aparição. Lembrai-vos? R – Eu os sustento porque são verdadeiros. Diariamente tendes fatos semelhantes a que não prestais atenção. Eles são simples; mas na época em que vivi eram considerados surpreen-

dentes; não vos deveis admirar. Ponde de lado essas coisas porque tendes outras mais extraordinárias.

6. – Contudo, teríamos vontade de vos fazer algumas perguntas a respeito. R – Responderei de maneira geral e isso vos deve bastar, entretanto, se insistis, perguntai; darei respostas lacônicas.

7. – No primeiro caso, uma senhora aparece a Curtius Rufus e lhe diz que é a África. Mas quem era essa senhora? R – Uma grande figura. Parece que isto é muito simples para homens esclarecidos tais como os do século XIX.

8. – Qual o motivo que impelia o Espírito que apareceu a Atenodoro e por que aqueles ruídos das correntes? R – Símbolo da escravidão, manifestação; meio de convencer aos homens, de lhes chamar a atenção, fazendo falar da coisa e ainda de provar a existência do mundo espiritual.

9. – Perante Trajano defendestes a causa dos cristãos persegui-dos. Fostes levado por simples motivo de humanidade ou por convicção da verdade de sua doutrina? R – Eu tinha os dois motivos, mas a humanidade ocupava o segundo lugar.

10. – Que pensais do vosso panegírico de Trajano? R – Deveria ser refeito.

11. – Escrevestes uma história do vosso tempo que se perdeu. Poderíeis reparar tal perda no-la ditando? R – O mundo dos Espíritos não se manifesta especialmente por estas coisas. Tendes estas espé-cies de manifestações, mas elas têm seu objetivo: são outras tantas balizas, fincadas à direita e à esquerda da grande via da verdade, mas deixai; não vos ocupeis com isto nem a isto consagreis os vossos estu-dos: cabe-nos ver e julgar aquilo que vos importa saber. Cada coisa tem o seu tempo. Não vos afasteis, pois, da linha que vos traçamos.

12. – Temos satisfação de fazer justiça às vossas boas qualidades e, sobretudo, ao vosso desinteresse. Dizem que nada exigíeis dos clien-tes a quem defendíeis. Tal desinteresse seria tão raro em Roma quanto o é entre nós? R – Não lisonjeeis as minhas qualidades passadas. Não me preocupam mais. O desinteresse quase que não é do vosso século. Em cada duzentos homens encontrareis apenas um ou dois realmente desinteressados. Sabeis muito bem que este século é do egoísmo e do dinheiro. Atualmente os homens são feitos de lama e se revestem de

metal. Outrora havia sentimento, o estofo dos Antigos; hoje existe apenas a condição social.

13. – Mesmo sem absolver o nosso século, parece que ele vale mais do que aquele em que vivestes e no qual a corrupção estava no auge e a delação não conhecia nada de sagrado. R – Faço uma generalização muito exata: sei que à época em que eu vivia não havia muito desinteresse; entretanto havia aquilo que não possuís ou o possuís em dose muito fraca – o amor do belo, do nobre, do grande. Falo para todo o mundo. Atualmente o homem, particularmente no Ocidente, e entre estes os franceses, têm o coração pronto para fazer grandes coisas; mas isso não passa de um relâmpago. Logo vem a reflexão e a reflexão considera e diz: o positivo, o positivo antes de mais nada. E o egoísmo e o dinheiro voltam a tomar a dianteira. Nós nos manifestamos justamente porque vós vos afastais dos princípios dados por Jesus. Até à vista. Vós não o compreendeis.

Observação: Compreendemos muito bem que o nosso século muito deixa a desejar. Sua chaga é o egoísmo e o egoísmo gera a cupidez e a sede de riquezas. Sob este ponto de vista estamos longe do desinteresse de que o povo romano deu tantos exemplos sublimes, durante uma certa época, mas que não foi a de Plínio. Entretanto seria injusto desconhecer a sua superioridade em mais de um ponto, mesmo sobre os mais belos tempos de Roma, que também tiveram os seus exemplos de barbárie. Então havia ferocidade, até na grandeza do desinteresse; ao passo que o nosso século será marcado pelo abrandamento dos costumes, pelos sentimentos de justiça e de humanidade que presidem a todas as instituições que vê nascer e, até, nas questões entre os povos.

Allan Kardec

ANO II
ABRIL DE 1859

QUADRO DA VIDA ESPÍRITA

Todos nós, sem exceção, atingimos mais cedo ou mais tarde o termo fatal da vida; nenhuma força nos poderia subtrair a essa necessidade, eis o que é positivo. Muitas vezes as preocupações do mundo nos desviam do pensamento daquilo que se passa além-túmulo, mas, quando chega o momento supremo são poucos os que não se perguntam em que se vão transformar, porque a ideia de deixar a existência sem uma possibilidade de retorno tem algo de pungente. Com efeito, quem poderia encarar com indiferença a ideia de uma separação absoluta e eterna de tudo quanto amou? Quem poderia ver sem assombro abrir-se à sua frente o imenso abismo do nada, em que iriam desaparecer para sempre todas as nossas faculdades e todas as nossas esperanças? "Oh! depois de mim, o nada; nada mais que o vazio; tudo acabado irremediavelmente; mais alguns dias e a minha lembrança se apagará na memória dos que me sobreviverem; em breve não restará nenhum traço de minha passagem pela Terra; o próprio bem que eu tiver feito será esquecido pelos ingratos a quem tiver beneficiado; e nada compensará tudo isto: nenhuma outra perspectiva além de meu corpo a ser roído pelos vermes!" Este quadro do fim de um materialista, traçado por um Espírito que tinha vivido esses pensamentos, não tem algo de horrível e de glacial? Ensina-nos a religião que não pode ser assim, e a razão o confirma. Mas essa existência futura, vaga e indefinida, nada tem que satisfaça ao nosso amor do que é positivo. É isto que gera a dúvida em muitos. Vá lá que tenhamos uma alma. Mas o que é a nossa alma? Ela tem forma e aparência? É um ser limitado ou indefinido? Dizem uns que é um sopro de Deus; outros, que uma centelha; outros, uma parte do grande todo, o princípio da vida e da inteligência. Mas o que concluímos de tudo isso? Diz-se, ainda, que ela é imaterial. Mas uma coisa imaterial não poderia ter proporções definidas; para nós isso não é nada. Ensina-nos ainda a religião que seremos felizes ou infelizes, conforme o bem ou o mal que tivermos feito. Mas qual é essa felicidade que nos espera no seio de Deus? Será uma beatitude, uma contemplação eterna, sem outro objetivo além de cantar os louvores ao Criador? As chamas do inferno são uma realidade ou uma ficção? A própria Igreja o entende nesta última acepção; mas quais são os sofrimentos? Onde o lugar do suplício? Numa palavra, que é o que se faz ou se vê nesse mundo que nos espera a todos? Costuma-se dizer que ninguém voltou para nos dar informações. Isso é um erro, e a missão do Espiritismo é precisamente esclarecer-nos sobre esse futuro, fazendo-nos, por assim dizer, tocá-lo e vê-lo, não pelo raciocínio, mas pelos fatos. Graças às comunicações espíritas, já não se trata de uma presunção ou uma probabilidade, sobre a qual cada um imagina à vontade e que os poetas embelezam com as suas ficções ou semeiam de imagens alegóricas, que nos enganam: é a própria realidade que nos aparece, pois são os próprios seres de além-túmulo que nos vêm descrever a sua situação, falar-nos do que fazem, permitindo-nos, por assim dizer, assistir a todas as peripécias de sua vida nova, e assim nos mostram a sorte inevitável que nos aguarda, conforme os nossos méritos e os nossos deméritos. Haverá nisso algo de anti-religioso? Muito ao contrário, pois os incrédulos encontram nisso a fé e os tíbios uma renovação do fervor e da confiança. O Espiritismo é, pois, o mais poderoso auxiliar da religião. Por isso é que Deus o permite, e o faz para reanimar nossas esperanças vacilantes e nos reconduzir ao caminho do bem, pela perspectiva do futuro que nos aguarda.

As palestras familiares de além-túmulo, que publicamos, a descrição que elas encerram da situação dos Espíritos que nos falam, revelam-nos as suas penas, as suas alegrias, as suas ocupações. São um quadro animado da vida espírita, e na própria variedade dos assuntos podemos encontrar as analogias que nos interessam. Vamos tentar resumir o seu conjunto.

Inicialmente consideremos a alma ao deixar este mundo e vejamos o que se passa nessa transmigração. Extinguindo-se as forças vitais, o Espírito se desprende do corpo no momento em que cessa a vida orgânica. Mas a separação não é brusca ou instantânea. Por vezes começa antes da cessação completa da vida; nem sempre é completa no instante da morte. Sabemos que entre o Espírito e o corpo existe um liame semimaterial, que constitui o primeiro envoltório. Esse liame não se quebra subitamente. E enquanto subsiste, fica o Espírito num estado de perturbação comparável ao que acompanha o despertar. Muitas vezes duvida de sua morte; sente que existe, vê-se e não compreende que possa viver sem seu corpo, do qual se sente separado; os laços que ainda o prendem à matéria o tornam acessível a certas sensações que toma como sensações físicas. O Espírito só se reconhece quando completamente livre. Até então não compreende a sua situação. A duração desse estado de perturbação, como já o dissemos em outras ocasiões, é muito variável: pode ser de algumas horas, como de vários meses. Mas é raro que ao cabo de alguns dias o Espírito não se reconheça mais ou menos bem. Entretanto, como tudo lhe é estranho e desconhecido, é-lhe necessário um certo tempo para familiarizar-se com a sua nova maneira de perceber as coisas.

Solene é o instante em que um deles vê cessar a sua escravização, pela ruptura dos laços que o prendem ao corpo. Ao entrar no mundo dos Espíritos é acolhido pelos amigos que o vêm receber, como se voltasse de penosa viagem. Se a travessia foi feliz, isto é, se o tempo de exílio foi empregado de maneira proveitosa para si e o elevou na hierarquia do mundo dos Espíritos, eles o felicitam. Ali reencontra os conhecidos, mistura-se aos que o amam e com ele simpatizam, e então começa, para ele, verdadeiramente, a sua nova existência.

O envoltório semimaterial do Espírito constitui uma espécie de corpo de forma definida, limitada e análoga à nossa. Mas esse corpo não tem os nossos órgãos e não pode sentir todas as nossas impressões. Entretanto, percebe tudo quanto percebemos: a luz, os sons, os odores, etc. E estas sensações não são menos reais, embora nada tenham de material; têm, até, algo de mais claro, de mais preciso, de mais sutil, porque lhe chegam sem intermediário, sem passar pela fieira dos órgãos que as embotam. A faculdade de perceber é inerente ao Espírito; é um atributo de todo o seu ser; as sensações o atingem de maneira geral e não por canais circunscritos. Falando da visão, dizia-nos um Espírito: "É uma faculdade do Espírito e não do corpo; vedes pelos olhos, mas não é o olho que vê: é o Espírito".

Em virtude da conformação de nossos órgãos necessitamos de certos veículos para as sensações. E assim que nos é necessária a luz a fim de refletir os objetos, o ar para nos transmitir os sons. Esses veículos se fazem inúteis, desde que não tenhamos mais os intermediários que os tornam indispensáveis. Assim, pois, o Espírito vê sem auxílio de nossa luz, ouve sem necessidade das vibrações do ar. Eis por que para ele não há obscuridade. Mas as sensações permanentes e indefinidas, por mais agradáveis que sejam, com o tempo se tornariam fatigantes, se não lhe fosse possível subtrair-se a elas. Por isso tem o Espírito a faculdade de as suspender: à vontade ele pode deixar de ver, de ouvir, de sentir tais ou quais coisas e, consequentemente, não ver, não ouvir, não sentir senão aquilo que queira. Essa faculdade está na razão de sua superioridade: porque há coisas que os Espíritos inferiores não podem evitar, pelo que a sua situação se torna penosa.

A princípio o Espírito não compreende essa nova maneira de sentir, da qual só aos poucos se dá conta. Aqueles cuja inteligência é ainda muito atrasada não a compreendem absolutamente e sentiriam muita dificuldade em exprimi-la: exatamente como entre nós os ignorantes veem e se movem, sem saber como nem porquê.

Essa impossibilidade de compreender o que está acima de seu alcance, aliada à fanfarrice, de ordinário acompanha a ignorância e é a fonte de teorias absurdas, dadas por certos Espíritos que nos induziriam em erro, se as aceitássemos sem controle e se, pelos meios fornecidos pela experiência e pelo hábito de com eles conversar, não nos tivéssemos assegurado do grau de confiança que merecem.

Há sensações que têm por fonte o próprio estado dos nossos órgãos. Ora, as necessidades inerentes ao corpo não se podem verificar desde que não exista mais corpo. Assim, pois, o Espírito não experimenta nenhuma fadiga, como nenhuma das nossas enfermidades. As necessidades do corpo determinam necessidades sociais, que para eles não existem. Assim não mais existem as preocupações dos negócios, as discórdias, as mil e umas tribulações do mundo e os tormentos a que nos entregamos para nos proporcionarmos as necessidades ou as superfluidades da vida. Eles têm pena do esforço que fazemos por causa de futilidades. Entretanto, quanto mais felizes são os Espíritos elevados, tanto mais sofrem os inferiores. Mas esses sofrimentos são angústias; e, embora nada tenham de físico, nem por isso são menos pungentes: eles têm todas as paixões e todos os desejos que tinham em vida (referimo-nos aos Espíritos inferiores) e seu castigo é o de não poder satisfazê-los. Isto é para eles uma tortura que julgam eterna, porque sua própria inferioridade não lhes permite ver o término, o que é também para eles um castigo.

A palavra articulada é uma necessidade de nossa organização. Como os Espíritos não necessitam de vibrações sonoras para lhes ferir os ouvidos, compreendem-se pela simples transmissão do pensamento, assim como por vezes acontece que nos entendamos por um simples olhar. Entretanto, os Espíritos fazem barulho. Sabemos que podem agir sobre a matéria e esta nos transmite o som. É assim que se dão a entender, quer por meio de pancadas, quer por meio de gritos que vibram no ar. Mas então o fazem por nós e não por eles. Voltaremos ao assunto em artigo especial, no qual trataremos da faculdade dos médiuns auditivos.

Enquanto arrastamos penosamente pela Terra o nosso corpo pesado e material, como o calceta as suas correntes, o dos Espíritos, vaporoso e etéreo, transporta-se sem fadiga de um lugar para outro, rasga o espaço com a velocidade do pensamento e tudo penetra, sem encontrar qualquer obstáculo material.

O Espírito vê tudo aquilo que vemos, e mais claramente do que nós. Além disso, vê aquilo que os nossos sentidos limitados não nos permitem ver.

Os Espíritos não são, pois, seres vagos e indefinidos, conforme as abstratas definições da alma a que nos referimos pouco antes; são seres reais, determinados, circunscritos, que gozam de todas as nossas faculdades e de outras que nos são desconhecidas, porque inerentes à sua natureza: eles têm as qualidades da sua matéria peculiar e constituem o mundo invisível que povoa o Espaço, envolvendo-nos e se acotovelando incessantemente conosco. Suponhamos desfeito por um instante o véu material que os oculta aos nossos olhos: ver-nos-íamos envolvidos por uma multidão de seres que vão e vêm, agitando-se em torno de nós e nos observando, do mesmo modo que faríamos se nos encontrássemos em uma assembléia de cegos. Para os Espíritos nós somos os cegos e eles são os videntes.

Dissemos que ao entrar em sua nova vida o Espírito precisa de algum tempo para se reconhecer; que ali, tudo lhe é estranho e desconhecido. Perguntarão como pode ser assim se ele já teve outras existências corpóreas. Essas existências foram separadas por intervalos durante os quais ele habitou o mundo dos Espíritos. Então esse mundo não lhe deve ser desconhecido, desde que não o vê pela primeira vez. Várias causas contribuem para que essas percepções, embora já experimentadas, lhe pareçam novas. Como dissemos, a morte é sempre seguida por um instante de perturbação, que pode ser de curta duração. Nesse estado suas ideias são sempre vagas e confusas; a vida corpórea se confunde, até certo ponto, com a vida espírita e ele ainda não as pode separar em seu pensamento. Dissipada a primeira impressão, as ideias pouco a pouco se aclaram e a ele volta, mas gradativamente, a lembrança do passado; esta nunca irrompe bruscamente. Só quando ele se encontra inteiramente desmaterializado é que o passado se desdobra à sua frente, como uma perspectiva ao sairmos de um nevoeiro. Só então ele se recorda de todos os atos de sua última existência, depois das existências anteriores e de suas várias passagens pelo mundo dos Espíritos. Compreende-se, pois, que durante um certo tempo esse mundo lhe pareça novo, até que ele se tenha reconhecido completamente e recuperado de maneira precisa a lembrança das sensações ali experimentadas.

A esta causa, entretanto, deve juntar-se outra, não menos preponderante.

O estado do Espírito, como Espírito, varia extraordinariamente na razão de sua elevação e de seu grau de pureza. À medida que se eleva e se depura, suas percepções e suas sensações se tornam menos grosseiras; adquirem mais acuidade, mais sutileza, mais delicadeza; vê, sente e compreende coisas que não poderia ver, sentir ou compreender numa condição inferior. Ora, cada existência corpórea sendo para ele uma oportunidade de progresso, lança-o a um novo meio, porque, se tiver progredido, encontra-se entre Espíritos de outra ordem. Acrescente-se que tal depuração lhe permite, sempre como Espírito, penetrar nesses mundos inacessíveis aos Espíritos inferiores, do mesmo modo que nos salões da alta sociedade não têm acesso as pessoas mal educadas. Quanto menos esclarecido, tanto mais limitado é o seu horizonte; à medida que se eleva e se depura, esse horizonte se amplia e, com este, o círculo de suas ideias e percepções.

A seguinte comparação nos permite compreendê-lo.

Suponhamos um camponês bruto, ignorante, vindo a Paris pela primeira vez. Poderá conhecer e compreender a Paris dos meios sábios e elegantes? Não, porque frequentará apenas as pessoas de sua classe e os bairros por estas habitados. Mas se, no intervalo de uma segunda viagem, esse camponês se desenvolveu e adquiriu instrução e boas maneiras, outros serão os seus hábitos e as suas relações. Então verá um mundo novo, em nada semelhante à Paris de outrora.

Dá-se o mesmo com os Espíritos. Mas nem todos experimentam o mesmo grau de incerteza. À medida que progridem suas ideias se desenvolvem e a memória se apura; familiarizam-se previamente com a sua nova situação; seu regresso entre os Espíritos já nada tem que lhes cause admiração; encontram-se em seu meio normal e, passado o primeiro momento de perturbação, se reintegram quase imediatamente.

Tal é a situação geral dos Espíritos, naquele estado chamado de erraticidade. Mas o que fazem nesse estado? Como passam o tempo? Essas perguntas são de interesse capital. E são eles mesmos que vão respondê-las, como foram eles que deram as explicações que acabamos de transmitir, de vez que nada disto é fruto de nossa imaginação; não se trata de um sistema saído de nosso cérebro: julgamos pelo que vemos e ouvimos. Posta de lado qualquer opinião relativamente ao Espiritismo, hão de convir que esta teoria da vida de além-túmulo nada contém de irracional; ela apresenta uma sequência e um encadeamento perfeitamente lógicos, que fariam honra a qualquer filósofo.

Seria erro pensar que a vida espírita seja uma vida ociosa. Ao contrário, ela é essencialmente ativa e todos nos falam de suas ocupações. Essas ocupações necessariamente diferem, conforme seja o Espírito errante ou encarnado. No estado de encarnação, elas são relativas à natureza dos mundos habitados, às necessidades que dependem do estado físico e moral desses mundos, bem como da organização dos seres vivos. E não é disso que devemos tratar aqui. Falaremos apenas dos Espíritos errantes.

Entre os que já atingiram certo grau de desenvolvimento, uns velam pela realização dos desígnios de Deus nos grandes destinos do Universo; dirigem a marcha dos acontecimentos e concorrem ao progresso de cada mundo. Outros tomam os indivíduos sob sua proteção, constituindo-se em seus gênios tutelares e anjos da guarda e os acompanhando desde o nascimento até à morte, buscando encaminhá-los pela estrada do bem. E sentem-se felizes quando seus esforços são

110 REVISTA ESPÍRITA

coroados pelo sucesso. Alguns se encarnam em mundos inferiores, para neles realizar missões de progresso; pelo trabalho, pelo exemplo, pelos conselhos e pelos sentimentos procuram fazer que uns progridam nas ciências e nas artes, outros na moral. Então se submetem voluntariamente às vicissitudes de uma vida corpórea por vezes penosa, com o objetivo de fazer o bem; e o bem que fazem lhes é contado. Muitos, enfim, não têm qualquer atribuição especial: vão a todo lugar onde sua presença é útil, dar conselhos, inspirar boas ideias, animar os desanimados, fortalecer os fracos e castigar os presunçosos.

Se considerarmos o número infinito de mundos que povoam o Universo e o número incalculável de seres que os habitam, compreenderemos que os Espíritos têm muito em que se ocupar. Essas ocupações, entretanto, nada têm de penosas: exercem-nas com alegria, voluntariamente, sem constrangimento, e sua felicidade é triunfar naquilo que empreendem; ninguém pensa numa ociosidade eterna, que seria um verdadeiro suplício. Quando as circunstâncias o exigem, reúnem-se em conselho, deliberam sobre a marcha a seguir, conforme os acontecimentos, dão ordens aos Espíritos que lhes são subordinados e, a seguir, vão para onde o dever os chama. Essas assembléias são mais gerais ou mais particulares, conforme a importância do assunto; nenhum lugar especial ou circunscrito é escolhido para essas reuniões. O Espaço é o domínio dos Espíritos. Contudo, eles ficam de preferência nos mundos onde estão os seus objetivos. Os Espíritos encarnados, que neles estão em missão, delas participam conforme a sua elevação: enquanto o corpo repousa, vão receber conselhos dos outros Espíritos e, por vezes, receber ordens relacionadas com a conduta que devem ter como homens. É verdade que ao despertar não guardam lembrança muito nítida daquilo que se passou, mas têm a intuição, que os leva a um procedimento como que espontâneo.

Descendo na hierarquia, encontramos Espíritos menos elevados, menos depurados e, consequentemente, menos esclarecidos; nem por isso são menos bons e, numa esfera de atividade mais restrita, desempenham funções análogas. Em vez de estender-se a diferentes mundos, sua ação é antes exercitada num mundo especial e relacionada com o seu grau de desenvolvimento; sua influência é mais individual e tem como objetivo coisas de menor importância.

Vem a seguir a multidão de Espíritos vulgares, mais ou menos bons, mais ou menos maus, que pululam em torno de nós. Estes se elevam pouco a pouco acima da Humanidade, cujas nuanças representam e como que refletem, pois têm todos os vícios e virtudes que a caracterizam. Em muitos deles encontramos os gostos, ideias e inclinações que possuíam em vida; suas faculdades são limitadas, seu julgamento falível como o dos homens e, por vezes, mesmo, errôneo e imbuído de preconceitos.

Noutros é mais desenvolvido o senso moral: mesmo sem grande superioridade nem grande profundidade, julgam com mais critério, por vezes até condenando aquilo que fizeram, disseram ou pensaram em vida. Aliás, há uma coisa notável: é que, mesmo entre os Espíritos mais comuns, de um modo geral, os sentimentos são mais puros como Espíritos do que como homens. A vida espírita os esclarece quanto aos seus defeitos e, salvo poucas exceções, arrependem-se amargamente e lamentam o mal que fizeram, pois sofrem mais ou menos cruelmente as suas consequências. Vimos alguns destes que não eram melhores do que tinham sido em vida; nunca, porém, os vimos piores. O endurecimento absoluto é muito raro e apenas temporário: mais cedo ou mais tarde acabam lamentando a sua posição. Pode-se, pois, dizer, que todos aspiram ao aperfeiçoamento, porque todos compreendem que é este o único meio de sair da sua inferioridade. Instruir-se, esclarecer-se – eis a sua grande preocupação e *eles se sentem felizes quando podem a isto acrescentar pequenas missões de confiança, que os elevam aos seus próprios olhos.*

Também eles têm as suas assembléias, de maior ou menor importância, conforme a natureza de seus pensamentos. Falam-nos, veem e observam aquilo que se passa; participam de nossas reuniões, de nossos jogos, de nossas festas e de nossos espetáculos, assim como de nossas ocupações sérias; escutam as nossas conversas – os mais levianos, como divertimento ou para rir à nossa custa, ou ainda para nos pregarem uma peça, desde que o possam; os outros, a fim de instruir-se. Observam os homens, analisam o seu caráter e fazem aquilo a que eles chamam estudo de costumes, com o fito de escolherem a sua existência futura.

Vimos o Espírito no momento em que, deixando o corpo, entra em sua vida nova. Analisamos as suas sensações e seguimos-lhe o desenvolvimento das ideias. Os primeiros momentos são empregados em reconhecer-se e compreender o que se passa com eles. Numa palavra, ele, por assim dizer, experimenta as próprias faculdades, como a criança que, pouco a pouco, vê crescerem-lhe as forças e os pensamentos. Falamos dos Espíritos vulgares, pois os outros, como já dissemos, estão de certo modo e previamente identificados com o estado espírita, que nenhuma surpresa lhes causa senão a alegria de se encontrarem livres dos entraves e dos sofrimentos corporais. Entre os Espíritos inferiores muitos sentem saudades da vida terrena, porque sua situação como Espírito é cem vezes pior. Eis porque buscam distrair-se com a visão daquilo com que outrora se deliciavam; mas essa mesma visão lhes é um suplício, porque sentem desejos mas não os podem satisfazer.

Entre os Espíritos é geral a necessidade de progresso. E isto os excita ao trabalho por seu melhoramento, de vez que compreendem que é este o preço de sua felicidade. Mas nem todos sentem essa necessidade no mesmo grau, principalmente no início; alguns chegam mesmo a comprazer-se numa espécie de vagabundagem, aliás de pouca duração; logo a atividade se torna para eles uma necessidade imperiosa, à qual, aliás, são arrastados por outros Espíritos que lhes instilam os sentimentos do bem.

Vem a seguir o que se pode chamar de escória do mundo espírita, constituída de todos os Espíritos impuros, cuja preocupação única é o mal. Sofrem e desejariam que todos sofressem como eles. A inveja lhes torna odiosa toda superioridade; o ódio é a sua essência. Não podendo culpar disso os Espíritos, investem contra os homens, atacando aos que lhes parecem mais fracos. Excitar as paixões ruins, insuflar a discórdia, separar os amigos, provocar rixas, fazer que os ambiciosos pavoneiem o seu orgulho, para o prazer de abatê-los em seguida, espalhar o erro e a mentira, numa palavra, desviar do bem, tais são os seus pensamentos dominantes.

Mas por que permite Deus que assim seja? Deus não tem que nos prestar contas. Dizem-nos os Espíritos superiores que os maus são provações para os bons e que não há virtude onde não há vitória a conquistar. Aliás, se esses Espíritos malfazejos se acham na Terra, é que aqui encontram eco e simpatia. Console-nos o pensamento de que, acima deste lodo que nos cerca existem seres puros e benevolentes que nos amam, nos sustentam, nos encorajam e nos estendem os braços, atraindo-nos, a fim de nos conduzirem a mundos melhores, onde o mal não encontra acesso, desde que saibamos fazer aquilo que devemos para o merecer.

FRAUDES ESPÍRITAS

Aqueles que não admitem a realidade das manifestações físicas geralmente atribuem à fraude os efeitos produzidos. Alegam que os prestidigitadores hábeis fazem coisas que parecem prodigiosas, se não lhes conhecemos os segredos. Daí concluem que os médiuns não passam de escamoteadores. Já refutamos esse argumento, ou antes, essa opinião, notadamente nos artigos sobre o Sr. Home e nos números da *Revista Espírita* de janeiro e fevereiro de 1858. Acrescentaremos apenas algumas palavras, antes de tratar de assunto mais sério.

Pelo fato de haver charlatães que vendem drogas na praça pública; pelo fato de também haver médicos que, mesmo não indo à praça pública, abusam da confiança, segue-se que todos os médicos são charlatães e que a classe é atingida em sua reputação? Pelo fato de haver criaturas que vendem tintura por vinho, segue-se que todos os negociantes de vinho são falsificadores e que não mais existe vinho puro? Abusa-se de tudo, mesmo das coisas mais respeitáveis e pode-se dizer até que a fraude tem o seu gênio. Mas a fraude tem sempre um objetivo, um interesse material qualquer; e onde nada se pode ganhar não existe nenhum interesse em enganar. Assim, dissemos em nosso número anterior, a propósito dos médiuns mercenários, que a melhor de todas as garantias é um desinteresse absoluto.

Dir-se-á que essa garantia não é única, porque em matéria de prestidigitação há amadores muito hábeis, que visam apenas a distrair a sociedade, e não o fazem por dever de ofício. Não poderia ocorrer o mesmo com os médiuns? Sem dúvida que é possível por uns momentos a gente se divertir, divertindo os outros; mas para passar nisto horas a fio, durante semanas, meses e anos, fora necessário estar possuído do demônio da mistificação, e o primeiro mistificado seria o mistificador. Desnecessário repetir aqui tudo o que já foi dito relativamente à possível boa fé dos médiuns e dos assistentes, quanto a serem joguetes de

114 REVISTA ESPÍRITA

uma ilusão e de uma fascinação. A isso já respondemos inúmeras vezes, bem como a todas as outras objeções sobre o assunto, pelo que remetemos o leitor à nossa *Instruction practique sur les manifestations** e aos nossos anteriores artigos na *Revista Espírita*.

O nosso objetivo não é convencer incrédulos, se não se convencem pelos fatos, menos o fariam pelo raciocínio: seria perdermos o nosso tempo. Dirigimo-nos, pelo contrário, aos adeptos, a fim de os prevenir contra os subterfúgios de que poderiam ser vítimas por parte de criaturas interessadas, por um motivo qualquer, em simular certos fenômenos. Dizemos certos fenômenos, porque alguns há que desafiam evidentemente toda habilidade de prestidigitação, como, principalmente, o movimento de objetos sem contato, a suspensão de corpos pesados no espaço, os golpes dados em diversas direções, as aparições, etc.

Mas até mesmo para alguns desses fenômenos, e até certo ponto, seria ainda possível a simulação, tal o progresso feito pela arte da imitação.

O que é necessário fazer em semelhantes casos é observar atentamente as circunstâncias e, sobretudo, levar em consideração o caráter e a condição das pessoas, o objetivo e o interesse que poderiam ter em enganar: eis o melhor de todos os controles, porque há circunstâncias tais que afastam qualquer motivo de suspeita. Assim, estabelecemos como princípio que é preciso desconfiar de todos quantos fizessem desses fenômenos um espetáculo, um objeto de curiosidade ou um divertimento, ou que dos mesmos tirassem qualquer proveito, por menor que fosse gabando-se de os produzir à vontade e a qualquer propósito. Nunca seria demasiado repetir que as inteligências ocultas que se manifestam têm as suas suscetibilidades e querem provar-nos que também possuem livre arbítrio e não se submetem aos nossos caprichos.

De todos os fenômenos físicos, um dos mais comuns é o dos golpes internos, vibrados na própria substância da madeira, com ou sem movimento da mesa ou de qualquer outro objeto que utilizamos. Ora, esse efeito é um dos mais fáceis de imitar; e, como é também um dos mais frequentemente produzidos, parece útil revelar uma pequena as-

---

* Esta obra foi abolida por Allan Kardec depois de publicado *O Livro dos Médiuns*, a que o leitor pode recorrer. (N. do T.)

túcia com a qual podemos ser logrados. Basta colocar as mãos abertas sobre a mesa, suficientemente próximas para que as unhas dos polegares se apóiem fortemente uma na outra; então, por um movimento muscular absolutamente imperceptível, faz-se estalar as unhas com um ruído seco, muito parecido com o da tiptologia interna. Esse ruído repercut e na madeira e produz uma ilusão completa. Nada mais fácil do que fazer ouvir tantos golpes quantos se queira, uma batida de tambor, etc., responder a certas perguntas pelo sim e pelo não, conforme os números ou, ainda, pela indicação das letras do alfabeto[1].

Uma vez prevenidos, o meio de reconhecermos a fraude é muito simples. Não será mais possível se as mãos ficarem afastadas uma da outra e se nos certificarmos de que nenhum contato poderá produzir o ruído. Aliás, os golpes autênticos têm a característica de mudar de lugar e de timbre à vontade, o que não ocorre quando produzidos pelo meio mencionado, ou por qualquer outro semelhante: eles saem da mesa e vão produzir-se num móvel qualquer, que ninguém toca, e respondem a perguntas imprevistas.

Assim chamamos a atenção das pessoas de boa fé para esse pequeno estratagema, bem como para outros que pudessem descobrir, a fim de os denunciar sem cerimônia. A possibilidade de fraude e de imitação não impede a realidade dos fatos, e o Espiritismo só terá a ganhar com o desmascaramento dos impostores. Se alguém nos disser: Eu vi tal fenômeno, mas havia fraude, responderemos que é possível; chegamos a ver pseudosonâmbulos que simulavam o sonambulismo com muita habilidade; isto, entretanto, não impede que o sonambulismo seja um fato. Todo mundo já viu negociantes venderem algodão por seda, o que não impede que haja verdadeiros tecidos de seda. É necessário examinar todas as circunstâncias e verificar se a dúvida tem fundamento. Mas nisto, como em tudo o mais, é preciso ser perito. Ora, nós não poderíamos aceitar como juiz de uma questão alguém que nada soubesse dela.

O mesmo diremos dos médiuns psicógrafos. Em geral se pensa que os médiuns mecânicos oferecem mais garantias, não só para a

---

[1] Não é imperceptível o movimento muscular, nem o ruído é tão semelhante aos golpes internos. Kardec quis prevenir as pessoas inexperientes e demasiado crédulas. (N. do R.)

independência das ideias, como contra o embuste. Mas isso é um erro. A fraude insinua-se por toda parte; sabemos com que habilidade é possível dirigir a cesta e a prancheta que escrevem, ou amiúde lhes dar a aparência de movimentos espontâneos. O que levanta todas as dúvidas são os pensamentos expressos, quer venham do médium mecânico, intuitivo, auditivo, falante ou vidente. Há comunicações que de tal modo exorbitam das ideias, dos conhecimentos e, mesmo, do alcance intelectual do médium, que seria necessário nos enganarmos redondamente a fim de lhes dar crédito. Reconhecemos no charlatanismo uma grande habilidade e enormes recursos, mas ainda não lhe reconhecemos o dom de dar saber a um ignorante ou talento a quem não o tenha.

PROBLEMA MORAL

OS CANIBAIS

Um dos nossos assinantes dirigiu-nos a seguinte pergunta, rogando-nos a solução pelos Espíritos que nos assistem, se ainda não a tivermos:

"Depois de um lapso de tempo mais ou menos longo, os Espíritos errantes desejam e pedem a Deus a reencarnação, como meio de progresso espiritual. Escolhem as provas e, usando o livre arbítrio, preferem aquelas que se lhes afiguram mais apropriadas a esse progresso no mundo onde a reencarnação lhes é permitida. Ora, durante sua vida errante, empregada em instruir-se, conforme eles mesmos nos dizem, ficam sabendo quais as nações que mais lhes convêm, a fim de atingirem o fim visado. Vêm populações ferozes, antropófagas e têm a certeza de que, nelas encarnando, se tornarão ferozes comedores de carne humana. Certamente não será nesse meio que hão de realizar o progresso espiritual; seus instintos brutais apenas terão adquirido mais consistência pela força do hábito. Então seu objetivo terá falhado, se tiverem escolhido este ou aquele povo.

"Dá-se o mesmo com certas posições sociais. Entre estas, por certo, há as que apresentam invencíveis obstáculos ao progresso espiritual. Citarei apenas os magarefes nos matadouros, os carrascos, etc. Dizem que tais criaturas são necessárias: umas, porque não podemos passar sem alimentação animal; outras, porque é preciso executar as sentenças judiciais, exigidas pela nossa organização social. Não é menos certo que, reencarnando no corpo de um menino destinado a abraçar uma ou outra dessas profissões, deve o Espírito saber que toma um caminho errado e que voluntariamente se priva dos meios que o podem conduzir à perfeição. Não poderia acontecer, com a permissão de Deus, que nenhum Espírito quisesse esses gêneros de vida e, então, qual a necessidade dessas profissões em nosso estado social?"

A resposta a essa questão decorre de todos os ensinos que nos têm sido dados. Podemos, portanto, respondê-la, sem ter que submetê-la novamente aos Espíritos.

É evidente que um Espírito já adiantado, como, por exemplo, o de um europeu esclarecido, não poderá escolher como meio de progresso uma existência selvagem: em vez de avançar, retrogradaria. Sabemos, entretanto, que os próprios antropófagos não se encontram no último degrau da escala e que há mundos onde o embrutecimento e a ferocidade não têm analogia na Terra. Esses Espíritos são ainda inferiores aos mais atrasados do nosso mundo. É para eles um progresso, portanto, encarnar entre os nossos selvagens. Se não visam a um ponto mais alto, é que sua inferioridade moral não lhes permite compreender um progresso mais completo. Só gradativamente pode o Espírito progredir: deve passar sucessivamente por todos os graus, de modo que cada passo à frente seja uma base para assentar um novo progresso. Ele não pode transpor de um salto a distância que separa a barbárie da civilização, assim como o estudante não pode passar, sem transições do a, b, c à Retórica. É nisso que vemos uma das necessidades da reencarnação, que está realmente de acordo com a justiça de Deus. De outro modo, que seria desses milhões de seres que morrem no último estado de depravação, se não tivessem meios de atingir a superioridade? Por que os teria Deus deserdado dos favores concedidos aos outros homens? Repetimo-lo, por ser ponto essencial: em razão de sua curta inteligência, só compreendem o que é melhor do seu ponto de vista e em estreitos limites. Há, entretanto, alguns que se transviam por quererem subir muito alto e que nos dão o triste espetáculo da ferocidade no meio da civilização. Voltando ao meio dos canibais, ainda lucrarão.

Estas considerações também se aplicam às profissões de que fala o nosso correspondente. Elas oferecem evidente superioridade relativa para certos Espíritos, e é neste sentido que devemos conceber a escolha por eles feita. Pela mesma razão, elas podem ser escolhidas como expiação ou como missão, porque nenhuma existe na qual não se possa fazer o bem e progredir pela própria maneira de a exercer.

Quanto à pergunta sobre o que seria dessas profissões caso nenhum Espírito as quisesse exercer, está respondida pelos fatos. Desde que os Espíritos que as alimentam vêm de mais baixo, não é para temer o desemprego. Quando o progresso social permitir a supressão do oficio de carrasco, desaparecerá o lugar, mas não os candidatos: estes irão apresentar-se entre outros povos ou entre outros mundos menos adiantados.

A INDÚSTRIA

COMUNICAÇÃO ESPONTÂNEA DO MÉDIUM ESCREVENTE SR. CROZ, LIDA NA SESSÃO DA SOCIEDADE, A 21 DE JANEIRO DE 1859

As empresas que vemos surgir diariamente são atos providenciais e o desenvolvimento de germes depositados pelos séculos. A Humanidade e o planeta por ela habitado têm uma mesma existência, de fases encadeadas e correspondentes.

Logo que se acalmam as grandes convulsões da Natureza, e que passa a febre que propelia às guerras de extermínio, brilha a Filosofia, desaparece a escravidão e florescem as Ciências e as Artes.

A perfeição divina pode resumir-se no belo e no útil; e se Deus fez o homem à sua imagem é porque desejava que ele vivesse de sua inteligência, como ele próprio vive no seio dos esplendores da Criação.

Os empreendimentos que Deus abençoa, sejam quais forem as suas proporções, são os que correspondem aos seus desígnios, trazendo o seu concurso à obra coletiva, cuja lei está escrita no Universo: o belo e o útil; a arte, filha do repouso e da inspiração, é o belo; a indústria, filha da Ciência e do trabalho, é o útil.

Observação: Esta comunicação é mais ou menos a iniciação do médium, que acaba de desenvolver-se com admirável rapidez; e é de convir que, como experiência, esta é promissora. Desde a primeira sessão ele escreveu, de um jato, quatro páginas que nada ficam a dever ao que se acaba de ler, pela profundeza dos pensamentos, o que nele denota uma admirável aptidão para servir de intermediário a todos os Espíritos, para comunicações particulares. Aliás, necessitamos de mais estudos nesse particular, porque nem a todos é dada uma tal flexibilidade. Conhecemos médiuns que não podem servir de intermediários senão a determinados Espíritos e para uma certa ordem de ideias.

Depois de escrita esta nota chegamos a constatar o progresso do médium, cuja faculdade oferece características especiais e dignas de maior atenção do observador.

PALESTRAS FAMILIARES DE ALÉM-TÚMULO

Benvenuto Cellini

SESSÃO DA SOCIEDADE PARISIENSE DE ESTUDOS ESPÍRITAS
EM 11 DE MARÇO DE 1859

1. – (*Evocação*). R – Interrogai, estou pronto. Podeis vos demorar como quiserdes, pois tenho tempo para vos dar.

2. – Lembrai-vos da existência que passastes na Terra, no século XVI, entre 1500 e 1570? R – Sim, sim.

3. – Atualmente, qual a vossa situação como Espírito? R – Vivi em vários outros mundos e estou muito satisfeito com a posição que hoje ocupo: não é um cimo, mas estou progredindo.

4. – Tivestes outras existências corporais na Terra, depois daquela que conhecemos? R – Corporais, sim; na Terra, não.

5. – Quanto tempo ficastes errante? R – Não posso calcular: alguns anos.

6. – Quais as vossas ocupações nesse estado errante? R – Trabalhava pelo meu aperfeiçoamento.

7. – Voltastes algumas vezes à Terra? R – Poucas.

8. – Assististes ao drama em que figurais? Que pensais dele? R – Fui vê-lo várias vezes. Fiquei satisfeito como Cellini; mas pouco como Espírito que havia progredido.

9. – Antes da existência que conhecemos, tivestes outras na Terra? R – Não, nenhuma.

10. – Poderíeis dizer o que éreis em vossa precedente existência? R – Minhas ocupações eram muito diferentes das que tive na Terra.

11. – Que mundo habitais? R – Não o conheceis e não o vedes.

120 REVISTA ESPÍRITA

12. – Poderíeis dar-nos a sua descrição do ponto de vista físico e moral? R – Sim, facilmente.

Meus caros amigos, do ponto de vista físico satisfez-me a sua beleza plástica: ali nada choca a vista; todas as linhas se harmonizam perfeitamente; a mímica é o meio de expressão permanente; os perfumes nos rodeiam e não temos nada a desejar para o nosso bem-estar físico, porque as necessidades pouco numerosas a que estamos sujeitos logo são satisfeitas.

Do ponto de vista moral, a perfeição é menor, pois ali ainda podem ver-se consciências perturbadas e Espíritos dedicados ao mal. Não será a perfeição, longe disso, mas, como já disse, é o seu caminho. E todos esperamos um dia alcançá-la.

13. – Quais as vossas ocupações no mundo que habitais? R – Trabalhamos as artes. Sou artista.

14. – Em vossas memórias contais uma cena de feitiçaria e de endemoninhamento, que se teria passado no Coliseu, em Roma, e na qual teríeis tomado parte, recordai-vos? R – Sem muita clareza.

15. – Se a lêssemos, a leitura avivaria a vossa lembrança? R – Sim, dar-me-ia noção.

Fez-se então a leitura do seguinte trecho:

"Em meio a essa vida estranha, eu me liguei a um sacerdote siciliano, de espírito muito fino e profundamente versado nas letras gregas e latinas. Um dia nossa conversa caiu sobre necromancia e eu lhe disse que durante toda a minha vida tinha desejado ardentemente ver e aprender algo dessa arte. Para abordar semelhante empresa é necessário ter una alma firme e intrépida, respondeu o sacerdote.

"Uma noite, entretanto, o padre fez os seus preparativos e me disse que procurasse um ou dois companheiros. Convidou um homem de Pistola, que também se ocupava de necromancia e dirigimo-nos ao Coliseu. Aí o padre vestiu-se à maneira dos necromantes, depois começou a riscar círculos no chão, acompanhando isto com as mais belas cerimônias que se possam imaginar.

"Havia trazido perfumes preciosos, drogas fétidas e fogo. Quando tudo estava em ordem ele fez urna abertura no círculo e ali nos introduziu, um a um, levando-nos pela mão. Depois distribuiu os papéis. Pôs o talismã nas mãos de seu amigo necromante, encarregou os outros da vigilância do fogo e dos perfumes, depois do que começou as conjurações. Essa cerimônia durou mais de hora e meia. O Coliseu encheu-se de legiões de Espíritos infernais. Quando o padre viu que eram bastante numerosos, voltou-se para mim, que cuidava dos perfumes, e disse:

– "Benvenuto, pede-lhes alguma coisa.

"Respondi desejar que eles me reunissem à minha siciliana Angélica.

"Não obstante nenhuma resposta tivéssemos naquela noite, fiquei encantado com o que tinha visto.

"O necromante me disse que era necessário voltar uma segunda vez e que eu obteria tudo quanto quisesse, desde que trouxesse um rapazinho ainda virgem.

"Escolhi um dos meus aprendizes e trouxe ainda dois dos meus amigos.

"Ele pôs-me nas mãos o talismã, mandando que o voltasse para a direção que me fosse indicada. Meu aprendiz ficou colocado debaixo do talismã. O necromante começou suas terríveis evocações, chamou pelo nome uma porção de chefes de legiões infernais e lhes deu ordens em hebraico, em grego e em latim, em nome do Deus incriado, vivo e eterno. Em breve o Coliseu encheu-se de uma quantidade de demônios cem vezes maior que da primeira vez. A conselho do necromante pedi novamente para me encontrar com Angélica. Ele voltou-se para mim e me disse:

"Não os ouviste anunciar que em um mês estarias com ela?" E pediu-me que tivesse firmeza, porque havia ainda mil legiões que não tinham sido chamadas, acrescentando que estas eram mais perigosas e que, de vez que haviam respondido ao meu pedido, era necessário tratá-las com brandura e despedi-las tranquilamente. Por outro lado o menino exclamava com espanto que percebia milhares de homens terríveis que nos ameaçavam, e quatro enormes gigantes, armados dos pés à cabeça, que pareciam querer penetrar em nosso círculo. Entrementes, a tremer de medo, o necromante tentava conjurá-los, ensaiando a mais doce entonação de voz. O menino mergulhava a cabeça entre os joelhos e gritava:

– "Eu quero morrer assim! Estamos mortos!

"Então eu lhe disse:

"Estas criaturas estão todas abaixo de nós: aquilo que vês não passa de fumo e sombra. Levanta, pois, os teus olhos."

"Apenas me havia obedecido, exclamou:

"Todo o Coliseu está em chamas e o fogo vem sobre nós."

"O necromante mandou que fosse queimada assafétida. Agnolo, encarregado dos perfumes, estava semi-morto de pavor.

"O ruído e o mau cheiro fizeram o menino levantar a cabeça. Ouvindo o meu riso, animou-se um pouco e disse que os demônios começavam a retirada. Ficamos assim até o momento em que soaram as matinas. Disse-nos o menino que apenas avistava alguns demônios e a grande distância. Por fim, quando o necromante concluiu o cerimonial e tirou os paramentos, saímos do círculo.

"Enquanto marchávamos para casa, pela Via dei Banchi, ele garantia que dois demônios faziam piruetas à nossa frente, ora correndo sobre os telhados, ora pelo chão.

"O necromante jurava que desde que havia posto o pé num círculo mágico jamais lhe havia acontecido algo tão extraordinário. Depois tentou convencer-me a me dedicar com ele a um livro que nos deveria produzir riquezas incalculáveis e nos dar os meios de obrigar os demônios a indicar-nos os lugares onde estão ocultos os tesouros que a Terra guarda em seu solo."

Depois de diferentes relatos mais ou menos ligados ao que precede, conta Benvenuto como, ao cabo de trinta dias, ou seja, no prazo fixado pelos demônios, ele encontrou sua Angélica.

16. – Poderíeis dizer o que existe de verídico nesta cena? R – O necromante era um charlatão, eu era um romancista e Angélica era a minha amante.

17. – Revistes o vosso protetor Francisco I? R – Certamente, ele reviu muitos outros que não foram seus protegidos.

18. – Como o julgáveis em vida e como o julgais agora? R – Direi como o julgava: como um príncipe e, como tal, enceguecido por sua educação e pelos que o cercavam.

19. – E agora, que dizeis? R – Ele progrediu.

20. – Ele protegia os artistas por um sincero amor às artes? R – Sim, mas também por prazer e por vaidade.

ABRIL DE 1859

21. – Onde se acha ele atualmente? R – Vive.

22. – Na Terra? R – Não.

23. – Se o evocássemos agora ele poderia vir e conversar conosco? R – Sim. Mas não forceis os Espíritos dessa maneira. Vossas evocações devem ser preparadas com muita antecedência. Então, pouco tereis que perguntar aos Espíritos. Desse modo vos arriscais muito menos a serdes enganados, porque às vezes isso se dá (São Luís).

24. – (*A São Luís*): Poderíeis fazer com que dois Espíritos viessem conversar? R – Sim.

– Nesse caso seria útil ter dois médiuns? R – Sim, é necessário. **Nota:** O diálogo em questão foi mantido em outra sessão. Publicá-lo-emos no próximo número.

25. – (*A Cellini*): Qual a origem da vossa vocação para a arte; seria devido a um especial desenvolvimento anterior? R – Sim, durante muito tempo fui atraído pela poesia e pela beleza da linguagem. Na Terra prendi-me à beleza como reprodução; hoje me ocupo da beleza como invenção.

26. – Tínheis também habilidade militar, pois o Papa Clemente VII vos confiou a defesa do Castelo de Santo Ângelo. Entretanto, o vosso talento de artista não vos devia dar muita aptidão para a guerra. R – Tinha talento e sabia aplicá-lo. Em tudo é necessário discernimento; sobretudo na arte militar de então.

27. – Poderíeis dar alguns conselhos aos artistas que buscam seguir as vossas pegadas? R – Sim. Dir-lhes-ei apenas que, mais do que o fazem e mais do que fiz, busquem a pureza e a verdadeira beleza. Eles me compreenderão.

28. – A beleza não é relativa e convencional? O europeu julga-se mais belo que o negro e este mais belo que o branco. Se há uma beleza absoluta, qual o tipo? Podeis dar a vossa opinião a respeito? R – Com prazer. Não quis aludir a uma beleza convencional; ao contrário, a beleza está em toda parte, como um reflexo do Espírito sobre o corpo e não apenas como a forma corpórea. Como dissestes, um negro pode ser belo, de uma beleza apreciada por seus semelhantes, é verdade. Do mesmo modo vossa beleza terrena é deformidade para o Céu, assim como para vós, brancos, o belo negro quase que se vos afigura disforme. Para o artista o belo é a vida, o sentimento que sabe dar à obra. Com isso dará beleza às coisas mais vulgares.

124 REVISTA ESPÍRITA

29. – Poderíeis guiar um médium na execução de modelagens, assim como Bernard de Palissy em relação aos desenhos? R – Sim.

30. – Poderíeis levar o médium de quem vos servis no momento a fazer alguma coisa? R – Como os outros, mas preferiria um artista, que conhecesse os truques da arte.

Observação: Prova a experiência que a aptidão de um médium para tal ou qual gênero de produção depende da flexibilidade que apresenta ao Espírito, abstração feita do seu talento. O conhecimento do ofício e os meios materiais de execução não constituem o talento, mas é compreensível que, dirigindo o médium, neste encontre o Espírito menos dificuldade mecânica a vencer. Entretanto, veem-se médiuns que fazem coisas admiráveis, embora lhes faltem as primeiras noções, como no caso dos desenhos, da poesia, das gravuras, da música, etc.; mas então é que existe neles uma aptidão inata, sem dúvida devida a um desenvolvimento anterior, do qual apenas conservavam a intuição.

31. – Poderíeis dirigir a senhora G. S., aqui presente, e que é artista, mas que jamais conseguiu produzir algo como médium? R – Se ela tiver vontade, experimentarei.

32. – (*A Sra. G. S.*): Quando queres começar? R – Quando o quiseres, a partir de amanhã.

33. – Como, porém, saberei que a inspiração virá de ti? R – A convicção vem com as provas. Deixai-a vir lentamente.

34. – Porque não tenho tido êxito até este momento? R – Pouca persistência e falta de boa vontade por parte do Espírito a quem solicitas.

35. – Agradeço-te pela assistência que me prometes. R – Adeus. Até à vista, companheira de trabalho.

Nota: A Sra. G. S. pôs-se à obra, mas ainda ignoramos quais os resultados.

GIRARD DE CODEMBERG

Ex-aluno da Escola Politécnica, membro de várias associações científicas, autor de um livro intitulado: *Le Monde spirituel, ou science chrétienne de communiquer intimement avec les puissances célestes et les âmes heureuses.* Morto em novembro de 1858, foi evocado na Sociedade a 14 de janeiro seguinte.

1. – (*Evocação*). R – Aqui me acho. Que querem?

2. – Atendeis ao nosso chamado de boa vontade? R – Sim.

ABRIL DE 1859

3. – Quereis dizer-nos o que pensais atualmente do livro que publicastes? R – Cometi alguns erros, mas ali há coisas aproveitáveis. Creio que, sem autoelogio, vós mesmos concordareis com o que disse.

4. – Dizeis principalmente que tivestes comunicações com a mãe do Cristo. Vedes agora se era realmente ela? R – Não. Não era ela, mas um Espírito que lhe tomava o nome.

5. – Com que fim esse Espírito lhe tomava o nome? R – Ele me via seguir por um caminho errado e aproveitava para me empurrar ainda mais. Era um Espírito perturbador, um ser leviano; mais inclinado ao mal do que ao bem, sentia-se feliz por ver a minha falsa alegria. Eu era o seu joguete, como muitas vezes vós homens o sois dos próprios semelhantes.

6. – Como é que vós, dotado de uma inteligência superior, não percebestes o ridículo de certas comunicações? R – Eu estava fascinado e tomava por bom tudo quanto me diziam.

7. – Não julgais que essa obra possa fazer mal, no sentido de prestar-se ao ridículo, relativamente às comunicações de além-túmulo? R – Neste sentido, sim. Mas, também, eu disse que havia coisas aproveitáveis, como também verdadeiras. Aliás, sob um outro ponto de vista, ela impressiona as massas. Naquilo que nos parece mau, por vezes encontramos uma boa semente.

8. – Sois agora mais feliz do que quando vivo? R – Sim. Mas tenho muita necessidade de esclarecer-me, pois ainda me acho nas brumas que se seguem à morte. Estou como o aluno que começa a soletrar.

9. – Quando vivo conhecestes *O Livro dos Espíritos*? R – Nunca lhe havia prestado atenção. Tinha ideias preconcebidas. Nisto eu pecava, pois nunca estudaremos e nos aprofundaremos bastante em todas as coisas. Mas o orgulho está sempre presente, criando-nos ilusões. Aliás, isto é, em geral, peculiar aos ignorantes: não estudam senão aquilo que preferem e não ouvem senão aqueles que os elogiam.

10. – Mas não éreis um ignorante: vossos títulos bem o provam. R – Que é o sábio da Terra ante a Ciência do céu? Aliás, sempre há a influência de certos Espíritos interessados em afastar-nos da luz.

Observação: Isso corrobora o que já foi dito, que certos Espíritos inspiram o afastamento das pessoas que poderiam dar conselhos úteis e frustrar os seus planos. Essa jamais seria a influência de um bom Espírito.

126   REVISTA ESPÍRITA

11. – E agora, que pensais deste livro? R – Não o poderia dizer sem elogios: e nós não elogiamos – bem o compreendereis.

12. – Modificou-se a vossa opinião relativamente às penas futuras? R – Sim. Eu acreditava nas penas materiais. Agora creio nas penas morais.

13. – Podemos fazer algo que vos seja agradável? R – Sempre: que cada um faça, à noite, uma prece em minha intenção. Serei reconhecido. Principalmente não me esqueçais.

Observação: O livro do Sr. de Codemberg causou alguma sensação e, digamos mesmo, uma penosa sensação entre os esclarecidos partidários do Espiritismo, em consequência da extravagância de certas comunicações que se prestam ao ridículo. Sua intenção era louvável, pois era um homem sincero; mas é um exemplo do domínio que certos Espíritos podem exercer, adulando e exagerando ideias e preconceitos daqueles que não ponderam com muita severidade os prós e os contras das comunicações espíritas. Ele nos mostra principalmente o perigo de os espalhar muito levianamente no público, por isso que podem tornar-se motivo de repulsa, fortalecendo certas pessoas na incredulidade e, assim, fazendo maior mal do que bem, porque dão armas aos inimigos da causa. Nunca seríamos demasiado cautelosos a esse respeito.

POITEVIN, O AERONAUTA

Morto há cerca de dois meses, de febre tifóide contraída após uma descida forçada no mar.

SESSÃO DE 11 DE FEVEREIRO DE 1859,
NA SOCIEDADE PARISIENSE DE ESTUDOS ESPÍRITAS

1. – (Evocação). R – Eis-me aqui. Falai.

2. – Tendes saudades da vida terrena? R – Não.

3. – Sois mais feliz agora do que quando vivo? R – Muito.

4. – Qual o motivo que vos levou a experiências aeronáuticas? R – A necessidade.

5. – Tínheis ideia de servir a Ciência? R – De modo algum.

6. – Vedes agora a ciência aeronáutica de um ponto de vista diverso do que tínheis quando vivo? R – Não. Eu a via como a vejo agora, pois a via bem. Via muitos aperfeiçoamentos a introduzir, mas não os

podia fazer por falta de conhecimentos. Mas esperai: virão homens que hão de dar-lhe o relevo que ela merece e que merecerá um dia.

7. – Credes que a aeronáutica venha a tornar-se um dia de utilidade pública? R – Sim, certamente.

8. – A grande preocupação dos que se dedicam a esta ciência é a busca da dirigibilidade dos balões. Pensais que o conseguirão? R – Sim, com certeza.

9. – Na vossa opinião, qual a maior dificuldade para a dirigibilidade dos balões? R – O vento, as tempestades.

10. – Então não é a dificuldade de encontrar um ponto de apoio? R – Se dirigíssemos os ventos, dirigiríamos os balões.

11. – Poderíeis assinalar o ponto para o qual deveriam ser dirigidas as pesquisas a esse respeito? R – Deixemos como está.

12. – Estudastes em vida os vários sistemas propostos? R – Não.

13. – Poderíeis dar conselhos aos que se ocupam de tais pesquisas? R – Pensais que seguiriam os vossos conselhos?

14. – Não seriam os nossos, mas os vossos. R – Quereis um tratado? Eu o mandarei fazer.

15. – Por quem? R – Pelos amigos que me guiaram.

16. – Aqui estão dois inventores distintos em matéria de aerostação, os senhores Sanson e Ducroz, que tiveram menções científicas muito honrosas. Tendes ideia de seus sistemas? R – Não. Muito há que dizer. Eu não os conheço.

17. – Admitindo estar resolvido o problema da dirigibilidade, credes na possibilidade de uma navegação aérea em grande escala como sobre o mar? R – Não, nunca como pelo telégrafo.

18. – Não falo da rapidez das comunicações, que jamais podem ser comparadas a do telégrafo, mas do transporte de um grande número de pessoas e de objetos materiais. Que resultado podemos esperar nesse sentido? R – Pouca presteza.

19. – Quando em perigo iminente, pensastes no que seríeis depois da morte? R – Não. Estava inteiramente absorvido nas manobras.

20. – Que impressão vos causava o perigo que corríeis? R – O hábito tinha diminuído o medo.

128   REVISTA ESPÍRITA

21. – Que sensação tínheis quando estáveis perdido no espaço? R – Perturbação, mas felicidade. Parece que meu Espírito fugia do vosso mundo. Entretanto, a necessidade de manobrar trazia-me à realidade e fazia-me cair na fria e perigosa posição em que me achava.

22. – Vedes com prazer a vossa esposa seguir a mesma carreira aventurosa? R – Não.

23. – Qual a vossa situação como Espírito? R – Vivo como vós, isto é, posso prover à minha vida espiritual como vós à vossa material.

Observação: As curiosas experiências do Sr. Poitevin, sua intrepidez, sua notável habilidade na manobra dos balões, faziam-nos esperar dele maior elevação e grandeza de ideias. O resultado não correspondeu à nossa expectativa. Como vimos, a aerostação não era para a ele senão uma indústria, um modo de viver, um gênero especial de espetáculo: todas as suas faculdades estavam concentradas nos meios de satisfazer à curiosidade pública. Assim é que, nestas palestras de além-túmulo as previsões são muitas vezes incertas: ora são ultrapassadas, ora ficam aquém do que se esperava, o que é prova evidente da independência das comunicações.

Numa sessão particular, através do mesmo médium, Poitevin ditou os conselhos que se seguem, para realizar a promessa que acabava de fazer. Cada um poderá medir-lhes o valor, pois os damos como objeto de estudo sobre a natureza dos Espíritos e não por seu mérito científico, mais que contestável.

"Para dirigir um balão cheio de gás encontrareis sempre as maiores dificuldades: a imensa superfície, que ele oferece como uma presa aos ventos; a insignificância do peso de gás que pode conter, a fragilidade do invólucro, exigida por este ar sutil. Todas estas causas jamais permitirão dar ao sistema aerostático a grande extensão que desejaríeis vê-lo tomar. Para que o aeróstato tenha uma utilidade real, é preciso que seja um sistema de comunicação poderoso e dotado de uma certa presteza, sobretudo poderoso. Dissemos que guardaria um meio termo entre a eletricidade e o vapor. Sim, e por duas razões: 1.º – Deve fazer transportes mais rápidos que as ferrovias, quanto aos passageiros, e menos que o telégrafo, quanto às mensagens; 2.º – Não se coloca como meio termo entre os dois sistemas, porque participa, ao mesmo tempo, do ar e da terra, ambos lhe servindo de caminho: está entre o céu e o mundo.

"Não me perguntastes se, por este meio, chegaríeis a visitar outros planetas. Entretanto, tal pensamento inquietou muitas cabeças e a sua solução encheria o vosso mundo de espanto. Não, não o conseguireis. Pensai que para atravessar os espaços inimaginados, de milhões e milhões de léguas, a luz leva anos. Vede, pois, quanto tempo seria necessário para os atingir, mesmo levados pelo vapor e pelo vento.

"Para voltar ao tema principal, eu vos dizia, de começo, que se não deveria esperar muito do vosso sistema atual; mas que obteríeis muito mais agindo sobre o ar por compressão forte e extensa. O ponto de apoio que buscais está à vossa frente e vos cerca por todos os lados; com ele vos chocais em cada um dos vossos movimentos; diariamente ele entrava a vossa rota e influi sobre tudo quanto tocais. Pensai muito nisto e tirai desta revelação tudo quanto for possível: suas consequências são enormes. Não podemos tomar-vos a mão e levar-vos a forjar os utensílios necessários a esse trabalho; não vos podemos dar uma indução, palavra por palavra: é preciso que o vosso Espírito trabalhe e amadureça os seus projetos, sem o que não compreenderíeis aquilo que fizésseis e não saberíeis manejar os instrumentos; seríamos nós obrigados a torcer e abrir os vossos êmbolos; então as circunstâncias imprevistas que, um dia ou outro, viessem atrapalhar os vossos esforços, lançar-vos-iam em vossa primitiva ignorância.

"Trabalhai, pois, e encontrareis aquilo que tiverdes procurado; conduzi o vosso Espírito na direção que vos indicamos e aprendei pela experiência, que não vos induzimos em erro."

Observação: Embora encerrando verdades incontestes, nem por isso esses conselhos deixam de indicar um Espírito pouco esclarecido, sob certos pontos de vista, pois parece ignorar a verdadeira causa da impossibilidade de atingir outros planetas. É uma prova a mais da diversidade de aptidões e de luzes, encontradas, como na Terra, no mundo dos Espíritos. É pela multiplicidade das observações que chegaremos a conhecer, compreender e julgar. Eis porque damos modelos de comunicações de todo gênero, tomando, porém, o cuidado de ressaltar o forte e o fraco. Esta de Poitevin termina por uma consideração muito justa, que nos parece ter sido suscitada por um Espírito mais filosófico que o seu. Aliás ele havia dito que tais conselhos seriam redigidos por seus amigos que, entretanto, nada ensinam de definitivo.

Nisto encontramos ainda nova prova de que os homens que na Terra tiveram uma especialidade nem sempre são os mais adequados ao nosso esclarecimento como Espíritos, principalmente se não forem bastante elevados e desprendidos da vida terrena.

É lamentável que, para o progresso da aeronáutica, a maioria desses homens intrépidos não possam pôr a sua experiência em proveito da Ciência, ao passo que os teóricos são alheios à prática, são como marinheiros que jamais tivessem visto o mar. Incontestavelmente, um dia haverá engenheiros aeronautas, como há engenheiros navais. Mas só quando eles tiverem visto e sondado diretamente as profundezas do oceano aéreo. Que ideias não lhes seriam dadas pelo contato real dos elementos, ideias que escapam à gente do ofício! Porque, seja qual for o seu saber, não podem eles, do fundo de seu gabinete, perceber todos os escolhos. Entretanto, se um dia essa ciência deve tornar-se realidade, só o será por seu intermédio. Aos olhos de muita gente ela ainda é uma quimera: por isso os inventores, que em geral não são capitalistas, não encontram apoio nem encorajamento necessários. Quando a aerostação produzir dividendos, mesmo em esperanças e puder ser comercializada não lhe faltarão os capitais. Até lá é necessário contar com a dedicação daqueles que veem o progresso antes da especulação. Enquanto houver parcimônia nos meios de execução, haverá derrotas, pois é impossível fazer ensaios em vasta escala ou em condições convenientes. Seremos forçados a proceder acanhadamente, o que é um mal, nisto como em todas as coisas. O sucesso tem como preço sacrifícios bastantes para entrar na vida prática, o que quer dizer sacrifício e exclusão de qualquer ideia de lucro. Esperemos que a ideia de dotar o mundo com a solução de um grande problema, quando mais não seja do ponto de vista da Ciência, inspire um desinteresse generoso. Mas a primeira coisa a fazer será fornecer aos teóricos os meios de aquisição de experiência do ar, mesmo através dos meios imperfeitos que possuímos. Se Poitevin tivesse sido um homem de saber, e tivesse inventado um sistema de locomoção aérea, sem dúvida teria inspirado mais confiança àqueles que jamais deixaram a Terra e, provavelmente, teria encontrado os recursos que aos outros são recusados.

PENSAMENTOS POÉTICOS

DITADOS PELO ESPÍRITO ALFRED DE MUSSET, PELA SRA. ***

Se tu sofres na Terra	Si tu soufíres sur terre
Oh coração aflito,	Pauvre coeur afíligé,
Se a miséria te aferra	Si pour toi la misère
por quinhão de precito,	Est un lot obligé,
Pensa, na tua dor,	Pense, dans la douleur,
Que segues o caminho	Que tu suis le chemiu
Que conduz com ardor	Qui conduit par les pleurs
Para um melhor destino.	Vers un melíleur destin.

Os pesares da vida Serão assim tão grandes Que o coração olvida O dia em que entre os grandes Por paga da sofrença O Espírito sidéreo Vai ter a recompensa Do domínio etéreo?	Les chagrins de la vie Sont-ils donc assez grands Pour que tou coeur oublie Qu'un jour aux premier rangs, Pour prix de tes soufîrances, Ton Esprit épuré Aura les jouissances De l'empire éthéré?
A vida é uma passagem, Conheces-lhe o percurso, Agindo com coragem Farás feliz seu curso.	La vie est un passage Dont tu connais le cours; Agis toujours en sage, Tu auras d'heureux jours.

Observação: O médium que serviu de intérprete não só desconhece as mais elementares regras da poesia, como jamais fez um verso. Estes foram escritos com extraordinária facilidade, ditados pelo Espírito; e, posto seja médium recente, já possui uma coleção numerosa e muito interessante. Vimos alguns encantadores e muito oportunos ditados pelo Espírito de uma pessoa viva, que foi evocada e que reside a 200 léguas. Essa pessoa, quando em vigília, não é mais poeta que o médium.

SONÂMBULOS ASSALARIADOS

Escreve-nos um dos nossos correspondentes, a propósito de nosso último artigo sobre os médiuns mercenários, para perguntar se nossas observações também se aplicam aos sonâmbulos assalariados.

Se quisermos remontar à causa do fenômeno, veremos que, embora possa ser considerado como uma variedade de médium, o sonâmbulo está num caso diferente do médium propriamente dito. Com efeito, este último recebe suas comunicações de Espíritos estranhos, que virão ou não, conforme as circunstâncias ou as simpatias que encontram. O sonâmbulo, ao contrário, age por si mesmo; é o seu próprio Espírito que se desprende da matéria e vê mais ou menos bem, conforme mais ou menos completo o desprendimento. É verdade que o sonâmbulo se acha em contato com outros Espíritos que o assistem mais ou menos de boa vontade, conforme as suas simpatias; mas, em definitivo, é o seu próprio Espírito que vê e que pode, até certo ponto, dispor de si mesmo, sem que outros tenham o que repetir e sem que seu concurso seja indispensável. Daí resulta que o sonâmbulo que busca uma compensação material ao esforço, por vezes grande, decorrente do exercício de sua faculdade, não tem que vencer as mesmas suscetibilidades que o médium, que não passa de um instrumento.

Além disso, sabe-se que a lucidez sonambúlica se desenvolve pelo exercício. Ora, quem disso faz uma ocupação exclusiva adquire tanto maior facilidade, quanto mais vê coisas com as quais acaba por identificar-se, como também com certos termos especiais que mais facilmente lhe voltam à memória. Numa palavra, ele se familiariza com esse estado, o qual se torna, por assim dizer, seu estado normal: nada mais lhe causa admiração. Aliás, os fatos aí estão para provar com que clareza e nitidez podem eles ver; de onde concluímos que a retribuição paga a certos sonâmbulos não é obstáculo ao desenvolvimento da lucidez.

A isto fazem uma objeção. Como a lucidez é por vezes variável e depende de causas fortuitas, pergunta-se se o interesse de lucro não poderia induzir o sonâmbulo a fingir essa lucidez, mesmo quando ela lhe faltasse, por fadiga ou qualquer outra causa, inconveniente que não ocorre quando não haja interesse. Isto é muito certo; mas respondemos que tudo tem o seu lado mau. Pode-se abusar de tudo e por toda parte, onde se insinua a fraude é necessário denunciá-la. O sonâmbulo que agisse assim, faltaria à lealdade, o que, infelizmente, se encontra também nos que não dormem. Com um pouco de hábito podemos percebê-lo facilmente; e seria difícil enganar por muito tempo a um observador experimentado. Nisso, como em todas as coisas, o essencial é nos certificarmos do grau de confiança que merece a pessoa a quem nos dirigimos. Se o sonâmbulo não assalariado não oferece esse inconveniente, não se deve supor que sua lucidez seja infalível; ele pode enganar-se como qualquer outro, caso esteja em más condições. Nesse particular, o melhor guia é a experiência.

Em resumo, não preconizamos estes ou aqueles. Chegamos a constatar notáveis serviços prestados por uns e outros. Nosso fim era apenas provar que é possível achar bons sonâmbulos numa e noutra daquelas condições.

AFORISMOS ESPÍRITAS E PENSAMENTOS SOLTOS

Os Espíritos se encarnam homens e mulheres, porque não têm sexo. Como devem progredir em tudo, cada sexo, como cada posição social, lhes impõe provas e deveres especiais, no momento de adquirir experiências. Aquele que tivesse de ser sempre homem só saberia aquilo que sabem os homens.

Pela Doutrina Espírita, a solidariedade não se restringe mais à sociedade terrena: abarca todos os mundos; pelas relações que os Espíritos estabelecem entre as várias esferas, a solidariedade é universal, porque de um a outro mundo os seres vivos se prestam mútuo apoio.

AVISO

Incessantemente recebemos cartas de nossos correspondentes, pedindo-nos a *Histoire de Jeanne d'Arc* e a *Histoire de Louis XI*, dos quais publicamos extratos, bem como o álbum de desenhos do Sr. Victorien Sardou.

Lembramos aos nossos leitores que a *Histoire de Jeanne d'Arc* atualmente está esgotada; que a vida de *Louis XI*, assim como a de *Louis IX*, ainda não foram publicadas. Esperamos que o sejam um dia. Será então para nós um dever anunciá-las em nossa resenha. Até lá é desnecessária qualquer encomenda dessas obras. O mesmo se dá com o álbum do Sr. Sardou. O desenho publicado da casa de Mozart é o único que se acha à venda, na casa Ledoyen.

ANO II
MAIO DE 1859

CENAS DA VIDA PARTICULAR ESPÍRITA

Apresentamos no último número o quadro da vida espírita em conjunto: seguimos os Espíritos, desde que deixam o corpo terreno, e esboçamos rapidamente as suas ocupações. Hoje nos propomos mostrá-los em ação, para o que reunimos no mesmo quadro várias cenas íntimas, cujo testemunho nos foi dado através das comunicações. As numerosas palestras familiares de além-túmulo, já publicadas nesta revista, podem dar uma ideia da situação dos Espíritos, conforme o seu grau de progresso. Aqui, porém, há um caráter especial de atividade, que nos dá a conhecer ainda melhor o papel que, malgrado nosso, representam entre nós o tema de estudo, cujas peripécias vamos relatar, se nos ofereceu espontaneamente; e apresenta tanto mais interesse quanto o herói principal não é um desses Espíritos superiores, habitantes de mundos desconhecidos. É um desses que, por sua natureza, ainda estão presos à Terra, um contemporâneo que nos deu provas manifestas de sua identidade. A ação se passa entre nós e cada um de nós tem nela um papel.

Além do mais, este estudo dos costumes espíritas tem de particular a circunstância de nos mostrar o progresso dos Espíritos na erraticidade e a maneira de concorrermos para a sua educação.

Depois de longas experiências infrutíferas, das quais triunfou a sua paciência, um dos nossos amigos tornou-se, repentinamente, magnífico médium psicógrafo e audiente. Ocupado, certa vez, na psicografia, com outro médium seu amigo, a uma pergunta dirigida a um Espírito, obteve resposta esquisita e pouco séria, que não correspondia ao caráter do Espírito evocado. Tendo interpelado o autor da resposta, intimando-o, em nome de Deus a dar-se a conhecer, o Espírito assinou *Pierre Le Flamand*[1], nome completamente desconhecido do médium.

---

[1] Pedro, o Flamengo. (N. do T.)

136 REVISTA ESPÍRITA

Estabeleceu-se, então, entre ambos e, mais tarde, entre nós e o Espírito uma série de palestras, que vamos transcrever.

PRIMEIRA PALESTRA

1. – Quem és? Não conheço ninguém com esse nome. R – Um dos teus antigos colegas de colégio.

2. – Não tenho a menor lembrança. R – Não te lembras de um dia ter levado uma surra?

3. – É possível, entre escolares isto acontece muitas vezes. Lembro-me de algo no gênero, mas também me recordo de ter pago na mesma moeda. R – Era eu, mas não guardei mágoa.

4. – Obrigado. Tanto quanto me recordo, tu eras um moleque bastante mau. R – Agora te volta a memória! Pois não mudei enquanto vivi. Eu tinha a cabeça dura, mas no fundo não era mau. Batia-me com o primeiro que aparecesse, era-me como uma necessidade. Dando as costas, já não pensava no caso.

5. – Quando e em que idade faleceste? R – Há quinze anos, eu tinha cerca de vinte.

6. – De que morreste? R – Um desatino de moço... consequência de minha falta de juízo...

7. – Ainda tens família? R – Há muito que eu havia perdido pai e mãe; morava com o tio, meu único parente. Se fores a Cambrai[1] aconselho-te a procurá-lo. É uma excelente criatura, de quem muito gosto, embora me tenha tratado duramente. Mas eu o merecia.

8. – Tem o teu mesmo nome? R – Não. Em Cambrai não há mais ninguém com o meu nome. Chama-se W...; reside à rua... n... Verás que sou eu.

Nota: O fato foi verificado pelo próprio médium, num passeio feito algum tempo depois. Encontrou o Sr. W... no endereço indicado. Realmente este lhe contou que tinha tido um sobrinho com esse nome, estroina e endiabrado, morto em 1844, pouco tempo depois de ter sido sorteado para o serviço militar.

---

[1] Pequena cidade do norte da França, praça de guerra importante. A cidade é tradicional por suas rendas, por ter tido Fénelon como arcebispo e por importantes ligações políticas, como o tratado de Cambrai, contra os venezianos, feito pelo papa Julio II, o imperador Maximiliano, Luis XII e Fernando de Aragão. (N. do T.)

Essa circunstância não havia sido indicada pelo Espírito. Fê-lo espontaneamente, mais tarde. Ver-se-á em que ocasião.

9. – Por que acaso vieste à minha casa? R – Por acaso, se quiseres; creio, entretanto, que foi o meu bom gênio quem me empurrou para ti, porque me parece que temos a lucrar com o restabelecimento do nosso conhecimento... Eu estava aqui ao lado, em casa do teu vizinho, ocupado em olhar os quadros... mas não quadros de santos...; de repente eu te avistei e aqui estou. Vi-te ocupado, a conversar com outro Espírito, e quis meter-me na conversa.

10. – Mas por que respondeste às perguntas feitas ao outro? Isto não é próprio de um bom camarada. R – Eu estava em presença de um Espírito sério e que não me parecia disposto a responder. Respondendo por ele, eu pensava que ele desatasse a língua; mas não tive sorte. Não dizendo a verdade, eu queria fazê-lo falar.

11. – Isso não é direito, pois poderia ter dado resultados desagradáveis, se eu não tivesse percebido o embuste. R – Tê-lo-ias verificado, mais cedo ou mais tarde.

12. – Dize-me, então, como entraste aqui. R – Essa é boa! Porventura temos necessidade de tocar a campainha?

13. – Então podes ir a toda parte e entrar? R – Ora!... e sem dizer nada! Não é à toa que somos Espíritos.

14. – Entretanto penso que nem todos os Espíritos podem penetrar em todas as reuniões. R – Pensas, acaso, que teu quarto é um santuário e que eu seja indigno de nele penetrar?

15. – Responde seriamente à minha pergunta e deixa-te de brincadeiras de mau gosto. Vês que não tenho disposição para elas e que os Espíritos mistificadores não são aqui bem recebidos. R – Há reuniões de Espíritos onde nós outros, gente à toa, não podemos penetrar. Lá isso é verdade, mas são os Espíritos superiores que nos impedem e não vocês, homens. Aliás, quando vamos a algum lugar, sabemos muito bem ficar calados e à distância, se necessário. Escutamos e, quando a coisa nos enfastia, vamo-nos embora... Ora, vamos! Parece que não estás satisfeito com a minha visita.

16. – É que eu não recebo com satisfação o primeiro que aparece e, francamente, não fiquei satisfeito por perturbares uma conversa séria. R – Não te zangues... não desejo aborrecer-te... sou sempre bonzinho. De outra vez eu me farei anunciar.

17. – Então estás morto há quinze anos... R – Entendamo-nos. Quem está morto é o meu corpo; mas *eu*, que te falo, não estou morto.

Nota: Encontram-se, por vezes, mesmo entre Espíritos levianos e brincalhões, palavras de grande profundeza. Este *Eu* que não está morto é toda uma filosofia.

18. – É assim que o compreendo. A propósito, dize-me uma coisa: assim como estás agora, podes ver-me com tanta nitidez como se estivesses em teu corpo? R – Vejo-te ainda melhor. Eu era míope. Foi por isto que me quis livrar do serviço militar.

19. – Eu ia dizendo: então estás morto há quinze anos e me parece que és tão desmiolado como antes. Quer dizer que não progrediste? R – Sou aquilo que era, nem pior, nem melhor.

20. – Como passas o tempo? R – Não tenho outra ocupação senão divertir-me ou informar-me dos acontecimentos que podem ter influência sobre o meu destino. Vejo muito. Passo parte do tempo em casa de amigos, no teatro... Por vezes surpreendo coisas engraçadas... Se as pessoas soubessem que têm testemunhas quando pensam estar sós!... Enfim, procedo de maneira que o tempo me seja o menos pesado possível... Não saberia dizer quanto tempo isso durará, entretanto, há algum tempo que vivo assim... Tens muitos casos como este?

21. – Em suma: és mais feliz do que eras quando vivo? R – Não.

22. – Que é o que te falta? De nada mais necessitas; não sofres mais; não temes ser arruinado; vais a toda parte e tudo vês; não temes as preocupações, nem as doenças, nem os achaques da velhice. Não será isso um viver feliz? R – Falta-me a realidade dos prazeres. Não sou suficientemente evoluído para gozar de uma felicidade moral. Desejo tudo aquilo que vejo; e isso é o meu suplício; aborreço-me e procuro matar o tempo como posso!... E como isso dura!... Experimento um mal-estar indefinível; preferiria sofrer as misérias da vida a esta ansiedade que me acabrunha.

Nota: Não está aqui um quadro eloquente dos sofrimentos morais dos Espíritos inferiores? Invejar tudo quanto veem; ter os mesmos desejos e realmente nada gozar, deve ser verdadeira tortura.

23. – Disseste que ias ver os amigos. Não tens aí uma distração? R – Meus amigos não percebem a minha presença; além disso, não se lembram mais de mim. E isso me dói.

24. – Não tens amigos entre os Espíritos? R – Desatinados e inúteis como eu, que como eu se aborrecem. Sua companhia não é muito agradável. Aqueles que raciocinam e são felizes se afastam de mim.

25. – Pobre rapaz! Eu te lamento; e se te puder ser útil, sê-lo-ei, com prazer. R – Se soubesses como estas palavras me fazem bem! E a primeira vez que as ouço.

26. – Não poderias encontrar ocasião de ver e ouvir coisas boas e úteis, que conviessem ao teu progresso? R – Sim. Mas para tanto fora preciso que eu soubesse aproveitar as lições. Confesso que prefiro assistir às cenas de amor e deboche, que não têm influenciado meu Espírito para o bem. Antes de entrar em tua casa, eu lá estava a considerar quadros que me despertavam certas ideias... Mas... acabemos com isso... Entretanto eu soube resistir à vontade de pedir uma reencarnação para gozar dos prazeres de que tanto abusei. Agora vejo quanto teria errado. Vindo à tua casa, sinto que fiz bem.

27. – Pois então! Espero que para o futuro, caso queiras a minha amizade, me dês o prazer de não mais prestar atenção a esses quadros que podem despertar más ideias; que, ao contrário, penses naquilo que aqui poderás ouvir de bom e de útil para ti. Sentir-te-ás bem, assim o espero. R – Se é o teu propósito, será também o meu.

28. – Quando vais ao teatro experimentas a mesma emoção de quando vivo? R – Várias emoções diferentes; a princípio, aquelas; depois misturo-me nas conversas e escuto coisas muito singulares.

29. Qual o teu teatro predileto? R – Les Variétés. Acontece-me, entretanto, muitas vezes, percorrer todos na mesma noite. Também vou aos bailes e aos locais de divertimento.

30. – De modo que, ao mesmo tempo que te diverte, te instruis, por que é possível muito observar na tua posição. R – Sim. Mas o que mais aprecio são certos colóquios. É realmente interessante ver a manobra de certas criaturas, sobretudo daquelas que ainda querem passar por jovens. Em todo esse palavreado, ninguém diz a verdade: o coração se pinta, assim como o rosto, de modo que ninguém se entende. Nesse particular fiz um estudo dos costumes.

31. – Pois aí está! Não vês que poderíamos ter boas palestras, como esta, da qual ambos podemos tirar proveito? R – Sempre. Como dizes, a princípio para ti; depois, para mim. Tens ocupações necessárias

ao teu corpo; eu, porém, posso dar todos os passos possíveis para instruir-me, sem prejudicar a minha existência.

32. – Já que assim é, continuarás as tuas observações ou, como o dizes, os teus estudos dos costumes. Até aqui quase que não os aproveitaste. É necessário que eles sirvam ao teu esclarecimento, para o que terás de fazê-lo com um objetivo sério e não para te divertires e matar o tempo. Dir-me-ás aquilo que viste, raciocinaremos e tiraremos as conclusões para a nossa mútua instrução. R – Será realmente muito tentador. Sim, estou a teu serviço, sem nenhuma dúvida.

33. – Não é tudo. Desejava proporcionar-te ocasião para a prática de uma boa ação. Queres? R – De todo o coração! Dir-se-á que poderei servir para alguma coisa. Dize-me logo o que devo fazer.

34. – Devagar! Eu não confio missões assim delicadas àqueles em quem não tenho confiança. Tens boa vontade, não há dúvida. Terás, entretanto, a necessária perseverança? Eis a questão. É preciso, então, que eu te ensine a te conheceres melhor, a fim de saber aquilo de que és capaz e até que ponto posso contar contigo. Falaremos uma outra vez. R – Verás.

35. – Por hoje, então, adeus! R – Até logo.

SEGUNDA PALESTRA

36. – Então, meu caro Pedro, refletiste seriamente sobre o que conversamos no outro dia? R – Mais do que pensas. Tomei a peito provar-te que valho mais do que pareço. Sinto-me mais à vontade, desde que tenho algo a fazer. Agora tenho um objetivo e não me aborreço.

37. – Falei de ti ao Sr. Allan Kardec. Dei-lhe conhecimento de nossa conversa, com o que ficou muito satisfeito. Ele deseja entrar em contato contigo. R – Eu sei, estive em casa dele.

38. – Quem te levou? R – Teu pensamento. Voltei aqui depois daquele dia. Vi que tu lhe querias falar a meu respeito e disse com os meus botões: vamos lá primeiro; possivelmente encontrarei material de observação e, talvez, uma ocasião de ser útil.

39. – Gosto de ver-te com tão sérios pensamentos. Que impressão tiveste da visita? R – Oh! muito grande. Ali aprendi coisas que nem suspeitava e que me esclareceram quanto ao meu futuro. É como uma

MAIO DE 1859 **141**

luz que se tivesse feito em mim. Agora compreendo tudo quanto tenho a ganhar no meu aperfeiçoamento... É preciso... é preciso.

40. – Não seria indiscrição perguntar o que viste? R – Por certo; lá como em outros lugares, vi tantas coisas que não quero ou não posso dizer.

41. – Como assim? Como não podes dizer tudo quanto queres? R – Não. De alguns dias para cá vejo um Espírito que parece seguir-me por toda parte, que me impele ou me contém. Dir-se-ia que me dirige; sinto um impulso, cuja causa desconheço, mas obedeço, malgrado meu. Se quero dizer ou fazer algo fora de propósito, posta-se à minha frente... olha-me... e eu me calo... paro.

42. – Quem é esse Espírito? R – Nada sei, mas me domina.

43. – Por que não lho perguntas? R – Não ouso. Quando lhe quero falar ele me olha e eu sinto a língua pregada.

Nota: É evidente que aqui o vocábulo língua está em sentido figurado. Os Espíritos não têm linguagem articulada.

44. – Deves ver se é bom ou mau. R – Deve ser bom, pois que me impede de dizer tolices. Mas é severo... Por vezes tem um ar encolerizado; outras vezes parece olhar-me com ternura... Veio-me a ideia de que poderia ser o Espírito de meu pai, que não quer dar-se a conhecer.

45. – É provável. Parece que não está muito satisfeito contigo. Ouve bem. A respeito, vou dar-te um conselho. Sabemos que os pais têm por missão educar os filhos e encaminhá-los para o bem. Consequentemente, são responsáveis pelo bem ou pelo mal que eles praticam, conforme a educação recebida, com o que sofrem ou são felizes no mundo dos Espíritos. A conduta dos filhos influi, pois, e até um certo ponto, sobre a felicidade ou a desventura de seus pais depois de mortos. Como tua conduta na Terra não foi muito edificante e como, depois de morto, não fizeste grande coisa de bom, teu pai deve sofrer com isso, caso deva censurar-se por não te haver guiado bem... R – Se eu não me tornei um homem de bem, não foi por que me tenha faltado, mais de uma vez, a adequada corrigenda.

46. – Talvez não tivesse sido o melhor meio de corrigir-te. Seja como for, sua afeição por ti é sempre a mesma e ele o prova aproximando-se de ti, caso seja ele, como o presumo. Deve sentir-se feliz com a tua mudança. Isso explica suas alternativas de ternura e de có-

lera. Quer auxiliar-te no bom caminho em que acabas de entrar; e, quando te vir resolutamente empenhado nisso, estou certo que se dará a conhecer. Assim, trabalhando por tua própria felicidade, trabalharás pela sua. Eu não me admiraria se tivesse sido ele próprio quem te impeliu a vir até aqui. Se não o fez antes foi porque quis dar-te o tempo de compreender o vazio de tua existência sem obras e sentir-lhes os desgostos. R – Obrigado! obrigado!... Ele lá está, por trás de ti! Pôs a mão sobre tua cabeça, como se te ditasse as palavras que acabas de proferir.

47. – Voltemos ao Sr. Allan Kardec. R – Fui à sua casa anteontem à noite. Estava ocupado, escrevendo em seu gabinete... Trabalhava numa nova obra em preparo... Ah! Ele cuida bem de nós, pobres Espíritos. Não é por sua culpa que não nos conhecem.

48. – Estava só? R – Só, sim; isto é, não havia lá outras pessoas. Havia, porém, ao seu redor cerca de vinte Espíritos, que cochichavam acima de sua cabeça.

49. – Ele os escutava? R – Ouvia-os tão bem que olhava para todos os lados de onde vinha o ruído, para ver se não eram milhares de moscas; depois abriu a janela para ver se não seria o vento ou a chuva.

Nota: O fato é absolutamente exato.

50. – Reconheceste algum entre tantos Espíritos? R – Não. Não são aqueles cuja companhia procurava. Eu tinha a impressão de ser um intruso: pus-me a um canto a fim de observar.

51. – Os Espíritos davam a impressão de observar o que ele escrevia? R – Penso que sim. Dois ou três, sobretudo, sopravam aquilo que ele escrevia e davam a impressão de ouvir a opinião dos outros. Contudo ele acreditava piamente que as ideias lhe eram próprias; e parecia contente com isso.

52 – Foi tudo o que viste? R – Depois chegaram oito ou dez pessoas, que se reuniram numa outra sala com Kardec. Puseram-se a conversar: faziam perguntas; ele respondia, explicava.

53. – Conheces as pessoas que lá estavam? R – Não. Sei apenas que havia pessoas importantes, porque a um deles chamavam sempre: Príncipe; e outro, senhor Duque. Também os Espíritos chegaram em massa. Havia pelo menos uns cem, dos quais alguns tinham uma espécie de coroa de fogo. Os outros mantinham-se à distância, escutando.

MAIO DE 1859 **143**

54. – E tu, que fazias? R – Também escutava. Mas sobretudo observava. Então veio-me a ideia de fazer uma manobra muito útil a Kardec. Quando eu tiver alcançado êxito, dir-te-ei o que foi. Assim, deixei a reunião e, vagando pelas ruas, diverti-me em frente às lojas, misturando-me com a multidão.

55. – De modo que, em vez de ir aos teus negócios, perdias o tempo? R – Não o perdi: impedi que fosse praticado um roubo.

56. – Ah! tu te metes também nos negócios da polícia? R – Por que não? Passando em frente a uma loja que estava fechada, notei que lá dentro se passava algo de singular; entrei; vi um moço muito agitado, que ia e vinha, como se quisesse ir à caixa do negociante. Havia com ele dois Espíritos, que lhe sopravam ao ouvido: Vamos, covarde! a gaveta está cheia; poderás divertir-te à vontade, etc. O outro tinha um rosto de mulher, belo e cheio de nobreza, qualquer coisa de celeste e de bom no olhar; dizia-lhe: Vai-te, vai-te! Não te deixes tentar; e lhe sopravá as palavras: prisão, desonra.

O moço hesitava. No momento em que se aproximava do escritório, meti-me à sua frente, para o impedir. O mau Espírito pediu que não me metesse. Eu lhe disse que queria impedir que o moço cometesse uma ação indigna que talvez o levasse para as galés. Então o bom Espírito aproximou-se de mim e me disse: "É preciso que ele sofra a tentação; é uma prova. Se sucumbir, será por sua culpa". O meu ladrão ia triunfar, quando o mau Espírito empregou uma astúcia abominável, que deu resultado: fez-lhe ver uma garrafa sobre uma mesinha; era aguardente; inspirou-lhe a ideia de beber, a fim de ter coragem. O infeliz está perdido, pensei eu... Procuremos pelo menos salvar alguma coisa. Eu não tinha outro recurso, senão avisar ao patrão... depressa! Num ápice lá estava eu. Ele se preparava para jogar cartas com a mulher; era preciso achar um meio de fazê-lo descer.

57. – Se ele fosse médium, poderias tê-lo feito escrever que ia ser roubado. Ele acreditaria em Espíritos? R – Não tinha bastante espírito para saber o que é isso.

58. – Eu ignorava que tivesses habilidade para fazer trocadilhos. R – Se me interrompes não direi mais nada. Provoquei-lhe um violento espirro. Ele quis tomar uma pitada e notou que havia deixado na loja a caixa de rapé. Chamou o filho que cochilava a um canto e mandou que

144 REVISTA ESPÍRITA

a fosse buscar... não era isso o que eu queria; o menino levantou-se resmungando. Soprei à mãe que dissesse: "Não acorde a criança, tu bem podes ir buscá-la". – Por fim ele se decidiu... eu o acompanhei, para que se apressasse. Chegando à porta percebeu luz na loja e rumores. Ficou tomado de medo, as pernas começaram a tremer; empurrei-o para frente; se tivesse entrado subitamente, pegaria o ladrão como numa armadilha. Em vez disso o imbecil pôs-se a gritar: ladrão! O ladrão escapuliu-se; mas na precipitação, perturbado também pela aguardente, esqueceu o boné. O negociante entrou quando já não havia mais ninguém... Que acontecerá com o boné? Isso não é comigo. Aquele sujeito não está metido em bons lençóis. Graças a mim não houve tempo de consumar-se o furto, do qual o negociante se livrou pelo medo. Isso não impediu que, ao subir, ele dissesse que tinha enfrentado um homem de seis pés de altura. – "Veja só", disse ele, "como são as coisas! Se eu não tivesse tido a ideia de tomar uma pitada!" – "Se eu não tivesse impedido que mandasses o menino!" retorquiu a mulher. "Convenhamos que nós ambos fomos previdentes!" – "Veja o que é o acaso!" Vê tu, meu caro, como nos agradecem!

59. – És um bravo rapaz, meu caro Pedro. Eu te felicito. Não te desanimes com a ingratidão dos homens; experimentarás muitas outras, agora que te metes a lhes prestar serviços, mesmo entre os que não acreditam na interferência dos Espíritos. R – Sim, e sei que os ingratos se preparam cruéis retornos.

60. – Vejo agora que posso contar contigo, tornar-te-ás realmente sério. R – Verás mais tarde que serei eu quem te ensinará moral.

61. – Eu o necessito, como qualquer pessoa; e receberei de boa vontade os conselhos, venham de onde vierem. Eu te disse que queria que praticasses uma boa ação. Estás disposto? R – E duvidas?

62. – Um dos meus amigos parece estar ameaçado de grandes decepções, se continuar pelo mau caminho em que se acha; suas ilusões poderão perdê-lo. Gostaria que experimentasses reconduzi-lo ao bom caminho, por qualquer coisa que pudesse impressioná-lo vivamente. Compreendes o meu pensamento? R – Sim. Queres que eu lhe produza alguma boa manifestação, como, por exemplo, uma aparição. Mas isso não depende de mim. Entretanto posso, quando algumas vezes me é permitido, dar provas sensíveis de minha presença. Bem o sabes.

Nota: O médium ao qual esse Espírito parece estar ligado é advertido de sua presença por uma impressão muito sensível, mesmo quando não lhe ocorre chamá-lo. Reconhece-o por uma espécie de arrepio que sente nos braços, nas costas e nas espáduas. Às vazes, porém, os efeitos são mais enérgicos. Numa reunião em nossa casa, a 24 de março último, esse Espírito respondeu às perguntas por um outro médium. Falava-se de seu poder físico; de repente, como que para dar uma prova, ele tomou um dos assistentes pela perna, por meio de violenta sacudidela, levantou-o da cadeira e o atirou, atordoado, do outro lado da sala.

63. – Farás o que quiseres, ou melhor, o que puderes. Aviso-te que tem alguma mediunidade.

R – Tanto melhor para o meu desígnio.

64. – Que pensas fazer? R – Para começar vou estudar a situação; ver de que Espíritos está ele cercado e se há meios de algo fazer com estes. Uma vez em sua casa, eu me anunciarei, como fiz contigo. Interpelar-me-ão, e eu responderei: "Sou eu, Pierre Le Flamand, mensageiro espiritual, que vem pôr-se ao vosso serviço e que, ao mesmo tempo, deseja agradecer-vos. Ouvi dizer que alimentais certas esperanças que vos transtornam a cabeça e que já vos levam a voltar as costas aos amigos. Em vosso interesse, é meu dever advertir-vos de quanto vossas ideias estão longe de ser proveitosas à vossa felicidade futura. Palavra de Le Flamand, posso garantir que vos venho visitar animado de boas intenções. Temei a cólera dos Espíritos e, mais ainda, a de Deus; e crede nas palavras do vosso servo que deseja vos afirmar que a sua missão é toda para o bem." *(Sic)*.

"Se me enxotarem, voltarei três vezes. Depois verei o que devo fazer. É isto?"

65. – Muito bem, meu amigo. Não digas mais nem menos. R – Palavra por palavra.

66. – Mas se te perguntarem quem te encarregou dessa missão, que responderás? R – Espíritos superiores. Para o bem, posso não dizer toda a verdade.

67. – Enganas-te. Desde que se trata do bem, é sempre por inspiração dos bons Espíritos. Assim, tua consciência pode estar tranquila, pois os maus Espíritos jamais nos levam a fazer boas coisas. R – Está entendido.

68. – Agradeço-te e te felicito pelas boas disposições. Quando

146   REVISTA ESPÍRITA

queres que te chame para me comunicares o resultado de tua missão?
R – Eu te avisarei.

(Continua no próximo número)

MÚSICA DE ALÉM-TÚMULO

O Espírito de Mozart acaba de ditar ao nosso excelente médium, Sr. Bryon-Dorgeval, um fragmento de sonata. Como meio de controle, este último o fez ouvir por diversos artistas, sem lhes indicar a origem, mas lhes perguntando apenas o que achavam do trecho. Cada um nele reconheceu, sem hesitação, o cunho de Mozart. o trecho foi executado na sessão da Sociedade de 8 de abril último, em presença de numerosos conhecedores, pela senhorinha de Davans, aluna de Chopin e distinta pianista, que teve a gentileza de nos prestar o seu concurso. Como elemento de comparação, a senhorinha de Davans executou antes uma sonata que Mozart compusera quando vivo. Todos foram unânimes em reconhecer não só a perfeita identidade do gênero, mas ainda a superioridade da composição espírita. A seguir, com o seu talento habitual, a mesma pianista executou um trecho de Chopin.

Não poderíamos perder essa ocasião para invocar os dois compositores, com os quais tivemos a seguinte palestra.

MOZART

1. – Sabeis, sem dúvida, o motivo por que vos chamamos. R – Vosso chamado me é agradável.

2. – Reconheceis como ditado por vós o trecho que acabamos de ouvir? R – Sim. Muito bem. Eu o reconheço perfeitamente. O médium que me serviu de intérprete é um amigo que não me traiu.

3. – Qual dos dois trechos preferis? R – Sem comparação, o segundo.

4. – Por quê? R – A doçura e o encanto são nele mais vivos e mais ternos.

Nota: São essas, realmente, as qualidades reconhecidas no trecho.

5. – A música do mundo que habitais pode comparar-se à nossa? R – Tereis dificuldades de compreender. Temos sentidos que ainda não possuís.

MAIO DE 1859

6. – Disseram-nos que no vosso mundo há uma harmonia natural, universal, que não conhecemos aqui em baixo. R – É verdade. Aí na Terra fazeis a música; aqui, toda a Natureza faz ouvir sons melodiosos.

7. – Poderíeis tocar piano? R – Sem dúvida que sim. Mas não o quero, seria inútil.

8. – Seria, entretanto, poderoso motivo de convicção. R – Não estais convencidos?

Nota: Sabe-se que os Espíritos jamais se submetem a provas. Muitas vezes fazem espontaneamente aquilo que não pedimos. Esta, aliás, entra na categoria das manifestações físicas, com as quais não se ocupam os Espíritos elevados.

9. – Que pensais da recente publicação de vossas cartas? R – Avivaram muito a minha lembrança.

10. – Vossa lembrança está na memória de todos. Poderíeis precisar o efeito que essas cartas produziram na opinião pública? R – Sim, elas me fizeram mais amado e as criaturas se apegaram muito mais a mim como homem do que antes.

Nota: A pessoa, aliás estranha à Sociedade, que fez essas últimas perguntas, confirma que foi essa realmente a impressão produzida por aquela publicação.

11. – Desejamos interrogar Chopin. Será possível? R – Sim. Ele é mais triste e mais sombrio do que eu.

CHOPIN

12. – (*Após a evocação*). – Poderíeis dizer-nos em que situação estais como Espírito? R – Ainda errante.

13. – Lamentais a vida terrena? R – Eu não sou infeliz.

14. – Sois mais feliz do que antes? R – Sim, um pouco.

15. – Dizeis *um pouco*, o que quer dizer que não há grande diferença. Que é o que vos falta para o serdes mais? R – Eu digo *um pouco* em relação àquilo que eu poderia ter sido; porque com a minha inteligência eu poderia ter avançado mais do que avancei.

16. – Esperais alcançar um dia a felicidade que vos falta atualmente? R – Certamente que ela virá, mas serão necessárias novas provas.

17. – Mozart disse que sois sombrio e triste. Por que isto? R –

Mozart disse a verdade. Entristeço-me porque tinha empreendido uma prova que não realizei bem e não tenho coragem de recomeçá-la.

18. – Como considerais as vossas obras musicais? R – Eu as prezo muito. Mas entre nós fazemo-las melhores; sobretudo as executamos melhor. Dispomos de mais recursos.

19. – Quem são, pois, os vossos executantes? R – Temos às nossas ordens legiões de executantes, que tocam as nossas composições com mil vezes mais arte do que qualquer de vós. São músicos completos. O instrumento de que se servem é a própria garganta, por assim dizer, e são auxiliados por uns instrumentos, espécies de órgãos, de uma precisão e de uma melodia que, parece, não podeis compreender.

20. – Sois muito errante? R – Sim. Isto é, não pertenço a nenhum planeta exclusivamente.

21. – E os vossos executantes? São, também, errantes? R – Errantes como eu.

22. – (A Mozart). Teríeis a bondade de explicar o que acaba de dizer Chopin? Não compreendemos essa execução por Espíritos errantes. R – Compreendo o vosso espanto, entretanto, já vos dissemos que há mundos particularmente destinados aos seres errantes, mundos que eles podem habitar temporariamente, espécies de bivaques, de campos de repouso para esses espíritos fatigados por uma longa erraticidade, estado que é sempre um pouco penoso.

23. – (A Chopin). Reconheceis aqui um de vossos alunos? R – Sim. Parece.

24. – Teríeis a bondade de assistir à execução de um trecho de vossa composição? R – Isto me daria muito prazer, sobretudo quando executado por uma pessoa que guardou de mim uma grata recordação. Que ela receba os meus agradecimentos.

25. – Quereis dar a vossa opinião sobre a música de Mozart? R – Gosto muito. Considero Mozart como meu mestre.

26. – Partilhais de sua opinião sobre a música de hoje? R – Mozart disse que a música era melhor compreendida em seu tempo do que hoje. Isto é verdade. Objetarei, entretanto, que ainda existem verdadeiros artistas.

Observação: O fragmento da sonata ditada pelo Espírito de Mozart acaba de ser publicado. Pode ser adquirido no Escritório da *Revue Spirite*, na

MAIO DE 1859 149

livraria espírita do Sr. Ledoyen, Palais Royal, Galerie d'Orléans, 31. Preço: 2 francos. – Será remetida contra vale postal daquela importância.

MUNDOS INTERMEDIÁRIOS OU TRANSITÓRIOS

Vimos, numa das respostas dadas no artigo anterior, que, ao que parece, haveria mundos destinados aos Espíritos errantes. A ideia desses mundos não perpassava na mente de nenhum dos assistentes e ninguém nela teria pensado se não fora a espontânea revelação de Mozart, o que constitui uma nova prova de que as comunicações espíritas podem ser independentes de toda opinião preconcebida. Com o objetivo de aprofundar esta questão, nós a submetemos a um outro Espírito, fora da Sociedade e por intermédio de outro médium, que não lhe tinha nenhum conhecimento.

1. – (*A Santo Agostinho*). Existem mundos que servem de estações aos Espíritos errantes, ou como pontos de repouso, conforme nos disseram? R – Existem, mas são gradativos; isto é, ocupam posição intermediária entre os outros mundos, conforme a natureza dos Espíritos que os procuram para gozar de maior ou menor bem-estar.

2. – Os Espíritos que habitam esses mundos podem deixá-los à vontade? R – Sim. Os Espíritos que os habitam podem afastar-se para ir aonde precisem. Imaginai as aves de arribação caindo sobre uma ilha, a fim de refazerem as forças e seguir o seu destino.

3. – Os Espíritos progridem enquanto estacionam nesses mundos intermediários? R – Certamente. Os que assim se reúnem fazem-no com o fito de instruir-se e poder mais fàcilmente obter permissão para irem a melhores lugares e alcançar a posição dos eleitos.

4. – Esses mundos são perpétuos? Por sua natureza especial são reservados aos Espíritos errantes? R – Não. Sua situação é transitória.

5. – São habitados simultaneamente por seres corpóreos? R – Não.

6. – Têm uma constituição semelhante à dos outros planetas? R – Sim, mas a superfície é estéril.

7. – Por que essa esterilidade? R – Aqueles que os habitam de nada precisam.

8. – Essa esterilidade é permanente ou devida à sua natureza especial? R – Não, eles são transitoriamente estéreis.

150 REVISTA ESPÍRITA

9. – Então esses mundos são desprovidos de belezas naturais? R – A natureza se traduz pelas belezas da imensidade, não menos admiráveis que as que chamais belezas naturais.

10. – Há desses mundos em nosso sistema planetário? R – Não.

11. – Desde que é um estado transitório, a Terra estará um dia nesse número? R – Ela já esteve.

12. – Em que época? R – Durante a sua formação.

Nota: Mais uma vez esta comunicação confirma a grande verdade de que nada é inútil na Natureza: todas as coisas têm um fim, um destino; nada é vazio, tudo é habitado; a vida está em toda parte. Assim, durante a longa série de séculos decorridos antes do aparecimento do homem na face da Terra, durante esses lentos períodos de transição, atestados pelas camadas geológicas, antes mesmo da formação dos primeiros seres orgânicos; sobre essa massa informe, nesse árido caos onde os elementos se confundiam, não havia ausência de vida; seres que não tinham as nossas necessidades, nem as nossas sensações físicas ali se refugiavam. Quis Deus que, mesmo nesse estado imperfeito, ela servisse para alguma coisa. Quem, pois, ousaria dizer que entre esses milhares de mundos que circulam na imensidade, um só e dos menores, perdido na multidão, tivesse o privilégio exclusivo de ser povoado? Qual seria, então, a utilidade dos outros? Deus os teria criado apenas para deleitar o nosso olhar? Suposição absurda, incompatível com a sabedoria que brilha em todas as suas obras. Ninguém contestará que há nessa ideia dos mundos ainda inadequados à vida material e no entanto povoados por seres vivos apropriados ao meio, algo de grandioso e de sublime, onde talvez se encontre a solução de muitos problemas.

LIGAÇÃO ENTRE ESPÍRITO E CORPO

Uma de nossas amigas, a Sra. Schutz, perfeitamente integrada neste mundo, e que parece não querer deixá-lo tão cedo, evocada enquanto dormia, mais de uma vez nos deu provas da perspicácia de seu Espírito nesse estado. Um dia, ou antes, uma noite, depois de uma longa palestra, disse ela: "Estou fatigada, necessito de repouso. Durmo, mas meu corpo precisa descansar".

Diante disto, retorqui: Vosso corpo pode repousar: falando-vos, não o prejudico; é o vosso Espírito que aqui se acha e não o vosso corpo. Podeis então entreter-vos comigo, sem que o corpo sofra.

Ela respondeu:

"Enganais-vos, pensando assim. Meu Espírito se destaca um pouco de meu corpo, mas é como um balão cativo, preso pelas cordas. Quando o balão recebe solavancos, produzidos pelo vento, o poste em que está amarrado sente o efeito dos abalos, transmitidos pelas amarras. Meu corpo representa o poste para o meu Espírito, com a diferença de que experimenta sensações desconhecidas do poste e que tais sensações fatigam bastante o cérebro. Eis porque, como o Espírito, meu corpo necessita de repouso."

Essa explicação, na qual jamais havia pensado aquela senhora, conforme nos declarou, mostra perfeitamente as relações existentes entre o corpo e o Espírito, enquanto este desfruta um pouco da sua liberdade. Sabíamos muito bem que a separação absoluta só se dá depois da morte e, mesmo, algum tempo depois. Nunca, porém, essa ligação nos havia sido descrita com uma comparação tão clara e tão impressionante. Por isso felicitamos sinceramente aquela senhora que, dormindo, mostrou possuir tanta penetração espiritual.

Isso, entretanto, não era para nós mais do que uma comparação engenhosa. Mas ultimamente a imagem tomou proporções de realidade.

O Sr. R..., antigo ministro-residente dos Estados Unidos junto ao rei de Nápoles, homem muito conhecedor do Espiritismo, fez-nos uma visita e perguntou se, nos fenômenos de aparição, já tínhamos observado uma distinção entre o Espírito de uma pessoa viva e o de um morto. Numa palavra, quando um Espírito aparece espontaneamente, quer em vigília, quer durante o sono, temos um meio de reconhecer se se trata de um vivo ou de um morto, informado de que não tínhamos outro meio senão perguntando ao Espírito, disse-nos que conhecia na Inglaterra um médium vidente, dotado de grande capacidade, e que, ao se apresentar o Espírito de um vivo, notava um rastro luminoso, partindo do peito, através do espaço, não interrompido por qualquer obstáculo material, e que ia terminar no corpo; era uma espécie de cordão umbilical que unia as duas partes momentaneamente separadas do ser vivo. Nunca o observou quando não havia vida corpórea. Assim reconhecia se o Espírito era de um morto ou de um vivo.

A comparação da Sra. Schutz nos veio à mente e nós a tomamos como uma confirmação do fato que nos acabavam de relatar. Contudo, faremos a respeito uma observação.

Sabe-se que no momento da morte a separação não é brusca; o perispírito se desprende pouco a pouco e, enquanto dura a perturbação, conserva uma certa afinidade com o corpo. Não seria possível que o laço observado pelo vidente, de que acabamos de falar, subsistisse enquanto o Espírito aparece, no próprio instante da morte, ou poucos instantes depois, como acontece tão frequentemente? Nesse caso, a presença desse cordão não seria indicativa de que a pessoa estivesse viva, O Sr. R... não nos soube dizer se o médium teria feito tal observação. Em todo caso, ela não é menos importante e lança nova luz sobre aquilo que podemos chamar a fisiologia dos Espíritos.

REFUTAÇÃO DE UM ARTIGO DE "L'UNIVERS"

Em sua edição de 13 de abril último, traz o jornal *L'Univers* um artigo de autoria do Abade Chesnel, no qual o problema do Espiritismo é longamente discutido. Nós o teríamos deixado sem resposta, como tantos outros aos quais não ligamos nenhuma importância, se se tratasse de uma dessas diatribes grosseiras que revelam de parte dos seus autores a mais absoluta ignorância daquilo que atacam. Temos a satisfação de reconhecer que o artigo do Abade Chesnel é redigido num espírito completamente diferente. Pela moderação e conveniência da linguagem, ele merece uma resposta, tanto mais necessária quanto o artigo contém um erro grave e pode dar uma ideia muito falsa, quer do Espiritismo em geral, quer em particular do caráter e do objetivo da Sociedade Parisiense de Estudos Espíritas.

Eis o artigo, na íntegra.

"Todo o mundo conhece o espiritualismo do Sr. Cousin, essa filosofia destinada a substituir pouco a pouco a religião. Sob o mesmo título, hoje possuímos um corpo de doutrinas *reveladas*, que pouco a pouco se vai completando, e um culto realmente muito simples, mas de maravilhosa eficácia, pois que poria os devotos em comunicação real, sensível e quase que permanente com o mundo sobrenatural.

"Esse culto tem reuniões periódicas, iniciadas pela evocação de um santo canonizado. Depois de constatado, entre os fiéis, a presença de São Luís, rei de França, pedem-lhe que proíba a entrada dos Espíritos malignos no templo e lêem uma ata da sessão anterior. Depois, a convite do presidente, um *médium* sobe à tribuna, perto do secretário

MAIO DE 1859 153

encarregado de anotar as perguntas feitas por um dos fiéis e as respostas ditadas ao *médium* pelo Espírito evocado. A assembléia assiste gravemente, piedosamente, a essa cena de necromancia, que por vezes é muito longa e, quando a ordem do dia se esgota, o povo se retira, mais convencido do que nunca da verdade do espiritualismo. No intervalo entre duas sessões, cada fiel não se esquece de manter um comércio assíduo, mas privado, com os Espíritos que lhe são os mais acessíveis ou os mais queridos. São muitos os *médiuns*; e quase que não existem segredos na outra vida que os médiuns não acabem por penetrar. Uma vez revelados aos fiéis, esses segredos não são subtraídos ao público. A *Revue Spiritualiste*, que se publica mensalmente, com regularidade, não recusa a assinatura aos profanos e quem quiser poderá comprar os livros que contêm o texto revelado, com seu comentário autêntico.

"Seríamos levados a crer que uma religião que consiste unicamente na evocação dos mortos é muito hostil à Igreja Católica, que nunca deixou de proibir a prática da necromancia. Mas esses sentimentos mesquinhos, por mais naturais que pareçam, são estranhos, assegura-se, ao coração dos espiritualistas. Eles fazem justiça ao Evangelho e a seu Autor; reconhecem que Jesus viveu, agiu, falou, sofreu como contam os nossos quatro evangelistas. A doutrina evangélica é verdadeira, mas essa revelação, de que Jesus foi o instrumento, longe de excluir o progresso, deve ser completada. O espiritualismo é que vai dar ao Evangelho a sã interpretação que lhe falta e a complementação que ele espera há dezoito séculos.

"Mas também, quem marcará os limites do progresso do cristianismo ensinado, interpretado, desenvolvido tal qual o é pelas almas desprendidas da matéria, estranhas às paixões terrestres, aos nossos preconceitos e aos interesses humanos? O próprio infinito se nos descobre. Ora, o infinito não têm limites e tudo nos leva a esperar que a revelação do infinito será continuada ininterruptamente; à medida que se escoarem os séculos, ver-se-ão revelações acrescidas a revelações, sem que jamais se esgotem esses mistérios, cuja extensão e profundidade parece que aumentam, à medida que se destacam da obscuridade que até agora os envolvia.

"Daí a consequência de que o espiritualismo é uma religião, porque nos põe em íntima relação com o infinito e absorve, alargando-o. O cristianismo, que, de todas as formas religiosas, presentes ou passadas, é, como facilmente se confessa, a mais elevada, a mais pura e a mais perfeita. Entretanto, engrandecer o cristianismo é tarefa difícil, que não pode ser realizada sem derrubar as barreiras por detrás das quais ele se mantém isolado. Os racionalistas não respeitam nenhuma barreira; menos ardentes e melhor avisados, os espiritualistas só encontram duas, cuja redução lhes parece indispensável, a saber: a autoridade da Igreja Católica e o dogma das penas eternas.

"Constitui esta vida a única prova que ao homem é dado atravessar? A árvore ficará eternamente do lado em que caiu? O estado da alma, após a morte, é definitivo, irrevogável e eterno? Não, responde a necromancia espiritualista. Com a morte nada acaba: tudo recomeça. A morte é para cada um de nós o ponto de partida de uma encarnação nova, de uma nova vida e de uma nova experiência.

"Segundo o panteísmo alemão, Deus não é o Ser, mas o "tornar-se" eterno. Seja o que for de Deus, para os espiritualistas parisienses o homem não tem outro destino senão o "tornar-se" progressivo ou regressivo, conforme seus méritos e obras. A lei moral ou religiosa tem uma verdadeira sanção nas outras vidas, onde os bons são recompensados e os maus punidos, mas durante um período mais ou menos longo, de anos ou de séculos e não por toda a eternidade.

"O espiritualismo seria a forma mística do erro de que o Sr. Jean Reynaud é o prólogo? Talvez. É possível ir mais longe e dizer que entre o Sr. Reynaud e os novos sectários exista uma ligação mais estreita que a da comunidade de doutrinas? Talvez ainda. Mas essa questão, por falta de informações seguras, não será fixada de maneira decisiva.

"O que importa, muito mais que o parentesco ou as alianças heréticas do Sr. Jean Reynaud, é a confusão de ideias de que é sinal o progresso do espiritualismo; é a ignorância em matéria de religião que possibilita tanta extravagância; é a leviandade com que homens, aliás estimáveis, acolhem essas revelações do outro mundo, que não possuem nenhum mérito, nem mesmo o da novidade.

"É desnecessário remontar a Pitágoras e aos sacerdotes do Egito para descobrir as origens do espiritualismo contemporâneo. Encontrá-la-emos ao manusear as atas do magnetismo animal.

"Desde o século XVIII a necromancia representava um papel importante nas práticas do magnetismo; e vários anos antes que se tratasse dos Espíritos batedores na América, certos magnetizadores franceses obtinham, conforme diziam, da boca dos mortos ou dos demônios, a confirmação das doutrinas condenadas pela Igreja; e, notadamente, a dos erros de Orígenes, relativamente à conversão futura dos anjos maus e dos réprobos.

"É preciso dizer, também, que o médium espiritualista, no exercício de suas funções, pouco difere do *sujeito* nas mãos do magnetizador, e que o círculo abraçado pelas revelações do primeiro também não é maior do que aquele que é limitado pela visão do segundo.

"Os ensinamentos que a curiosidade pública obtém nos negócios particulares, por meio da necromancia, em geral nada ensinam além daquilo que já é sabido. A resposta do médium espiritualista é obscura nos pontos em que as nossas pesquisas pessoais não puderam esclarecer; é clara e precisa naquilo que nos é bem conhecido; muda em tudo quanto se subtrai aos nossos estudos e esforços. Numa palavra, parece que o médium tem uma visão magnética de nossa alma, mas não descobre nada além do que encontra gravado. Esta explicação, que parece muito simples, está entretanto, sujeita a graves dificuldades. Com efeito, ela supõe que uma alma naturalmente possa ler no fundo de outra alma, sem o auxílio de sinais e independentemente da vontade daquele que, à primeira vista, se tornasse um livro aberto e muito legível. Ora, os anjos bons ou maus não possuem naturalmente esse privilégio, nem quanto a nós, nem nas relações diretas que mantêm entre si. Só Deus penetra imediatamente os Espíritos e perscruta o íntimo dos corações mais obstinadamente fechados à sua luz.

"Se os mais estranhos fatos espiritualistas que se contam são autênticos, é então necessário recorrer a outros princípios para os explicar. Geralmente esquecemos que os fatos se referem a um objeto que preocupa fortemente o coração ou a inteligência, que provocou longas pesquisas, e do qual falamos fora da consulta espiritualista. Nessas condições, que não devem ser postas de lado, um certo conhecimento das coisas que nos interessam não ultrapassa em nada os limites naturais do poder dos Espíritos.

"Seja como for, no espetáculo que hoje nos oferecem, não há mais que uma evolução do magnetismo, que se esforça por tornar-se uma religião.

"Sob a forma dogmática e de polêmica, que deve ao Sr. Jean Reynaud, a nova religião incorreu na condenação do Concílio de Périgeux, cuja autoridade, como todos se recordam, foi gravemente negada pelo culpado.

"Na forma mística que hoje toma em Paris, merece ela ser estudada, ao menos como um sinal dos tempos que vivemos. O espiritualismo já aliciou um certo número de homens, entre os quais alguns são honrosamente conhecidos no mundo. Esse poder de sedução que ele exerce, o progresso lento, mas ininterrupto, que lhe é atribuído por testemunhas fidedignas, as pretensões que alardeia, os problemas que apresenta, o mal que pode fazer às almas, eis, sem dúvida, muitos motivos reunidos para atrair a atenção dos católicos. Tomemos cuidado para não emprestarmos à nova seita mais importância do que ela merece. Mas, a fim de evitar os exageros, que tudo ampliam, não caiamos na mania de tudo negar ou amesquinhar. *Nolite omni spiritui credere, sed probate spiritus si ex Deo sint: Quoniam multi pseudoprophetae exierunt in mundum* (I Joan, 4:1)[1]."

L'abbé François Chesnel

Sr. Abade,

O artigo publicado por vós em *L'Univers*, relativamente ao Espiritismo, contém vários erros, que importa retificar e que, sem a menor dúvida, provêm de um incompleto estudo da matéria. Para os refutar a todos, fora necessário retomar, desde os alicerces, todos os pontos da teoria, bem como os fatos que lhe servem de base, o que não tenho a intenção de fazer aqui. Limito-me aos pontos principais.

Fizestes bem em reconhecer que as ideias espíritas "aliciaram um certo número de homens, entre os quais alguns são honrosamente conhecidos". O fato, cuja realidade ultrapassa de muito aquilo que respondeis, incontestàvelmente merece a atenção das pessoas sérias, porque, tantas personalidades notáveis pela inteligência, pelo saber e pela posição social não se apaixonariam por uma ideia despida de qualquer fundamento. A conclusão natural é que no fundo de tudo isto deve haver alguma coisa.

---

[1] "Não creiais a todo Espírito, mas provai se os Espíritos são de Deus: porque são muitos os falsos profetas que já se levantaram no mundo." (I João, 4:1).

MAIO DE 1859

Talvez objeteis que certas doutrinas, meio religiosas, meio sociais, nos últimos tempos encontram sectários nas próprias fileiras da aristo-cracia intelectual, o que não as impediu de cair no ridículo. Assim, pois, os homens de inteligência podem ser arrastados por utopias.

A isto responderei que as utopias têm vida curta: cedo ou tarde a razão lhes faz justiça. Será o mesmo com o Espiritismo, se ele é uma utopia. Mas, se for uma verdade, triunfará de todas as oposições, de todos os sarcasmos, direi mesmo, de todas as perseguições, se estas ainda pertencessem ao nosso século, e os detratores perderiam seu tempo. Custe o que custar, seus opositores terão que aceitá-lo, como foram aceitas tantas coisas contra as quais se levantaram protestos em nome da razão. O Espiritismo é uma verdade? O futuro o dirá. Parece, entretanto, já haver um pronunciamento, tal a rapidez com que se pro-pagam essas ideias. E, notai bem, não é na classe ignorante e iletrada que se encontram aderentes: é, ao contrário, entre gente esclarecida.

É ainda para notar que todas as doutrinas filosóficas são obra de homens, cujos ideais são mais ou menos grandes, mais ou menos justos: todas têm um chefe, em torno do qual se reuniram outros homens par-tidários do mesmo ponto de vista.

Quem é o autor do Espiritismo? Certo ou errado, quem imaginou essa teoria? É verdade que se procurou coordená-la, formulá-la, explicá-la. Mas a ideia primeira, quem a concebeu? Ninguém. Ou, melhor, todo mundo, porque todos puderam ver, e aqueles que não viram foram os que não o quiseram ou o quiseram a *seu modo, sem romper o círculo de suas ideias preconcebidas, o que os fez ver e julgar mal*. O Espiritismo decorre de observações que cada um pode fazer, que não constituem privilégio de ninguém, o que explica a sua irresistível propa-gação. Não é o produto de nenhum sistema individual, circunstância que o distingue de todas as outras doutrinas filosóficas.

Essas comunicações, sendo uma consequência da Natureza e pro-duzindo-se pela vontade de Deus, fazem parte das leis imutáveis pelas quais Ele rege o mundo; consequentemente, elas devem ter existido desde que o homem existe na Terra. Eis por que as encontramos na mais remota Antiguidade, entre todos os povos, tanto em sua história profana, quanto na sagrada. A ancianidade e a universalidade desta crença são argumentos em seu favor. Daí a tirar conclusões que lhes fossem desfavoráveis seria, antes de mais nada, uma falta de lógica.

Dizeis, a seguir, que a faculdade dos médiuns *pouco* difere da dos *sujeitos* em mãos dos magnetizadores ou, por outras palavras, do sonâmbulo. Admitamos, até, que haja perfeita identidade.

Qual seria a causa dessa admirável clarividência sonambúlica que não encontra obstáculo nem na matéria, nem na distância, e que se exerce sem o concurso dos órgãos da visão? Não seria a demonstração mais patente da existência e da individualidade da alma, eixo da religião?

Se eu fosse sacerdote e quisesse fazer um sermão, provando que há em nós algo mais que o corpo, demonstrá-lo-ia de maneira irrecusável pelos fenômenos do sonambulismo natural ou artificial. Se a mediunidade não passa de uma variedade do sonambulismo, nem por isso são os seus efeitos menos dignos de observação. Neles eu encontraria uma prova a mais em favor de minha tese e dela faria uma arma nova contra o ateísmo e o materialismo.

Todas as nossas faculdades são obra de Deus; quanto maiores e mais maravilhosas, mais elas atestam o seu poder e a sua bondade.

Para mim, que durante trinta e cinco anos fiz estudos especiais sobre o sonambulismo; que o considerei como uma modalidade não menos profunda, de quantas modalidades há de médiuns, afirmo, como todos aqueles que não julgam examinando apenas uma face do problema, que o médium é dotado de uma faculdade particular, que não se pode confundir com o sonambúlico e que a completa independência de seu pensamento é provada por fatos da maior evidência, para quem quer que se coloque nas condições requeridas para observar imparcialmente. Abstração feita das comunicações escritas, qual foi o sonâmbulo que jamais fez brotar um pensamento de um corpo inerte? Qual o que produziu aparições visíveis e, até, tangíveis? Qual o que pode manter um corpo pesado no espaço sem ponto de apoio? Será por um efeito sonambúlico que em minha casa, há quinze dias, em presença de vinte testemunhas, um médium desenhou o retrato de uma pessoa falecida há dezoito meses, a qual ele não havia conhecido e cujo retrato foi reconhecido pelo pai, que se achava presente? Será por efeito do sonambulismo que uma mesa responde com precisão às perguntas que lhe são feitas, e até a perguntas mentais?

Certamente, se admitirmos que o médium esteja num estado magnético, será difícil acreditar que a mesa seja sonâmbula.

Dizeis que o médium não fala com clareza senão de coisas conhecidas.

Como explicar o fato seguinte e centenas de outros do mesmo gênero, ocorridos inúmeras vezes e de meu conhecimento pessoal? Um dos meus amigos, excelente médium psicógrafo, pergunta a um Espírito se uma pessoa que ele havia perdido de vista há quinze anos ainda está viva. "Sim", respondeu ele: "vive ainda. Mora em Paris, à rua tal, número tanto". Ele vai e encontra a pessoa no endereço indicado.

Trata-se de uma ilusão? Seu pensamento podia surgerir-lhe tal resposta? Se em certos casos as respostas podem coincidir com o pensamento, é racional concluir que se trata de uma lei geral?

Nisso, como em todas as coisas, os juízos precipitados são sempre perigosos, porque podem ser infirmados pelos fatos que não se observaram.

Aliás, senhor Abade, minha intenção não é dar aqui um curso de Espiritismo, nem discutir se ele é certo ou errado. Como já ficou dito, bastaria lembrar os numerosos fatos por mim citados na *Revista Espírita*, bem como as explicações dadas em meus diversos escritos.

Chego, então, à parte do artigo de Vossa Reverendíssima que me parece mais importante.

Destes ao vosso artigo o título: *Uma religião nova em Paris.* Supondo que este fosse, realmente, o caráter do Espiritismo, aí estaria um primeiro erro, pois que ele está longe de circunscrever-se a Paris. Conta milhões de aderentes espalhados nas cinco partes do mundo. Paris não foi o foco primitivo.

Em segundo lugar, é ele uma religião?

Fácil é demonstrar o contrário.

O Espiritismo está baseado na existência de um mundo invisível, formado de seres incorpóreos que povoam o espaço e que não são outra coisa senão as almas dos que viveram na Terra ou em outros globos, onde deixaram os seus invólucros materiais. São esses seres aos quais demos ou melhor, que se deram o nome de *Espíritos*. Esses seres, que nos rodeiam continuamente, exercem sobre os homens, malgrado seu, uma poderosa influência; representam um papel muito ativo no mundo moral e, até certo ponto, no mundo físico. Assim, pois, o Espiritismo pertence à Natureza e pode-se dizer que, numa certa ordem de ideias, é uma força, como a eletricidade é outra, sob diferente ponto de vista, como a gravitação universal é uma terceira.

Ele nos desvenda mundos invisíveis, assim como o microscópio nos revelou o mundo dos infinitamente pequenos, cuja existência não suspeitávamos. Assim, pois, os fenômenos cuja fonte é esse mundo invisível devem ter-se produzido e se produziram em todos os tempos, como bem o menciona a História de todos os povos. Apenas os homens, em sua ignorância, atribuíram tais fenômenos a causas mais ou menos hipotéticas e, a esse respeito, deram livre curso à imaginação, como o fizeram com todos os fenômenos, cuja natureza conheciam imperfeitamente.

Melhor observado desde que se vulgarizou, o Espiritismo vem lançar luz sobre uma porção de problemas até aqui insolúveis ou mal resolvidos. Seu verdadeiro caráter é, pois, o de uma ciência e não o de uma religião. E a prova é que conta como aderentes homens de todas as crenças, os quais, nem por isso, renunciaram às suas convicções: católicos fervorosos, que praticam todos os deveres de seu culto, protestantes de todas as seitas, israelitas, muçulmanos e até budistas e bramanistas. Há de tudo, menos materialistas e ateus, porque estas ideias são incompatíveis com as *observações* espíritas.

Assim, pois, o Espiritismo se fundamenta em princípios gerais independentes de toda questão dogmática. É verdade que ele tem consequências morais, como todas as ciências filosóficas. Suas consequências são no sentido do cristianismo, porque é este, de todas as doutrinas, a mais esclarecida, a mais pura, razão por que, de todas as seitas religiosas do mundo, são as cristãs as mais aptas a compreendê-lo em sua verdadeira essência.

O Espiritismo não é, pois, uma religião. Do contrário teria seu culto, seus templos, seus ministros. Sem dúvida cada um pode transformar suas opiniões numa religião, interpretar à vontade as religiões conhecidas; mas daí à constituição de uma nova Igreja há uma grande distância e penso que seria imprudência seguir tal ideia. Em resumo, o Espiritismo ocupa-se da observação dos fatos e não das particularidades desta ou daquela crença; da pesquisa das causas, da explicação que os fatos podem dar dos fenômenos conhecidos, tanto na ordem moral quanto na ordem física, e não impõe nenhum culto aos seus parti-

MAIO DE 1859

dários, do mesmo modo que a Astronomia não impõe o culto dos astros, nem a Pirotecnia o culto do fogo.

Ainda mais: assim como o sabeísmo nasceu da Astronomia mal compreendida, o Espiritismo, mal compreendido na Antiguidade, foi a fonte do politeísmo. Hoje, graças às luzes do cristianismo, podemos julgá-lo com mais segurança; ele nos põe em guarda contra os sistemas errados, frutos da ignorância. E a própria religião pode haurir nele a prova palpável de muitas verdades contestadas por certas opiniões. Eis porque, contrariando a maior parte das ciências filosóficas, um dos seus efeitos é reconduzir às ideias religiosas aqueles que se tresmalharam num cepticismo exagerado.

A Sociedade a que vos referis tem seu objetivo expresso no próprio título; a denominação *Sociedade Parisiense de Estudos Espíritas* não se assemelha ao de nenhuma seita; tem ela um caráter tão diverso que os seus estatutos proíbem tratar de questões religiosas; está classificada na categoria das sociedades científicas, porque, na verdade, seu objetivo é estudar e aprofundar todos os fenômenos resultantes das relações entre o mundo visível e o invisível; tem seu presidente, seu secretário, seu tesoureiro, como todas as sociedades; não convida o público às suas sessões, nas quais não há discursos nem qualquer coisa com o caráter de um culto qualquer. Processa seus trabalhos com calma e recolhimento, já porque é uma condição necessária para as observações, já porque sabe que devem ser respeitados aqueles que não vivem mais na Terra. Ela os chama em nome de Deus, porque crê em Deus, em sua Onipotência e sabe que nada se faz neste mundo sem a sua permissão. Abre as sessões com um apelo geral aos bons Espíritos, porque, sabendo que os existem bons e maus, cuida para que estes últimos não se venham intrometer fraudulentamente nas comunicações que são recebidas e induzir em erro.

Que prova isto?

Que não somos ateus. Mas de modo algum implica que sejamos adeptos de uma religião. Disto teria ficado convencida a pessoa que vos descreveu o que se passa entre nós, se tivesse acompanhado os nossos trabalhos, principalmente se os tivesse julgado com menos leviandade e talvez com Espírito menos prevenido e menos apaixonado.

Os fatos protestam, assim, contra a qualificação de nova seita que destes à Sociedade, certamente por não a conhecerdes melhor.

Terminais o artigo chamando a atenção dos católicos para o mal que o Espiritismo faz às almas. Se as consequências do Espiritismo fossem a negação de Deus, da alma, de sua individualidade após a morte, do livre arbítrio do homem, das penas e recompensas futuras, seria uma doutrina profundamente imoral. Longe disso, ela prova, não pelo raciocínio, mas pelos fatos, essas bases fundamentais da religião, cujo inimigo mais perigoso é o materialismo. Ainda mais: por suas consequências ensina a suportar com resignação as misérias desta vida; acalma o desespero; ensina os homens a se amarem como irmãos, conforme os divinos preceitos de Jesus. Se soubésseis, como eu, quantos incrédulos endurecidos ele encaminhou; quantas vitimas arrancou ao suicídio pela perspectiva da sorte reservada àqueles que abreviam a vida, contrariando a lei de Deus; quantos ódios acalmou, aproximando inimigos! É a isso que chamais fazer mal às almas? Não. Não podeis pensar assim e apraz-me supor que, se o conhecêsseis melhor, o julgaríeis de outra maneira.

Direis que a religião pode fazer tudo isso. Longe de mim contestá-lo. Mas pensais que teria sido melhor, para aqueles que ela encontrou rebeldes, continuarem numa incredulidade absoluta? Se o Espiritismo triunfa sobre eles, se lhes apresentou claro aquilo que se lhes afigurava obscuro, e evidente aquilo que lhes parecia duvidoso, onde está o mal? Para mim, direi que em lugar de perder almas, ele as salvou.

Atenciosamente.

Allan Kardec

O LIVRO DOS ESPÍRITOS ENTRE OS SELVAGENS

Sabíamos que o *Livro dos Espíritos* tem leitores simpáticos em todas as partes do mundo; mas com certeza não teríamos suspeitado encontrá-lo entre os selvagens da América do Sul, não fosse uma carta que nos chegou de Lima, há poucos meses, a qual nos pareceu interessante publicar em tradução integral, à vista do fato significativo que a mesma encerra e cujo alcance facilmente se compreende. Tem a carta um comentário, que dispensa qualquer reflexão de nossa parte.

"Excelentíssimo Senhor Allan Kardec,

"Desculpai-me por não vos escrever em francês; compreendo esta língua pela leitura, mas não a escrevo correta e inteligivelmente.

MAIO DE 1859

"Há mais de dez anos frequento os povos aborígines que habitam a encosta oriental dos Andes, nessas regiões americanas dos confins do Peru. Vosso *O Livro dos Espíritos*, que adquiri numa viagem a Lima, acompanha-me nessas solidões. Não vos admireis que eu diga tê-lo lido com avidez e que o releio continuamente. Também não viria tomar o vosso tempo com tão pouco, se não fossem certas informações que vos devem interessar e se não desejasse receber os conselhos que espero de vossa bondade, pois não duvido que os vossos sentimentos humanos estejam de acordo com os sublimes princípios de vosso livro.

"Esses povos que chamamos selvagens o são menos do que geralmente se pensa. Se se disser que moram em cabanas e não em palácios; que não conhecem as nossas artes e as nossas ciências; que ignoram a etiqueta da gente civilizada, serão verdadeiramente selvagens. Mas em relação à inteligência, encontramos entre eles ideias de uma justeza admirável, uma grande finura de observação e sentimentos nobres e elevados. Compreendem com maravilhosa facilidade e têm um Espírito incomparavelmente menos tardo que os camponeses da Europa. Desprezam aquilo que lhes parece inútil, em relação à simplicidade que lhes basta ao gênero de vida. A tradição de sua antiga independência é entre eles sempre viva, razão por que têm uma insuperável aversão aos seus conquistadores: mas, se odeiam a raça em geral, ligam-se aos indivíduos que lhes inspiram uma confiança absoluta. É a essa confiança que devo a sorte de viver na sua intimidade; e, quando me acho em seu meio, sinto-me em maior segurança do que nas grandes cidades. Quando os deixo ficam tristes e me fazem prometer voltar. Quando volto, toda a tribo está em festa.

Essas explicações se faziam necessárias pelo seguinte:

Disse-vos que tinha comigo *O Livro dos Espíritos*. Um dia inventei de traduzir algumas passagens e fiquei muito surpreendido de ver que eles o compreendiam melhor do que eu supunha, dadas certas observações muito judiciosas que faziam.

Eis um exemplo.

A ideia de reviver na Terra lhes parece absolutamente natural. Um dia um deles me perguntou: – Quando nós morrermos poderemos renascer entre os Brancos?

– Certamente, respondi.

– Então serás, talvez, um dos nossos parentes?

– É possível.

– Com certeza é por isso que és bom para nós e nós te amamos.

– Também é possível.

– Então quando encontramos um Branco não lhe devemos fazer mal, porque talvez seja um dos nossos irmãos.

Certamente vos admirais, como eu, de tal conclusão de um selvagem e do sentimento de fraternidade que nele brotou. Aliás, para eles não é nova a ideia dos Espíritos: está em suas crenças e eles estão persuadidos de que é possível conversar com os parentes mortos, que nos vêm visitar. O importante é disso tirar partido para os moralizar; e não creio que seja impossível, pois ainda não têm os vícios de nossa civilização.

É para isso que necessito dos vossos conselhos e da vossa experiência. A meu ver, não há razão para supor que só podemos influenciar as criaturas ignorantes falando-lhes aos sentidos. Ao contrário, penso que será entretê-las nessas ideias estultas e lhes desenvolver as inclinações para as superstições. Penso que o raciocínio terá sempre um domínio mais duradouro, quando nos soubermos colocar no nível das inteligências.

Aguardando a resposta com que, espero, me obsequiareis, recebei, etc.

Don Fernando Guerrero

AFORISMOS ESPÍRITAS E PENSAMENTOS SOLTOS

Quando quiserdes estudar a aptidão de um médium, não evoqueis logo por seu intermédio o primeiro Espírito de que vos lembrardes: pois jamais se disse que o médium seja apto a servir de intérprete a todos os Espíritos, e os Espíritos levianos podem usurpar o nome daquele a quem chamais. Evocai de preferência o seu Espírito familiar, porque este virá sempre; então o julgareis por sua linguagem e estareis em condições de melhor apreciar a natureza das comunicações que o médium recebe.

* * *

Os Espíritos encarnados agem por si mesmos, conforme sejam bons ou maus. Também podem agir sob a ação de Espíritos não encarnados, dos quais são instrumentos para o bem ou para o mal, ou para que ocorram certos fatos. Somos, pois, malgrado nosso, os agentes da vontade dos Espíritos para aquilo que se passa no mundo, tanto no interesse geral, quanto no individual. Assim, encontramos alguém que nos leva a fazer ou deixar de fazer uma coisa. Pensamos que é o acaso que no-lo envia quando na maioria dos casos são os Espíritos que nos impelem uns para os outros, porque tal encontro deve conduzir a um resultado determinado.

* * *

Encarnando em diferentes posições sociais, os Espíritos são como atores que, fora da cena, se trajam como toda a gente e no palco usam todas as vestimentas e representam todos os papéis, desde o rei até o trapeiro.

* * *

Há pessoas que não temem a morte, que cem vezes a enfrentaram e experimentam um certo temor na obscuridade. Não receiam os ladrões e, no entanto, num isolamento, num cemitério, à noite, temem alguma coisa. É que os Espíritos estão junto a elas e o seu contato lhes produz uma impressão que resulta num medo inexplicável.

* * *

As origens que certos Espíritos nos dão, pela revelação de pretensas existências anteriores, são muitas vezes um meio de sedução e uma tentação para o nosso orgulho, que se envaidece por ter sido tal ou qual personagem.

Allan Kardec

ANO II
JUNHO DE 1859

O MÚSCULO QUE RANGE

Os adversários do Espiritismo acabam de fazer uma descoberta que deve contrariar bastante os Espíritos batedores; é para eles um desses golpes do qual dificilmente se reabilitarão. Com efeito, que devem pensar esses pobres Espíritos da terrível cutilada com que os atingiu o Sr. Schiff e depois o Sr. Jobert (de Lamballe) e, por fim, o Sr. Velpeau? Parece-me vê-los muito embaraçados, resmungando mais ou menos assim: "Ora veja, meu caro, estamos em palpos de aranha! estamos naufragados! Não havíamos contado com a Anatomia que descobriu as nossas artimanhas. Positivamente não podemos viver num país onde há gente que enxerga tão longe!"

– Vamos, senhores basbaques, que acreditastes em todas as histórias do arco da velha; impostores que nos quisestes enganar, levando-nos a admitir a existência de seres que não vemos; ignorantes que admitis a existência de alguma coisa que escape ao nosso escalpelo, *inclusive a vossa alma*; e vós todos, escritores espíritas ou espiritualistas, mais ou menos espirituosos, inclinai-vos e reconhecei que não passais de iludidos, de charlatães e até de marotos e de imbecis: esses senhores vos deixam a escolha. Porque aqui está a luz, a verdade pura:

"Academia das Ciências (Sessão de 18 de abril de 1859). Da Involuntária Contração Muscular Rítmica. O Sr. Jobert (de Lamballe) comunica um fato curioso de involuntária contração rítmica do pequeno peroneal lateral direito, que confirma a opinião do Sr. Schiff, relativamente ao fenômeno oculto dos Espíritos batedores.

"A senhorinha X..., de 14 anos, forte, bem constituída, desde os 6 anos é afetada de movimentos involuntários regulares do pequeno músculo peroneal lateral direito e de batidas, que podem ser escutadas, por detrás do maléolo externo direito, com a regularidade do pulso. Apareceram pela primeira vez na perna direita, à noite, acompanhados de dor muito forte. Depois de pouco tempo o pequeno peroneal lateral esquerdo foi atingido por uma afecção da mesma natureza, posto que de menor intensidade.

"O efeito desses batimentos é o de provocar dor e produzir hesitações na marcha e, até, o de produzir quedas. A jovem doente declarou-nos que a extensão do pé e a compressão exercida sobre certos pontos do pé e da perna chegam a pará-los, embora continue sentindo dores e fadiga no membro.

"Quando essa criatura interessante se nos apresentou, eis o estado em que a encontramos: era fácil de constatar, ao nível do maléolo externo direito, no bordo superior dessa saliência óssea, um batimento regular, acompanhado de uma saliência passageira e de um levantamento das partes moles da região, os quais se apresentavam com um ruído seco, após cada contração muscular. Esse ruído era ouvido no leito, fora do leito e a uma distância bem considerável do lugar onde a moça repousava. Notável por sua regularidade e pela nitidez dos estalos, o ruído a acompanhava por toda parte. Auscultando o pé, a perna e o maléolo, distinguia-se um choque incômodo, que atingia todo o trajeto percorrido pelo músculo, tal qual um golpe que se transmite de uma a outra extremidade de uma viga. Por vezes o ruído se assemelhava a um atrito, a uma raspagem, quando as contrações eram menos intensas. Esses mesmos fenômenos se repetiam sempre, estivesse a doente de pé, sentada ou deitada, fosse a que hora fosse do dia ou da noite, que a examinássemos.

"Se estudarmos o mecanismo desses batimentos e se, para maior clareza, descompusermos cada batimento em dois tempos, veremos que:

"No primeiro tempo o tendão do pequeno perônio lateral se desloca, saindo da goteira e, por isso, levantando o grande perônio lateral e a pele.

"No segundo tempo, realizado o fenômeno de contração, seu tendão se relaxa, retorna à goteira e, batendo nesta, produz o ruído seco e sonoro de que acabamos de falar.

"Repetia-se, por assim dizer, de segundo em segundo, e cada vez o pequeno artelho sofria um abalo e a pele que recobria o quinto metatarso era levantada pelo tendão. Cessava quando o pé estava fortemente estendido. Cessava ainda quando se exercia pressão sobre o músculo ou sobre a bainha dos perônios.

"Nestes últimos anos os jornais franceses e estrangeiros têm falado muito de ruídos semelhantes a *marteladas*, ora regulares, ora afetando um ritmo particular e que se produziam em volta de certas pessoas deitadas em seu leito.

"Os charlatães se apoderaram desses fenômenos singulares, cuja realidade, alias, é atestada por testemunhas fidedignas. Tentaram relacioná-los com a intervenção de uma causa sobrenatural, do que se serviram para explorar a credulidade pública.

"A observação da senhorinha X mostra como, sob a influência da contração muscular, podem os tendões deslocados, no momento em que entram nas goteiras ósseas, produzir batimentos que, para certas pessoas, anunciam a presença de *Espíritos batedores*.

"Com o exercício, qualquer pessoa pode adquirir a faculdade de produzir à vontade semelhantes deslocamentos dos tendões e batimentos secos que se ouvem à distância.

"Repelindo qualquer ideia de intervenção sobrenatural e notando que esses batimentos e esses ruídos estranhos se passavam sempre ao pé do leito dos indivíduos agitados pelos Espíritos, o Sr. Schiff se perguntou se a sede desses ruídos não estaria neles próprios e não exteriormente. Seus conhecimentos anatômicos levaram-no a pensar que bem podia ser na perna, na região peroneal onde se acham uma superfície óssea, tendões e uma corrediça comum.

"*Tendo-se arraigado em seu espírito* essa maneira de ver, fez ele experiências e ensaios em si mesmo, os quais o convenceram de que o ruído tinha sua sede por detrás do maléolo externo e na corrediça dos tendões do perônio.

"Em breve o Sr. Schiff foi capaz de executar ruídos voluntários, regulares, harmoniosos e, perante um grande número de pessoas (cerca de cinquenta) pôde imitar os prodígios dos Espíritos batedores, com ou sem sapatos, de pé ou deitado.

"O Sr. Schiff concluiu que todos esses ruídos se originam no tendão do grande perônio, quando passa na goteira peroneal, e acrescenta que eles coexistem com um adelgaçamento ou ausência da bainha comum no grande e no pequeno perônio. Quanto a nós, admitindo inicialmente que todos esses batimentos são produzidos pela queda do tendão na superfície óssea peroneal, pensamos, entretanto, que não há necessidade de uma anomalia da bainha para que isso aconteça. Basta a contração do músculo, o deslocamento do tendão em sua volta à goteira para dar-se o ruído. Além disso, só o pequeno perônio é agente do citado ruído. Com efeito, ele afeta uma direção mais reta que o grande perônio, o qual sofre vários desvios em seu trajeto; está situado profundamente na goteira; recobre inteiramente a goteira óssea, de onde é natural concluir que o ruído seja produzido pelo choque desse tendão sobre as partes sólidas da goteira; apresenta fibras musculares até à entrada do tendão na goteira comum, ao passo que o contrário se dá com o grande perônio.

"O ruído é de intensidade variável e podem, realmente, distinguir-se as suas várias nuanças. É assim que, desde o ruído retumbante, que se ouve à distância, encontramos variedades de ruídos, de atritos, de serra, etc.

"Pelo método subcutâneo, incisamos repetidamente atrás do corpo do pequeno perônio lateral direito e o corpo do mesmo músculo do lado esquerdo de nossa doente e mantivemos os membros em imobilidade, por meio de um aparelho. A sutura se fez e as funções dos dois membros foram restabelecidas sem qualquer traço dessa singular e *rara* afecção.

"Sr. Velpeau. Os ruídos de que acaba de tratar o Sr. Jobert em seu interessante comunicado parecem ligados a uma questão muito ampla. Com efeito, observam-se os mesmos ruídos em inúmeras regiões. A anca, a espádua, a face interna do pé frequentemente lhe servem de sede. Entre outros vi uma senhora que, por meio de certos movimentos de rotação da coxa, produzia uma espécie de música bastante nítida para ser ouvida de um a outro lado da sala. O tendão da parte longa do bíceps braquial a produz facilmente, saindo de sua bainha, quando os feixes fibrosos que o retêm naturalmente se relaxam e se rompem. Dá-se o mesmo com o músculo posterior da perna ou com o músculo flexor do artelho, por trás do maléolo interno. Como bem o compreenderam os senhores Schiff e Jobert, tais ruídos se explicam pela fricção ou pelos sobressaltos dos tendões nas ranhuras ou contra os bordos de superfícies sinoviais. Consequentemente, são possíveis numa infinidade ou nas vizinhanças de uma porção de órgãos. Ora claros e sonoros, ora surdos e obscuros, por vezes úmidos, outras vezes secos, variam extremamente de intensidade.

"Esperemos que o exemplo dado a respeito pelos senhores Schiff e Jobert leve os fisiologistas ao estudo desses vários ruídos e que um dia eles dêem a explicação racional dos fenômenos incompreendidos ou até agora atribuídos a causas ocultas e sobrenaturais.

"O Sr. Jules Cloquet. Em apoio às observações do Sr. Velpeau sobre os ruídos anormais que podem produzir os tendões nas várias regiões do corpo, cita o exemplo de uma moça de 16 ou 18 anos, que lhe foi apresentada no Hospital São Luís, numa época em que os senhores Velpeau e Jobert eram internos desse mesmo estabelecimento. O pai da moça, que se intitulava *pai de um fenômeno*, espécie de saltimbanco, esperava tirar partido de sua filha, exibindo-a publicamente. Informou que a filha tinha no ventre um movimento de pêndulo. A moça estava perfeitamente conformada. Por um ligeiro movimento de rotação na região lombar da coluna vertebral, ela produzia estalos muito fortes, mais ou menos regulares segundo o ritmo de ligeiros movimentos que ela imprimia à parte inferior do torso. Esses ruídos anormais podiam ser ouvidos muito distintamente a mais de 25 pés de distância, e se assemelhavam ao ruído das antigas assadeiras; dependiam da vontade da moça e pareciam estar situados nos músculos da região lombo-dorsal da coluna vertebral."

Este artigo de *L'Abeille médicale*, que nos julgamos no dever de transcrever na íntegra, para edificação de nossos leitores, e a fim de não sermos acusados de pretender fugir a certos argumentos, foi reproduzido, com algumas variantes, em diversos jornais, acompanhado dos qualificativos costumeiros.

Não é nosso hábito revelar as grosserias: passamos por cima, porque o nosso bom senso nos diz que nada se prova com tolices e com injúrias, por mais sábio que se seja. Se o artigo em questão se tivesse limitado a essas banalidades, que nem sempre têm o cunho da urbanidade e da educação, não o citaríamos. Mas ele encara a questão do ponto de vista científico; fatiga-nos com demonstrações, com as quais pretende pulverizar-nos; vejamos, pois, se estamos realmente mortos pelo decreto da Academia das Ciências ou se temos alguma chance de viver como o pobre e louco Fulton, cujo sistema o Instituto declarou um sonho vazio e impraticável, quando apenas privou a França da iniciativa do navio a vapor; e quem sabe quais as consequências que tal força, nas mãos de Napoleão I, teria tido sobre os ulteriores acontecimentos!

Faremos um ligeiro reparo sobre a qualificação de charlatães, atribuída aos partidários das ideias novas. Ela nos parece um tanto ousada, quando se aplica a milhões de criaturas que dessas ideias não tiram nenhum lucro e quando alcança os mais altos planos da escala social. Esquecem que em poucos anos o Espiritismo fez incríveis progressos em todas as partes do mundo; que se espalha entre os ignorantes, mas também entre os letrados; que em suas fileiras conta um bom número de médicos, de magistrados, de eclesiásticos, de artistas, de homens de letras, de altos funcionários – pessoas às quais geralmente se atribuem algumas luzes e um pouco de bom senso. Ora, confundi-los no mesmo anátema e remetê-los sem cerimônia para os hospícios é agir com muita petulância.

Direis, entretanto, – trata-se de gente de boa fé; que são vítimas de uma ilusão; não negamos o efeito; contestamos a causa que lhe atribuis. A ciência acaba de descobrir a verdadeira causa; torna esta causa conhecida; e, por isto mesmo, faz desabar todo esse andaime místico de um mundo invisível, que pode seduzir as imaginações exaltadas, mas sinceras.

Não nos gabamos de sabedoria e, ainda menos, não ousaríamos colocar-nos no mesmo nível de nossos ilustres adversários. Diremos apenas que os nossos estudos pessoais de Anatomia e de Ciências físicas e naturais, que tivemos a honra de ensinar, nos permitem compreender sua teoria e que de modo algum nos sentimos aturdido por essa avalanche de vocábulos técnicos. Os fenômenos de que falam nos são perfeitamente conhecidos. Em nossas observações sobre os efeitos atribuídos aos seres invisíveis, tivemos o cuidado de não desprezar uma causa tão patentemente desprezada. Quando se apresenta um fato, não nos contentamos com uma observação única; queremos vê-lo por todos os ângulos, sob todas as faces; e, antes de aceitar uma teoria, examinamos se ela corresponde a todas as circunstâncias, a se nenhum fato desconhecido virá contradizê-la; numa palavra, se ela resolve todas as questões. Eis o preço da verdade.

Senhores, vós admitis perfeitamente que essa maneira de proceder é absolutamente lógica. Muito bem. Não obstante todo o respeito devido ao vosso saber, há algumas dificuldades de aplicação do vosso sistema a isto que se costuma chamar Espíritos batedores.

A primeira, pelo menos singular, é que essa faculdade, até aqui excepcional e considerada como um caso patológico, que o Sr. Jobert (de Lamballe) qualifica de rara e singular afecção, de repente se tenha tornado tão comum. É verdade que o Sr. Lamballe diz que todos a podem adquirir pelo exercício. Mas como também diz que é acompanhada de dor e fadiga, o que é perfeitamente natural, é de convir que seja necessária uma forte dose de vontade de mistificar para fazer seu músculo estalar durante duas ou três horas seguidas, sem nenhum lucro, com o único fito de divertir algumas pessoas.

Falemos sério. Isso é mais grave, porque é Ciência.

Esses senhores que descobriram essa maravilhosa propriedade do longo perônio não imaginam tudo quanto podem fazer esses músculos. Ora, aqui está um belo problema a resolver. Os tendões deslocados não batem apenas nas goteiras ósseas. Por um efeito realmente singular, batem também nas portas, nas paredes, nos tetos, à vontade, bem nos pontos designados. Eis algo de mais forte: a Ciência estava longe de suspeitar de todas as virtudes desse músculo que range: ele tem o poder de levantar uma mesa sem a tocar, de fazê-la bater com os pés, de andar na sala, de manter-se no espaço sem ponto de apoio, de abri-la, de fechá-la! E com força! De parti-la na queda.

Pensais que se trata de uma mesa frágil e leve como uma pena, que a gente levanta com um sopro? Que ilusão! Trata-se de mesas pesadas e maciças, de cinquenta a sessenta quilos, que obedecem às mocinhas e às crianças. Mas, dirá o Sr. Schiff, eu jamais vi tais prodígios. Isso é fácil de compreender: é que só quis ver pernas.

Terá o Sr. Schiff dado às suas ideias a necessária independência? Estava isento de qualquer prevenção? Temos o direito de duvidar, e não somos nós que o dizemos: é o Sr. Jobert. Segundo ele, o Sr. Schiff, ao falar de médiuns, perguntou se a sede de tais ruídos não estaria de preferência neles, e não fora deles. *Seus conhecimentos de Anatomia o levaram a pensar que bem podia ser na perna. Estando este modo de ver bem arraigado em seu espírito, etc.* assim, conforme a confissão do Sr. Jobert, o Sr. Schiff tomou como ponto de partida não os fatos, mas a sua própria ideia, sua ideia preconcebida, bem arraigada. Daí as pesquisas num sentido exclusivo e, consequentemente, uma teoria exclusiva, que explica perfeitamente o fato que ele viu, mas não explica os que não viu.

E por que não os viu?

Porque em seu pensamento só havia um ponto de partida verdadeiro. Partindo daí, todo o resto deveria ser falso e não merecia exame. Disso resultou que, no ardor de atingir os médiuns, errou o golpe.

Senhores, pensais conhecer todas as propriedades do grande perônio apenas porque o surpreendestes a tocar guitarra na bainha? Ora essa! Temos coisa muito diferente a registrar nos anais da Anatomia. Pensastes que o cérebro fosse a sede do pensamento. É um erro! Pode-se pensar pelo tornozelo. As batidas dão prova de inteligência. Logo, se essas batidas vierem exclusivamente do perônio, quer do grande perônio, conforme o Sr. Schiff, quer do pequeno, conforme o Sr. Jobert (o que exigiria um acordo entre ambos) – é que o perônio é inteligente.

Isso nada tem de admirável. Fazendo estalar o seu músculo à vontade, executará aquilo que quiserdes: imitará a serra, o martelo, baterá sinais de atenção ou o compasso de uma música que se pedir. Vá lá que seja. Mas quando o ruído responde a uma coisa que o médium ignora absolutamente; quando nos revela esses pequenos segredos que só nós sabemos, esses segredos que a gente gostaria de enterrar profundamente, é preciso que o pensamento venha de outra parte do cérebro. De onde virá então? Ora, essa! Do grande perônio. E não é tudo: ele também é poeta, pois esse grande perônio faz versos encantadores, posto jamais o médium os tenha feito; é poliglota, pois dita coisas realmente muito sensatas, em línguas de que o médium ignora a mínima palavra; é músico... nós bem o sabemos, pois o Sr. Schiff fez o seu executar sons harmoniosos, com ou sem sapatos, perante cinquenta pessoas. Sim, mas também compõe. Ora, Sr. Dorgeval, o senhor, que ultimamente nos deu uma encantadora sonata, acredita piamente que a mesma tenha sido ditada pelo Espírito de Mozart? Que esperança! Era o seu grande perônio que tocava piano. Na verdade, senhores médiuns, os senhores não suspeitavam que houvesse tanto espírito em seus calcanhares. Honra seja feita aos autores de uma tal descoberta. Que os seus nomes sejam escritos em letras garrafais, para a edificação da posteridade e honra de sua memória!

Dirão que brincamos com coisas sérias. Mas as brincadeiras não são raciocínios, do mesmo modo que não o são as tolices e as grosserias.

Confessando nossa ignorância junto a esses senhores, aceitamos a sua sábia demonstração e a tomamos muito a sério. Pensávamos que certos fenômenos fossem produzidos por seres invisíveis, que se diziam Espíritos. Pode ser que nos tenhamos enganado. Como procuramos a verdade, não temos a tola pretensão de emperrar numa ideia que, de modo tão peremptório, nos demonstram ser falsa. Do momento em que o Sr. Jobert, por uma incisão subcutânea, cortou cerce os Espíritos, já não há mais Espíritos. Uma vez que, diz ele, todos os ruídos vem do perônio, é preciso crê-lo e admiti-lo em todas as consequências. Assim, quando as batidas são dadas na parede ou no teto, ou o perônio lhes corresponde ou a parede tem um perônio; quando as batidas ditam versos por uma mesa que bate com o pé, de duas uma: ou a mesa é poetisa, ou tem um perônio. Isto é lógico. Vamos mesmo mais longe. Um oficial nosso conhecido, fazendo experiências espíritas, recebeu um dia, por mão invisível, um par de bofetadas tão bem aplicadas, que ainda as sentia duas horas depois. Como provocar uma reparação? Se tal acontecesse ao Sr. Jobert, este não se inquietaria: diria apenas ter sido esbofeteado pelo grande perônio.

Eis o que, a respeito, lemos no jornal *La Mode*, de 1.º de maio de 1859:

"A Academia de Medicina continua a cruzada dos espíritos positivos contra todo gênero de maravilha. Depois de ter, com justa razão, mas um tanto desajeitadamente, fulminado o famoso doutor negro, pelo órgão do Sr. Velpeau, eis que acaba de ouvir o Sr. Jobert (de Lamballe) o qual revela, em pleno Instituto, o segredo daquilo que ele chama a grande comédia dos *Espíritos batedores*, representada com tanto sucesso nos dois hemisférios.

"Segundo o célebre cirurgião, todo *toc-toc*, todo *pan-pan* que de boa fé faz arrepiar aqueles que os escutam; esses ruídos singulares, esses golpes secos, vibrados sucessivamente e como que cadenciados, precursores da chegada, sinais certos da presença dos habitantes do outro mundo, são simplesmente o resultado de um movimento imprimido a um músculo, um nervo, um tendão! Trata-se de uma bizarria da Natureza, habilmente explorada para produzir, sem que se possa constatar, essa música misteriosa que encantou, que seduziu tanta gente.

"A sede da orquestra é na perna. E o tendão do perônio, tocando na bainha, que faz todos esses ruídos que são ouvidos sob as mesas ou à distância, à vontade do prestidigitador.

"Por mim, duvido muito que o Sr. Jobert, como muitos pensam, tenha posto a mão no segredo daquilo que ele mesmo chama *uma comédia*; parece-me, também, que os artigos publicados neste jornal, por nosso confrade Sr. Escande, sobre os mistérios do mundo oculto, apresentam a questão com uma amplidão muito diferente, sincera e filosófica, no bom sentido do vocábulo.

"Se, porém, os charlatães de todos os matizes são insuportáveis com o seu toque de caixa, temos de convir que esses senhores sábios por vezes não o são menos, com o apagador que pretendem aplicar sobre tudo aquilo que brilha fora dos candelabros oficiais.

"Não compreendem que a sede do maravilhoso, que devora a nossa época, tem exatamente como causa o excesso de positivismo para onde certos espíritos quiseram arrastá-la. A alma humana sente necessidade de crer, de admirar e de contemplar o infinito. Trabalharam para tapar as janelas que o catolicismo lhe abria: ela olha pelas clarabóias, sejam estas quais forem."

Henry de Pène

"Pedimos licença ao nosso distinto amigo Sr. Henry de Pène para uma observação. Ignoramos quando o Sr. Jobert fez essa imortal descoberta e qual o dia memorável em que a comunicou ao Instituto. O que sabemos é que essa original explicação já havia sido dada por outros. Em 1854, o Doutor Rayer, célebre clínico, que então não deu mostras de grande perspicácia, também apresentou ao Instituto um alemão cuja habilidade, na sua opinião, dava a chave de todos os *knokings* e *rappings*[1] dos dois mundos. Como agora, tratava-se de deslocamento de um dos tendões musculares da perna, chamado o grande perônio. A demonstração foi feita numa sessão e a Academia exprimiu o seu reconhecimento por tão interessante comunicação. Alguns dias depois, um professor *agrégé* da Faculdade de Medicina consignou o fato em o *Constitutionel* e teve a coragem de acrescentar que *enfim os cientistas* se tinham pronunciado e o mistério estava *esclarecido*. Isto não impediu que o mistério persistisse e aumentasse, apesar da Ciência que, ao recusar-se a fazer experiências, contentava-se com o atacar por explicações ridículas e burlescas, como estas a que acabamos de nos referir.

---

[1] Substantivos verbais ingleses, derivados, respectivamente de *to knock* = dar um golpe agudo ou ressonante, como, por exemplo, bater à porta; e de *to rap* = dar um golpe leve e delicado. (N. do T.)

"Pelo respeito devido ao Sr. Jobert (de Lamballe), apraz-nos pensar que se lhe tenha emprestado uma experiência que absolutamente não lhe pertence. Algum jornal, à cata de novidades, terá encontrado nalgum recanto esquecido de sua pasta a antiga comunicação do Sr. Rayer e a terá ressuscitado, publicando-a sob seu patrocínio, a fim de variar um pouco. *Mutato nomine, de te fabula narratur.* É desagradável, por certo, mas ainda melhor do que se o jornal tivesse dito a verdade."

A. Escande

INTERVENÇÃO DA CIÊNCIA NO ESPIRITISMO

A oposição das corporações científicas é um dos argumentos incessantemente invocados pelos adversários do Espiritismo. Por que não trataram elas dos fenômenos das mesas girantes? Se tivessem visto neles algo de sério, alegam – não se poriam em guarda contra fatos tão extraordinários, nem os tratariam com desdém. No entanto, hoje são todas contra vós. Não são os cientistas a luz das nações, e o seu dever não é espalhar a luz? Por que queríeis que eles a abafassem, quando se apresentava tão bela ocasião de revelarem ao mundo uma força nova?

Para começar, grave erro é pensar que todos os cientistas sejam contra nós, pois que o Espiritismo se propaga precisamente na classe esclarecida. Só existem cientistas na ciência oficial e nos corpos constituídos? Pode prejulgar-se a questão pelo fato de não desfrutar o Espiritismo foros de cidade? É conhecida a circunspecção da ciência oficial em relação às ideias novas. Se ela jamais se houvesse enganado, então sua opinião poderia pesar na balança. Infelizmente, a experiência prova o contrário. Não repeliu ela como quimeras uma porção de descobertas que, mais tarde, ilustraram a memória de seus autores? Deve dizer-se que os sábios sejam ignorantes? Isso justifica os epítetos triviais, que algumas pessoas de mau gosto gostam de aplicar-lhes? Certamente que não. Não há ninguém de bom senso que não faça justiça aos sábios, reconhecendo, entretanto, que não são infalíveis e, assim, que seu julgamento não é a última instância. Seu erro é resolver certas questões um pouco levianamente, confiando demasiado em suas luzes, antes que o tempo se tenha pronunciado, assim se expondo a receber o desmentido da experiência.

Ninguém é bom juiz em causa própria. Se quisermos construir uma casa, chamaremos um músico? Se estivermos doentes, preferiremos ser tratados por um arquiteto? Se tivermos um processo, aconselhar-nos-emos com um dançarino? Enfim, se se tratar de uma questão de teologia, pediremos a sua solução a um químico ou a um astrônomo? Não, cada qual no seu ofício. As ciências vulgares repousam sobre as propriedades da matéria, que podemos manejar à vontade; os fenômenos por ela produzidos têm como agentes forças materiais. Os do Espiritismo têm como agentes inteligências que possuem sua independência, seu livre arbítrio, e de modo algum se submeteram aos nossos caprichos; escapam destarte aos nossos processos anatômicos ou de laboratório, aos nossos cálculos e, assim, fogem do campo da ciência propriamente dita. A ciência errou, pois, ao querer experimentar os Espíritos como uma pilha de Volta. Partiu de uma ideia fixa, preconcebida, à qual se aferra e quer forçosamente ligar à ideia nova. Fracassou e assim devia ser, porque agiu a partir de uma analogia que não existe. Depois, sem ir mais longe, concluiu pela negativa: julgamento temerário, que o tempo diariamente se encarrega de reformar, como reformou tantos outros; e aqueles que o pronunciaram, o fizeram para a vergonha de haverem levianamente assumido uma posição falsa contra o infinito poder do Criador. Assim, pois, as corporações científicas não devem, nem deverão jamais pronunciar-se sobre o assunto; este escapa à sua alçada, assim como o direito de declarar se Deus existe. É, pois, um erro tomá-las como juiz. Mas quem será o juiz? Arrogam-se os Espíritos o direito de impor as próprias ideias? Não, o grande juiz, o juiz soberano é a opinião pública. E quando essa opinião se formar pelo assentimento das massas e dos homens esclarecidos, os cientistas oficiais a aceitarão como indivíduos e sofrerão a pressão das circunstâncias. Deixemos passar uma geração e com ela os preconceitos do amor próprio que emperra, e veremos acontecer com o Espiritismo o mesmo que aconteceu com tantas outras verdades combatidas e que atualmente seria ridículo pôr em dúvida. Hoje os crentes são chamados de loucos, amanhã assim serão chamados aqueles que não crêem, exatamente como outrora eram considerados loucos os que acreditavam que a Terra girasse, o que não a impediu de girar.

Mas nem todos os sábios julgaram do mesmo modo. Alguns fizeram o seguinte raciocínio:

Não há efeito sem causa; e os mais vulgares efeitos podem abrir a via dos maiores problemas. Se Newton não tivesse prestado atenção à queda da maçã; se Galvani tivesse repelido a sua empregada, tratando-a de louca e de visionária, quando ela lhe falou das rãs que dançavam no prato, talvez ainda não tivéssemos descoberto a admirável lei da gravitação e as fecundas propriedades da pilha. O fenômeno designado sob o nome burlesco de dança das mesas não é mais ridículo que o da dança das rãs, e talvez encerre alguns dos segredos da Natureza, que revolucionarão a Humanidade, quando possuirmos a sua chave.

Além disso, disseram eles: "Desde que tanta gente se ocupa de tais fatos, desde que homens sisudos os estudaram, é que algo deve existir: uma ilusão, uma maluquice, se quisermos, não pode ter esse caráter de generalidade; poderá seduzir um círculo, um grupo, mas não fará a volta ao mundo".

Eis principalmente o que nos dizia ilustrado doutor em Medicina, então incrédulo e hoje fervoroso adepto:

"Dizem que os seres invisíveis se comunicam. Por que não? Antes da invenção do microscópio suspeitávamos da existência desses milhares de animálculos que causavam tanta devastação em nossa economia? Onde a impossibilidade material da existência no espaço, de seres que escapam aos nossos sentidos? Acaso teríamos a ridícula pretensão de saber tudo e dizer que Deus nada mais nos pode ensinar? Se esses invisíveis que nos cercam são inteligentes, por que não se comunicariam conosco? Se estão em relação com os homens, devem representar um papel no destino e nos acontecimentos. Quem sabe se não serão uma das potências da Natureza, uma dessas forças ocultas que não suspeitamos? Que novo horizonte isso abre ao pensamento! Que vasto campo de observação! A descoberta do mundo invisível seria muito diversa da descoberta dos infinitamente pequenos. Seria mais que uma descoberta: seria toda uma revolução nas ideias. Que luz daí pode surgir! Quantas coisas misteriosas seriam explicadas! Os que nisto acreditam são levados a ridículo. Mas o que prova isso? Não aconteceu o mesmo com todas as grandes descobertas? Cristóvão Colombo não foi repelido, coberto de desgostos e considerado um insensato? Essas ideias, disseram, são tão estranhas que a razão as recusa; teríamos rido na cara de quem, há somente meio século, tivesse dito que em apenas alguns minutos nos corresponderíamos de um a outro extremo

180   REVISTA ESPÍRITA

do mundo; que em algumas horas atravessaríamos a França; que com a fumaça de um pouco de água fervente um navio navegaria contra o vento; que da água seriam tirados os meios de iluminar e de aquecer. Se um homem se tivesse proposto iluminar toda Paris em um minuto, com uma única fonte de uma substância invisível, teria sido enviado ao hospício. Seria acaso mais prodigioso que o espaço fosse povoado de seres pensantes que, depois de haverem vivido na Terra, deixaram o seu invólucro material? Não encontramos no fato a explicação de uma porção de crenças que remontam à mais alta Antiguidade? Não é a confirmação da existência da alma, de sua individualidade depois da morte? Não é a prova da própria base da religião? Mas a religião só vagamente nos diz o que se tornam as almas; o Espiritismo o define. Que podem objetar os materialistas e os ateus? Vale a pena aprofundar semelhantes coisas."

Eis as reflexões de um cientista; mas de um cientista despretensioso. São também as de uma porção de homens esclarecidos, que refletiram, estudaram seriamente, sem ideias preconcebidas e tiveram a modéstia de não dizer: "Não compreendo, portanto hão existe". Sua convicção formou-se pela observação e no recolhimento. Se essas ideias fossem quimeras, seria possível que tanta gente de escol as tivesse adotado? Que durante tanto tempo tivessem sido vítimas de uma ilusão? Não há, pois, impossibilidade material à existência de seres para nós invisíveis e que povoam o espaço. Essa simples consideração deveria aconselhar um pouco mais de circunspecção. Ainda há pouco, quem teria pensado que uma gota de água límpida pudesse conter milhares de seres vivos, de uma pequenez que confunde a nossa imaginação? Ora, era mais difícil à razão conceber seres tênues, providos de todos os nossos órgãos e funcionando como nós, do que admitir os que chamamos Espíritos?

Perguntam os adversários por que motivo os Espíritos, que devem ter a preocupação de fazer prosélitos, não se prestam melhor ao trabalho de convencer certas pessoas cuja opinião teria grande influência. Acrescentam que os acusamos de falta de fé, e a isto respondem com razão que não podem ter fé por antecipação.

É um erro pensar que seja necessária a fé; mas a boa fé é outra coisa. Há céticos que negam até a evidência e aos quais nem os milagres convenceriam. Há mesmo os que ficariam muito aborrecidos se fossem obrigados a crer, pois o seu amor-próprio sofreria ao confessar que se enganaram. Que responder a criaturas que por toda parte não enxergam senão ilusão e charlatanismo? Nada, é preciso deixá-las tranquilas e dizerem, enquanto quiserem, que nada viram e, até, que nada lhes pudemos fazer ver. Ao lado desses céticos endurecidos há os que querem ver a seu modo; formada uma opinião, a esta tudo querem submeter, não compreendendo que haja fenômenos que lhes não obedeçam à vontade. Ou não sabem, ou não se querem curvar às condições necessárias. Se os Espíritos não se mostram tão interessados em convencê-los por meio de prodígios, é que, no momento, aparentemente, pouco interesse têm em convencer certas pessoas, cuja importância não medem do mesmo modo pelo qual elas o fazem. É realmente pouco lisonjeiro, mas nós não governamos a sua opinião: os Espíritos têm um modo de julgar as coisas nem sempre concordante com o nosso; veem, pensam e agem de acordo com outros elementos; enquanto nossa vista é circunscrita pela matéria, limitada pelo estreito círculo em cujo meio nos achamos, eles abarcam o conjunto; o tempo, que nos parece tão longe, é para eles um instante, e a distância, apenas um passo; certos detalhes, que nos parecem de importância extrema, a seus olhos não passam de infantilidades; e, por outro lado, julgam importantes certas coisas, cujo alcance não apreendemos. Para os compreender é necessário elevarmo-nos pelo pensamento acima do nosso horizonte material e moral e nos colocarmos em seu ponto de vista. A eles não cabe descer até nós: nós é que devemos subir até eles, o que conseguimos pelo estudo e pela observação. Os Espíritos gostam dos observadores assíduos e conscienciosos. Para estes, multiplicam as fontes de luz.

Não é a dúvida originária da ignorância, que os afasta: é a fatuidade dos pretensos observadores que nada observam, que os querem pôr na berlinda e manobrá-los como bonecos. São sobretudo os sentimentos de hostilidade e de crítica que trazem na mente, quando não nas palavras, a despeito dos protestos em contrário. Para estes nada fazem os Espíritos e se preocupam muito pouco com o que possam dizer ou pensar, porque chegará a sua vez. Eis por que dissemos que não é a fé que se torna necessária, mas a boa fé.

Ora, perguntamos se os nossos sábios adversários estão sempre em tais condições. Eles querem os fenômenos às suas ordens e os Espíritos não obedecem ao seu comando: é necessário esperar a boa vontade destes. Não basta dizer: mostre-me tal fato e eu acreditarei. É preciso ter a vontade perseverante, deixar que os fatos se produzam espontaneamente sem querer forçá-los ou dirigi-los. Aquilo que desejam é exatamente o que não obterão, mas se apresentarão outros e, aquilo que querem virá talvez no momento em que menos esperam.

Aos olhos do observador atento e ativo multiplicaram-se os fenômenos, confirmando-se reciprocamente.

Mas aquele que pensa ser bastante virar a manivela para movimentar a máquina, engana-se terrivelmente, Que faz o naturalista que deseja estudar os costumes de um animal? Acaso lhe ordena que faça isto ou aquilo, a fim de ter a oportunidade de observá-lo à vontade e conforme as suas conveniências? Não, ele sabe perfeitamente que não será obedecido. Mas *espia* as manifestações espontâneas de seu instinto; espera-as e as observa de passagem.

O simples bom senso nos mostra que, com mais forte razão, assim deve ser com os Espíritos, que são inteligências muito mais independentes que a dos animais.

PALESTRAS FAMILIARES DE ALÉM-TÚMULO

HUMBOLDT

Falecido a 6 de maio de 1859; evocado na Sociedade
Parisiense de Estudos Espíritas aos 13 e 20 do mesmo mês.

(*A São Luís*). Poderíamos chamar o Espírito do Sr. Alexandre Humboldt, que acaba de falecer?

– Se quiserdes, amigos.

– Eis-me aqui. Como isto espanta!

1. – (Evocação).

2. – Por que isto vos espanta? R – Estou longe daquilo que fui, há apenas alguns dias.

3. – Se nós vos pudéssemos ver, como seríeis visto? R – Como homem.

4. – Nosso chamado vos molesta? R – Não, não.

5. – Tivestes consciência de vosso novo estado logo após a morte? R – Eu a esperava há muito tempo.

Nota: Nos homens que, como Humboldt, morrem de morte natural, e pela extinção gradual das forças vitais, o Espírito se reconhece muito mais prontamente do que naqueles cuja vida é bruscamente interrompida por um acidente ou morte violenta por isso que já existe um começo de desprendimento antes de cessar a vida orgânica. Em Humboldt a superioridade do Espírito e a elevação dos pensamentos facilitaram o desprendimento, sempre mais lento e mais penoso naqueles cuja vida é unicamente material.

6. – Tendes saudades da vida material? R – Não, absolutamente. Sinto-me feliz, não me sinto mais na prisão, meu Espírito é livre... Que prazer! E que agradável momento aquele que me trouxe esta nova graça de Deus!

7. – Que pensais da estátua que vos será erigida na França, embora sejais estrangeiro? R – Agradeço a honra que pessoalmente me é feita, o que, sobretudo, aprecio nisto é o sentimento de união revelado por esse fato e o desejo de extinguir todos os ódios.

8. – Vossas crenças mudaram? R – Sim, muito. Mas ainda não *revi tudo*. Esperai um pouco antes de me falardes com mais profundidade.

Nota: Esta resposta e aquele *revi* são característicos do estado em que ele se encontra. Apesar do rápido desprendimento do seu Espírito, existe ainda certa confusão de ideias. Tendo deixado o corpo apenas há oito dias, ainda não teve tempo de comparar suas ideias terrenas com as que pode ter atualmente.

9. – Estais contente com o emprego que fizestes de vossa existência terrena? R – Sim. Eu cumpri, mais ou menos, o objetivo que me havia proposto. Servi à Humanidade, eis porque hoje sou feliz.

10. – Quando vos propusestes esse objetivo? R – Quando vim para a Terra.

Nota: Uma vez que se propôs um objetivo quando veio para a Terra, é que tinha feito um progresso anterior e sua alma não nascera ao mesmo tempo que o corpo. Esta resposta espontânea não pode ter sido provocada pela natureza da pergunta ou pelo pensamento do interlocutor.

11. – Escolhestes esta existência terrena? R – Havia numerosos candidatos a esta obra; eu pedi ao Ser por excelência que ma concedesse. E a obtive.

12. – Lembrai-vos da existência que precedeu a esta que acabais

184 REVISTA ESPÍRITA

de deixar? R – Sim, ela se passou longe da Terra, num mundo muito diferente.

13. – Esse mundo é igual, inferior ou superior à Terra. R – Desculpai, é superior.

14. – Sabemos que o nosso mundo está longe da perfeição e, consequentemente, não nos sentimos humilhados pelo fato de haver outros acima de nós. Mas, então, como viestes a um mundo inferior àquele que habitáveis? R – Não damos aos ricos. Eu quis dar, por isso desci à cabana do pobre.

15. – Poderíeis dar-nos a descrição dos seres animados do mundo em que vivíeis? R – Há pouco, ao vos falar, tinha esse desejo. Mas compreendi em tempo que teria dificuldade em vo-lo explicar perfeitamente. Ali os seres são bons; *muito bons*. Já conheceis esse ponto, que é a base do resto do sistema moral daqueles mundos; ali nada entrava o desenvolvimento dos pensamentos bons; nada relembra os pensamentos maus; tudo é feliz, pois cada um está contente consigo mesmo e com todos os que o cercam. Com referência à matéria e aos sentidos, qualquer descrição seria inútil. Que simplificação na engrenagem de uma sociedade! Hoje, que me acho em condições de comparar as duas, admiro-me da distância. Não o digo para vos desanimar. Não. Muito ao contrário. É necessário que o vosso Espírito fique bem convencido da existência desses mundos. Então sentireis um desejo ardente de os alcançar e o trabalho vos abrirá o caminho.

16. – Esse mundo faz parte do nosso sistema planetário? R – Sim. Está muito próximo de vós. Entretanto, não podeis vê-lo, porque não é luminoso e não recebe nem reflete a luz dos sóis que o rodeiam.

17. – Dissestes há pouco que a vossa precedente existência ocorrera longe de nós e agora dizeis que esse mundo está muito perto. Como conciliar as duas coisas? R – Ele está longe de vós, se considerardes as vossas distâncias, as medidas terrenas. Entretanto estará próximo se tomardes o compasso de Deus e se, de um golpe de vista, experimentardes abranger toda a Criação.

Nota: Evidentemente poderemos considerá-lo longe se tomarmos como termo de comparação as dimensões do nosso globo; mas estará perto em relação a outros mundos que se acham a distâncias incalculáveis.

18. – Poderíeis precisar a região do céu onde o mesmo se acha? R – Inútil, os astrônomos jamais a conhecerão.

19. – A densidade desse mundo é a mesma que a do nosso globo? R – A relação é de mil para dez.

20. – Esse mundo seria da natureza dos cometas? R – Não, absolutamente.

21. – Se não é foco de luz; se não recebe nem reflete a luz solar, ali existe então uma obscuridade perpétua? R – Os seres que lá vivem não necessitam absolutamente de luz. Para eles não há obscuridade; não a compreendem. Se fosseis cegos, pensaríeis que ninguém pode ter o sentido da visão.

22. – Segundo certos Espíritos, o planeta Júpiter é muito superior à Terra. É verdade? R – Sim. Tudo quanto vos disseram é verdade.

23. – Tornastes a ver Arago depois que voltastes ao mundo dos Espíritos? R – Foi ele quem me estendeu a mão quando deixei o vosso mundo.

24. – Em vida conhecestes o Espiritismo? R – O Espiritismo, não, o magnetismo, sim.

25. – Qual a vossa opinião sobre o futuro do Espiritismo entre as organizações científicas? R – Grandioso. Mas o seu caminho será penoso.

26. – Pensais que um dia será aceito pelos meios científicos? R – Certamente. Mas pensais que isto seja indispensável? Ocupai-vos antes de firmar seus primeiros preceitos no coração dos infelizes que enchem vosso mundo: é o bálsamo que acalma os desesperos e dá esperança.

Nota: François Arago, chamado na sessão de 27 de maio, através de outro médium, assim respondeu a perguntas análogas: a – Quando vivo qual a vossa opinião sobre o Espiritismo? R – Conhecia-o muito por alto e, consequentemente, não lhe ligava grande importância. Vós mesmos podeis concluir se mudei de opinião. b – Pensais que ele um dia venha a ser aceito e reconhecido nos meios científicos, isto é, pela ciência oficial, de vez que há muitos sábios que pessoalmente o aceitam? R – Não só o penso, mas tenho a certeza. Ele terá a sorte de todas as descobertas úteis à Humanidade: escarnecido a princípio pelos sábios orgulhosos e pelos tolos e ignorantes, acabará sendo por todos reconhecido.

27. – Qual a vossa opinião sobre o sol que nos ilumina? R – Aqui nada aprendi ainda no terreno da Ciência. Entretanto continuo a pensar que o Sol não passa de vasto centro elétrico.

186 REVISTA ESPÍRITA

28. – Esta opinião é reflexo da que tínheis como homem ou é a vossa como Espírito? R – É a minha opinião de quando vivo, corroborada pelo que sinto agora.

29. – Desde que vindes de um mundo superior à Terra, como é que não adquiristes conhecimentos precisos sobre essas coisas antes da última existência e dos quais hoje vos lembraríeis? R – Por certo que eu os tinha. Mas isso que me perguntais nenhuma relação tem com tudo quanto me foi possível aprender nas existências anteriores a esta que acabo de deixar, tão diferentes dela. Por exemplo, a Astronomia foi para mim uma Ciência totalmente nova.

30. – Muitos Espíritos nos têm dito que habitavam ou tinham habitado outros planetas. Nenhum, entretanto, nos disse habitar o Sol. Por quê? R – É um centro elétrico e não um mundo; é um instrumento e não uma habitação.

– Então não tem habitantes? R – Moradores habitantes, não; visitas, sim.

31. – É possível que, depois de algum tempo, quando tiverdes podido fazer novas observações, nos possais dar melhores informações sobre a natureza do Sol? R – Sim, talvez. E com prazer. Entretanto não conteis muito comigo, pois não estarei errante por muito tempo.

32. – Onde pensais ir ao terminar a erraticidade? R – Deus me permite repousar por alguns momentos. Vou gozar essa liberdade para encontrar caros amigos que me esperam. Depois, não sei ainda.

33. – Pedimos permissão para ainda vos dirigir algumas perguntas, que os vossos conhecimentos de História Natural sem dúvida permitem responder.

A sensitiva e a dionéia têm movimentos que acusam grande sensibilidade e, em certos casos, uma espécie de vontade, como por exemplo a última, cujos lóbulos apanham a mosca que pousa sobre ela, em busca de suco; parece que a planta lhe oferece uma armadilha, para depois matá-la. Perguntamos se essas plantas são dotadas da faculdade de pensar; se tem uma vontade: se formam uma classe intermediária entre a natureza vegetal e a natureza animal. Numa palavra, representam a transição de uma à outra? R – Tudo é transição na Natureza, por isso mesmo que nada é semelhante, apesar de que tudo se liga. As plantas não pensam e, consequentemente, não têm vontade. As ostras

JUNHO DE 1859

que se abrem, como todos os zoófitos, não pensam: possuem apenas um instinto natural.

34. – Ao ser ferida, a planta experimenta sensação dolorosa? R – Não.

Nota: Um membro da sociedade manifesta a opinião de que os movimentos das plantas sensitivas são semelhantes aos produzidos pelas funções digestivas e circulatórias do organismo animal, os quais ocorrem sem a participação da vontade. Com efeito, não vemos o piloro contrair-se no contato de certos corpos, recusando-lhes passagem? Deve ocorrer o mesmo com a sensitiva e com a dionéia, nas quais os movimentos não implicam a necessidade de uma percepção e, ainda menos, de uma vontade.

35. – Há homens fósseis? R – O tempo os roeu.

36. – Admitis tenha havido homens na Terra antes do dilúvio geológico? R – Seria bom teres explicações mais claras sobre esse ponto antes de fazeres a pergunta. Havia homens na Terra antes de muitos dilúvios.

37. – Adão não foi, então, o primeiro homem? R – Adão é um mito. Onde colocas Adão?

38. – Mito ou não, falo da época que a História lhe assinala. R – É para vós pouco passível de cálculo; é mesmo impossível avaliar o número de anos em que os primeiros homens ficaram num estado selvagem e bestial, que não cessou senão muito tempo depois de seu aparecimento sobre o globo.

39. – A Geologia achará um dia os traços materiais da existência do homem na Terra antes do período adâmico? R – A Geologia, não; o bom senso, sim.

40. – O progresso do reino orgânico na Terra está marcado pelo aparecimento sucessivo dos acotiledôneos, dos monocotiledôneos e dos dicotiledôneos. Existia o homem antes dos dicotiledôneos? R – Não, sua fase foi a seguinte.

41. – Nós vos agradecemos a bondade de haverdes atendido ao nosso chamado, bem como os ensinamentos que nos ministrastes. R – Foi um prazer. Adeus. Até à vista.

Nota: Esta comunicação se distingue por um caráter geral de bondade, de benevolência e por uma grande modéstia, sinal incontestável de superioridade do Espírito. Não há um traço de jactância, de basófia, de desejo de dominar e de impor-se, que se nota nos que pertencem à classe dos pseudossábios, Espíritos sempre mais ou menos imbuídos de sistema e de preconceitos, que procuram fazer prevalecer. No Espírito de Humboldt, tudo, mesmo os mais belos pensamentos, respira simplicidade e denota a ausência de pretensão.

GOETHE

SOCIEDADE PARISIENSE DE ESTUDOS ESPÍRITAS, EM 25 DE MARÇO DE 1856.

1. – (*Evocação*). R – Estou convosco.

2. – Qual a vossa situação como Espírito: errante ou reencarnado? R – Errante.

3. – Sois mais feliz do que quando vivo? R – Sim, pois estou desvencilhado do corpo grosseiro e vejo o que não via antes.

4. – Parece-me que em vida não tínheis uma situação infeliz. Onde, pois, a superioridade de vossa situação atual? R – Acabo de dizê-lo. Vós, adeptos do Espiritismo, deveis compreender tal situação.

5. – Qual a vossa opinião atual sobre o *Fausto*? R – É uma obra que tinha por objetivo mostrar a vaidade e o vazio da Ciência humana e, por outro lado, naquilo que havia de belo e de puro, exaltar o sentimento do amor, castigando-o no que encerrava de desregrado e de mau.

6. – Foi por uma espécie de intuição do Espiritismo que descrevestes a influência dos maus Espíritos sobre o homem? Como fostes levado a fazer uma tal descrição? R – Eu tinha a recordação quase exata de um mundo onde via exercer-se a influência dos Espíritos sobre os seres materiais.

7. – Tínheis, então, a recordação de uma existência precedente? R – Sim, por certo.

8. – Poderíeis dizer se essa existência se passou na Terra? R – Não, porque aqui não se veem os Espíritos agindo. Foi mesmo num outro mundo.

9. – Mas, então, já que podíeis ver os Espíritos em ação, deveria ser um mundo superior à Terra. Como é que viestes depois para um mundo inferior? Caístes? Tende a bondade de explicar. R – Era um mundo superior até um certo ponto, mas não como o entendeis. Nem

todos os mundos têm a mesma organização, sem que, por isto, tenham uma grande superioridade. Aliás, sabeis muito bem que entre vós eu cumpria uma missão, que não podeis ocultar, pois ainda representais as minhas obras. Não houve queda, desde que servi, e ainda sirvo para a vossa moralização. Eu aplicava aquilo que podia haver de superior naquele mundo precedente para melhorar as paixões dos meus heróis.

10. – Sim, vossas obras ainda são representadas. Agora mesmo o *Fausto* acaba de ser transposto para ópera. Assististes à sua representação? R – Sim.

11. – Podeis dar-nos a vossa opinião sobre a maneira por que o Sr. Gounod interpretou o vosso pensamento através da música? R – Gounod evocou-me sem o saber. Compreendeu-me muito bem. Como músico alemão eu não teria feito melhor. Talvez ele pense como músico francês.

12. – Que pensais do *Werther*? R – Agora lhe reprovo o desenlace.

13. – Não teria esta obra feito muito mal, exaltando paixões? R – Fez e causou desgraças.

14. – Foi a causa de muitos suicídios. Sois por isso responsável? R – Desde que houve uma influência maléfica espalhada por mim, é exatamente por isso que sofro ainda e de que me arrependo.

15. – Parece-me que em vida tínheis grande antipatia aos franceses. Ainda a tendes hoje? R – Sou muito patriota.

16. – Ainda vos ligais mais a um país do que a outro? R – Amo a Alemanha por seu pensamento e por seus costumes quase patriarcais.

17. – Quereis dar-nos a vossa opinião sobre Schiller? R – Somos irmãos pelo Espírito e pelas missões. Schiller tinha uma grande e nobre alma, de que eram reflexos as suas obras. Fez menos mal do que eu. É-me superior, porque era mais simples e mais verdadeiro.

18. – Poderíeis dar-nos a vossa opinião sobre os poetas franceses em geral, comparando-os aos alemães? Não se trata de vão sentimento de curiosidade, mas de nossa instrução. Consideramos os vossos sentimentos muito elevados para nos dispensarmos de vos pedir imparcialidade e para pordes de lado qualquer preconceito nacional. R – Sois curiosos, mas quero satisfazer-vos: Os franceses modernos escrevem muitas vezes belos poemas, mas empregam mais palavras bonitas do que boas ideias; deveriam aplicar-se mais ao sentimento do que à men-

te. Falo em geral, mas faço exceções em favor de alguns: um grande poeta pobre, entre outros.

19. – (Um nome é sussurrado na assembléia). É deste que falais? R – Pobre, ou que simula tal.

20. – Gostaríamos de obter uma vossa dissertação sobre assunto de vossa escolha, para nossa instrução. Teríeis a bondade de nos ditar alguma coisa? R – Fá-lo-ei mais tarde, por outros médiuns. Evocai-me em outra ocasião.

O NEGRO PAI CÉSAR

Pai César, homem livre, de cor, falecido a 5 de fevereiro de 1859, com 138 anos de idade, perto de Covington, nos Estados Unidos. Nasceu na África e foi levado para Louisiana com cerca de 15 anos. Os restos mortais desse patriarca da raça negra foram acompanhados ao cemitério por um certo número de habitantes de Covington e uma multidão de gente de cor.

Sociedade, 25 de março de 1859.

1. (*A São Luís*) – Teríeis a bondade de dizer se podemos evocar o preto Pai César, a quem acabamos de nos referir? R – Sim. Ajudá-lo-ei a responder.

Nota: Esse começo faz supor o estado do Espírito que desejamos interrogar.

2. – (Evocação). R – Que quereis de mim? Que é o que pode um pobre Espírito como eu numa reunião como a vossa?

3. – Sois mais feliz agora do que quando vivo? R – Sim, a minha situação na Terra não era boa.

4. – No entanto, estáveis livre; em que vos sentis mais feliz agora? R – Porque meu Espírito não é mais negro.

Nota: Esta resposta é mais sensata do que parece à primeira vista. Com certeza jamais o Espírito é negro; ele quer dizer que, como Espírito, não tem mais as humilhações às quais está sujeita a raça negra.

5. – Vivestes muito tempo. Isto foi aproveitado para o vosso progresso? R – Eu me aborreci na Terra; e a uma certa idade não sofria bastante para ter a felicidade de progredir.

6. – Agora em que empregais o vosso tempo? R – Procuro esclarecer-me e saber em que corpo poderei fazê-lo.

JUNHO DE 1859

7. – Em vida o que pensáveis dos brancos? R – São bons, mas orgulhosos e vãos, devido a uma brancura que não produziram.

8. – Porventura considerais a brancura como uma superioridade? R – Sim, desde que fui desprezado por ser preto.

9. – (*A São Luís*) Será a raça negra realmente inferior? R – A raça negra desaparecerá da Terra. Ela foi feita para uma latitude diferente da vossa.

10. – (*Ao Pai César*). Dissestes que procurais um corpo pelo qual possais avançar. Escolhereis um corpo branco ou preto? R – Um branco, porque o desprezo me faria mal.

11. – Vivestes realmente até a idade que vos é atribuída, de 138 anos? R – Não contei bem, pela razão que já disse.

Nota: Acabamos de observar que a idade dos negros só podia ser considerada aproximadamente, porque não tinham registro civil, principalmente os nascidos na África.

12. – (*A São Luís*). É certo que por vezes os brancos se reencarnam em corpos negros? R – Sim, quando, por exemplo, um senhor maltratou um escravo, pode pedir como expiação para viver num corpo de negro, a fim de sofrer por sua vez aquilo que fez sofrer e, por esse meio, adiantar-se e obter o perdão de Deus.

VARIEDADES

A PRINCESA DE REBININA

Do Courrier de Paris, de... de maio de 1859[1]

Sabeis que todos os sonâmbulos, todas as mesas girantes, todas as aves magnetizadas, todos os lápis simpáticos e todas as cartomantes predizem a guerra há muito tempo?... Nesse sentido tem sido feitas profecias a uma porção de pessoas importantes que, afetando não dar consideração a essas pretensas revelações, não deixavam de ficar vivamente preocupadas. Por nosso lado, sem resolver a questão num ou noutro sentido, e achando mesmo que, naquilo em que François Arago punha suas dúvidas, pelo menos é permitido não nos pronunciarmos,

---

[1] No original a data está assim incompleta. (N. do T.)

limitamo-nos a relatar, sem os comentar, alguns fatos de que fomos testemunhas.

Há oito dias tínhamos sido convidados para uma reunião espírita em casa do Barão de G... À hora marcada todos os convidados, em número de doze apenas, achavam-se em volta da mesa... milagrosa, uma simples mesa de acaju, sobre a qual, aliás, foi servido, para começar, chá com sanduíches habituais. Necessário é dizer, antes de mais nada, que desses doze convidados nenhum poderia razoavelmente incorrer na pecha de charlatanismo. O dono da casa, parente próximo de alguns ministros, pertence a uma grande família estrangeira.

Os fiéis eram constituídos por dois oficiais ingleses muito distintos, um guarda-marinha francês, um príncipe russo muito conhecido, um médico de grande nomeada, um milionário, um secretário de embaixada e dois ou três vultos importantes do bairro de Saint-Germain. Nós éramos o único profano entre essas pessoas ilustres do *Espiritismo*. Mas a nossa qualidade de cronista parisiense e de cético por dever não permitia que nos taxassem de credulidade... exagerada.

A reunião, pois, não podia ser suspeita de representar uma comédia. E que comédia! Uma comédia inútil e ridícula, na qual cada um teria voluntariamente aceito o duplo papel de mistificador e de mistificado? Isso não é admissível. Além disso, com que propósito? Com que interesse? Não seria o caso de perguntar: *A quem se engana aqui?*

Não. Ali não havia má fé nem loucura. Se quiserem, concordemos que houve acaso... E tudo quanto a nossa consciência permite concedamos.

Ora, eis o que se passou.

Depois de haverem interrogado o *Espírito* sobre uma porção de coisas, perguntaram-lhe se as esperanças de paz – que então pareciam muito grandes – tinham fundamento.

– Não – respondeu ele muito claramente, em duas ocasiões diferentes.

– Teremos a guerra?

– Com certeza!...

– Quando?

– Em oito dias.

– Entretanto o Congresso só se reunirá no mês que vem... Isso afasta muito a eventualidade de um começo de hostilidades.

– Não haverá Congresso!

– Por quê?

– A Áustria recusar-se-á.

– E qual será a causa vitoriosa?

– A da justiça e do direito.., a da França.

– E como será a guerra?

– Curta e gloriosa.

Isso nos traz à memória um outro fato do mesmo gênero, passado também às nossas vistas, há alguns anos.

Todos se recordam de que, durante a guerra da Criméia, o Imperador Nicolau chamou à Rússia todos os súditos que moravam na França, sob pena de lhes confiscar os bens em caso de desobediência.

Então nos encontrávamos na Saxônia, em Leipzig, onde, como aliás por toda parte, havia um vivo interesse pela campanha que se iniciava. Um dia recebemos o seguinte bilhete:

Estou aqui por algumas horas apenas. Venha ver-me no Hotel da Polônia, n. 13! Princesa de Rebinina.

Era muito nossa conhecida a princesa Sofia de Rebinina, uma criatura encantadora e distinta, cuja história era todo um romance (que um dia escreveremos) e que nos honrava chamando-nos de amigo. Apressamo-nos em atender ao seu amável convite, pois ficamos tão agradavelmente surpreendido quanto satisfeito por sua passagem por Leipzig.

Era um domingo, 13, e o tempo, naturalmente cinzento e triste, como de costume nesta parte da Saxônia. Encontramos a princesa em seu aposento, mais graciosa e espiritual do que nunca; apenas um pouco pálida e melancólica. Fizemos-lhe mesmo esta observação.

Para começar, – disse ela, – parti como uma bomba. Tinha de ser assim, pois estamos em guerra e sinto-me um pouco fatigada da viagem. Depois, embora agora sejamos inimigos, não vos oculto que é com pena que deixo Paris. De há muito tempo que me considerava quase francesa. A ordem do Imperador faz-me romper com um velho e doce hábito.

– Por que não ficastes tranquilamente no vosso lindo apartamento da rua Rumfort?

– Porque me teriam cortado as rendas.

– Ora! Mas não contais entre nós com tantos e tão bons amigos?

– Sim... pelo menos o creio. Mas na minha idade uma mulher não gosta de se dar em hipoteca... Os juros por vezes são maiores do que o capital! Ah! se eu fosse velha, seria outra coisa. Mas então não me emprestariam.

Aí a princesa mudou de assunto.

– Ah! – disse ela, – sabeis que tenho uma natureza muito absorvente... Aqui não conheço viv'alma... Posso contar convosco durante o dia todo?

É fácil adivinhar a nossa resposta.

A uma hora ouvimos o sino no pátio e descemos para o almoço no salão. No momento, todos falavam na guerra... e nas mesas girantes.

No que concerne à guerra, a princesa estava certa de que a frota anglo-francesa seria destruída no Mar Negro e ela mesma ter-se-ia corajosamente encarregado de incendiá-la, se o Imperador Nicolau lhe houvesse confiado essa delicada e perigosa missão. Quanto às mesas girantes sua fé era menos sólida; mas propôs fazermos algumas experiências, com outro de nossos amigos que lhe havíamos apresentado à sobremesa.

Subimos para os seus aposentos. Ali nos serviram café. E, como chovesse, passamos a tarde a interrogar a tripeça que tínhamos aos nossos olhos.

– E a mim, – perguntou de repente a princesa, – nada tens a dizer?

– Não.

– Por quê?

A mesinha bateu treze pancadas. Ora, devemos lembrar que era um dia 13 e que o apartamento da Princesa de Rebinina tinha o número 13.

– Isto quer dizer que o número 13 me é fatal? perguntou a princesa, que tinha algum receio supersticioso desse número.

– Sim! bateu a mesa.

– Não importa!... Sou um Bayard do sexo feminino. Podes falar sem medo, seja o que for que tenhas a anunciar-me.

Interrogamos a tripeça, que persistiu de começo na sua prudente reserva. Por fim, conseguimos arrancar-lhe as seguintes palavras:

– Doente... oito dias... Paris.., morte violenta!

A princesa achava-se muito bem; acabava de deixar Paris e não esperava tão cedo rever a França... A profecia da mesa era pelo menos absurda quanto aos três primeiros pontos... Quanto ao último, inútil acrescentar que nem quisemos deter-nos sobre ele.

A princesa deveria partir às oito horas da noite, pelo trem de Dresden, a fim de chegar a Varsóvia dois dias depois, pela manhã; mas perdeu o trem.

– Está bem, – disse ela. – Vou deixar aqui minha bagagem e tomarei o trem das quatro horas da manhã.

– Então ireis pernoitar no hotel?

– Voltarei para lá, mas não me deitarei. Vou assistir da frisa dos estrangeiros ao baile desta noite. Quereis servir-me de cavalheiro?

O Hotel da Polônia, cujos vastos e magníficos salões comportam pelo menos duas mil pessoas, dá quase que diariamente, no verão como no inverno, um grande baile, organizado por alguma sociedade da cidade, mas reserva para a assistência, no alto, uma galeria particular, onde os viajantes podem apreciar o espetáculo, ver a animação e ouvir uma orquestra excelente.

Aliás, na Alemanha jamais esquecem os estrangeiros, que têm por toda parte frisas reservadas, o que explica por que os alemães que vêm a Paris pela primeira vez pedem sempre, nos teatros e concertos, a frisa dos estrangeiros.

O baile daquele dia era muito brilhante e a princesa, apesar de simples espectadora, mostrava um verdadeiro prazer. Assim, tinha esquecido a tripeça e sua sinistra predição, quando um dos garçons do hotel lhe trouxe um telegrama que acabara de chegar. O telegrama dizia assim:

“Madame Rebinina, Hotel da Polônia, Leipzig. Presença indispensável Paris. Graves interesses!” Seguia-se a assinatura do procurador da princesa. Algumas horas mais tarde ela retomava o caminho de

Colônia, em vez do trem de Dresden. Oito dias depois soubemos que tinha morrido!

Paulin Niboye

Encontramos o relato seguinte numa coleção notável de histórias autênticas de aparição e de outros fenômenos espíritas, publicada em Londres em 1682, pelo Reverendo J. Granville e pelo Dr. H. More. O título é: Aparição do Espírito do Major Georges Sydenham ao Capitão V. Dyke, extraída de uma carta do Sr. Jacques Douche, de Mongton, ao Sr. J. Granville.

... Pouco tempo depois da morte do Major Georges, o Dr. Th. Dyke, parente próximo do Capitão, foi chamado para tratar de uma criança doente. O doutor e o capitão deitaram-se no mesmo leito. Depois de um ligeiro sono, o capitão chamou o criado e lhe pediu que trouxesse duas velas acesas, as maiores e mais grossas que encontrasse. O doutor lhe perguntou o que isso significava.

Respondeu-lhe o capitão:

"O senhor sabe de minhas discussões com o major relativamente à existência de Deus e à imortalidade da alma. Não nos foi possível elucidar estes pontos, embora sempre o tivéssemos desejado.

"Ficou combinado entre nós dois que aquele que morresse primeiro viria na terceira noite após os funerais, entre meia noite e uma hora, ao jardim desta pequena casa e ali esclareceria o sobrevivente a esse respeito.

"É hoje mesmo", acrescentou o capitão, "que o major deve cumprir a sua promessa".

Em vista disso, pôs o relógio ao seu lado, levantou-se às onze e meia, tomou uma vela em cada mão, saiu pela porta dos fundos e passeou no jardim durante duas horas e meia. Voltando, declarou ao doutor que nada vira nem ouvira que não fosse muito natural. Mas, – acrescentou ele – sei que o major teria vindo se pudesse.

Seis semanas depois o capitão foi a Eaton levar o filho para o colégio, tendo o doutor vindo com ele. Hospedaram-se numa estalagem, com a tabuleta de *São Cristóvão*, onde ficaram dois ou três dias, mas não dormiram juntos, como em Dulversan: ocupavam dois quartos separados.

Uma manhã o capitão ficou mais tempo que de costume em seu quarto, antes de chamar o doutor. Por fim entrou no quarto deste último com as feições alteradas, cabelos eriçados, os olhos esbugalhados e o corpo todo trêmulo.

– Que aconteceu, primo capitão? – perguntou o doutor.

– Eu vi o major, respondeu o capitão.

O doutor parecia sorrir.

– Eu lhe afirmo que, ou jamais o vi na minha vida, ou o vi hoje.

Então me contou a seguinte história:

"Esta manhã, ao romper do dia, alguém chegou à beira da minha cama, arrancou as cobertas e gritou: *Cap, cap* (era a maneira familiar por que o major chamava o capitão).

Respondi: Ora viva, meu major!

Ele continuou: Não pude vir naquele dia. Agora, porém, eis-me aqui e lhe digo: "há um Deus, muito justo e terrível. Se você não mudar a pele, verá quando aqui chegar".

Sobre a mesa havia uma espada que o major me havia dado. Fez duas ou três voltas no quarto, tomou da espada, desembainhou-a e não a encontrando tão polida quanto devia estar, disse: "Cap, cap, quando esta espada era minha estava melhor conservada".

A essas palavras desapareceu subitamente.

O capitão não só ficou perfeitamente persuadido da realidade do que tinha visto e ouvido, mas desde então se tornou muito mais sério. Seu caráter, outrora leviano e jovial, foi notavelmente modificado. Quando convidava seus amigos, tratava-os com prodigalidade, mas se mostrava muito sóbrio consigo mesmo. As pessoas que o conheciam asseguravam que ele acreditava muitas vezes ouvir repetirem-se nos seus ouvidos as palavras do major, durante os dois anos que viveu depois desta aventura.

Allan Kardec

ANO II
JULHO DE 1859

SOCIEDADE PARISIENSE DE ESTUDOS ESPÍRITAS

Discurso de encerramento do ano social (1858-1859) Senhores

No momento em que expira o vosso ano social, permiti que vos apresente um curto resumo da marcha e dos trabalhos da Sociedade. Conheceis a sua origem. Ela se formou sem um desígnio premeditado, sem um projeto preconcebido. Alguns amigos se reuniam em minha casa num pequeno grupo; pouco a pouco esses amigos me pediram permissão para me apresentar seus amigos. Então não havia um presidente: eram saraus íntimos, de oito ou dez pessoas, como os há às centenas, em Paris e alhures. Era natural, entretanto, que em minha casa eu tivesse a direção do que ali se fazia, já como dono, já em consequência dos estudos especiais que havia feito e que me davam certa experiência na matéria.

O interesse despertado por essas reuniões foi crescendo, embora não nos ocupássemos senão de coisas muito sérias. Pouco a pouco, um a um foi crescendo o número dos assistentes e meu modesto salão, muito pouco adequado para uma assembléia, tornou-se insuficiente. Foi então que alguns dentre vós propuseram se procurasse outro mais cômodo e que nos cotizássemos a fim de cobrir as despesas, pois não achavam justo que tudo corresse por minha conta, como até então.

Mas para nos reunirmos regularmente, além de um certo número e num local diferente, era necessário nos conformássemos às exigências legais, ter um regulamento e, consequentemente, um presidente titulado. Enfim, era necessário constituir-se uma sociedade. Foi o que aconteceu, com o assentimento da autoridade, cuja benevolência não nos faltou. Era também necessário imprimir aos trabalhos uma direção metódica e uniforme, e houvestes por bem encarregar-me de continuar aquilo que fazia em casa, nas nossas reuniões particulares.

Dei às minhas funções, que posso chamar de laboriosas, toda a exatidão e todo o devotamento de que fui capaz. Do ponto de vista administrativo, esforcei-me por manter nas sessões uma ordem rigorosa e por lhes dar um caráter de seriedade, sem o qual logo teria desaparecido o prestígio de assembléia séria. Agora, que minha tarefa está terminada e que o impulso foi dado, devo comunicar-vos a resolução, que tomei de renunciar, para o futuro, a qualquer função na Sociedade, mesmo a de diretor de estudos. Não ambiciono nenhum título, a não ser o de simples membro titular, com o qual me sentirei sempre feliz e honrado. O motivo de minha determinação está na multiplicidade de meus trabalhos, que aumentam dia a dia, pela extensão de minhas relações, porque, além daquilo que conheceis, preparo outros trabalhos mais consideráveis, que exigem longos e laboriosos estudos e que não absorverão menos de dez anos[1]. Ora, os trabalhos da Sociedade não deixam de tomar muito tempo, quer na preparação, quer na coordenação e redação final. Além disso, reclamam uma assiduidade por vezes prejudicial às minhas ocupações pessoais e tornam indispensável a iniciativa quase exclusiva que me conferistes. É por este motivo, senhores, que tantas vezes tive de tomar a palavra, muitas delas lamentando que membros eminentes e esclarecidos nos privassem de suas luzes. Há muito tempo eu desejava demitir-me de minhas funções; em várias circunstâncias o externei de maneira explícita, tanto aqui, quanto particularmente, a diversos colegas, notadamente ao Sr. Ledoyen. Tê-lo-ia feito mais cedo, sem receio de causar perturbação na Sociedade, retirando-me ao meio do ano, mas poderia parecer uma defecção. E era necessário não dar esse prazer aos nossos adversários. Tive, pois, que cumprir a minha tarefa até o fim. Hoje, porém, que não mais existem esses motivos, apresso-me em vos comunicar a minha resolução, a fim de não entravar a escolha que deveis fazer. É justo que cada um participe dos encargos e das honras.

Há um ano a Sociedade viu sua importância crescer rapidamente. O número de seus membros titulares triplicou em alguns meses; tendes numerosos correspondentes nos dois continentes e os ouvintes ultrapassariam o limite do possível, se não puséssemos um freio pela estrita execução do regulamento. Entre os últimos contastes as mais altas no-

---

[1] Kardec falava em 59. Em março de 69 faleceu. Note-se a exata previsão do tempo necessário para o seu trabalho. (N. do R.)

tabilidades sociais e figuras das mais ilustradas. A pressa que há em solicitar admissão às vossas sessões demonstra o interesse que elas despertam, não obstante a ausência de qualquer experimentação destinada a satisfazer a curiosidade e, talvez, em virtude mesmo da sua simplicidade. Se nem todos saem convencidos, o que seria pretender o impossível, as pessoas sérias, as que não vêm com a ideia preconcebida de denegrir, levam da seriedade dos vossos trabalhos uma impressão que as predispõe a aprofundar essas questões. Aliás, não podemos senão aplaudir essas restrições feitas à admissão de ouvintes estranhos: Assim evitamos uma multidão de curiosos importunos. A medida que limitou essa admissão a certas sessões, reservando as outras exclusivamente aos membros da sociedade, teve como resultado vos dar mais liberdade nos estudos, que poderiam ser entravados pela presença de pessoas ainda não iniciadas e cuja simpatia não estivesse garantida.

Essas restrições parecerão muito naturais aos que conhecem a finalidade de nossa instituição e sabem que somos, antes de tudo, uma Sociedade de estudo e de pesquisas e não um veículo de propaganda. É por isto que não admitimos em nossas fileiras aqueles que, não possuindo as primeiras noções da ciência, nos fariam perder tempo em demonstrações elementares, incessantemente renovadas. Sem dúvida todos nós desejamos a propaganda das ideias que professamos, porque as julgamos úteis e cada um de nós para isso contribui. Sabemos, porém, que só se adquire convicção em observações seguidas e nunca pelos fatos isolados, sem continuidade e sem raciocínio, contra os quais a incredulidade sempre poderá levantar objeções. Dir-se-á que um fato é sempre um fato; é um argumento irretorquível; sem dúvida, desde que nem seja contestado nem contestável. Quando um fato sai do círculo de nossas ideias e de nossos conhecimentos, à primeira vista parece impossível; quanto mais extraordinário, mais objeção levanta. Eis porque o contestam.

Aquele que lhe sonda a causa e a descobre, encontra-lhe uma base e uma razão de ser; compreende a sua possibilidade e desde então não mais o rejeita. Muitas vezes um fato só é inteligível por sua ligação com outros fatos. Tomado isoladamente pode parecer estranho, incrível e até absurdo. Mas se for um dos elos da cadeia, se tiver uma base racional, se se puder explicá-lo, desaparecerá qualquer anomalia.

Ora, para conceber esse encadeamento, para apreender esse

conjunto a que somos conduzidos de consequência em consequência, é necessário, em todas as coisas – e talvez ainda mais no Espiritismo – uma série de observações racionais. O raciocínio é, pois, poderoso elemento de convicção, hoje mais do que nunca, porque as ideias positivas nos levam a saber o porquê e o como de cada coisa.

Admiramo-nos da persistência da incredulidade em matéria de Espiritismo, por parte de pessoas que viram, enquanto outras que nada viram são crentes firmes. Dir-se-ia que estas são superficiais e aceitam sem exame tudo quanto se lhes diz? Muito ao contrário. As primeiras viram, mas não compreendem; as últimas não viram, mas compreendem; e compreendem porque raciocinam.

O conjunto de raciocínios sobre os quais se apóiam os fatos constitui a ciência, ciência ainda imperfeita, é certo, cujo apogeu ninguém pretende ter atingido; mas, enfim, é uma ciência em início e vossos estudos se dirigem para a pesquisa de tudo quanto pode alargá-la e constituí-la.

Eis o que importa seja bem sabido fora deste recinto, a fim de que não haja equívocos quanto aos nossos objetivos; a fim de que, ao virem aqui, não esperem vir a um espetáculo dado pelos Espíritos. A curiosidade tem um limite. Quando satisfeita, procura uma nova distração. Aquele que não para na superfície, que vê além do efeito material, sempre acha o que aprender: para ele o raciocínio é uma fonte inesgotável; não tem limites. Nossa linha de conduta não poderia ser melhor traçada do que pelas admiráveis palavras que o Espírito de São Luís nos dirigiu, e que jamais deveríamos esquecer: "Zombaram das mesas girantes, mas não zombarão jamais da filosofia, da sabedoria, da caridade que brilham nas comunicações sérias. Que vejam aqui, que escutem ali, mas que no vosso meio compreendam e tenham amor".

A expressão *que no vosso meio compreendam* é todo um ensinamento. Devemos compreender, e procuramos compreender, porque não queremos crer como cegos: o raciocínio é o facho que nos guia. Mas o raciocínio de um só pode transviar-se; eis porque nos quisemos reunir em sociedade, a fim de nos esclarecermos mutuamente pelo concurso recíproco de nossas ideias e observações. Colocados nesse terreno, assemelhamo-nos a todas as demais instituições científicas, e nossos trabalhos produzirão mais prosélitos sérios do que se passássemos o tempo a fazer que as mesas se movam e deem pancadas. Em breve

JULHO DE 1859 203

estaríamos fartos disso. Nosso pensamento requer um alimento mais sólido e, por isso, buscamos penetrar os mistérios do mundo invisível, cujos primeiros indícios são esses fenômenos elementares.

Os que sabem ler se divertem a repetir sem cessar o alfabeto? Talvez tivéssemos maior afluência de curiosos, sucedendo-se em nossas sessões como personagens de um panorama mutável. Mas esses curiosos, que não poderiam improvisar uma convicção por verem um fenômeno para eles inexplicável, que julgariam sem aprofundar, seriam antes um obstáculo aos nossos trabalhos. Eis porque, não querendo desviar-nos do nosso caráter científico, afastamos todos quantos não sejam atraídos por um fim sério.

O Espiritismo tem consequências de tal gravidade, toca em questões de tal alcance, dá a chave de tantos problemas, oferece-nos, enfim, tão profundo ensino filosófico, que ao lado de tudo isso uma mesa girante é pura infantilidade.

A observação dos fatos, sem o raciocínio, dizíamos nós, é insuficiente para dar completa convicção. Poderíamos taxar de leviano aquele que se declarasse convencido por um fato que não tivesse compreendido. Esta maneira de proceder, entretanto, tem outro inconveniente que deve ser assinalado e do qual cada um de nós pode dar testemunho: é a mania de experimentação, como consequência natural.

Aquele que vê um fato espírita, sem lhe haver estudado todas as circunstâncias, geralmente não vê mais que o fato material. Então o julga do ponto de vista de suas próprias ideias, sem pensar que, fora das leis comuns, pode e deve haver leis desconhecidas. Julga poder manobrá-lo à sua vontade: impõe condições e não se convencerá, conforme diz, se o fato não se repetir de uma certa maneira, e não de outra. Imagina que se fazem experiências com os Espíritos como se fossem uma pilha elétrica; não conhecendo sua natureza, nem sua maneira de ser, pois não as estudou, pensa que lhes pode impor a sua vontade. E imagina que eles devem agir a um simples sinal, pelo simples prazer de convencê-lo. Porque se dispõe a ouvi-los durante quinze minutos, supõe que devam ficar às suas ordens.

São erros em que não caem aqueles que se dão ao trabalho de aprofundar os estudos. Conhecem os obstáculos e não pedem o impossível. Em lugar de quererem convencer do seu ponto de vista os Espíritos, coisa a que estes não se submetem voluntariamente, colocam-se no ponto de vista dos Espíritos, com o que os fenômenos mudam de aspecto. Para isso são necessárias paciência, perseverança e firme vontade, sem o que nada se alcança.

Aquele que realmente quer saber, deve submeter-se às condições da coisa em si, e não querer que esta se submeta às suas condições.

Por isso a Sociedade não se presta a experimentações que não dariam resultado, pois sabe, por experiência, que o Espiritismo, como qualquer outra ciência, não se aprende de um jato e em poucas horas. Como uma sociedade séria, não quer tratar senão com gente séria, que compreende as obrigações impostas por um tal estudo, desde que se queira fazê-lo conscienciosamente. Ela não reconhece como sérios os que dizem: "Deixem-me ver um fato e eu me convencerei".

Significa isto que desprezamos os fatos?

Muito ao contrário, pois toda a nossa ciência está baseada nos fatos. Pesquisamos com interesse todos aqueles que nos oferecem matéria de estudo ou confirmam princípios admitidos. Quero apenas dizer que não perdemos tempo em reproduzir os fatos que já conhecemos, do mesmo modo que um físico não se diverte em repetir incessantemente as experiências que nada de novo lhe ensinam. Dirigimos nossa investigação a tudo quanto possa esclarecer a nossa marcha, preferindo as comunicações inteligentes, fonte da filosofia espírita e cujo campo ilimitado é muito mais vasto que o das manifestações puramente materiais, de interesse apenas momentâneo.

Dois sistemas igualmente preconizados e praticados se apresentam na maneira de receber as comunicações de além-túmulo: uns preferem esperar as comunicações espontâneas; outros as provocam por um apelo direto a este ou aquele Espírito. Pretendem os primeiros que na ausência de controle para estabelecer a identidade dos Espíritos, esperando a sua boa vontade ficamos menos expostos a ser induzidos em erro; desde que o Espírito fala é porque está presente e quer falar, ao passo que não temos certeza de que aquele que chamamos possa vir e responder. Os outros objetam que deixar falar o primeiro que apareça é abrir a porta a bons e maus. A incerteza da identidade não é objeção séria, pois muitas vezes dispomos do meio de a constatar, sendo aliás a constatação objeto de um estudo ligado aos mesmos princípios da ciência. O Espírito que fala espontaneamente limita-se quase sempre às generalidades, enquanto as perguntas lhe traçam um quadro mais positivo e mais instrutivo.

Quanto a nós, apenas condenamos a exclusividade de sistemas. Sabemos que ótimas coisas são obtidas de um e de outro modo. E se preferimos o segundo, é que a experiência nos ensina que nas comunicações espontâneas os Espíritos mistificadores não deixam de enfeitar-se com nomes respeitáveis, tanto quanto nas evocações. Têm mesmo o campo mais livre, ao passo que com as perguntas nós os dominamos muito mais facilmente, sem contar que as questões têm incontestável utilidade nos estudos. É a esta maneira de investigar que devemos a quantidade de observações recolhidas diariamente e que nos permitem penetrar mais profundamente nesses extraordinários mistérios. Quanto mais avançamos, mais se nos alarga o horizonte, mostrando quanto é vasto o campo que devemos ceifar.

As numerosas evocações que temos feito permitiram lançássemos o olhar investigador sobre o mundo invisível, de um a outro extremo, isto é, tanto naquilo que há de mais ínfimo, quanto no que há de mais sublime. A incontável variedade de fatos e de caracteres brotados desses estudos, realizados com calma profunda, com atenção contínua e com circunspecção prudente de observadores sérios, abriu-nos os arcanos desse mundo para nós tão novo.

A ordem e o método aplicado em vossas pesquisas eram indispensáveis elementos de sucesso.

Com efeito, sabeis por experiência que não basta chamar, ao acaso, o Espírito desta ou daquela pessoa. Os Espíritos não vêm assim, à nossa vontade ou capricho e não respondem a tudo quanto a fantasia nos leva a lhes perguntar. Com os seres de além-túmulo são necessárias habilidade e uma linguagem adequada à sua natureza, às suas qualidades morais, a seu grau de inteligência, à posição que ocupam. Com eles, e segundo as circunstâncias, devemos ser dominadores ou submissos, compassivos com os que sofrem, humildes e respeitosos com os superiores, firmes com os maus e com os teimosos, que só dominam aqueles que os escutam complacentemente. Enfim, é necessário saber formular e encadear metodicamente as perguntas, para que se obtenham respostas mais explícitas, captar nas respostas as nuanças que, por vezes, constituem traços característicos, revelações importantes e que escapam ao observador superficial, inexperiente ou ocasional.

206 REVISTA ESPÍRITA

A maneira de conversar com os Espíritos é, pois, uma verdadeira arte, que exige tato, conhecimento do terreno que pisamos e constitui, a bem dizer, o Espiritismo prático. Convenientemente dirigidas, as evocações podem ensinar muito. Elas oferecem um poderoso elemento de interesse, de moralidade e de convicção. De interesse porque nos dão a conhecer o estado do mundo que a todos espera, do qual por vezes fazemos uma ideia extravagante; de moralidade porque nelas podemos ver, por analogia, a nossa sorte futura; de convicção, porque temos nessas conversas íntimas a prova manifesta da existência e da individualidade dos Espíritos, que outra coisa não são do que as nossas próprias almas, desprendidas da matéria terrena.

Estando, em geral, formada a vossa opinião sobre o Espiritismo, não tendes necessidade de assentar as vossas convicções na prova material das manifestações físicas. Por outro lado, aconselhados pelos Espíritos, quisestes limitar-vos ao estudo dos princípios e dos problemas morais, sem que, por isso, ficasse desprezado o exame dos fenômenos que podem auxiliar a pesquisa da verdade.

A crítica sistemática censurou-nos por aceitarmos muito facilmente as doutrinas de certos Espíritos, sobretudo no que concerne às questões científicas. Essas pessoas mostram, por isso mesmo, que nem conhecem o verdadeiro escopo da Ciência Espírita, nem aquele a que nos propomos, com o que nos dão o direito de lhes devolver a censura de leviandade de julgamento.

Certamente não será a vós que pode ser ensinada a reserva com que deve ser acolhido aquilo que vem dos Espíritos. Estamos longe de aceitar tudo quanto eles dizem como artigos de fé. Sabemos que há entre eles todas as nuanças de saber e de moralidade. Para nós são toda uma população, que apresenta variedades com vezes mais numerosas que as que percebemos entre os homens. O que queremos é estudar essa população; é chegar a conhecê-la e compreendê-la.

Para tanto, estudamos as individualidades, observamos as diferenças sutis, procuramos aprender os traços distintivos de seus costumes, de seus hábitos, de seu caráter. Queremos, finalmente, identificarnos, tanto quanto possível, com o estado desse mundo. Antes de ocupar uma habitação gostamos de saber como é ela; se ali estaremos confortavelmente; queremos conhecer os hábitos dos vizinhos, o tipo de sociedade que poderemos frequentar. Pois então! É a nossa morada futura, são os costumes da gente em cujo meio iremos viver que os Espíritos nos dão a conhecer.

Mas, assim como entre nós há pessoas ignorantes e de vistas curtas, que fazem uma ideia incompleta do nosso mundo material e do meio que lhes seja estranho, também os Espíritos de horizonte moral limitado não podem apreender o conjunto e ainda se acham sob o império dos preconceitos e dos sistemas. Não podem, portanto, instruir-nos sobre tudo quanto se relaciona com o mundo espírita, do mesmo modo que um camponês não o poderia fazer em relação à alta sociedade parisiense ou ao mundo da Ciência. Seria, pois, fazer um triste juízo do nosso raciocínio pensar que ouvimos a todos os Espíritos como se fossem oráculos.

Os Espíritos são o que são e nós não podemos alterar a ordem das coisas. Como nem todos são perfeitos, não aceitamos suas palavras senão com reservas e jamais com a credulidade das crianças. Julgamos, comparamos, tiramos conclusões do que observamos e os seus próprios erros constituem ensinamentos para nós, uma vez que não renunciamos ao nosso discernimento.

Essas observações aplicam-se igualmente a todas as teorias científicas que os Espíritos podem dar. Seria muito cômodo se bastasse interrogá-los para se encontrar a Ciência acabada e possuir todos os segredos da indústria. Não conquistamos a Ciência senão à custa de trabalho e de pesquisas. A missão dos Espíritos não é livrar-nos dessa obrigação. Aliás, sabemos que eles não sabem tudo, como que há entre eles pseudossábios, assim como entre nós, os quais pensam saber aquilo que não sabem e falam daquilo que ignoram com a mais imperturbável audácia.

Um Espírito poderá, pois, dizer que é o Sol que gira em redor da Terra e não esta; sua teoria não seria mais exata pelo fato de provir de um Espírito. Saibam, pois, aqueles que nos atribuem uma credulidade tão pueril, que tomamos toda opinião emitida por um Espírito como uma opinião pessoal; que não a aceitamos senão depois de havê-la submetido ao controle da lógica e dos meios de investigação fornecidos pela própria Ciência Espírita, meios que vós todos conheceis.

Tal é, senhores, o fim a que se propõe a Sociedade. Não cabe a mim, por certo, vo-lo dizer, posto me agrade recordá-lo aqui, a fim de que minhas palavras repercutam lá fora e ninguém se equivoque quanto ao seu verdadeiro sentido. De minha parte sinto-me feliz por não ter tido senão que vos acompanhar neste caminho sério, que eleva o Espiritismo à altura das ciências filosóficas. Vossos trabalhos já produziram frutos; incalculáveis, entretanto, são os que mais tarde produzirão, desde que – disso não tenho dúvidas – continueis nas condições propícias a fim de atrairdes os bons Espíritos ao vosso meio.

O concurso dos bons Espíritos – tal é, com efeito, a condição sem a qual não se pode esperar a Verdade; ora, depende de nós obter esse concurso. A primeira condição para merecermos a sua simpatia é o recolhimento e a pureza das intenções. Os Espíritos sérios vão onde são chamados seriamente, com fé, fervor e confiança. Eles não gostam de servir de experiência, nem de dar espetáculo. Ao contrário, gostam de instruir aqueles que os interrogam sem ideias preconcebidas. Os Espíritos levianos, que se divertem de todos os modos, vão a toda parte e, de preferência, aos lugares onde encontram uma ocasião para mistificar. Os maus são atraídos pelos maus pensamentos, e por maus pensamentos devemos compreender todos aqueles que não se conformam com os princípios da caridade evangélica. Assim, pois, quem quer que traga a uma reunião sentimentos contrários a esses preceitos, traz consigo Espíritos desejosos de semear a perturbação, a discórdia e a desafeição.

A comunhão de pensamentos e de sentimentos para o bem é, assim, uma condição de primeira necessidade e não é possível encontrá-la num meio heterogêneo, onde tivessem acesso as paixões inferiores como o orgulho, a inveja e o ciúme, as quais sempre se revelam pela malevolência e pela acrimônia de linguagem, por mais espesso que seja o véu com que se procure cobri-las. Eis o *abecê* da Ciência Espírita. Se quisermos fechar a porta desse recinto aos maus Espíritos, comecemos por lhes fechar a porta de nossos corações e evitemos tudo quanto lhes possa conferir poder sobre nós. Se algum dia a Sociedade se tornasse joguete dos Espíritos enganadores, é que a ela teriam sido atraídos. Por quem? Por aqueles nos quais eles encontram eco, pois vão aonde são escutados. É conhecido o provérbio: *Dize-me com quem andas, dir-te-ei quem és.* Podemos parodiá-lo em relação aos nossos Espíritos simpáticos, dizendo: *Dize-me o que pensas, dir-te-ei com quem andas.*

Ora, os pensamentos se traduzem por atos; se admitirmos que a discórdia, o orgulho, a inveja e o ciúme não podem ser inspirados senão por maus Espíritos, aqueles que aqui trouxessem elementos de desunião suscitariam entraves, com o que indicariam a natureza de seus satélites ocultos. Então só poderíamos lamentar sua presença no seio da Sociedade. Deus permita que assim não aconteça; e espero que, auxiliados pelos bons Espíritos, se a estes nos tornarmos favoráveis, a Sociedade consolidar-se-á, tanto pela consideração que tiver merecido, quanto pela utilidade de seus trabalhos.

Se tivéssemos em mira apenas experiências para satisfação de nossa curiosidade, a natureza das comunicações seria mais ou menos indiferente, pois nelas veríamos somente o que elas são. Como, porém, em nossos estudos não buscamos uma diversão para nós, nem para o público, queremos comunicações verdadeiras. Por isto necessitamos da simpatia dos bons Espíritos; e esta só é conseguida pelos que afastam os maus com a sinceridade de seu coração.

Dizer que Espíritos levianos jamais deslizaram entre nós, para encobrirmos qualquer ponto vulnerável de nossa parte, seria uma presunção de perfeição. Os Espíritos superiores chegaram mesmo a permiti-lo, a fim de experimentar a nossa perspicácia e o nosso zelo na pesquisa da verdade. Entretanto, o nosso raciocínio deve pôr-nos em guarda contra as ciladas que nos podem ser armadas e em todos os casos dá-nos os meios de evitá-las.

O objetivo da Sociedade não é apenas a pesquisa dos princípios da Ciência Espírita. Ela vai mais longe: estuda também as suas consequências morais, pois é principalmente nestas que está a sua verdadeira utilidade.

Ensinam os nossos estudos que o mundo invisível que nos circunda reage constantemente sobre o mundo visível; e no-lo mostram como uma das forças da Natureza. Conhecer os efeitos dessa força oculta, que nos domina e nos subjuga malgrado nosso, não será ter a chave de muitos problemas, as explicações de uma porção de fatos que passam inapercebidos? Se esses efeitos podem ser funestos, conhecer a causa do mal não é ter um meio de preservar-se contra ele, assim como o conhecimento das propriedades da eletricidade nos deu o meio de atenuar os desastrosos efeitos do raio? Se então sucumbirmos não nos poderemos queixar senão de nós mesmos, porque a ignorância não nos servirá de desculpa. O perigo está no império que os maus Espíritos exercem sobre as pessoas, o que não é apenas uma coisa funesta, do ponto de vista dos erros de princípios que eles podem propagar, como ainda do ponto de vista dos interesses da vida material. Ensina a experiência que não é impunemente que nos abandonamos ao domínio dos maus Espíritos. Porque suas intenções jamais podem ser boas. Uma de suas táticas para alcançar os seus fins é a desunião, pois sabem muito bem que podem facilmente dominar quem estiver sem apoio. Assim, o seu primeiro cuidado, quando querem apoderar-se de alguém, é sempre inspirar-lhe a desconfiança e o isolamento, a fim de que ninguém possa desmascará-los, esclarecendo a vítima com conselhos salutares. Uma vez senhores do terreno, podem à vontade fascinar a pessoa com promessas sedutoras, subjugá-la por meio da lisonja às suas inclinações, para o que aproveitam os lados fracos que descobrem a fim de melhor fazê-la sentir, depois, a amargura das decepções, feri-la nas suas afeições, humilhá-la no seu orgulho, e, muitas vezes, elevá-la por um instante, apenas, para a precipitar de mais alto.

Eis, senhores, o que nos mostram os exemplos que a cada momento se desdobram aos nossos olhos, tanto no mundo dos Espíritos quanto no mundo corpóreo, circunstância que podemos aproveitar para nós próprios, ao mesmo tempo que procuramos torná-la proveitosa aos outros.

Entretanto, perguntarão se não atrairemos os maus Espíritos, evocando homens que foram o rebotalho da sociedade. Não, porque jamais sofremos a sua influência. Só haverá perigo quando é *o Espírito que se impõe; nunca, porém, quando nos impomos ao Espírito*. Sabeis que tais Espíritos não atendem ao vosso chamado senão constrangidos e forçados; que em geral se acham tão deslocados em vosso meio que têm pressa em retirar-se. Para nós sua presença é um estudo, porque para conhecer é necessário ver tudo. O médico não chega ao apogeu do conhecimento senão sondando as mais hediondas chagas.

Ora, essa comparação do médico é tanto mais justa quanto mais sabeis das chagas que temos curado e dos sofrimentos que temos aliviado. Nosso dever é mostrar-nos caridosos e benevolentes para com os seres de além-túmulo, assim como para os nossos semelhantes.

Senhores, pessoalmente eu desfrutaria de um privilégio estranho se tivesse ficado ao abrigo da crítica. Não nos pomos em evidência sem nos expormos aos dardos dos que não pensam como nós. Há, porém, duas espécies de crítica: uma que é malévola, acerba, envenenada, na qual o ciúme se trai a cada palavra; a outra, que visa à sincera procura da verdade, tem características absolutamente diversas. A primeira só merece o desdém. Jamais com ela me preocupei. Só a outra é discutível.

Algumas pessoas disseram que fui muito precipitado nas teorias espíritas, que ainda não era tempo de estabelecê-las, pois as observações não estavam completas.

Permiti-me algumas palavras sobre o assunto.

Duas coisas há que considerar no Espiritismo: a parte experimental e a filosófica ou teórica.

Abstração feita do ensino dos Espíritos, pergunto se, em meu nome, não tenho, como qualquer outra pessoa, o direito de elucubrar um sistema filosófico. Não está o campo da opinião aberto a todo mundo? Por que, então, não posso dar a conhecer o meu? Cabe ao público julgar se ele tem ou não tem sentido.

Mas essa teoria, em vez de me conferir qualquer mérito, se mérito existe eu declaro que emana inteiramente dos Espíritos.

– Vá lá que seja, dirão alguns; mas isso é ir muito longe.

– Aqueles que pretendem dar a chave dos mistérios da Criação, desvendar o princípio das coisas e a natureza infinita de Deus, não vão mais longe do que eu, que declaro, em nome dos Espíritos, que não é dado ao homem aprofundar essas coisas sobre as quais só podemos fazer conjeturas mais ou menos prováveis?

– Andais muito depressa.

– Mas seria erro tomar a dianteira a certas pessoas? Aliás, quem as impede de marchar?

– Os fatos não estão ainda suficientemente observados.

– Mas se, certo ou errado, eu creio tê-los observado suficientemente, devo esperar as boas disposições dos que ficam para trás? Minhas publicações não barram o caminho a ninguém.

– Sendo os Espíritos sujeitos a erro, quem vos diz que aqueles que vos deram instruções não se tenham enganado?

– Toda a questão reside nisto: a objeção de precipitação é muito pueril. Ora! Eu devo dizer em que se funda a minha confiança na veracidade e na superioridade dos Espíritos que me instruíram. Para começar direi que, conforme o seu conselho, nada aceito sem controle e sem exame; só adoto uma ideia quando esta me parece racional, lógica e concorde com os fatos e as observações, desde que nada de sério venha contrariá-la. Entretanto, meu julgamento não poderá ser um critério infalível. O assentimento que encontrei por parte de pessoas mais esclarecidas do que eu dá-me a primeira garantia. Mas eu encontro outra não menos preponderante no caráter das comunicações que foram feitas, desde que me ocupo de Espiritismo. Jamais – posso dizê-lo – escapou uma única dessas palavras, um só desses sinais pelos quais sempre se traem os Espíritos inferiores, mesmo os mais astuciosos. Jamais dominação; jamais conselhos equívocos ou contrários à caridade e à benevolência; jamais prescrições ridículas. Longe disso, neles só encontrei pensamentos grandes, nobres, sublimes, isentos de pequenez e de mesquinharia. Numa palavra, suas relações comigo, nas menores como nas maiores coisas, foram sempre tais que, se tivesse sido um homem que me falasse, eu o teria considerado o melhor, o mais sábio, o mais prudente, o mais moral e o mais esclarecido.

Senhores, aqui estão os motivos de minha confiança, corroborada pela identidade do ensino dado a uma porção de outras pessoas, antes e depois da publicação de minhas obras. O futuro dirá se estou certo ou errado. Enquanto isso, creio ter ajudado o progresso do Espiritismo, colocando algumas pedras em seu edifício. Mostrando que os fatos podem assentar-se no raciocínio, terei contribuído para fazê-lo sair do caminho frívolo da curiosidade, a fim de fazê-lo entrar na via séria da demonstração – única apta a satisfazer os homens que pensam e que não se detêm na superfície.

Termino, meus senhores, pelo rápido exame de uma questão atual.

Fala-se de outras sociedades que desejam rivalizar com a nossa.

Dizem que uma delas conta 300 membros e possui importantes recursos financeiros. Quero crer que não seja uma fanfarronada, tão pouco elogiável para os Espíritos que a tivessem suscitado quanto para aqueles que se lhe fizeram eco. Se for uma realidade, nós a felicitamos sinceramente, desde que ela obtenha a necessária unidade de sentimentos para frustrar a influência dos maus Espíritos e consolidar a sua existência.

Desconheço completamente quais são os elementos da sociedade ou das sociedades que dizem em formação. Farei apenas uma observação geral.

Há em Paris e alhures uma porção de reuniões íntimas, como outrora foi a nossa. Nelas se trata mais ou menos seriamente das manifestações espíritas, sem falar dos Estados Unidos, onde elas se contam aos milhares. Conheço algumas nas quais as evocações são feitas nas melhores condições e onde são obtidas coisas notáveis. É a consequência natural do número crescente de médiuns, que se desenvolvem de todos os lados, a despeito dos sarcasmos. E quanto mais avançarmos, mais se multiplicarão esses centros.

Formados espontaneamente de elementos muito pouco numerosos e variáveis, esses centros nada têm de fixo nem de regular e não constituem sociedades propriamente ditas. Para uma sociedade regularmente organizada faltam-lhes condições de vitalidade completamente diversas, em razão do próprio número de pessoas que as compõem, de sua estabilidade e permanência. A primeira dessas condições é a *homogeneidade* de princípios e da maneira de ver. Toda sociedade formada de elementos heterogêneos traz em si o germe da dissolução. Podemos considerá-la natimorta, seja qual for o seu objetivo: político, religioso, científico ou econômico.

Uma sociedade espírita requer outra condição – a assistência dos bons Espíritos – se quisermos obter comunicações sérias. Porque dos maus, caso lhes permitamos tomarem pé, nada obteremos senão mentiras, decepções e mistificação. Este é o preço de sua própria existência, pois que os maus serão os primeiros agentes de sua destruição. Eles a minarão pouco a pouco, caso não a derrubem logo de início.

Sem homogeneidade não haverá comunhão de pensamentos e, portanto, não serão possíveis nem calma nem recolhimento. Ora, os bons só se apresentam onde encontram tais condições. E como encontrá-las numa reunião onde as crenças são divergentes, onde alguns nem mesmo creem e, por conseguinte, onde domina incessantemente o espírito de oposição e de controvérsia? Eles só assistem aos que desejam ardentemente esclarecer-se para o bem, sem segundas intenções, e não para satisfazer uma vã curiosidade.

Querer formar uma sociedade espírita fora dessas condições seria dar provas da mais absoluta ignorância dos princípios mais elementares do Espiritismo.

Somos os únicos capazes de os reunir? Seria desagradável e muito ridículo assim pensar. Aquilo que nós fizemos, outros podem fazê-lo. Que outras sociedades se ocupem, então, de trabalhos iguais aos nossos, prosperem e se multipliquem. Tanto melhor; mil vezes melhor, porque será um sinal de progresso nas ideias morais. Tanto melhor, sobretudo se forem bem assistidas e se tiverem boas comunicações, das quais não pretendemos possuir o privilégio. Como só visamos à nossa instrução pessoal e ao interesse da Ciência, que a nossa sociedade não oculte nenhuma ideia e especulação *direta ou indireta*, nenhuma ambição, e que sua existência não repouse sobre uma questão de dinheiro. Que as outras sociedades sejam consideradas como nossas irmãs e não concorrentes. Se formos invejosos, provaremos que somos assistidos por maus Espíritos. Se uma delas se constituísse para nos criar rivalidades, com a ideia preconcebida de nos suplantar, por seu objetivo revelaria a própria natureza dos Espíritos que presidiram à sua formação, desde que um tal pensamento nem seria bom, nem caridoso, e os bons Espíritos não simpatizam com os sentimentos de ódio, ciúme e ambição.

Aliás, nós possuímos um meio infalível para não temer nenhuma rivalidade. É o que nos dá São Luís: *Compreendei-vos e amai-vos*, disse-nos ele. Trabalhemos, pois, para nos compreendermos; lutemos com os outros, mas lutemos com caridade e abnegação. Que o amor do próximo esteja inscrito em nossa bandeira e seja a nossa divisa. Com isto desafiaremos a zombaria e a influência dos maus Espíritos. Neste particular poderão igualar-nos. Tanto melhor, pois serão irmãos que nos chegam. De nós depende, entretanto, não sermos nunca ultrapassados.

Mas, dirão, vós tendes uma maneira de ver que não é a nossa; não podemos simpatizar com princípios que não admitimos, porque nada prova que estejais com a verdade. A isto responderei: nada prova que eles estejam mais certos do que nós, pois que ainda duvidam e a dúvida não é uma doutrina. A gente pode divergir de opinião sobre pontos da Ciência sem se morder nem atirar pedras, o que é pouco digno e pouco científico. Procurem, pois, do seu lado, como nós procuraremos do nosso. O futuro dará razão a quem de direito. Se nos enganarmos, não teremos o tolo amor-próprio de persistir em ideias falsas. Há, porém, princípios sobre os quais temos a certeza de não estar enganados: é o amor do bem, a abnegação, a abjuração de todo sentimento de inveja e de ciúme.

Estes são os nossos princípios, com os quais sempre é possível

JULHO DE 1859

simpatizar sem comprometimento: é o laço que deve unir todos os homens de bem, seja qual for a sua divergência de opinião. Só o egoísmo põe de permeio uma barreira intransponível.

São estas, meus senhores, as observações que acreditei dever apresentar-vos ao deixar as funções que me confiastes. Do fundo do coração agradeço a todos aqueles que me testemunharam simpatia. Aconteça o que acontecer, minha vida está consagrada à obra que empreendemos e eu me sentirei feliz se meus esforços puderem ajudar a fazê-la entrar no caminho sério que é a sua essência, a única que lhe pode assegurar o futuro.

O fim do Espiritismo é melhorar aqueles que o compreendem. Procuremos dar o exemplo e mostrar que, para nós, a doutrina não é letra morta. Numa palavra, sejamos dignos dos bons Espíritos, se quisermos que eles nos assistam. O bem é uma couraça contra a qual virão sempre quebrar-se as armas da malevolência.

Allan Kardec

BOLETIM DA SOCIEDADE PARISIENSE DE ESTUDOS ESPÍRITAS

Doravante publicaremos regularmente o relato das sessões da Sociedade. Contávamos fazê-lo a partir deste número, mas o excesso de matéria nos obriga a adiá-lo para a próxima edição.

Os sócios residentes fora de Paris e os membros correspondentes poderão, assim, acompanhar os trabalhos da Sociedade. Por hoje nos limitamos a dizer que, apesar da intenção do Sr. Allan Kardec, expressa no seu discurso de encerramento, de renunciar à presidência, quando da renovação administrativa, foi ele reeleito por unanimidade, menos um voto e uma cédula em branco.

Julgou ele inconveniente persistir na recusa ante um testemunho tão lisonjeiro. Contudo, só o aceitou condicionalmente e sob a reserva expressa de resignar suas funções no momento em que a Sociedade estivesse em condições de oferecer a presidência a alguém cujo nome e posição social fossem de natureza a lhe oferecer maior relevo. Seu desejo era poder consagrar todo o seu tempo aos trabalhos e estudos que vem fazendo.

PALESTRAS FAMILIARES DE ALÉM-TÚMULO

NOTÍCIAS DA GUERRA

O governo permitiu que os jornais apolíticos dessem notícias da guerra. Como, porém, são abundantes os relatos sob todas as formas, seria pelo menos inútil aqui os repetir. A maior novidade para os nossos leitores é uma história do outro mundo.

Embora não seja extraída da fonte oficial do *Moniteur*, nem por isso oferece menos interesse do ponto de vista dos nossos estudos. Assim, pensamos em interrogar algumas das gloriosas vítimas da vitória, presumindo que nos pudessem ministrar algumas indicações úteis. Tais motivos de observação e, principalmente, de atualidade, não se apresentam a cada passo. Não conhecendo nenhum dos participantes da última batalha, rogamos aos Espíritos que nos assistem que nos enviassem alguém. Chegamos a pensar até que a presença de um estranho seria preferível a de inimigos ou de parentes, dominados pela emoção.

Dada uma resposta afirmativa, obtivemos as seguintes palestras:

O ZUAVO DE MAGENTA

PRIMEIRA PALESTRA, NA SOCIEDADE, A 10 DE JUNHO DE 1859

1. – Rogamos a Deus Todo Poderoso permita ao Espírito de um militar, morto na batalha de Magenta, vir comunicar-se conosco. R – Que quereis saber?

2. – Onde vos encontráveis quando vos chamamos? R – Não saberei dizer.

3. – Quem vos preveniu que desejávamos conversar convosco? R – Alguém mais sagaz do que eu.

4. – Quando em vida duvidáveis que os mortos pudessem vir conversar com os vivos? R – Oh! isso não.

5. – Que sensação experimentais por estardes aqui? R – Isso me causa prazer. Segundo me dizem, tendes que fazer grandes coisas.

JULHO DE 1859

6. – A que corpo do exército pertencíeis? (Alguém diz a meia-voz: Pela linguagem parece um zuzu[1]. R – Ah! bem o dizes!

7. – Qual era o vosso posto? R – O de todo o mundo.

8. – Como vos chamáveis? R – Joseph Midard.

9. – Como morrestes? R – Quereis saber tudo sem pagar nada?

10. – Ainda bem! não perdestes a jovialidade. Dizei, dizei; nós pagaremos depois. Como morrestes? R – De uma *ameixa* que recebi[2]

11. – Ficastes contrariado com a morte? R – Palavra que não! Estou bem aqui.

12. – No momento da morte percebestes o que houve? R – Não, eu estava tão atordoado que não poderia acreditar.

Nota: Isto concorda com o que temos observado nos casos de morte violenta. Não se dando conta imediatamente da sua situação, o Espírito não se julga morto. Este fenômeno se explica muito facilmente: é análogo ao dos sonâmbulos que não acreditam que estejam dormindo.

Realmente, para o sonâmbulo a ideia de sono é sinônima de suspensão das faculdades intelectuais. Ora, como ele pensa, não acredita que dorme: só mais tarde se convence, quando familiarizado com o sentido ligado a esse vocábulo.

Dá-se o mesmo com um Espírito surpreendido por morte súbita, quando nada havia preparado para a separação do corpo. Para ele a morte é sinônimo de destruição, de aniquilamento. Ora, desde que vê, sente e raciocina, julga não ter morrido. É necessário certo tempo para poder reconhecer-se.

13. – No momento de vossa morte a batalha não tinha terminado. Seguistes as suas peripécias? R – Sim, pois, como vos disse, não me julgava morto: eu sempre queria martelar os *outros cães*[3].

14. – Que sensação experimentastes então? R – Eu estava encantado, pois me sentia muito leve.

15. – Víeis os Espíritos dos vossos camaradas deixando os corpos? R – Eu nem pensava nisso, pois não me acreditava morto.

---

[1] Termo familiar significando zuavo, soldado das colônias francesas na África do Norte e que ostentava uniforme pitoresco de várias cores, especialmente culote vermelho bastante largo no alto.

[2] Linguagem vulgar dando a entender que havia levado um tiro.

[3] Aqui o Espírito faz um trocadilho: *les Autrichiens, os Austríacos, e les autres chiens*, os outros cães, têm mais ou menos a mesma pronúncia. (N. do T.)

16. – Em que se tornavam esses Espíritos que deixavam a vida em multidão, no tumulto da batalha? R – Creio que faziam o mesmo que eu.

17. – Encontrando-se reunidos nesse mundo dos Espíritos, que pensavam aqueles que se batiam mais encarniçadamente? Ainda se atiravam uns contra os outros? R – Sim. Durante algum tempo e conforme o seu caráter.

18. – Reconhecei-vos melhor agora? R – Sem isso não me teriam mandado aqui.

19. – Poderíeis dizer-nos se entre os Espíritos de mortos há muito tempo se encontram alguns interessados no resultado da batalha? (Rogamos a São Luís que o ajudasse nas respostas, a fim de que, para bem de nossa instrução, elas fossem tão explícitas quanto possível). R – Em grande quantidade. É bom saber que esses combates e suas consequências são preparados com muita antecedência e que os nossos adversários não se manchariam nos crimes, como se mancharam, se a isto não fossem empurrados, em vista das consequências futuras, que não tardareis a conhecer.

20. – Deveria haver quem se interessasse pelos sucessos dos Austríacos. Haveria, então, dois campos entre eles? R – Evidente.

Observação: Não parece que estamos vendo aqui os deuses de Homero tomando partido, uns pelos Gregos, outros pelos Troianos? Na verdade, quem eram esses deuses do paganismo, senão os Espíritos que os Antigos haviam transformado em divindade? Não temos razão para dizer que o Espiritismo é a luz que esclarecerá diversos mistérios, a chave de numerosos problemas?

21. – Eles exerciam alguma influência sobre os combatentes? R – Muito considerável.

22. – Pode descrever-nos a maneira por que tal influência era exercida? R – Da mesma maneira por que todas as influências dos Espíritos se exercem sobre os homens.

23. – Que esperais fazer agora? R – Estudar mais do que o fiz em minha última etapa.

24. – Ides voltar como espectador aos combates que ainda se travam? R – Ainda não sei. Tenho afeições que me prendem no momento. Contudo, espero de vez em quando dar uma fugida, para me divertir com as surras subsequentes.

25. – Que gênero de afeição vos retém ainda? R – Uma velha mãe doente e sofredora, que chora por mim.

26. – Peço que me desculpe o mau pensamento que me atravessou o Espírito, relativamente à afeição que o retém. R – Não tem importância. Digo bobagens para vos fazer rir um pouco. É natural que me tomeis por um tolo, em relação ao honrado corpo a que pertenço. Ficai quietos, eu só me engajei por causa dessa minha pobre mãe. Mereço um pouco que me tenham mandado a vós.

27. – Quando vos encontrastes entre os Espíritos ouvíeis o rumor da batalha? Víeis as coisas tão claramente como em vida? R – A princípio eu a perdi de vista; mas depois de algum tempo via muito melhor, porque via todos os cordéis.

28. – Pergunto se escutáveis o troar do canhão. R – Sim.

29. – No momento da ação pensáveis na morte e naquilo em que vos tornaríeis, caso fosseis morto? R –Eu pensava no que seria de minha mãe.

30. – Era a primeira vez que entráveis em fogo? R – Não, não. E a África?

31. – Vistes a entrada dos franceses em Milão? R – Não.

32. – Aqui sois o único dos que morreram na Itália? R – Sim.

33. – Pensais que a guerra durará muito tempo? R – Não. É fácil e, aliás, de pouco valor essa predição.

34. – Quando entre os Espíritos vedes um de vossos chefes, ainda o reconheceis como superior? R – Se ele o for, sim; se não, não.

Observação: Na sua simplicidade e no seu laconismo, esta resposta é eminentemente profunda e filosófica. No mundo espírita a superioridade moral é a única reconhecível. Quem não a teve na Terra, fosse qual fosse a posição, não terá nenhuma superioridade. Que lição para o nosso orgulho!

35. – Pensais na justiça de Deus e vos inquietais por isso? R – Quem não pensará? Felizmente não tenho muito que temer. Eu resgatei, por algumas ações que Deus considerou boas, algumas escapadas que cometi como zuzu, conforme dizia.

36. – Assistindo a um combate, poderíeis proteger um de nossos companheiros e desviar-lhe um golpe fatal? R – Não. Não está em nossas forças; a hora da morte é marcada por Deus. Se a gente deve

220 REVISTA ESPÍRITA

passar, nada o impedirá; do mesmo modo ninguém poderia atingi-la, se sua hora não tivesse soado.

37. – Vedes o General Espinasse? R – Não o vi ainda. Mas espero vê-lo em breve.

SEGUNDA PALESTRA

(17 DE JUNHO DE 1859)

38. – (*Evocação*). R – Presente! Firme! em frente!

39. – Lembrai-vos de ter vindo aqui há oito dias? R – Ora!

40. – Dissestes-nos que ainda não tínheis visto o General Espinasse. Como o poderíeis reconhecer, se ele não tivesse envergado o seu uniforme de general? R – Não, mas eu o conheço de vista; ademais. temos uma porção de amigos junto a nós, prontos a nos dar a senha. Aqui não é como no quartel: a gente não tem medo de dar uma ajuda e eu vos digo que só os maus ficam sozinhos.

41. – Sob que aparência aqui vos encontrais? R – Zuavo.

42. – Se vos pudéssemos ver, como veríamos? R – De turbante e culote.

43. – Então! supunha que nos aparecêsseis de turbante e culote. Mas onde arranjastes estas roupas, se as vossas ficaram no campo de batalha? R – Ora, ora! Não sei como é isto mas tenho um alfaiate que mas arranja.

44. – De que são feitos o turbante e o culote que usais? Não tendes ideia? R – Não, isto é lá com o trapeiro.

Observação: Essa questão da vestimenta dos Espíritos, como várias outras não menos interessantes, ligadas ao mesmo princípio, são completamente elucidadas por novas observações feitas no seio da Sociedade. Daremos conta disso no próximo número. Nosso bom zuavo não estava suficientemente adiantado para resolver: foi-nos preciso o concurso de circunstâncias apresentadas fortuitamente e que nos puseram no caminho certo.

45. – Sabeis a razão por que nos vedes, ao passo que não vos vemos? R – Penso que compreendo: vossas lunetas são muito fracas.

46. – Não seria por essa mesma razão que não vedes o general em seu uniforme? R – Sim, mas ele não o veste todos os dias.

47. – Em que dias o veste? R – Ora essa! quando o chamam ao palácio.

JULHO DE 1859

48. – Por que estais aqui vestido de zuavo quando não vos podemos ver? R – Muito naturalmente porque ainda sou zuavo, isso há cerca de oito anos e porque entre os Espíritos conservamos a forma durante muito tempo. Mas isso entre nós. Compreendeis que quando vamos a um mundo diferente, como a Lua ou Júpiter, não nos damos ao trabalho de fazer toalete.

49. – Falais da Lua e de Júpiter. Porventura já lá estivestes depois de morto? R – Não. Não me compreendeis. Depois da morte nos informamos de muitas coisas. Não nos explicaram uma porção de problemas da nossa Terra? Não conhecemos Deus e os outros seres muito melhor do que há quinze dias? Com a morte, o Espírito sofre uma metamorfose que não podeis compreender.

50. – Revistes o corpo deixado no campo de batalha? R – Sim, ele não está bonito.

51. – Que impressão vos deixou essa vista? R – De tristeza.

52. – Tendes conhecimento de vossa existência anterior? R – Sim, mas não é bastante gloriosa para que possa me pavonear.

53. – Dizei-nos apenas o gênero de vida que tínheis. R – Simples mercador de peles selvagens.

54.– Nós vos agradecemos a bondade de ter vindo pela segunda vez. R – Até breve. Isto me diverte e me instrui; desde que me toleram bem aqui, voltarei de boa vontade.

UM OFICIAL SUPERIOR MORTO EM MAGENTA

(SOCIEDADE, 10 DE JUNHO DE 1859)

1. – (*Evocação*). R – Eis-me aqui.

2. – Poderíeis dizer como atendestes tão prontamente ao nosso apelo? R – Eu estava prevenido do vosso desejo.

3. – Por quem fostes prevenido? R – Por um emissário de Luís.

4. – Tínheis conhecimento da existência de nossa sociedade? R – Vós sabeis.

Observação: O oficial em questão tinha realmente ajudado a Sociedade a ser registrada.

5. – Sob que ponto de vista consideráveis a nossa Sociedade, quando ajudastes a sua formação? R – Eu não estava ainda inteiramente decidido, mas me inclinava muito a crer e, sem os acontecimentos sobrevindos, certamente teria ido instruir-me no vosso círculo.

6. – Há muitas grandes notabilidades que comungam nas ideias espíritas, mas não o confessam de público. Seria desejável que as pessoas influentes levantassem a bandeira publicamente? R – Paciência. Deus o quer, e desta vez a expressão corresponde à verdade.

7. – De que classe influente da sociedade pensais que deverá partir o exemplo? R – A princípio, de algumas; depois, de todas.

8. – Do ponto de vista do estudo poderíeis dizer-nos, embora morto mais ou menos no mesmo tempo em que o zuavo que há pouco aqui esteve, se vossas ideias são mais lúcidas do que as dele? R – Muito. Aquilo que ele vos disse, testemunhando uma certa elevação foi-lhe soprado, porque ele é muito bom, mas muito ignorante, e um pouco leviano.

9. – Ainda vos interessais pelo sucesso das nossas armas? R – Muito mais do que nunca, pois hoje conheço o objetivo.

10. – Podeis definir o vosso pensamento? O fim sempre foi confessado publicamente e, sobretudo em vossa posição, vós o conhecíeis? R – O fim que Deus se propôs, vós o sabeis?

Observação: Ninguém ignorará a gravidade e a profundeza desta resposta. Quando vivo, ele conhecia o objetivo dos homens; como Espírito, vê o que há de providencial nos acontecimentos.

11. – De um modo geral, que pensais da guerra? R – Minha opinião é que vos desejo um progresso tão rápido que ela se torne impossível, por inútil.

12. – Credes que chegará o dia em que ela seja impossível e inútil? R – Penso que sim, e não duvido; posso dizer-vos que não está tão longe o momento, quanto o pensais, embora não vos dê a esperança de que o vejais.

13. – No momento da morte vos reconhecestes imediatamente? R – Reconheci-me quase que imediatamente, graças às vagas noções que tinha do Espiritismo.

14. – Podeis dizer algo a respeito de M..., também morto na última batalha? R – Ele ainda está nas redes da matéria; tem mais

JULHO DE 1859

trabalho em se desvencilhar. Seus pensamentos não se tinham voltado para este lado.

Observação: Assim, o conhecimento do Espiritismo auxilia o desprendimento da alma após a morte; abrevia o período de perturbação que acompanha a separação. Isto é compreensível: *o Espírito conhecia antecipadamente o mundo em que se encontra.*

15. – Assististes à entrada de nossas tropas em Milão? R – Sim, e com alegria. Fiquei encantado com a ovação que acolheu as nossas tropas, a princípio por patriotismo; depois, pelo futuro que as aguarda.

16. – Como Espírito podeis exercer qualquer influência sobre os planos estratégicos? R – Credes que isto não tenha sido feito desde o princípio e tendes dificuldades de imaginar por quem?

17. – Como foi que os austríacos abandonaram tão rapidamente uma praça forte como Pavia? R – Por medo.

18. – Então estão desmoralizados? R – Completamente. Ademais, se agimos sobre nossos num sentido, deveis pensar que sobre os outros age uma influência diversa.

Observação: Aqui a intervenção dos Espíritos nos acontecimentos é inequívoca. Eles preparam as vias para a realização dos desígnios da Providência. Os antigos teriam dito que era obra *dos Deuses*; nós dizemos que é dos Espíritos, por ordem de Deus.

19. – Podeis dar a vossa opinião sobre o General Giulay como militar, pondo de lado qualquer sentimento nacionalista? R – Pobre, pobre general!

20. – Voltaríeis com prazer se vos pedíssemos? R – Estou à vossa disposição e prometo mesmo vir sem o vosso chamado. Deveis pensar que a simpatia que tinha por vós não pode senão aumentar. Adeus.

RESPOSTA À RÉPLICA DO ABADE CHESNEL EM "L'UNIVERS"

Em seu número de 28 de maio último *L'Univers* inseriu a resposta que havíamos dado ao artigo do Abade Chesnel sobre o Espiritismo, fazendo-a seguir de uma réplica deste último. A este segundo artigo, reeditando os argumentos do primeiro, menos a urbanidade da forma a que todo mundo concordou em fazer justiça, não poderíamos responder senão repetindo quanto já tínhamos dito, o que parece perfeitamente inútil. O Abade Chesnel se esforça sempre por provar que o Espiritismo é, deve ser e não pode deixar de ser senão uma religião nova, porque dele decorre uma filosofia e porque nele nos ocupamos da constituição física e moral dos mundos. Sob esse aspecto, todas as filosofias seriam religiões. Ora, como são abundantes os sistemas, que têm partidários mais ou menos numerosos, isto restringiria singularmente o círculo do catolicismo. Não sabemos até que ponto seria imprudente e perigoso proclamar uma tal doutrina, por que seria provocar uma cisão que não existe, e, pelo menos, sugeri-la.

Vede, um pouco, a que consequências chegais.

Quando a Ciência veio contestar o sentido do texto bíblico dos seis dias da Criação, lançaram anátemas; disseram que era um ataque à religião. Hoje, que os fatos deram razão à Ciência, que já não há meios de os contestar a não ser negando a luz, a Igreja se pôs de acordo com a Ciência.

Suponhamos que então se tivesse dito que aquela teoria científica era uma religião nova, uma seita, porque *parecia* em contradição com os livros sagrados, porque destruía uma interpretação dada há séculos; daí teria resultado que não era possível ser católico e adotar essas ideias novas.

Pensemos, pois, a que se reduziria o número dos católicos, se fossem excluídos todos os que não acreditam que Deus tenha feito a Terra em seis vezes vinte e quatro horas.

Dá-se o mesmo com o Espiritismo, Se o considerardes como uma religião nova, é que aos vossos olhos ele não é católico. Ora, acompanhai o nosso raciocínio. De duas uma: ou é uma realidade, ou é uma utopia. Se é uma utopia, não há preocupação, porque cairá por si mesmo. Se é uma realidade, nem todos os raios o impedirão de ser, do mesmo modo que outrora a Terra não foi impedida de girar. Se há verdadeiramente um mundo invisível que nos circunda; se podemos nos comunicar com esse mundo e dele obter ensinamentos sobre o estado de seus habitantes – e nisto está todo o Espiritismo – em pouco tempo isto parecerá tão natural como ver o Sol ao meio-dia ou encontrar milhares de seres vivos e invisíveis numa gota de água cristalina; essa crença será tão vulgarizada que sereis forçados a vos render à evidência. Se aos vossos olhos essa crença é uma religião nova, ela está fora do catolicismo, pois não pode ser simultaneamente a religião católica e uma religião nova. Se, pela força das coisas e da evidência ela se generaliza, e não pode deixar de ser assim, pois se trata de uma lei da Natureza, do vosso ponto de vista não haverá mais católicos e vós mesmos não sereis mais católicos, porque sereis forçado a agir como todos.

Eis, senhor abade, o terreno sobre o qual nos arrasta a vossa doutrina, e ela é tão absoluta que já me gratificais com o título de sumo sacerdote dessa religião, honra de que, realmente, eu não suspeitava. Mas ides mais longe: na vossa opinião, todos os médiuns são os sacerdotes dessa religião. Aqui eu vos detenho em nome da lógica. Até aqui me havia parecido que as funções sacerdotais eram facultativas, que se era sacerdote apenas por um ato da própria vontade, que não se era malgrado seu e em virtude de uma faculdade natural. Ora, a faculdade dos médiuns é natural, depende da sua organização, como a faculdade sonambúlica; não requer sexo, nem idade, nem instrução, pois a encontramos nas crianças, nas senhoras e nos velhos, entre os sábios, como entre os ignorantes. Seria compreensível que rapazes e moças fossem sacerdotes sem o querer e sem o saber?

Realmente, senhor abade, é abusar do direito de interpretar as palavras. Como já o disse, o Espiritismo está fora de todas as crenças dogmáticas, com o que não se preocupa; nós o consideramos uma ciência filosófica, que nos explica uma porção de coisas que não compreendemos e, por isso mesmo, em vez de abafar as ideias religiosas, como certas filosofias, fá-las brotar naqueles em que elas não existem. Se, entretanto, o quiserdes elevar a todo custo ao plano de uma religião, vós o atirais num caminho novo. É o que compreendem perfeitamente muitos eclesiásticos que, longe de empurrar para o cisma, esforçam-se por conciliar as coisas, em virtude deste raciocínio: se há manifestações do mundo invisível, isto não pode ser senão pela vontade de Deus e nós não podemos ir contra a sua vontade, a menos se dissermos que neste mundo acontece alguma coisa sem a sua permissão, o que seria uma impiedade.

Se eu tivesse a honra de ser sacerdote, disto me serviria em favor da religião; dela faria uma arma contra a incredulidade e diria aos materialistas e ateus: Pedis provas? Ei-las: e é Deus quem as manda.

VARIEDADES

LORD CASTLEREAGH E BERNADOTTE

Há cerca de quarenta anos aconteceu a seguinte aventura ao Marquês de Londonderry, mais tarde Lord Castlereagh. Fora visitar um gentil homem das relações de um de seus amigos, que habitava no Norte da Irlanda, um desses velhos castelos a que os romancistas dão preferência para teatro das aparições. O aspecto do apartamento do marquês estava em perfeita harmonia com o edifício. Com efeito, o madeiramento ricamente esculpido e enegrecido pelo tempo, o enorme arco da chaminé, semelhante à entrada de um túmulo, a tapeçaria pesada e cheia de pó, que tapava todas as aberturas e circundava o leito, eram bem de molde a dar uma feição melancólica aos pensamentos.

Lord Londonderry examinou o seu quarto e travou conhecimento com os antigos senhores do castelo que, de pé nos quadros das paredes, pareciam esperar a sua saudação. Depois de ter despedido o criado de quarto, foi deitar-se. Apenas apagara a vela, logo percebeu um raio de luz que iluminava a abóbada de seu leito. Convencido de que não havia fogo na grelha, de que as cortinas estavam fechadas e de que, minutos antes, o quarto se achava mergulhado na mais completa escuridão, supôs que um intruso ali tivesse penetrado. Voltando-se rapidamente para o lado de onde vinha a luz, com grande espanto viu a figura de uma bela criança, cercada de um halo.

Persuadido da integridade de suas faculdades, mas desconfiando de uma mistificação de um dos numerosos hóspedes do castelo, Lord Londonderry avançou para a aparição, que se retirou de sua frente. À medida que ele se aproximava ela recuava. Chegando ao sombrio arco da imensa chaminé, sumiu no chão.

Lord Londonderry não dormiu a noite inteira.

Resolveu não fazer nenhuma alusão ao que lhe tinha acontecido, até poder examinar atentamente as feições de todas as pessoas da casa. Ao café, procurou em vão surpreender alguns sorrisos disfarçados, olhares de conivência e piscar de olhos que geralmente denunciam os autores dessas conspirações domésticas.

A conversação seguiu seu curso ordinário, estava animada e nada revelava uma mistificação. Por fim o marquês não pôde resistir ao desejo de contar o que ele tinha visto. O senhor do Castelo observou que o relato de Lord Londonderry deveria parecer muito estranho aos que, desde longa data, não visitavam aquele castelo e não conheciam as lendas da família. Então, voltando-se para Lord Londonderry, disse: "Vistes a *criança brilhante*... Alegrai-vos, pois é presságio de uma grande fortuna. Entretanto eu preferia que não se tratasse dessa aparição".

Em outra ocasião Lord Castlereagh viu a criança brilhante na Câmara dos Comuns. No dia de seu suicídio teve ele uma aparição semelhante[1]. Sabe-se que este Lord, um dos principais membros do Ministério Harrowby e o mais encarniçado perseguidor de Napoleão durante o seu revés, seccionou a carótida a 22 de agosto de 1823, morrendo instantaneamente.

Dizem que a sorte espantosa de Bernadotte lhe havia sido predita por uma necromante famosa, que também anunciara a de Napoleão I e desfrutava a confiança da Imperatriz Josefina.

Bernadotte estava convencido de que uma espécie de divindade tutelar se dedicava à sua proteção. Talvez que as tradições maravilhosas que rodeavam o seu berço não fossem estranhas a esse pensamento que jamais o abandonava. Na verdade conta-se na sua família uma crônica antiga, segundo a qual uma fada, esposa de um de seus antepassados, havia predito que um rei ilustraria a sua posteridade.

Eis um fato que prova quanto o maravilhoso havia conservado o seu domínio sobre o Espírito do Rei da Suécia. Ele queria cortar à espada as dificuldades que lhe opunha a Noruega e enviar o seu filho Oscar à frente de um exército para submeter os rebeldes. O Conselho de Estado lhe fez viva oposição ao projeto. Um dia em que Bernadotte acabava de ter uma discussão acalorada sobre o assunto, montou a cavalo e afastou-se galopando da Capital. Depois de um longo percurso chegou às orlas de uma espessa floresta. De repente apresentou-se aos seus olhos uma velha vestida de modo muito bizarro e com os cabelos desgrenhados.

– Que quereis? – perguntou bruscamente o rei.

A feiticeira respondeu sem se desconcertar:

---

[1] *Forbes Winslow, anatomy of Suicide*, I vol. in. 80 pág. 242. Londres 1840.

228 REVISTA ESPÍRITA

– Se Oscar combater nesta guerra que premeditas, não dará os primeiros golpes, mas os receberá.

Tocado pela aparição e por essas palavras, Bernadotte voltou ao palácio. No dia seguinte, tendo ainda no rosto os sinais de uma grande vigília cheia de agitação, apresentou-se ao Conselho e disse: "Mudei de opinião, negociaremos a paz; mas quero condições honrosas".

Em sua *Vie de M. de Rancé*, fundador da Ordem da Trappe, conta Chateaubriand que um dia esse homem célebre passeava pela avenida do Castelo de Veretz, quando lhe pareceu ver um grande incêndio que lavrara no aviário. Voou para lá. O fogo diminuía à medida que ele se aproximava. A uma certa distância o braseiro tornou-se num lago de fogo, no meio do qual erguia-se a meio corpo uma mulher devorada pelas chamas.

Tomado de pavor, voltou correndo para casa. Chegou exausto e atirou-se semimorto sobre a cama.

Só muito tempo depois é que contou a visão, cuja lembrança o fazia empalidecer.

Esses mistérios pertencem à loucura? Parece que o Sr. Brière de Boismont os atribui a uma ordem mais elevada de coisas, com o que estou de acordo. Isto não desagrada ao meu amigo Dr. Lélut: prefiro acreditar no gênio familiar de Sócrates e nas vozes de Joana D'Arc e não na demência do filósofo e na da Virgem de Donremy.

Há fenômenos que ultrapassam a inteligência, que desconcertam as ideias recebidas, mas diante de cuja evidência é preciso que se incline, humilde, a lógica humana. Nada é brutal e principalmente irrecusável como um fato. Tal é a nossa opinião e principalmente a de Guizot:

"Qual a grande questão, a questão suprema que hoje preocupa os Espíritos? É a questão levantada entre os que reconhecem e os que não reconhecem uma ordem sobrenatural, verdadeira e soberana, embora impenetrável à razão humana; a questão levantada para dar às coisas o seu verdadeiro nome, entre o *supernaturalismo* e o *racionalismo*. De um lado os incrédulos, os panteístas, os céticos de toda espécie, os puros racionalistas; do outro os cristãos.

"Para a nossa salvação presente e futura é necessário que a fé na ordem sobrenatural, que o respeito e submissão à ordem sobrenatural penetrem no mundo e na alma humana, nos grandes Espíritos como nos

Espíritos simples, nas regiões mais elevadas como nas mais humildes. A influência real, verdadeiramente eficaz e regeneradora das crenças religiosas tem essa condição. Fora daí são superficiais e muito perto de tornar-se vãs."

Não, a morte não separa para sempre, mesmo neste mundo, os eleitos que Deus recebeu em seu seio e os exilados que ficaram neste vale de lágrimas, *In hac lacrymarum vale*, para empregar as palavras melancólicas da *Salve Rainha*. Há horas misteriosas e benditas em que os mortos bem-amados se debruçam sobre os que choram e lhes murmuram ao ouvido palavras de consolo e de esperança. *Guizot*, esse Espírito severo e metódico, tem razão de proclamar: *Fora daí as crenças religiosas são superficiais e muito perto de tornar-se vãs.*

QUE É O ESPIRITISMO?

Introdução ao conhecimento do mundo invisível ou dos Espíritos, contendo os princípios fundamentais da doutrina e a resposta a algumas objeções prejudiciais.

por ALLAN KARDEC

Autor de *O Livro dos Espíritos* e diretor da *Revista Espírita*
Grand in-8.° Preço: 60 c.[1]

As pessoas que só possuem do Espiritismo um conhecimento superficial são naturalmente levadas a fazer certas perguntas, cujo estudo completo lhes daria sem dúvida a solução; mas lhes falta tempo e, muitas vezes, vontade para se entregarem a observações seguidas. Desejariam, antes de empreender essa tarefa, ao menos saber do que se trata e se vale a pena disto nos ocuparmos. Assim, pareceu-nos útil apresentar, num quadro restrito, a resposta a algumas perguntas fundamentais, que nos são dirigidas diariamente. Para o leitor será uma primeira iniciação e, para nós, tempo ganho pela dispensa de constante repetição das mesmas coisas. A forma de diálogo nos pareceu mais conveniente, porque não tem a aridez da forma puramente dogmática.

---

[1] Todas as obras do Sr. Allan Kardec se acham nas casas *Ledoyen*, *Dentu* e na redação da *Revista*.

Terminamos essa introdução por um resumo que permitirá, numa leitura rápida, apreender o conjunto dos princípios fundamentais da Ciência. Aqueles que, depois dessa curta exposição, julgarem o assunto digno de sua atenção, poderão aprofundar-se com conhecimento de causa. Na maioria das vezes as objeções nascem das ideias falsas que adquirimos *a priori* sobre aquilo que não conhecemos. Retificar tais ideias é ir contra as objeções: este o objetivo a que nos propusemos, ao publicar este opúsculo.

Nele as pessoas estranhas ao Espiritismo encontrarão os meios de, em pouco tempo e com pouca despesa, adquirir uma ideia do assunto; as que já são iniciadas, a maneira de resolver as principais dificuldades que lhes são propostas. Contamos com o concurso de todos os amigos desta ciência, auxiliando a divulgação deste curto resumo.

ANO II
AGOSTO DE 1859

MOBILIÁRIO DE ALÉM-TÚMULO

Extraímos a passagem seguinte de uma carta que um dos correspondentes da Sociedade Parisiense de Estudos Espíritas nos enviou do departamento do Jura:

"... Como vos disse, Senhor, os Espíritos gostavam da nossa velha habitação. Em outubro último (1858), a Senhora Condessa de C..., amiga íntima de minha filha, veio com seu filhinho de 8 anos passar uns dias em nossa mansão. A criança dormia no mesmo apartamento que sua mãe; e a porta de comunicação para o quarto de minha filha ficava aberta, a fim de prolongar as horas do dia e da conversa. O menino não dormia e dizia à mãe: – Que é que a senhora vai fazer com esse homem sentado junto à sua cama? Ele fuma um grande cachimbo. Veja como enche o quarto de fumaça! Mande-o embora, pois está sacudindo as cortinas.

"Essa visão durou toda a noite. A mãe não conseguiu que a criança se calasse, e ninguém conseguia fechar os olhos. Essa circunstância não espantou a mim nem a minha filha, pois sabemos que há manifestações espíritas; a mãe admitiu, entretanto, que a criança sonhava acordada ou se divertia.

"Eis outro fato pessoal e que me aconteceu no mesmo aposento, em maio de 1858. É a aparição do Espírito de um vivo, que ficou muito admirado por ter vindo visitar-me. Eis as circunstâncias. Eu estava muito doente e há tempos não dormia, quando vi, às dez horas da noite, um amigo de minha família sentado junto à minha cama. Manifestei-lhe minha surpresa por sua visita àquela hora. Ele me disse: – Não fale, venho velá-la; não fale, pois é preciso que durma. E estendeu a mão sobre minha cabeça. Várias vezes abri os olhos para ver se ainda lá estava, e de cada vez me fazia sinal para os fechar e calar-me. Ele

232 REVISTA ESPÍRITA

rodava a tabaqueira entre os dedos, e de vez em quando tomava uma pitada, como era seu costume. Por fim adormeci, e quando despertei a visão tinha desaparecido.

"Diversas circunstâncias me provavam que no momento dessa visita inesperada eu estava perfeitamente desperta, e que aquilo não era um sonho. Em sua primeira visita corporal tive o cuidado de agradecer-lhe. Ele trazia a mesma tabaqueira; e ao escutar-me tinha o mesmo sorriso de bondade que eu havia notado quando me velava. Como ele afirmou não ter vindo – o que aliás não me foi difícil aceitar – pois não havia nenhum motivo que o induzisse a vir a tal hora passar a noite junto a mim, compreendi que seu Espírito é que tinha vindo visitar-me e que o corpo repousava tranquilo em sua casa."

Os fatos de aparição são tão numerosos que impossível seria registrar todos aqueles do nosso conhecimento ou de que temos notícia através de fontes perfeitamente autênticas. Aliás, hoje que os fatos estão explicados, que sabemos perfeitamente a maneira por que são produzidos e que pertencem às leis da Natureza, nada têm de maravilhosos. Já demos a sua teoria completa, por isso apenas a recordaremos em poucas palavras, para a boa compreensão do que segue.

Sabemos que, além do envoltório corporal exterior, tem o Espírito um outro, semimaterial, a que chamamos perispírito. A morte é apenas a destruição do primeiro corpo. No estado errante, o Espírito conserva o perispírito, que constitui uma espécie de corpo etéreo, invisível para nós em estado normal. Os Espíritos povoam o espaço; e se, em dado momento, o véu que no-los oculta fosse levantado, veríamos uma imensa população agitar-se em volta de nós e percorrer os ares: temo-los constantemente ao nosso lado, observando-nos, e muitas vezes se misturando às nossas ocupações e aos nossos prazeres, conforme o seu caráter. A invisibilidade não é propriedade permanente dos Espíritos. Por vezes eles se mostram sob a aparência que tinham em vida, e não são poucas as pessoas que, revolvendo suas lembranças, não tenham conhecimento de algum fato desse gênero. A teoria das aparições é muito simples e se explica por uma comparação muito familiar, qual a do vapor que, sendo rarefeito, é completamente invisível. No primeiro grau de condensação, torna-se nebuloso; condensado mais e mais, passa ao estado líquido e, depois, ao sólido. Algo de semelhante se opera pela vontade do Espírito na substância do perispírito. Aliás isso não é, como dissemos, mais que uma comparação, pois não queremos assimilar uma coisa à outra. Servimo-nos do exemplo do vapor para mostrar as mudanças de aspecto que pode sofrer um corpo invisível; mas daí não se infira que há no perispírito uma condensação, no sentido próprio do vocábulo. Opera-se na sua contextura uma modificação molecular, que o torna visível e mesmo tangível, e que lhe pode dar, até certo ponto, as propriedades dos corpos sólidos. Sabemos que corpos perfeitamente transparentes se tornam opacos pela simples mudança na posição das moléculas ou pela adição de outro corpo, igualmente transparente. Não sabemos bem como fazem os Espíritos para tornar visível o seu corpo etéreo; a maior parte deles não chega mesmo a se dar conta disto, mas, pelos exemplos que temos citado, compreendemos a sua possibilidade física, o que é bastante para tirar do fenômeno aquilo que, à primeira vista, poderia parecer sobrenatural. Pode, pois, o Espírito operar, quer por simples modificação íntima, quer assimilando uma porção de fluido estranho, que altera momentaneamente o aspecto de seu perispírito. É mesmo esta última a hipótese que ressalta das explicações que nos têm sido dadas, e que relatamos ao tratar do assunto (maio, junho e dezembro).

Até aí nenhuma dificuldade no que concerne à personalidade do Espírito. Sabemos, porém, que se apresentam com roupagens cujo aspecto mudam à vontade; por vezes mesmo têm certos acessórios de toalete, jóias, etc. Nas duas aparições citadas no começo, uma tinha um cachimbo e produzia fumaça: a outra, uma tabaqueira e tomava pitadas. Note-se, entretanto, o fato de que esse Espírito era de uma pessoa viva e sua tabaqueira era em tudo semelhante à de que se servia habitualmente, e que tinha ficado em casa. Que significam, então, essa tabaqueira, esse cachimbo, essas roupagens e essas jóias? Os objetos materiais que existem na Terra teriam uma representação etérea no mundo invisível? A matéria condensada que forma tais objetos teria uma parte quintessenciada, que escapa aos nossos sentidos? Eis um imenso problema, cuja solução pode dar a chave de uma porção de coisas até aqui inexplicadas. E é essa tabaqueira que nos põe no caminho, não apenas do fato, mas do fenômeno mais extraordinário do Espiritismo: o fenômeno da pneumatografia ou escrita direta, de que falaremos a seguir.

Se alguns críticos nos censuram pelo fato de estarmos avançando muito na teoria, responderemos que ao encontrar uma oportunidade para avançar, não vemos por que devíamos ficar para trás. Se eles ainda estão olhando as mesas girantes, sem saber por que giram, isso não é motivo para que nos detenhamos em caminho. O Espiritismo é, sem dúvida, uma ciência de observação; mas talvez ainda seja mais uma ciência de raciocínio; e o raciocínio é o único meio de fazê-lo progredir e triunfar de certas resistências. Este fato só é contestado porque não é compreendido; *a explicação lhe tira todo o caráter maravilhoso*, fazendo-o entrar nas leis gerais da Natureza. Eis porque vemos diariamente criaturas que nada viram e creram, apenas porque compreendem; enquanto outras viram e não crêem, porque não compreendem.

Fazendo entrar o Espiritismo na trilha do raciocínio, tornamo-lo aceitável para aqueles que querem conhecer o *porquê* e o *como* de todas as coisas; e o número destes é grande neste século, por isso que a crença cega já está fora de moda. Ora, se tivéssemos apenas indicado a rota, teríamos a consciência de haver contribuído para o progresso desta Ciência nova, objeto de nossos estudos constantes.

Voltemos à nossa tabaqueira.

Todas as teorias que apresentamos, relativas ao Espiritismo, nos foram fornecidas pelos Espíritos, que muitas vezes contraditaram as nossas próprias ideias, como aconteceu no caso presente, provando que as respostas não eram reflexo do nosso pensamento. Mas a maneira de se obter uma solução não é coisa sem importância. Sabemos por experiência própria que não basta pedir bruscamente uma coisa para a obtermos. Nem sempre as respostas são bastante explícitas; é necessário desenvolver o assunto com certas precauções, chegar ao fim gradativamente e por um encadeamento de deduções, que requerem um trabalho prévio. Em princípio, a maneira de formular as questões, a ordem, o método e a clareza são coisas que não podem ser negligenciadas, e que agradam aos Espíritos sérios, porque veem nisso um objetivo sério.

Eis a palestra que entretivemos com o Espírito de São Luís, a propósito da tabaqueira, visando à solução do problema da produção de certos objetos no mundo invisível (Sociedade, 24 de junho de 1859).

1. – No relato da Senhora R..., trata-se de uma criança que viu

AGOSTO DE 1859

perto do leito da mãe um homem fumando um grande cachimbo. Compreende-se que esse Espírito tenha podido tomar a aparência de um fumante; parece, entretanto, que fumava realmente, pois o menino via o quarto cheio de fumaça. O que era essa fumaça? R – Uma aparência produzida para o menino.

2. – A Senhora R... também cita o caso de uma aparição, vista por ela, do Espírito de uma pessoa viva. Esse Espírito tinha uma tabaqueira e tomava rapé. Poderia ele experimentar a sensação que a gente tem ao tomar uma pitada? R – Não.

3. – Essa tabaqueira tinha a forma daquela que ele usa habitualmente, e que estava em sua casa. O que é essa tabaqueira entre as mãos do Espírito? R – Sempre aparência; era para que as circunstâncias fossem notadas, como o foram, e para que a aparição não fosse tomada por uma alucinação produzida pelo estado de saúde da vidente. O Espírito queria que essa senhora acreditasse na realidade de sua presença e tomou todas as aparências da realidade.

4. – Dizeis que é uma aparência; mas uma aparência nada tem de real; é como um ilusão de ótica. Eu desejava saber se essa tabaqueira não é senão a imagem de sua realidade, como, por exemplo, a de um objeto que se reflete num espelho.

(Um dos membros da Sociedade, o Sr. Sanson, faz observar que na imagem reproduzida pelo espelho há qualquer coisa de real; se ela não fica nele é que nada a fixa; mas se se projetasse sobre uma chapa do daguerreótipo deixaria uma impressão, prova evidente de que é produzida por uma substância qualquer e que não é apenas uma ilusão de ótica).

A observação do Sr. Sanson é perfeitamente justa. Teríeis a bondade de nos dizer se existe alguma analogia com a tabaqueira, isto é, existe algo de material nessa tabaqueira? R – Certamente. É com o auxílio desse princípio material que o perispírito toma a aparência de vestimenta semelhante às que o Espírito usava quando vivo.

Observação: Evidentemente o vocábulo aparência deve aqui ser tomado no sentido de imagem, de imitação. A tabaqueira real lá não estava; a que o Espírito tinha era apenas uma reprodução; comparada à original, era apenas uma aparência, conquanto formada por um princípio material.

A experiência nos ensina que não devemos tomar ao pé da letra certas expressões usadas pelos Espíritos. Interpretando-as segundo as nossas ideias expomo-nos a grandes equívocos; por isso devemos aprofundar o sentido de suas palavras, sempre que existe uma ambiguidade mínima. Eis uma recomendação feita constantemente pelos Espíritos. Sem a explicação que provocamos, o vocábulo *aparência*, repetido continuamente em casos análogos, poderia dar lugar a uma falsa interpretação.

5. – Haveria um desdobramento da matéria inerte? Haveria no mundo invisível uma matéria essencial, revestindo a forma dos objetos que vemos? Numa palavra, esses objetos teriam o *seu duplo etéreo*, no mundo invisível, como os homens aí são representados em Espírito?

Observação: Eis uma teoria como qualquer outra, e que era pensamento nosso; mas o Espírito não a levou em consideração, o que absolutamente não nos humilhou, porque sua explicação nos pareceu muito lógica e apoiada em princípio mais geral, cuja aplicação encontramos bastante.

R – Isso não se passa dessa maneira. O Espírito tem sobre os elementos materiais disseminados em todo o espaço, na nossa atmosfera, um poder que estais longe de suspeitar. Pode ele, à vontade, concentrar esses elementos e lhes dar uma forma aparente, adequada a seus projetos.

6. – Faço novamente a pergunta de maneira categórica, a fim de evitar qualquer equívoco: as roupas com que se cobrem os Espíritos são alguma coisa? R – Parece que a minha resposta anterior resolve a questão. Não sabeis que o próprio perispírito é alguma coisa?

7. – Resulta desta explicação que os Espíritos fazem a matéria eterizada sofrer transformações à sua vontade e que, assim, no caso da tabaqueira, o Espírito não a encontrou perfeitamente acabada: ele mesmo a fez no momento em que dela necessitava, e a desfez. O mesmo deve acontecer com todos os outros objetos, vestimentas, jóias, etc. R – Mas é evidente.

8. – Essa tabaqueira foi visível para a Senhora R... a ponto de lhe dar ilusão. Poderia o Espírito tê-la tornado tangível? R – Poderia.

9. – Nesse caso a Senhora R... poderia tê-la tomado nas mãos, julgando pegar uma autêntica tabaqueira? R – Sim.

10. – Se a tivesse aberto teria provavelmente encontrado rapé? Se o tivesse tomado, este a teria feito espirrar? R – Sim.

11. – Pode então o Espírito dar não somente a forma, mas até propriedades especiais? R – Se o quiser; é em virtude desse princípio

que respondi afirmativamente às questões precedentes. Tereis provas da poderosa ação que o Espírito exerce sobre a matéria e que, como já vos disse, estais longe de suspeitar.

12. – Suponhamos então que ele tivesse querido fazer uma substância venenosa e que uma pessoa a tivesse tomado. Esta teria sido envenenada? R – Ele o poderia, mas não teria feito, pois tal não lhe é permitido.

13. – Teria podido fazer uma substância salutar e própria para curar, em caso de moléstias? Já houve esse caso? R – Sim, muitas vezes.

Observação: Um fato desse gênero será encontrado com a explicação teórica muito interessante no artigo que damos a seguir sob o título *Um Espírito Serviçal.*

14. – Assim também poderia ele fazer uma substância alimentar; suponhamos que tivesse feito um fruto, um petisco qualquer. Poderia alguém comê-lo e sentir-se alimentado? R – Sim, sim. Mas não procureis tantas coisas para encontrar aquilo que é fácil de compreender. Basta um raio de sol para tornar perceptíveis aos vossos órgãos grosseiros essas partículas materiais que enchem o espaço em cujo meio viveis. Não sabeis que o ar contém vapor d'água? Condensai-o e o levareis ao estado normal. Privai-o do calor e eis que suas moléculas impalpáveis e invisíveis se tornarão corpo sólido e muito sólido. Outras matérias existem que levarão os químicos a vos apresentar maravilhas ainda mais assombrosas. Só o Espírito possui instrumentos mais perfeitos que os vossos: a sua própria vontade e a permissão de Deus.

Observação: A questão da saciedade é aqui muito importante. Como uma substância que tem apenas existência e propriedades temporárias e, de certo modo, convencionais, pode produzir a saciedade? Por seu contato com o estômago, essa substância produz a sensação de saciedade, mas não a saciedade resultante da plenitude. Se uma tal substância pode agir sobre a economia orgânica e modificar um estado mórbido, também pode agir sobre o estômago e produzir a sensação de saciedade. Contudo, pedimos aos senhores farmacêuticos e donos de restaurantes que não tenham ciúmes, nem pensem que os Espíritos lhes venham fazer concorrência: esses casos são raros e excepcionais e jamais dependem da vontade. Do contrário a alimentação e a cura seriam muito baratas.

15. – Do mesmo modo poderia o Espírito fabricar moedas? R – Pela mesma razão.

16. – Desde que tornados tangíveis pela vontade do Espírito, poderiam esses objetos ter um caráter de permanência e de estabilidade? R – Poderiam, mas isto não se faz: está fora das leis.

17. – Os Espíritos têm todos, esse mesmo grau de poder? R – Não, não.

18. – Quais os que têm mais particularmente esse poder? R – Aqueles a quem Deus o concede, quando isso é útil.

19. – A elevação de um Espírito influi nesse caso? R – É certo que quanto mais elevado o Espírito, mais fácilmente obtêm esse poder. Isso, porém, depende das circunstâncias: Espíritos inferiores podem ter esse poder.

20. – A produção dos objetos semimateriais resulta sempre de um ato da vontade do Espírito, ou por vezes ele exerce esse poder malgrado seu? R – Isso acontece *frequentemente* malgrado seu.

21. – Seria então esse poder um dos atributos, uma das faculdades inerentes à própria natureza do Espírito? Seria, de algum modo, uma das propriedades como a de ver e ouvir? R – Certamente. Mas por vezes ele mesmo o ignora. Então outro o exerce por ele, malgrado seu, quando as circunstâncias o exigem. O alfaiate do zuavo era justamente o Espírito de que acabo de falar e ao qual ele fazia alusão na sua linguagem chistosa[1].

Observação: Encontramos uma comparação dessa faculdade na de certos animais, como por exemplo o peixe-elétrico, que irradia eletricidade sem saber o que faz, nem como, e que nem ao menos conhece o mecanismo que a produz. Nós mesmos por vezes não produzimos certos efeitos por atos espontâneos, dos quais não nos damos conta? Assim, pois, parece muito natural que o Espírito opere nessa circunstância por uma espécie de instinto. Ele produz por sua vontade, sem saber como, assim como nós andamos sem calcular as forças com que jogamos.

22. – Compreendemos que nos dois casos citados pela Senhora R.., um dos Espíritos quisesse ter um cachimbo e o outro uma tabaqueira, para impressionar a vista de uma pessoa viva. Pergunto, porém, caso não tivesse chegado a fazê-la ver, se o Espírito poderia pensar que tinha esses objetos, criando para si mesmo uma ilusão? R – Não, se ele

---

[1] Ver a pergunta 28, à pág. 104. (N. do R.)

tiver uma certa superioridade, porque terá perfeita consciência de sua condição. Já o mesmo não se dá com os Espíritos inferiores.

Observação: Esse era, por exemplo o caso da Rainha de Aúde, cuja evocação consta do nosso número de março de 1858, que ainda se julgava coberta de diamantes.

23. – Dois Espíritos podem reconhecer-se mutuamente pela aparência material que tinham em vida? R – Não é por esse meio que eles se reconhecem, pois não tomarão essa aparência um para o outro. Se, porém, em certas circunstâncias se acham em presença um do outro, revestidos dessa aparência, por que não se haveriam de reconhecer?

24. – Como podem os Espíritos reconhecer-se na multidão de outros Espíritos, e, sobretudo, como podem fazê-lo quando um vai procurar longe e por vezes em outros mundos, aqueles que são chamados? R – Isto é uma pergunta cuja resposta levaria muito longe. É necessário esperar. Não estais suficientemente adiantados. No momento contentai-vos com a certeza de que assim é, pois tendes provas suficientes.

25. – Se o Espírito pode tirar do elemento universal os materiais para fazer todas as coisas e dar a estas uma realidade temporária, com suas propriedades, também poderá tirar dali o necessário para escrever. Consequentemente, isto nos dá a chave do fenômeno da escrita direta? R – Finalmente o compreendeis.

26. – Se a matéria de que se serve o Espírito não tem persistência, como não desaparecem os traços da escrita direta? R – Não julgueis pelas palavras. Desde o início eu não disse *jamais*; tratava-se de um objeto material volumoso; aqui se trata de sinais que convém conservar e são conservados.

A teoria acima pode resumir-se assim: O Espírito age sobre a matéria; tira da matéria primitiva universal os elementos necessários para, à vontade, formar objetos com a aparência dos diversos corpos existentes na Terra. Também o pode, sobre a matéria elementar, e por sua vontade, operar uma transformação íntima, que lhe dá determinadas propriedades. Essa faculdade é inerente à natureza do Espírito, que muitas vezes a exerce, quando necessário, como um ato instintivo, que não chega a perceber. Os objetos formados pelos Espíritos têm uma existência temporária, subordinada à sua vontade ou à necessidade; ele pode fazê-los e desfazê-los à vontade. Em certos casos, aos olhos das

240 REVISTA ESPÍRITA

pessoas vivas, esses objetos podem ter todas as aparências da realidade, isto é, tornar-se momentaneamente visíveis e até tangíveis. Há formação, mas não criação, visto como o Espírito nada pode tirar do nada.

PNEUMATOGRAFIA OU ESCRITA DIRETA

A *Pneumatografia* é a escrita produzida diretamente pelo Espírito, sem qualquer intermediário. Difere da *Psicografia*, pois esta é a transmissão do pensamento do Espírito por meio da escrita manual do médium. Demos esses dois vocábulos no *Vocabulário Espírita*, à entrada da nossa *Instrução Prática*, indicando sua diferença etimológica. *Psicografia*, do grego, *psykhê* – borboleta, alma, e *graphô* = eu escrevo; *Pneumatografia*, de *pneuma* = ar, sopro, vento, Espírito.

Num médium escrevente a mão é um instrumento, mas a sua alma, o Espírito nele encarnado, é o intermediário, o agente, o intérprete do Espírito estranho, que se comunica; na Pneumatografia é o próprio Espírito estranho quem escreve diretamente, sem intermediário.

O fenômeno da escrita direta é inegavelmente um dos mais extraordinários do Espiritismo. Por anormal que pareça à primeira vista, é hoje um fato verificado e incontestável. Se dele ainda não falamos, é que esperávamos poder dar-lhe a explicação depois de fazer todas as observações necessárias para tratar do assunto com conhecimento de causa. Se a teoria é necessária para entendermos a possibilidade dos fenômenos espíritas em geral, não o é menos neste caso, um dos mais estranhos que se têm apresentado, mas que deixa de parecer sobrenatural quando lhe compreendemos o princípio.

A primeira revelação desse fenômeno provocou o sentimento de dúvida, seguido pela ideia de embuste. Com efeito, todos conhecem a ação das tintas chamadas simpáticas, cujos traços, a princípio completamente invisíveis, aparecem no fim de algum tempo. Poderia então parecer que se tivesse abusado da credulidade – e não garantimos que isto nunca tenha sido feito. Estamos mesmo convencidos de que certas pessoas, sem propósito mercenário, mas unicamente por amor próprio e para fazer acreditar em seu poder, empregaram tais subterfúgios.

J. J. Rousseau refere o fato seguinte, na terceira das cartas escritas de *Montagne*: "Em 1743 vi em Veneza uma espécie de mágica nova, mais estranha que as de Préneste; quem a ousasse consultar entrava numa câmara e, querendo, poderia ficar só. Tirava de um livro de folhas brancas uma de sua escolha; depois, segurando essa folha, pedia mentalmente, e não em voz alta, a resposta a algo que queria saber; depois dobrava a folha branca, metia-a num envelope, lacrava-o, colocava-o, assim lacrado, dentro de um livro; enfim, depois de ter recitado certas fórmulas muito bizarras, sem perder o livro de vista, ia tirar o papel, examinar o selo, abri-lo e encontrar escrita a resposta.

"O mágico que fazia essas sortes era o primeiro secretário da Embaixada da França e se chamava J. J. Rousseau".

Duvidamos que Rousseau tivesse conhecido a escrita direta, pois do contrário teria sabido outras coisas relativas às manifestações espíritas, e não teria tratado do assunto assim levianamente; é possível, como ele mesmo reconheceu, quando o interrogamos sobre esse fato, que empregasse um processo que aprendera de um charlatão italiano.

Mas pelo fato de podermos imitar uma coisa, seria absurdo concluir que tal coisa não exista. Nestes últimos tempos não se tem encontrado meios de imitar a lucidez sonambúlica a ponto de termos a ilusão da realidade? E por que esse processo de saltimbanco percorreu todas as feiras, devemos concluir que não haja verdadeiros sonâmbulos? Pelo fato de certos negociantes venderem vinho falsificado, há razão para não se encontrar vinho puro? Dá-se o mesmo com a escrita direta. As precauções para assegurar a realidade do fato eram, aliás, muito simples e muito fáceis e, graças a elas, já hoje não pode haver qualquer dúvida.

Desde que a possibilidade de escrever sem intermediário é um dos atributos do Espírito e que os Espíritos existiram em todos os tempos, e também em todos os tempos produziram os diversos fenômenos que conhecemos, igualmente produziram a escrita direta na antiguidade, do mesmo modo que nos nossos dias; é assim que podemos explicar o aparecimento das três palavras na sala do festim de Baltazar. A Idade Média, tão fecunda em prodígios ocultos, mas que foram abafados nas fogueiras, também deve ter conhecido a escrita direta e provavelmente a encontraríamos na teoria das modificações que os Espíritos podem operar na matéria, e que referimos em nosso artigo precedente, – o princípio da transmutação dos metais. É um ponto que abordaremos qualquer dia.

Dizia-nos ultimamente um dos nossos assinantes que um dos seus tios, cônego, que durante muitos anos tinha sido missionário no Paraguai, obtinha, por volta de 1800 a escrita direta juntamente com seu amigo, o célebre Abade Faria. Seu processo, que o assinante não chegou a conhecer bem, tendo-o apenas apreendido de modo mais ou menos furtivo, consistia numa série de anéis, pendurados, aos quais eram adaptados verticalmente uns lápis, cujas pontas pousavam no papel. Esse processo representa a infância da arte; daí para cá fizemos progresso. Sejam quais forem os resultados obtidos em diversas épocas, não foi senão depois da vulgarização das manifestações espíritas que a escrita direta foi levada a sério. Parece que quem primeiro a deu a conhecer em Paris, nestes últimos tempos, foi o Barão de Guldenstubbe, que sobre o assunto publicou uma obra muito interessante, contendo grande número de *fac-símiles* das escritas por ele obtidas[1]. O fenômeno era há muito tempo conhecido na América. A posição social do Barão de Guldenstubbe, sua independência, a consideração que gozava na alta sociedade, incontestavelmente afastam toda suspeita de fraude voluntária, pois que não podia ser movido por motivos interesseiros. Quando muito poderia admitir-se que fosse vítima de uma ilusão; mas a isto responde peremptoriamente um fato: o de ser o fenômeno obtido por outras pessoas que tomaram todas as precauções para evitar qualquer fraude ou causa de erro.

Obtém-se a escrita direta, como em geral a maior parte das manifestações espíritas não espontâneas, pelo recolhimento, pela prece e pela evocação.

Muitas vezes foram obtidas nas igrejas, junto aos túmulos, ao pé de estátuas ou das imagens de pessoas que eram chamadas; é, porém, evidente que o lugar não tem outra influência senão provocar o maior recolhimento e a maior concentração do pensamento, pois está provado que elas são também obtidas sem esses acessórios e nos lugares mais comuns, num simples móvel doméstico, desde que nos encontremos nas condições morais requeridas e que gozemos da faculdade mediúnica necessária.

---

[1] *La Realité des Esprits et de leurs manifestations, démonstré par le phenomène de l'écriture directe*. Par M. le barou de Guldenstubbe: 1 vol. in-8, com 15 lâminas e 93 fac-símiles. Preço 8 fr. casa Frank, rue Richelieu. Encontra-se também nas casas Dentu e Ledoyen.

A princípio supunha-se que era preciso colocar um lápis com um papel. Até certo ponto o fato podia ser então explicado. Sabe-se que os Espíritos movem e deslocam os objetos, que os apanham, e por vezes os atiram no espaço. Assim também podiam eles tomar o lápis, servindo-se dele para traçar os caracteres; e porque lhes dão o impulso por meio da mão do médium, de uma prancheta, etc., também podiam fazê-lo de maneira direta. Mas não tardou a reconhecer-se que a presença do lápis não era necessária e que bastava um simples pedaço de papel, dobrado ou não, sobre o qual, depois de alguns minutos, encontram-se traçados os caracteres. Aqui o fenômeno muda completamente de aspecto e nos lança numa ordem de coisas inteiramente nova. Os caracteres são traçados com uma substância qualquer; desde que esta não foi fornecida ao Espírito, então este a fez, criou-a ele mesmo. De onde a tirou? Eis o problema.

O general russo Conde de B... mostrou-nos uma estrofe de dez versos alemães obtida dessa maneira por intermédio da irmã do Barão de Guldenstubbe, pondo apenas uma folha de papel, arrancada de sua própria caderneta, debaixo do pedestal do relógio da chaminé. Tendo-a retirado ao cabo de alguns minutos nela encontrou esses versos em caracteres tipográficos alemães muitos finos e de perfeita pureza. Por meio de um médium escrevente o Espírito lhe disse que queimasse aquele papel; como, porém, hesitasse, lamentando sacrificar um espécime tão precioso, o Espírito acrescentou: "Não receies; eu te darei um outro". Com essa certeza, lançou o papel ao fogo, depois colocou uma segunda folha, também tirada de sua carteira, sobre a qual os versos foram reproduzidos, exatamente da mesma maneira. Foi essa segunda edição que vimos e examinamos com o maior cuidado e – coisa estranha – os caracteres apresentavam sinal de pressão como se tivessem saído do prelo.

Não é, pois, apenas o lápis que os Espíritos podem fazer mas tinta e caracteres de imprensa.

Um dos honrados colegas da Sociedade, o Senhor Didier obteve há poucos dias os resultados seguintes, que tivemos oportunidade de constatar, e cuja perfeita autenticidade podemos garantir. Tendo ido à igreja de Nossa Senhora das Vitórias, com a Senhora Huet, que há pouco conseguiu resultados desse gênero, tomou uma folha de papel de carta com o timbre da sua casa comercial, dobrou-a em quatro e a pôs sobre os degraus de um altar, pedindo em nome de Deus que um bom Espírito viesse escrever alguma coisa. Ao cabo de dez minutos de recolhimento encontrou no interior e num dos quadros a palavra *Fé* e num dos outros a palavra Deus. A seguir, tendo pedido ao Espírito o obséquio de dizer quem havia escrito aquilo, colocou novamente o papel e depois de dez minutos encontrou estas palavras: – *Por Fénelon*.

Oito dias mais tarde, a 12 de julho, quis repetir a experiência, para o que foi ao Louvre, à sala Coyzevox, situada sob o pavilhão do relógio. Colocou uma folha de papel de carta, dobrada como a primeira, sob o busto de Bossuet, mas nada obteve. Um menino de cinco anos o acompanhava e ele havia posto o seu boné no pedestal da estátua de Luiz XIV, a poucos passos da primeira. Julgando falha a experiência, ia se retirar quando, ao pegar o boné, verificou em baixo deste, como se fora escrito a lápis sobre o mármore, as palavras *Amai a Deus*, seguidas da letra B. O primeiro pensamento dos assistentes foi de que tais palavras poderiam ter sido escritas anteriormente por mãos estranhas, passando despercebidas. Não obstante, quiseram tentar nova prova e puseram a folha dobrada em cima dessas palavras, cobrindo-a com o boné. Ao cabo de alguns minutos verificaram que a folha continha três letras; repuseram o papel, pedindo que a frase fosse completada e obtiveram: *Amai a Deus*, isto é, aquilo que fora escrito no mármore, menos o B. Era assim evidente que as primeiras palavras tinham sido feitas pela escrita direta. Ressaltava, ainda, o fato curioso de terem as letras sido traçadas sucessivamente e não de uma vez, e que, à primeira inspeção, não houvera tempo de concluir as palavras.

Saindo do Louvre, o Senhor D... foi a Saint-Germain l'Auxerrois onde pelo mesmo processo, obteve as seguintes palavras: *Sede humildes, Fénelon*, escritas de maneira muito clara e muito legível. Estas palavras ainda podem ser vistas no mármore da estátua a que nos referimos.

A substância de que são feitos os caracteres tem toda a aparência da grafita do lápis e é facilmente apagada com a borracha; examinamo-la ao microscópio, verificando que não é incorporada ao papel, mas simplesmente deposta em sua superfície, de maneira irregular sobre as asperezas, formando arborescências muito semelhantes às de certas cristalizações. A parte apagada pela borracha deixa ver camadas de matéria escura introduzida nas pequenas cavidades da rugosidade do papel. Destacadas e retiradas com cuidado, essas camadas são a própria matéria que se produz durante a operação. Lamentamos que a pequena quantidade de material recolhido não nos tivesse permitido fazer sua análise química; não perdemos a esperança, entretanto, de o conseguir um dia.

Se o leitor se reportar aos nossos artigos precedentes, encontrará a explicação completa do fenômeno.

Nessa escrita, o Espírito nem se serve das nossas substâncias, nem dos nossos instrumentos. Ele mesmo cria as substâncias e os instrumentos necessários, tirando seus materiais do elemento primitivo universal que, por ação de sua vontade, sofre as modificações necessárias ao efeito que quer produzir. Assim, pode também fazer tinta de impressão, tinta comum e de lápis, bem como caracteres tipográficos bastante resistentes para deixar o rebaixo da impressão.

Esse o resultado a que nos conduziu o fenômeno da tabaqueira, referido em nosso artigo anterior, e sobre o qual nos estendemos bastante porque nele vimos uma oportunidade para sondar uma das mais sérias leis do Espiritismo, cujo conhecimento pode esclarecer diversos enigmas até mesmo do mundo visível. É assim que de um fato aparentemente vulgar pode brotar a luz. Tudo está em observar com cuidado, o que todos podem fazer tanto como nós, que não nos limitamos a ver os efeitos sem procurar as causas. Se nossa fé se firmou de dia para dia, foi porque compreendemos. Fazei então compreender, se quiserdes fazer prosélitos sérios. A inteligência das causas tem outro resultado – traça uma linha de demarcação entre a verdade e a superstição.

Se encarássemos a escrita quanto às vantagens que ela pode oferecer, diríamos que até o momento sua principal utilidade foi levar-nos à constatação material de um fato importante: a intervenção de um poder oculto, que nela encontra um novo meio de se manifestar. Mas as comunicações obtidas por esse processo raramente são extensas; em geral são espontâneas, limitadas a algumas palavras, sentenças, às vezes sinais ininteligíveis. Têm sido obtidas em várias línguas, como grego, latim, siríaco, caracteres hieroglíficos e etc.; mas ainda não se prestaram a conversações contínuas e rápidas, como permite a psicografia ou escrita manual dos médiuns.

UM ESPÍRITO SERVIÇAL

Extraímos os trechos seguintes da carta de um dos nossos correspondentes em Bordéus:

"Eis aqui, meu caro Senhor Allan Kardec, um novo relato de fatos extraordinários que submeto à sua apreciação, solicitando a bondade de os verificar, evocando o Espírito que os produziu.

"Uma jovem Senhora, que chamaremos Senhora Mally, é a pessoa que serve de intermediário para as manifestações que constituem o assunto desta carta. Ela mora em Bordéus e tem três filhos".

"Desde tenra idade, com cerca de nove anos, tem visões. Uma noite, ao entrar em casa com a família, vê no canto da escada a forma muito distinta de uma tia falecida há quatro ou cinco anos. Solta uma exclamação: – Ah! minha tia! e a aparição desaparece. Dois anos mais tarde ouviu que a chamava uma voz que tomou como sendo da tia. O chamado era tão forte que não pôde deixar de dizer: – Entre, minha tia! Como a porta não se abrisse, foi abri-la ela mesma; e não vendo ninguém, desceu à procura de sua mãe, para perguntar se alguém tinha subido.

"Alguns anos mais tarde encontramos essa senhora sob a influência de um guia, ou Espírito familiar, que parece encarregado de velar sobre sua pessoa e sobre seus filhos, prestando uma porção de pequenos serviços em casa, entre outros o de despertar os doentes à hora certa de tomar o chá, ou as pessoas que precisam sair; por outras manifestações ele revela o seu estado moral. Este Espírito tem um caráter pouco sério, entretanto, ao lado de sinais de leviandade, deu provas de sensibilidade e dedicação.

"Geralmente a Senhora Mally o vê sob a forma de uma centelha ou de uma grande claridade; mas às crianças ele se manifesta sob forma humana. Uma sonâmbula diz que o deu como guia e parece ter influência sobre ele. Quando a Senhora Mally ficava algum tempo sem se preocupar com o seu guia, este tinha o cuidado de se fazer lembrado por algumas visões mais ou menos desagradáveis. Por exemplo, certa vez, quando ela descia sem luz, percebeu no patamar um cadáver luminoso, coberto com um lençol. A Senhora tem uma grande força de caráter, como veremos mais tarde; não obstante, não pôde deixar de sofrer com isso uma penosa impressão; fechando rápidamente a porta do quarto, refugiou-se junto de sua mãe. De outras vezes sentia que lhe puxavam as roupas ou que alguma pessoa ou algum animal a roçava. Essas traquinagens paravam logo que ela dirigia um pensamento ao seu guia, e, por sua vez, a sonâmbula advertia a este último e o proibia de atormentá-la.

"Em 1856 a terceira filha da Senhora Mally, de quatro anos de idade, caiu doente. Foi em agosto. A criança estava continuamente mergulhada num estado de sonolência, interrompido por crises e convulsões. Durante oito dias eu mesmo vi a criança, que parecia sair do seu abatimento, tomar uma expressão sorridente e feliz, de olhos semicerrados, sem olhar para os que a cercavam, estender a mão em gesto gracioso, como se para receber alguma coisa, levá-la a boca e comer; depois agradecer com um sorriso encantador. Durante esses oitos dias a menina foi sustentada por esse alimento invisível e seu corpo readquiriu a aparência de frescura habitual. Quando pôde falar, parecia ter saído de um sono prolongado e contava visões maravilhosas.

"Durante a convalescença, nessa mesma casa ocorreu, a 25 de agosto, o aparecimento de um agênere. Cerca de dez e meia da noite, a Senhora Mally descia uma escada de serviço, levando a criança pela mão, quando percebeu um indivíduo que subia. A escada estava perfeitamente clara, pois vinha luz da cozinha, de sorte que a Senhora pôde distinguir muito bem o indivíduo, que tinha a aparência de uma pessoa de constituição vigorosa. Chegados ao patamar ao mesmo tempo, encontraram-se face a face: era um jovem de expressão agradável, bem vestido, com um boné à cabeça e tendo na mão um objeto que ela não pôde distinguir. Surpreendida com esse inesperado encontro, àquela hora e numa escada de serviço, a Senhora Mally o encarou sem dizer palavra, e mesmo sem perguntar o que desejava. O desconhecido a observou um momento, silencioso, depois girou nos calcanhares e desceu a escada, esfregando no corrimão o objeto que tinha na mão e que fazia um ruído semelhante ao de uma varinha. Assim que desapareceu, a Senhora Mally precipitou-se para a sala onde eu me encontrava no momento e gritou que um ladrão estava na casa. Fomos procurá-lo, ajudados por meu cachorro; todos os recantos foram examinados, verificamos que a porta da rua estava fechada, que ninguém poderia ter entrado, e que não era possível fechá-la sem ruído. Era, pois, pouco provável que um malfeitor tivesse vindo a uma escada iluminada e numa hora em que se arriscava a encontrar, a cada passo, pessoas da casa. Por outro lado, como poderia ter sido encontrado um estranho numa escada que não serve ao público? Em todo o caso, se se tivesse enganado, teria dirigido a palavra à Senhora Mally; voltou-lhe as costas e se foi tranquilamente, como alguém que nem tem pressa nem se atrapalha no seu caminho. Todas essas circunstâncias não nos deixaram a menor dúvida quanto à natureza desse indivíduo.

"Esse Espírito manifesta-se muitas vezes por meio de ruídos semelhantes ao de um tambor, de golpes violentos no fogão, de batidas de pés nas portas, que se abrem sozinhas, ou de ruídos semelhantes ao de seixos que fossem atirados às vidraças. Um dia a Senhora Mally estava à porta da cozinha quando viu um móvel fronteiro abrir-se e fechar-se várias vezes por mão invisível; e outras vezes, estando ocupada em acender o fogo, sentiu que lhe puxavam o vestido, ou ainda, ao subir a escada, que lhe pegavam o calcanhar. Por várias vezes foram escondidas as tesouras e outros objetos de trabalho; e quando já os havia procurado por muito tempo, estes lhe eram depositados no colo. Um domingo ela estava ocupada colocando dentes de alho num pernil; de repente sentiu que os tiravam de suas mãos; pensando que os tivesse deixado cair, procurou-os inutilmente; então, tomando o pernil, encontrou o alho enterrado num buraco triangular, cuja pele tinha sido retirada, como se para mostrar que mão estranha ali o havia colocado intencionalmente.

"A filha mais velha da Senhora Mally estava de passeio com sua mãe, quando esta percebeu que a criança se entretinha com um ser invisível, que parecia pedir-lhe os bombons. A menina fechava a mão e dizia sempre:

— Estes são meus; compre se você quiser.

Admirada, a mãe perguntou com quem ela falava.

— É com esse menino que quer os meus bombons — respondeu a garota.

— Que menino é esse? perguntou a mãe.

— Este que está aqui ao meu lado.

— Mas eu não vejo ninguém.

— Ah! ele se foi embora. Estava de vestido branco e todo frisado.

"De outra vez a pequena doente, de quem já falei, divertia-se em fazer passarinhos de papel.

– Mamãe! – disse ela, – faça este menino ter modos; ele quer tomar o meu papel.

– Quem? perguntou a mãe.

– Sim, este menino tomou meu papel; e a criança pôs-se a chorar.

– Mas onde está ele?

– Ei-lo que se vai pela janela. Era um menino malvado.

"Essa mesma menina um dia pulava na ponta dos pés até perder o fôlego, apesar da proibição da mãe, que temia lhe fizesse mal. De repente parou e exclamou: – Ah! o guia da mamãe! Perguntaram-lhe o que isso significava e ela disse que tinha visto um braço pará-la quando saltava e obrigá-la a ficar quieta. Acrescentou que não tinha medo e que imediatamente havia pensado no guia de sua mãe. Os fatos desse gênero repetem-se constantemente: mas se tornaram familiares às crianças, que não experimentam nenhum medo, porque o pensamento do guia de sua mãe lhes vem espontaneamente.

"A intervenção desse guia manifestou-se em circunstâncias mais sérias. A Senhora Mally tinha alugado uma casa com jardim na comuna de Coudéran. A casa era isolada e rodeada de vastos prados. Ela morava só com as crianças e uma governanta. A comuna era então infestada de bandidos, que depredavam as vizinhanças e, naturalmente, tinham lançado suas vistas para uma casa que sabiam habitada por duas Senhoras; assim, vinham todas as noites pilhar e tentar forçar as portas e janelas. Durante três anos a Senhora Mally morou nessa casa, em constantes sobressaltos; mas todas as noites se recomendava a Deus; depois da prece seu guia se manifestava sob a forma de uma centelha. Por várias vezes, durante a noite, quando os ladrões tentavam penetrar na casa, um súbito clarão iluminava o quarto e ela escutava uma voz dizer-lhe: – Não temas; eles não entrarão. Com efeito, jamais conseguiram penetrar. Não obstante, por excessiva precaução, ela se munia de armas de fogo. Uma noite em que os ouvia tentando o assalto, deulhes dois tiros de revólver que atingiram um deles, pois ouviu gemidos; mas no dia seguinte haviam desaparecido". O fato foi assim relatado por um jornal de Bordéus:

"Informam-nos de um fato que demonstra certa coragem por parte de uma jovem que mora na comuna de Coudéran. Uma senhora, que ocupa uma casa isolada nessa comuna, tem em sua companhia uma moça encarregada da educação de seus filhos. Numa das noites precedentes essa senhora tinha sido vítima de uma tentativa de roubo. No dia seguinte concordaram que lhe seria montada boa guarda e, caso necessário, vigiariam durante a noite.

"Fizeram o que havia sido convencionado. Assim, quando os ladrões se apresentaram para concluir a obra da véspera, encontraram quem os recebesse. Apenas tiveram o cuidado de não entrar em conversa com os habitantes da casa cercada. A moça de quem temos falado os pressentiu, abriu a porta e deu um tiro de revólver que deve ter atingido um dos ladrões, pois no dia seguinte encontraram marcas de sangue no jardim.

"Até agora não foram descobertos os autores desta segunda tentativa."

"Falarei apenas de memória de outras manifestações ocorridas nessa mesma casa de Coudéran, enquanto lá estiveram aquelas senhoras. Durante a noite ouviam-se com frequência estranhos ruídos, semelhantes ao de bolas roladas no soalho ou de lenha atirada ao chão. Entretanto, pela manhã tudo estava em perfeita ordem.

"Caso o Senhor julgue conveniente, queira evocar o guia da Senhora Mally e interrogá-lo a respeito das manifestações de que vos dou notícia. Queira especialmente lhe perguntar se a sonâmbula que pretende ter dado este guia tem o poder de o retomar, e se ele se retiraria, caso a sonâmbula viesse a morrer."

O GUIA DA SENHORA MALLY

(SOCIEDADE, 8 DE JULHO DE 1859)

1. – (*Evocação do guia da Senhora Mally*). R – Aqui estou. Isto é fácil para mim.

2. – Com que nome poderemos designá-lo? R – Como quiserdes, por aquele com o qual já me conheceis.

3. – Qual o motivo que o ligou à Senhora Mally e a seus filhos? R – A princípio, antigas relações e uma amizade, uma simpatia que Deus protege sempre.

AGOSTO DE 1859

4. – Dizem que foi a sonâmbula, Senhora Dupuy, quem o encaminhou à Senhora Mally. É verdade? R – Foi ela quem disse que eu estava junto a esta.

5. – Você depende dessa sonâmbula? R – Não.

6. – Poderia afastar-se daquela senhora? R – Não.

7. – Se a sonâmbula viesse a morrer, isto teria sobre você alguma influência? R – Nenhuma.

8. – Há muito tempo que seu corpo morreu? R – Sim, vários anos.

9. – Que era você em vida? R – Um menino morto aos oito anos.

10. – Como Espírito você é feliz ou infeliz? R – Feliz, não tenho nenhuma preocupação pessoal, não sofro senão pelos outros. É verdade que sofro muito por estes.

11. – Foi você que apareceu na escada à Senhora Mally, sob a forma de um moço que ela supôs fosse um ladrão? R – Não, era um companheiro.

12. – E uma outra vez, sob a forma de um cadáver? Isso podia impressioná-la desfavoravelmente. Foi uma travessura que demonstra falta de benevolência. R – Longe disso, em muitos casos; mas nesse era para dar ideias mais corajosas à Senhora Mally. Que é que tem um cadáver de apavorante?

13. – Então você tem o poder de se tornar visível à vontade? R – Sim, mas eu disse que não tinha sido eu.

14. – Você é também estranho às outras manifestações materiais produzidas em casa dela? R – Perdão! Isso sim: foi o que eu me impus junto a ela, como trabalho material; mas faço para ela outro trabalho muito mais útil e muito mais sério.

15. – Você pode tornar-se visível a todos? R – Sim.

16. – Pode tornar-se visível aqui a um de nós? R – Sim, pedi a Deus que isto possa acontecer; eu o posso, mas não ouso fazê-lo.

17. – Se você não quer tornar-se visível, pode pelo menos nos dar uma manifestação, como, por exemplo, trazer qualquer coisa para cima desta mesa? R – Certamente, mas qual a utilidade? Para ela é assim que eu testemunho a minha presença, mas para vós isto seria inútil, pois se estamos conversando.

18. – O obstáculo não seria a falta de um médium necessário para produzir essas manifestações? R – Não, isto é um pequeno obstáculo. Não vedes frequentemente aparições súbitas a pessoas sem nenhuma mediunidade?

19. – Então todo mundo é apto a ver aparições espontâneas? R – Desde que, sendo homem, é médium.

20. – Entretanto, o Espírito não encontra no organismo de certas pessoas uma facilidade maior para comunicar-se? R – Sim, mas eu vos disse, – e vós deveis sabê-lo – os Espíritos têm o poder por si mesmos; o médium nada é. Não tendes a escrita direta? É necessário médium para isso? Não, mas apenas a fé e um ardente desejo. E ainda às vezes isso se produz a despeito dos homens, isto é, sem fé e sem desejo.

21. – Acha que as manifestações como a escrita direta, por exemplo, se tornarão mais comuns do que são hoje? R – Certamente, como compreendeis, então, a divulgação do Espiritismo?

22. – Pode explicar-nos o que é que a menina da Senhora Mally recebia e comia quando estava doente? R – Maná – uma substância formada por nós, que encerra o princípio contido no maná ordinário e a doçura do confeito.

23. – Esta substância é formada da mesma maneira que as roupas e outros objetos que os Espíritos produzem por sua vontade e pela ação que exercem sobre a matéria? R – Sim, mas os elementos são muito diferentes; as porções que formam o maná não são as mesmas que eu arranjava para formar madeira ou roupa.

24. – (*A São Luís*) O elemento obtido pelo Espírito para formar seu maná é diferente do que ele toma para formar outra coisa? Sempre nos disseram que há um só elemento primitivo universal, do qual os diferentes corpos são simples modificações. R – Sim, isto é, esse mesmo elemento primitivo está no espaço, aqui, sob uma forma, ali, sob outra; é o que ele quer dizer, ele obtém o seu maná de uma parte desse elemento, que supõe diferente, mas que é sempre o mesmo.

25. – A ação magnética pela qual se dá a uma substância, como, por exemplo, a água, propriedades especiais, tem relação com a do Espírito que cria uma substância? R – O magnetizador absolutamente não desdobra senão a sua vontade; é um Espírito que o ajuda, que se encarrega de preparar e reunir o remédio.

26. – (*Ao guia*) Há tempos referimos fatos curiosos de manifestações de um Espírito por nós designado com o nome de Duende de Bayonne. Conhece esse Espírito? R – Particularmente, não, mas acompanhei o que fizestes a seu respeito e foi mesmo somente assim que tomei conhecimento dele.

27. – É um Espírito de ordem inferior? R – Inferior quer dizer mau? Não. Quer dizer, simplesmente: não inteiramente bom, pouco adiantado? Sim.

28. – Agradecemos a bondade de ter querido vir e as explicações que nos deu. R – Às vossas ordens.

Observação: Oferece-nos esta comunicação um complemento àquilo que dissemos nos dois artigos precedentes sobre a formação de certos corpos pelos Espíritos. A substância dada à criança, durante a doença, evidentemente era preparada por eles e objetivava restaurar a saúde. De onde tiraram os seus princípios? Do elemento universal transformado para o uso desejado. O fenômeno tão estranho das propriedades transmitidas por ação magnética, problema até aqui inexplicado, e sobre o qual se divertiram os incrédulos, está agora resolvido. Com efeito, sabemos que não são apenas os Espíritos dos mortos que agem, mas que os dos vivos também têm a sua parte de ação no mundo invisível. O homem da tabaqueira dá-nos a prova disso. Que há, pois, de admirável em que a vontade de uma pessoa, agindo para o bem, possa operar uma transformação da matéria primitiva e dar-lhe determinadas propriedades? Em nossa opinião aí está a chave de muitos efeitos supostamente sobrenaturais, dos quais teremos oportunidade de falar. É assim que, pela observação, chegamos a perceber as coisas que fazem parte da realidade e do maravilhoso. Mas quem diz que esta teoria seja verdadeira? Vá lá: ela, pelo menos, tem o mérito de ser racional e perfeitamente concorde com os fatos observados. Se algum cérebro humano achar outra mais lógica do que esta, dada pelos Espíritos, que sejam comparadas. Um dia talvez nos agradeçam por termos aberto o caminho ao estudo racional do Espiritismo.

Certo dia alguém nos dizia: "Eu bem gostaria de ter um Espírito serviçal às minhas ordens, mesmo que tivesse de suportar algumas travessuras que me fizesse". É uma satisfação que a gente desfruta sem o perceber, porque nem todos os Espíritos que nos assistem se manifestam de maneira ostensiva. Nem por isso deixam de estar ao nosso lado e, pelo fato de ser oculta, sua influência não é menos real.

PALESTRAS FAMILIARES DE ALÉM-TÚMULO

(Voltaire e Frederico)

(Diálogo obtido através de dois médiuns que serviram de intérpretes a esses Espíritos, na sessão da Sociedade a 18 de março de 1859).

PERGUNTAS PRÉVIAS A VOLTAIRE

1. – Em que situação vos encontrais como Espírito? R – Errante, mas arrependido.

2. – Quais as vossas ocupações como Espírito? R – Rasgo o véu do erro que em vida supunha ser a luz da verdade.

3. – Que pensais em geral dos vossos escritos? R – Meu Espírito estava dominado pelo orgulho, pois eu tinha a missão de dar um impulso a um povo na infância. Minhas obras são a consequência disso.

4. – Que direis particularmente do vosso *Joana D'Arc*? R – É uma diatribe. Fiz coisas piores.

5. – Em vida, o que pensáveis do vosso futuro depois da morte? R – Ora, eu não acreditava senão na matéria, bem o sabeis; e ela morre.

6 – Éreis ateu no verdadeiro sentido do vocábulo? R – Eu era orgulhoso; negava a divindade por orgulho, com o que sofri e do que me arrependo.

7. – Gostaríeis de conversar com Frederico, que teve a gentileza de atender também ao nosso chamado? Esta palestra seria instrutiva para nós. R – Se Frederico quiser, eu estou às ordens.

Voltaire – Meu caro monarca, vedes que reconheço os meus erros e que estou longe de falar como nas minhas obras. Outrora dávamos o espetáculo das nossas torpezas; agora somos obrigados a dar o do nosso arrependimento e do nosso desejo de conhecer a grande e pura verdade.

Frederico – Eu vos supunha menos bom do que realmente sois.

Voltaire – Uma potência que somos obrigados a adorar e reconhecer em toda a sua soberania, força nossa alma a proclamar, para aqueles de quem talvez abusamos, uma doutrina inteiramente oposta àquela que professávamos.

Frederico – É verdade, meu caro Arouet; mas não finjamos mais. Seria inútil, pois caíram todos os véus.

Voltaire – Deixamos tantos desastres atrás de nós que muitas lágrimas nos serão precisas a fim de obtermos o perdão e sermos absolvidos. Nunca estaríamos demasiado unidos, a fim de fazermos esquecer e reparar os males que causamos.

Frederico – Confessemos também que o século que nos admirava foi muito pobre quanto ao julgamento e que bem pouco é preciso para fascinar os homens. Nada mais que um pouco de audácia.

Voltaire – Como não? Fizemos tanto tumulto em nosso século!

Frederico – Foi esse tumulto que, caindo de repente num completo silêncio, nos atirou na reflexão amarga, quase no arrependimento. Eu choro a minha vida, mas como me aborreço de não ser mais Frederico! E tu, de não seres mais o Senhor de Voltaire!

Voltaire – Falai então por vós, majestade.

Frederico – Sim, eu sofro, mas não o repitas mais.

Voltaire – Então abdicai! Mais tarde fareis como eu.

Frederico – Não posso.

Voltaire – Pedis-me que seja vosso guia; sê-lo-ei ainda; tratarei somente de não vos transviar no futuro. Se puderdes ler, procurai aqui o que vos possa ser útil. Não são as altezas que vos interrogam, mas Espíritos que buscam e encontram a verdade com a ajuda de Deus.

Frederico – Tomai-me então pela mão; traçai-me uma linha de conduta, se o puderdes... esperemos... mas será para vós... quanto a mim estou muito perturbado, e isto já dura há um século.

Voltaire – Ainda me excitais a vontade de ter o orgulho de valer mais do que vós. Isto não é generoso. Tornai-vos bom e humilde, para que eu mesmo seja humilde.

Frederico – Sim, mas a marca que a minha condição de majestade me deixou no coração impede-me sempre de humilhar-me como tu. Meu coração é firme como um rochedo, árido como um deserto, seco como uma arena.

Voltaire – Seríeis então um poeta? Eu não conheci esse vosso talento, Senhor!

Frederico – Tu finges, tu... só uma coisa eu peço a Deus: o esquecimento do passado... uma encarnação de prova e de trabalho.

Voltaire – É melhor. Uno-me também a vós, mas sinto que terei de esperar muito tempo a minha remissão e o meu perdão.

Frederico – Bem, meu amigo, então oremos juntos uma vez.

Voltaire – Eu o faço sempre, desde que Deus se dignou levantar para mim o véu da carne.

Frederico – Que pensas destes homens que nos chamam aqui?

Voltaire – Eles nos podem julgar e nós não podemos senão humilhar-nos perante eles.

Frederico – Eles me atrapalham, eu... seus pensamentos são muito diversos.

P. – (*A Frederico*) – Que pensais do Espiritismo? R – Sois mais sábios do que nós. Não viveis um século após o nosso? E embora no céu desde então, apenas acabamos de entrar nele.

P. – Agradecemos por terdes querido atender ao nosso apelo, bem como ao vosso amigo Voltaire.

Voltaire – Viremos quando quiserdes.

Frederico – Não me evoqueis muitas vezes... não sou simpático.

P. – Por que não sois simpático? R – Eu desprezo e me sinto desprezível.

25 DE MARÇO DE 1859

1. (*Evocação de Voltaire*). R – Falai.

2. – Que pensais de Frederico, agora que ele não está mais aqui? R – Ele raciocina muito bem, mas não quis explicar-se. Como vos disse, despreza, e esse desprezo que tem por todos o impede de se abrir, temendo não ser compreendido.

3. – Então teríeis a bondade de completar isto, dizendo-nos o que ele entende pelas palavras "desprezo e me sinto desprezível"? R – Sim, ele se sente fraco e corrompido, como todos nós; talvez compreenda ainda mais do que nós, por ter abusado, mais que os outros, dos dons de Deus.

4. – Como o considerais quando monarca? R – Hábil.

5. – Julgai-o um homem de bem? R – Isto não se pergunta: não conheceis as suas ações?

6. – Poderíeis dar-nos uma ideia mais precisa do que fizestes das vossas ocupações como Espírito? R – Não. A todo instante de minha vida descubro um novo ponto de vista do bem. Tento praticá-lo, ou antes aprender a praticá-lo. Quando se teve uma existência como foi a minha, há muitos preconceitos a combater, muitos pensamentos a repelir ou mudar completamente, antes de alcançar a verdade.

7. – Desejaríamos que nos fizésseis uma dissertação sobre um assunto de vossa escolha. Poderíeis fazê-lo? R – Sobre o Cristo, sim, se o quiserdes.

8. – Nesta sessão? R – Mais tarde, esperai outra sessão.

8 DE ABRIL DE 1859

1. (*Evocação de Voltaire*). R – Aqui estou.

2. – Teríeis a bondade de nos fazer hoje a dissertação que prometestes? R – Posso fazer o que prometi: apenas serei breve.

Meus caros amigos, quando eu estava entre vossos antepassados, tinha opiniões; e para as sustentar e as fazer prevalecer entre os contemporâneos, muitas vezes simulei uma convicção que realmente não possuía. Foi assim que, querendo atacar os defeitos e os vícios em que caía a religião, sustentei uma tese que hoje estou condenado a refutar.

Ataquei muitas coisas puras e santas, que a minha mão profana deveria ter respeitado. Assim, ataquei o próprio Cristo, esse modelo de virtudes sobre-humanas; sim, pobres homens, nós nos igualaremos talvez um pouco com o nosso modelo, mas nunca teremos a dedicação e a santidade que Ele demonstrou; Ele estará sempre acima de nós, porque Ele foi melhor antes de nós. Ainda estávamos mergulhados no vício da corrupção, e ele já estava sentado à direita de Deus. Aqui, perante vós, eu me retrato de tudo quanto minha pena traçou contra o Cristo, porque o amo, sim, eu o amo. Sentia não ter podido fazê-lo ainda.

BOLETIM DA SOCIEDADE PARISIENSE DE ESTUDOS ESPÍRITAS

Nota: Conforme anunciamos, a partir de hoje publicaremos o Boletim dos

Trabalhos da Sociedade. Cada número conterá o relato das sessões do mês anterior. Esses Boletins darão apenas um ligeiro resumo dos trabalhos e da ata de cada sessão. Quanto às próprias comunicações nelas obtidas, bem como as de fonte estranha que forem lidas, sempre as publicamos integralmente, desde que ofereçam algo de útil e instrutivo. Continuaremos a fazê-lo, lembrando, como fizemos até agora, a data das sessões em que foram dadas. A abundância de matéria e a necessidade de classificação por vezes obrigam a inverter a ordem de certos documentos; isto, porém, não tem consequências, porque mais cedo ou mais tarde eles encontrarão o seu lugar.

SEXTA-FEIRA 1.º DE JULHO DE 1859 (SESSÃO PARTICULAR)

Assuntos administrativos – Admissão do Sr. S..., membro correspondente em Bordéus. Adiamento, até mais amplas informações, da aceitação de dois membros titulares apresentados a 10 e 17 – Designação de três novos dirigentes para as sessões gerais. – Leitura da ata e dos trabalhos da última sessão de junho.

Comunicações – o Sr. Allan Kardec anuncia que esteve com o Sr. W... Filho, de Bologne-sur-Mer, do qual tratou na *Revista* de dezembro de 1858, a propósito de um artigo sobre o fenômeno de bicorporeidade, o qual lhe confirmou o fato de sua presença simultaneamente em Boulogne e em Londres.

Carta do Sr. S..., correspondente em Bordéus, contendo minuciosos detalhes sobre interessantes manifestações e aparições de seu conhecimento pessoal, por parte de um Espírito familiar. Essa carta está publicada neste número, assim como a evocação feita sobre o assunto.

O Doutor Morhéry presenteia a Sociedade com duas cantatas, de cuja letra é autor, intituladas *Itália* e *Veneziana*. Conquanto as produções sejam completamente estranhas aos trabalhos da Sociedade, esta as aceita com reconhecimento e agradece ao autor.

O Sr. Th... observa, a propósito da comunicação de Cristóvão Colombo, obtida na sessão anterior, que suas respostas relativas à sua missão e à dos Espíritos em geral parecem consagrar a doutrina da fatalidade.

Vários membros contestam essa consequência das respostas de Cristóvão Colombo, de vez que a missão não tira a liberdade de fazer ou não fazer. O homem não é fatalmente impelido a fazer tal ou qual coisa. Pode acontecer que, como homem, se comporte mais ou menos cegamente; mas, como Espírito, tem sempre a consciência do que faz e fica sempre senhor de suas ações. Supondo que o princípio da fatalidade decorresse das respostas de Colombo, isto não seria a consagração de um princípio que, em todos os tempos, foi combatido pelos Espíritos. De qualquer maneira seria apenas uma opinião individual. Ora, a Sociedade está longe de aceitar como verdade irrefutável tudo quanto dizem os Espíritos, pois sabe que estes podem enganar-se. Poderia muito bem um Espírito dizer que é o Sol que gira em redor da Terra, o que não seria mais verdadeiro pelo simples fato de vir de um Espírito. Tomamos as respostas pelo que elas valem; nosso objetivo é estudar as individualidades, seja qual for o grau de superioridade ou de inferioridade; assim adquirimos o conhecimento do estado moral do mundo invisível, não dando nenhum crédito às doutrinas dos Espíritos, senão quando estas se acomodem à razão e ao bom senso, e quando nelas realmente haja luz. Quando uma resposta é evidentemente ilógica ou errônea, concluímos que o Espírito que a deu está ainda atrasado. Eis tudo. Quanto às respostas de Colombo, de modo algum implicam a fatalidade.

Estudos – Perguntas sobre as causas do prolongamento da perturbação do Dr. Glower, evocado a 10 de junho. Perguntas sobre as causas da dolorosa sensação física produzida sobre o filho do Sr. W... Filho, de Boulogne, pelos Espíritos sofredores. Perguntas sobre a teoria da formação dos objetos materiais no mundo dos Espíritos, tais como vestimentas, jóias, etc.; sobre a transformação da matéria elementar pela vontade do Espírito. Explicação do fenômeno da escrita direta (vide nosso artigo precedente pág. 228). Evocação de um oficial superior morto em Magenta (segunda palestra). Perguntas sobre certas sensações de além-túmulo. Propõe o Sr. S... que se evoque o Sr. M..., desaparecido há um mês, a fim de saber dele se está vivo ou morto. Interrogado a respeito, São Luís diz que tal evocação não pode ser feita; que a incerteza reinante sobre a sorte desse homem tem um objetivo de prova, e que mais tarde, por meios ordinários, saber-se-á o que aconteceu.

SEXTA-FEIRA 8 DE JULHO DE 1859 (SESSÃO GERAL)

Leitura da ata e dos trabalhos da última sessão.

Comunicações – Leitura de duas comunicações espontâneas, obtidas pelo Sr. R..., membro titular: uma de São Luís, encerrando conselhos à Sociedade, quanto ao modo de apreciação das respostas dos Espíritos; outra de Lamennais. Serão publicadas no próximo número.

Leitura de uma notícia sobre o diácono Pâris e as convulsionárias de Saint-Médard, preparada pelo comitê de trabalho, como matéria de estudo.

O Sr. Didier, membro titular, relata curiosas experiências por ele feitas sobre a escrita direta e os admiráveis resultados obtidos.

Estudos – Evocação do guia ou Espírito familiar da Senhora Mally, de Bordéus, a propósito da notícia transmitida pelo Sr. S..., sobre as manifestações produzidas em sua casa e lidas na sessão anterior.

Evocação do Sr. K..., morto a 15 de junho de 1859, no departamento da Sarthe, O Sr. K..., homem de bem, muito esclarecido, era versado em estudos espíritas e a evocação feita a pedido de parentes e amigos constatou a influência desses estudos sobre o estado de desprendimento da alma após a morte. Além disso revelou espontaneamente o fato importante das *visitas espíritas noturnas* entre Espíritos de pessoas vivas. Deste fato decorrem graves consequências para a solução de certos problemas morais e psicológicos.

SEXTA-FEIRA, 15 DE JULHO DE 1859 (SESSÃO PARTICULAR)

Leitura da ata dos trabalhos da última sessão.

Assuntos administrativos – A pedido de vários membros, e considerando que muitas pessoas estão ausentes durante a estação, propõe o presidente que, conforme o uso estabelecido em todas as sociedades, seja determinado um período de férias. A Sociedade decide suspender as sessões durante o mês de agosto, restabelecendo-as sexta-feira, 2 de setembro. O Sr. C...., secretário-adjunto, escreve pedindo a sua substituição, motivada por novas ocupações que lhe não permitem assistir regularmente ao começo das sessões. Sua substituição será feita oportunamente.

Comunicações – Leitura de uma carta do Sr. Jobard, de Bruxelas, presidente honorário da Sociedade, que dá conta de alguns fatos relativos ao Espiritismo e oferece à Sociedade uma canção, intitulada *O Canto do Zuavo*, que lhe foi inspirada pela evocação do *Zuavo de Magenta*, publicada na *Revista* de julho. Ela foi cantada no teatro de

Bruxelas. O fim dessa canção, na qual se desdobra a inspiração espiritual do autor, é mostrar que as ideias espíritas têm o efeito de destruir as apreensões da morte. O Sr. D... relata novos fatos de escrita direta, por ele obtidos no Louvre e em Saint-Germain l'Auxerrois. Leitura de uma carta dirigida ao presidente, a propósito do temporal de Solferino. O autor assinala vários outros fatos análogos e pergunta se não existe algo de providencial nessa coincidência. Na segunda palestra com o oficial superior morto em Magenta, o assunto foi tratado prolixamente. Aliás, essa palestra será objeto de um exame mais minucioso. Carta da Sra. L..., na qual alude a uma mistificação de que foi vítima, por parte de um Espírito malévolo que se dizia São Vicente de Paulo, e que a enganou com uma linguagem aparentemente edificante e minuciosos detalhes sobre ela mesma e a sua família, a fim de a induzir a atitudes comprometedoras. Pela própria carta a Sociedade reconhece que aquele Espírito tinha revelado sua natureza por certos fatos que não permitiriam nenhuma dúvida a respeito.

Estudos – Problemas morais e questões diversas: sobre o mérito das boas ações, tendo em vista a vida futura; sobre as missões espíritas; sobre a influência do modo ou do desejo de morrer; sobre os médiuns intuitivos. Perguntas sobre visitas espíritas noturnas entre pessoas vivas. Evocação do diácono Pâris. Evocação do falso São Vicente de Paulo, Espírito mistificador da Sra. L...

SEXTA-FEIRA, 22 DE JULHO DE 1859 (SESSÃO GERAL)

Leitura da ata e dos trabalhos da última sessão.

Comunicações – Leitura de uma comunicação particular do Sr. R..., membro titular, sobre a teoria da loucura, dos sonhos, das alucinações e do sonambulismo, pelos Espíritos de François Arago e São Vicente de Paulo. Essa teoria é um desenvolvimento racional e científico dos princípios já emitidos sobre esta matéria, e será publicada no próximo número. O Sr. R... comunica fato recente de aparição. Refere-se este ao Sr. Furne. No dia 16 de julho, sábado, em que foi enterrado este último, à noite o Sr. Furne se apresentou à esposa do Sr. R.., com o aspecto que tinha em vida, procurando dela aproximar-se, enquanto outro Espírito, cujo rosto ela não pôde distinguir, o segurava e procurava afastá-lo. Comovida por essa aparição, cobriu os olhos, mas continuou a vê-lo como antes. No dia seguinte aquela senhora que, como o marido, é médium escrevente, pôs-se a traçar convulsivamente caracteres irregulares, que pareciam formar o nome Furne. Realmente, respondeu outro Espírito interrogado a respeito, o Sr. Furne queria comunicar-se com eles, mas, no estado de perturbação em que se encontra, mal se reconhece e acrescentou que seriam necessários mais oito dias para o evocar, a fim de que pudesse manifestar-se livremente. O Dr. V... comunica um fato de previsão espírita, realizado em sua presença, e tanto mais notável quanto mais rara é, por parte dos Espíritos, a precisão das datas. Há seis semanas, mais ou menos, uma senhora de suas relações, ótimo médium psicógrafo, recebeu uma comunicação do Espírito de seu pai; de repente e sem provocação, este último pôs-se a falar espontaneamente da guerra da Itália. A propósito, perguntaram-lhe se ela acabaria logo. Ele respondeu: *a 11 de julho será assinada a paz*. Sem ligar importância a esta previsão, o Sr. V... encerrou a resposta num envelope lacrado e o remeteu a uma terceira pessoa, recomendando não o abrisse antes de 11 de julho. Sabe-se que o acontecimento se realizou como fora anunciado.

É digno de nota que, quando os Espíritos falam de coisas futuras, o fazem espontaneamente, sem dúvida porque consideram útil fazê-lo; entretanto jamais o fazem quando a isto são provocados por um motivo de curiosidade.

Estudos – Problemas morais e perguntas diversas. Questões complementares sobre os méritos das boas ações; sobre as visitas espíritas; sobre a escrita direta. Questões sobre a intervenção dos Espíritos nos fenômenos da Natureza, como as tempestades, e sobre as atribuições de certos Espíritos. Questões complementares sobre o diácono Pâris e as convulsionárias de Saint-Médard. Evocação do general Hoche.

AO SR. L..., DE LIMOGES

Pedimos à pessoa que teve o trabalho de nos escrever de Limoges, indicando interessantes documentos relativos ao Espiritismo, a fineza de facilitar nosso contato direto com ela, a fim de podermos responder às perguntas que nos deu a honra de dirigir. À falta de espaço nos impede a publicação de algumas passagens de sua carta.

Allan Kardec

ANO II
SETEMBRO DE 1859

PROCESSOS PARA AFASTAR OS MAUS ESPÍRITOS

A intromissão dos Espíritos enganadores nas comunicações escritas é uma das maiores dificuldades do Espiritismo. Sabe-se, por experiência, que eles não têm nenhum escrúpulo em tomar nomes supostos e até mesmo nomes respeitáveis. Há meios de os afastar? Eis a questão. Para isso, certas pessoas empregam aquilo que poderíamos chamar *processos*, isto é, fórmulas particulares de evocação, ou espécies de exorcismo, como, por exemplo, fazê-los jurar em nome de Deus que dizem a verdade, fazê-los escrever alguma coisa, etc. Conhecemos alguém que, a cada frase, obriga um Espírito a assinar o nome. Se este é o verdadeiro, escreve-o sem dificuldade; se não o é, para ao meio, sem poder concluí-lo. Vimos essa pessoa receber comunicações as mais ridículas, de Espíritos que assinavam um nome falso com grande aprumo. Outras pessoas pensam que um meio eficaz é fazer confessar Jesus encarnado ou outros princípios da religião.

Pois bem, declaramos que se alguns Espíritos um pouco mais escrupulosos se detêm ante a ideia de um perjúrio ou de uma profanação, outros juram tudo o que quisermos, assinam todos os nomes, riem-se de tudo e afrontam a presença dos mais venerados signos, de onde se conclui que entre as coisas que podem ser chamadas *processos* não há nenhuma fórmula e nenhum expediente material que possa servir de preservativo eficaz.

Nesse caso dir-se-á que nada há a fazer, senão deixar de escrever, este meio não seria o melhor. Longe disso, em muitos casos seria pior. Dissemos, e nunca seria demais repeti-lo, que a ação dos Espíritos sobre nós é incessante e não é menos real pelo fato de ser oculta. Se ela deve ser má, será ainda mais perniciosa, por isso que o inimigo estará escondido. Pelas comunicações escritas este se revela, se desmascara; ficamos sabendo com quem tratamos e podemos combatê-lo.

Mas, se não há nenhum meio de o desalojar, que fazer então? Não dissemos que não haja nenhum meio, mas unicamente que a maior parte dos meios empregados são inoperantes. Eis a tese que nos propomos desenvolver.

É preciso não perder de vista que os Espíritos constituem todo um mundo, toda uma população que enche o espaço; circula ao nosso lado, mistura-se em tudo quanto fazemos. Se se viesse a levantar o véu que no-los oculta, vê-los-íamos em redor de nós, indo e vindo, seguindo-nos, ou nos evitando, segundo o grau de simpatia; uns indiferentes, verdadeiros vagabundos do mundo oculto, outros muito ocupados, quer consigo mesmos, quer com os homens aos quais se ligam, com um propósito mais ou menos louvável, segundo as qualidades que os distinguem. Numa palavra, veríamos uma réplica do gênero humano, com suas boas e más qualidades, com suas virtudes e seus vícios. Esse acompanhamento, ao qual não podemos escapar, porque não há recanto bastante oculto para se tornar inacessível aos Espíritos, exerce sobre nós, malgrado nosso, uma influência permanente. Uns nos impelem para o bem, outros para o mal; muitas vezes as nossas determinações são resultado de sua sugestão; felizes de nós, quando temos juízo bastante para discernir o bom e o mau caminho por onde nos procuram arrastar.

Dado que os Espíritos são apenas os próprios homens despojados do seu invólucro grosseiro, ou almas que sobrevivem aos corpos, segue-se que há Espíritos desde que há seres humanos no Universo. São uma das forças da Natureza e não esperaram que houvesse médiuns escreventes para agir; a prova disso é que, em todos os tempos, os homens cometeram inconsequências, razão por que dizemos que sua influência independe da faculdade de escrever. Esta faculdade é um meio de conhecer aquela influência; de saber quais são os que vagueiam em redor de nós, que se ligam a nós. Pensar que nos podemos subtrair a isto, abstendo-nos de escrever, é fazer como as crianças que fechando os olhos pensam escapar a um perigo. Ao nos revelar aqueles que temos por companheiros, como amigos ou inimigos, a escrita nos oferece, por isso mesmo, uma arma para os combater, pelo que devemos agradecer a Deus. Em falta da visão para reconhecer os Espíritos, temos as comunicações escritas, pelas quais eles mostram o que são. *Isto para nós é um sentido* que nos permite julgá-los. Repelir esse sentido é comprazer-se em ficar cego e exposto ao engano sem controle.

A intromissão dos maus Espíritos nas comunicações escritas não é, portanto, um perigo do Espiritismo, pois, se perigo há, não depende dele e é permanente. Nunca estaríamos suficientemente persuadidos desta verdade. Há apenas uma dificuldade, da qual, entretanto, fácil é triunfar, se a isto nos dedicarmos de maneira conveniente.

Podemos estabelecer como princípio que os maus Espíritos aparecem onde alguma coisa os atrai. Assim, quando se intrometem nas comunicações, é que encontram simpatias no meio onde se apresentam ou, pelo menos, lados fracos que esperam aproveitar; em todo caso está visto que não encontram uma força moral suficiente para os repelir. Entre as causas que os atraem devemos colocar, em primeiro lugar, as imperfeições morais de toda espécie, porque o mal sempre simpatiza com o mal; em segundo lugar, a demasiada confiança com que são acolhidas as suas palavras.

Quando uma comunicação denota uma origem má, seria ilógico inferir daí uma paridade necessária entre o Espírito e os evocadores. Frequentemente vemos pessoas muito honestas expostas às velhacarias dos Espíritos enganadores, como acontece no mundo com as pessoas decentes, enganadas pelos patifes; mas quando tomamos precauções, os patifes nada têm a fazer; é o que acontece também com os Espíritos. Quando uma pessoa honesta é por eles enganada, pode sê-lo por duas causas; a primeira é uma confiança absoluta, que a leva a prescindir de todo exame; a segunda é que as melhores qualidades não excluem certos lados fracos, e dão entrada aos maus Espíritos desejosos de descobrir as menores falhas da couraça. Não falamos do orgulho e da ambição, que são mais do que entraves: falamos de uma certa fraqueza de caráter e, sobretudo, dos preconceitos que esses Espíritos sabem explorar com habilidade, lisonjeando-os. É por isto que eles usam todas as máscaras, a fim de inspirar mais confiança.

As comunicações francamente grosseiras são as menos perigosas, pois a ninguém podem enganar. As que mais enganam são as que têm uma falsa aparência de sabedoria ou de seriedade, numa palavra, a dos Espíritos hipócritas e pseudossábios. Uns podem enganar de boa-fé, por ignorância, ou por fatuidade; outros só agem por astúcia. Vejamos qual o meio de nos desembaraçarmos deles.

A primeira coisa é não os atrair e evitar tudo quanto lhes possa dar acesso.

Como vimos, as disposições morais são uma causa preponderante. Entretanto, abstração feita dessa causa, o modo empregado não deixa de ter influência. Há pessoas que têm por princípio jamais fazer evocações e esperar a primeira comunicação espontânea saída do lápis do médium. Ora, se nos recordamos daquilo que ficou dito sobre a massa muito variada dos Espíritos que nos cercam, compreendemos sem dificuldade que isso é colocar-se à disposição do primeiro que vier, bom ou mau. E como nessa multidão os maus predominam em número sobre os bons, há mais oportunidade para os maus. É exatamente como se abríssemos a porta a todos os que passam pela rua, ao passo que pela evocação fazemos a escolha e, cercando-nos de bons Espíritos, impomos silêncio aos maus, que poderão, apesar disso, procurar por vezes insinuar-se. Os bons chegam mesmo a permiti-lo a fim de exercitar a nossa sagacidade em reconhecê-los. Nesse caso sua influência será nula.

As comunicações espontâneas têm uma grande utilidade quando temos a certeza da qualidade dos nossos acompanhantes. Então frequentemente nos devemos felicitar pela iniciativa deixada aos Espíritos. O inconveniente está apenas no sistema absoluto, que consiste em nos abstermos do apelo direto e das perguntas.

Entre as causas que influem poderosamente sobre a qualidade dos Espíritos que frequentam os Centros, não deve ser omitida a natureza das coisas de que ali se trata. Aqueles que se propõem um fim sério e útil atraem por isso mesmo Espíritos sérios; os que não visam senão a satisfazer uma vã curiosidade ou seus interesses pessoais, expõem-se pelo menos a mistificações, senão a algo pior. Em resumo, das comunicações espíritas podemos tirar os mais sublimes e os mais úteis ensinamentos, desde que os saibamos dirigir. Toda a questão está em não nos deixarmos levar pela astúcia dos Espíritos zombadores ou malévolos. Ora, para isso o essencial é saber com quem tratamos. Para começar, ouçamos a respeito os conselhos que o Espírito de São Luís dava à Sociedade Parisiense de Estudos Espíritas, através do Sr. R..., um dos seus bons médiuns. Trata-se de uma comunicação espontânea, recebida em sua casa, com a missão de transmiti-la à Sociedade:

"Por maior que seja a legítima confiança que vos inspiram os Espíritos que presidem aos vossos trabalhos, é recomendação nunca por demais repetida que deveis ter sempre presente em vossa mente, quando vos entregardes aos vossos estudos: pesai e refleti; submetei ao controle da razão a mais severa todas as comunicações que receberdes; desde que uma resposta vos pareça duvidosa ou obscura, não vos esqueçais de pedir os necessários esclarecimentos para vos orientardes.

"Sabeis que a revelação existiu desde os tempos mais remotos, mas foi sempre apropriada ao grau de adiantamento dos que a recebiam. Hoje não se trata de vos falar por imagens e parábolas: deveis receber nossos ensinamentos de uma maneira clara, precisa, e sem ambiguidades. Seria, entretanto, muito cômodo nada ter que perguntar para esclarecer; aliás, isso seria fugir às leis do progresso, que presidem a evolução universal. Não vos admireis, pois, se, para vos deixar o mérito da escolha e do trabalho, e também para punir as infrações que possais cometer aos nossos conselhos, seja por vezes permitido que certos Espíritos, mais ignorantes que mal intencionados, venham responder, em certos casos, às vossas perguntas. Em vez de ser isso um motivo de desencorajamento, deve ser um poderoso excitante para que procureis ardentemente a verdade. Ficai, pois, bem convictos de que, seguindo esse caminho, não podereis deixar de chegar a resultados felizes. Sede unidos de coração e de intenção; trabalhai todos; procurai, procurai sempre e achareis."

Luís

A linguagem dos Espíritos sérios e bons traz um cunho que torna impossível nos enganarmos, por menos que tenhamos de tato, raciocínio e de hábito de observação. Por mais que disfarcem as suas torpezas com o véu da hipocrisia, os maus Espíritos jamais podem representar indefinidamente o seu papel. Mostram sempre a ponta da orelha. Do contrário, se sua linguagem fosse imaculada, seriam bons Espíritos. A linguagem dos Espíritos nos dá, pois, o verdadeiro critério pelo qual podemos julgá-los. Sendo a linguagem a expressão do pensamento, tem sempre um reflexo das boas ou más qualidades do indivíduo. Não é também pela linguagem que julgamos as pessoas que não conhecemos? Se recebermos vinte cartas de vinte pessoas que jamais vimos, não ficaríamos diversamente impressionados por sua leitura? Não será pelas qualidades do estilo, pela escolha das expressões, pela natureza dos pensamentos e, até, por certos detalhes de forma, que reconheceremos naquele que nos escreve o homem rústico ou bem educado, o sábio ou o ignorante, o orgulhoso ou o modesto? Dá-se absolutamente o mesmo com os Espíritos.

Suponhamos que sejam homens que nos escrevem, e julguemo-los da mesma maneira. Julguemo-los severamente, pois os bons Espíritos de modo algum se sentirão ofendidos com essa escrupulosa investigação, porque são eles próprios que a recomendam como meio de controle. Sabemos que podemos ser enganados. Portanto, nosso primeiro sentimento deve ser o de desconfiança. Os maus Espíritos, que nos procuram induzir em erro podem temer o exame porque, longe de o provocar, querem ser acreditados sob palavra.

Deste princípio decorre muito natural e logicamente o meio mais eficaz de afastar os maus Espíritos e de nos premunirmos contra as suas maldades. O homem que não é ouvido deixa de falar; aquele que vê constantemente descobertas as suas astúcias vai praticá-las alhures; o ladrão ciente de que permanecemos em estado de alerta não faz tentativas inúteis. Assim os Espíritos enganadores deixam a partida quando sabem que nada podem fazer, ou quando encontram pessoas vigilantes que repelem tudo quanto lhes parece suspeito.

Para terminar, resta passar em revista os principais caracteres que denotam a origem das comunicações espíritas.

1. – Como já dissemos em várias ocasiões, os Espíritos superiores têm uma linguagem sempre digna, nobre, elevada, sem qualquer mistura de trivialidade. Dizem tudo com simplicidade e modéstia, jamais se gabam, não exibem saber nem posição entre os outros. A dos Espíritos inferiores ou vulgares tem sempre algum reflexo das paixões humanas. Toda expressão que demonstra baixeza, suficiência, arrogância, fanfarronada ou acrimônia é indício característico de inferioridade e de embuste, desde que o Espírito se apresente com um nome respeitável e venerado.

2. – Os bons Espíritos só dizem o que sabem. Calam-se ou confessam sua ignorância relativamente ao que não sabem. Os maus falam de tudo com segurança, sem se importarem com a verdade. Toda heresia científica notória, todo princípio que choca a razão e o bom senso revela fraude, desde que o Espírito se apresente como um esclarecido.

3. – A linguagem dos Espíritos elevados é sempre idêntica, senão

na forma, pelo menos no conteúdo. Os pensamentos são os mesmos, em qualquer tempo e lugar. Podem ser mais ou menos desenvolvidos, conforme as circunstâncias, as necessidades e as facilidades de comunicação, mas não serão contraditórios. Se duas comunicações com a mesma assinatura se encontrarem em oposição, uma delas será evidentemente apócrifa, e a verdadeira será aquela onde coisa alguma desminta o caráter conhecido do personagem. Quando uma comunicação apresenta o caráter de sublimidade e de elevação, sem nenhuma falha, emana de um Espírito elevado, seja qual for o seu nome; se contiver uma mistura de bom e de mau, será de um Espírito comum, se ele se apresentar como é; será de um Espírito impostor, se ele se apresentar com um nome que não pode justificar.

4. – Os bons Espíritos jamais ordenam; não impõem: aconselham e, se não forem ouvidos, retiram-se. Os maus são imperiosos: dão ordens e querem ser obedecidos. Todo Espírito que impõe trai a sua origem.

5. – Os bons Espíritos não adulam. Aprovam quando se faz o bem, mas sempre com reservas. Os maus fazem elogios exagerados, estimulam o orgulho e a vaidade, mesmo pregando a humildade, e procuram *exaltar a importância pessoal* daqueles a quem querem apanhar.

6. – Os Espíritos superiores se sobrepõem às puerilidades formais em *todas as coisas*. Para eles, o pensamento é tudo, a forma nada vale. Só os Espíritos vulgares podem ligar importância a certos detalhes incompatíveis com as ideias realmente elevadas. *Toda prescrição* meticulosa é sinal certo de inferioridade e de embuste da parte do Espírito que toma um nome importante.

7. – É preciso desconfiar dos nomes bizarros e ridículos que tomam certos Espíritos, desejosos de impor-se à credulidade. Seria supremo absurdo levar a sério esses nomes.

8. – Deve-se igualmente desconfiar daqueles que se apresentam com muita facilidade com nomes extremamente venerados, e não aceitar suas palavras senão com as maiores reservas. Nesses casos, principalmente, é indispensável um severo controle, porque em geral é uma máscara que adotam para nos fazer crer em supostas relações íntimas com Espíritos de grande elevação. Por esse meio lisonjeiam a vaidade,

que exploram, a fim de induzir com frequência a atitudes lamentáveis ou ridículas.

9. – Os bons Espíritos são muito escrupulosos no tocante às providências que podem aconselhar. Em todos os casos estas têm sempre um objetivo sério e eminentemente útil. Devemos, pois, considerar como suspeitas todas aquelas que não tiverem esse caráter, e refletir maduramente antes de as adotar.

10. – Os bons Espíritos só prescrevem o bem. Toda máxima, todo conselho que não estiver *estritamente conforme a pura caridade evangélica* não pode ser obra de bons Espíritos. O mesmo acontece com toda insinuação malévola, tendente a excitar ou alimentar sentimentos de ódio, de ciúme e de egoísmo.

11. – Os bons Espíritos só aconselham coisas perfeitamente razoáveis. Toda recomendação que se afaste da *linha reta do bom senso ou das leis imutáveis da Natureza* denota um Espírito limitado e ainda sob a influência dos preconceitos terrenos. Consequentemente, pouco digno de confiança.

12. – Os Espíritos maus ou simplesmente imperfeitos ainda se traem por sinais materiais, com os quais não nos poderíamos enganar. Sua ação sobre o médium é por vezes violenta, e provoca na sua escrita movimentos bruscos e sacudidos, uma agitação febril e convulsiva, que contrasta com a calma e a suavidade dos bons Espíritos.

13. – Outro sinal de sua presença é a obsessão. Os bons Espíritos jamais obsidiam. Os maus se impõem em todos os momentos. É por isso que todo médium deve desconfiar da irresistível necessidade de escrever que dele se apodera nos mais inoportunos momentos. Jamais se trata de um bom Espírito, e ele não deve jamais ceder.

14. – Entre os Espíritos imperfeitos, que se imiscuem nas comunicações há os que, por assim dizer, se insinuam furtivamente, como para fazer uma brincadeira, mas que se retiram tão facilmente como vieram, e isso na primeira intimação; outros, ao contrário, são tenazes, agarram-se ao indivíduo e só cedem contra a vontade e com persistência. Apoderam-se dele, subjugam-no e o fascinam a ponto de induzi-lo a aceitar os mais grosseiros absurdos, como se fossem coisas admiráveis. Feliz dele quando criaturas de sangue frio conseguem abrir-lhe os olhos, o que nem sempre é fácil, porque esses Espíritos têm a arte de inspirar a

desconfiança e o afastamento de quem quer que os possa desmascarar. Daí se segue que devemos ter por suspeito de inferioridade e de más intenções todo Espírito que prescreve o afastamento das pessoas que podem dar bons conselhos. O amor próprio vem em seu auxílio, porque nos é difícil confessar que fomos vítimas de uma mistificação e reconhecer um velhaco naquele sob cujo patrocínio sentíamos a honra de nos colocarmos. Essa ação do Espírito é independente da faculdade de escrever. Em falta da escrita, o Espírito malévolo tem mil e um modos de agir e enganar. Para ele a escrita é um meio de persuasão, mas não é uma causa; para o médium, é um meio de esclarecer-se.

Passando todas as comunicações espíritas pelo controle das considerações precedentes, reconheceremos facilmente a sua origem e poderemos destruir a malícia dos Espíritos enganadores, que só se dirigem àqueles que se deixam enganar comodamente. Se nos vissem ajoelhar ante as suas palavras, disso tirariam partido como o fazem os simples mortais. A nós, pois, cabe provar-lhes que perdem o tempo. Acrescentemos que para isso a prece é poderoso auxílio; por ela atraímos a assistência de Deus e dos bons Espíritos, aumentando nossa própria força. É conhecido o preceito: *Ajuda-te e o céu te ajudará.* Deus quer assistir-nos, mas com a condição de que, por nosso lado, façamos aquilo que é necessário.

A esse preceito juntamos um exemplo. Um dia veio ver-me um senhor que eu não conhecia, e me disse que era médium. Recebia comunicações de um Espírito *muito elevado*, que o tinha encarregado de vir a mim fazer uma revelação relativa a uma trama que, na sua opinião, era urdida contra mim, por parte de inimigos secretos que designou. E acrescentou: "Quer que escreva em sua presença?" Com prazer, respondi eu. Mas, para começar, devo dizer-lhe que esses inimigos são menos temerosos do que o senhor supõe. Sei que os tenho. Quem não os tem? E os mais encarniçados em geral são aqueles a quem mais beneficiamos. Tenho consciência de jamais ter feito voluntariamente mal a alguém. Aqueles que me fizerem mal não poderão dizer o mesmo, e entre nós, Deus será juiz. Contudo, vejamos o conselho que o Espírito quer dar-me. Então aquele senhor escreveu o seguinte:

"Ordenei a C... (nome daquele senhor), que é facho de luz dos bons Espíritos, dos quais recebeu a missão de a espalhar entre os seus irmãos, que fosse à casa do Sr. Allan Kardec, o qual deverá crer cegamente no que eu lhe disser, porque estou entre os eleitos prepostos por Deus para velar pela salvação dos homens, e porque lhe venho anunciar a verdade..."

É bastante, disse-lhe eu; não vale a pena continuar. Este exórdio é suficiente para mostrar o tipo do Espírito com quem o senhor está tratando. Direi apenas uma palavra: para um Espírito que quer ser astucioso, ele está muito desajeitado.

Esse senhor pareceu bastante escandalizado do pouco caso que eu fazia do seu Espírito, que tivera a ingenuidade de tomar por algum arcanjo ou, pelo menos, por algum santo de primeira classe, vindo especialmente para ele. Disse-lhe eu: "Esse Espírito mostra a ponta das orelhas nas poucas palavras que acaba de escrever. Convenhamos que sabe muito mal esconder o seu jogo. Para começar, ordena. Portanto, quer ter o senhor na sua dependência, o que é característico dos Espíritos obsessores; chama-o *facho de luz dos bons Espíritos*, linguagem sofrivelmente enfática e ambígua, muito distanciada da simplicidade que caracteriza a dos bons Espíritos; por ela lisonjeia o seu orgulho, exalta a sua importância, o que basta para torná-lo suspeito. Ele se coloca sem nenhuma cerimônia entre os eleitos prepostos de Deus. Isto é jactância indigna de um Espírito realmente superior. Por fim me disse que devo crer *cegamente*. Isto coroa a obra. Eis aí o estilo desses Espíritos mentirosos, que querem que neles acreditemos sob palavra, pois sabem que num exame sério tudo têm a perder. Com um pouco mais de perspicácia poderia ter visto que não me vergo às belas palavras e que agia muito mal prescrevendo-me uma confiança cega. Daí concluo que o senhor é joguete de um Espírito que o mistifica e abusa da sua boa-fé. Aconselho-o a prestar muita atenção a isso, porque, se o senhor não se guardar, poderá ser vítima de uma ação prejudicial".

Não sei se o cavalheiro aproveitou o aviso, porque não o vi mais, nem ao seu Espírito. Eu não terminaria nunca se fosse contar todas as comunicações desse gênero que me têm sido submetidas, por vezes muito seriamente, como emanando dos maiores santos, da Virgem Maria e do próprio Cristo. E seria realmente curioso ver as torpezas levadas à conta desses nomes venerados. É preciso ser cego para enganar-se quanto à sua origem, quando, muitas vezes, uma única palavra equívoca, um único pensamento contraditório bastam para fazer descobrir a mentira a quem se dá o trabalho de refletir. Como exemplos notáveis, em apoio disso, aconselhamos os nossos leitores a lerem os artigos publicados nos números da *Revista Espírita* dos meses de julho e outubro de 1858.

CONFISSÃO DE VOLTAIRE

A propósito da entrevista de Voltaire e de Frederico, que publicamos no último número da *Revista*, um dos nossos correspondentes de Boulogne nos envia a seguinte comunicação, que publicamos com tanto maior satisfação quanto apresenta um aspecto eminentemente instrutivo do ponto de vista espírita. Aquele correspondente a precedeu de algumas reflexões, que não queremos omitir.

"Se existe um homem, mais que qualquer outro, que deve sofrer castigos eternos, esse homem é Voltaire. A cólera e a vingança de Deus persegui-lo-ão para sempre. É o que nos dizem os teólogos da velha escola.

"Que dizem agora os mestres da Teologia moderna? É possível, dizem eles, que desconheçais o homem, não menos que o Deus de que falais; evitai as paixões inferiores do ódio e da vingança e não maculeis o vosso Deus com isso. Se Deus se inquieta com esse pobre pecador, se toca nesse inseto, será para arrancar-lhe o ferrão, para endireitar-lhe a cabeça exaltada e o coração transviado. Digamos ainda que Deus lê nos corações de modo diverso que vós; encontra o bem onde encontrais o mal. Se dotou aquele homem de um grande gênio foi em benefício da raça, e não em seu prejuízo. Que importa, então, as suas primeiras extravagâncias e as suas atitudes de franco atirador entre vós? Uma alma dessa têmpera não poderia proceder de outro modo: a mediocridade era-lhe impossível, fosse no que fosse. Agora que se orientou, que jogou fora as patas e os dentes de potro indomável na sua pastagem terrena, que vem a Deus como um dócil corcel, mas sempre grande, é tão soberbo para o bem como o foi para o mal.

"No artigo que segue veremos por que meio foi operada esta transformação; veremos nosso garanhão dos desertos, com a crina ondulante, as narinas ao vento, correndo através dos espaços do Universo. É que lá, com o pensamento solto, encontrou essa liberdade que era a sua essência, e a respirou a plenos pulmões, nessa respiração em que haure a vida!

"E o que lhe aconteceu?

"Perdeu-se e confundiu-se. O grande pregador do nada achou, enfim, o nada; mas não como o compreendia. Humilhado, agastado consigo mesmo, transtornado com a sua pequenez, ele que se julgava tão grande foi aniquilado diante de seu Deus. Ei-lo de rosto no chão; espera a sua sentença. E essa sentença diz: – Levanta-te, meu filho, ou vai-te, miserável! O veredito será encontrado na comunicação que se segue.

"Esta confissão de Voltaire terá tanto mais valor na *Revista Espírita* quanto mais ela no-lo mostra em seu duplo aspecto. Vimos que alguns Espíritos naturalistas e materialistas, de cabeça virada tanto quanto seu mestre, mas sem o sentimento deste, persistiriam em se vangloriar no seu cinismo. Que fiquem no seu inferno enquanto lhes aprouver desafiar o céu e menoscabar tudo o que constitui a felicidade do homem. É lógico e é o seu próprio lugar. Mas também achamos lógico que aqueles que reconhecem os seus erros sejam recompensados. Assim, creio que não nos arvoramos em apologistas do velho Voltaire. Aceitamo-lo apenas no seu novo papel e nos alegramos com a sua conversão, que glorifica a Deus e não pode deixar de impressionar vivamente àqueles que ainda hoje se deixam arrastar pelos seus escritos. Lá está o veneno, aqui está o antídoto. Esta comunicação, traduzida do inglês, é extraída da obra do juiz Edmonds, publicada nos Estados Unidos. Tem a forma de uma conversa entre Voltaire e Wolsey, o célebre cardeal inglês do tempo de Henrique VIII. Dois médiuns serviram para a transmissão do diálogo:

Voltaire – Que imensa revolução ocorreu no pensamento humano desde que deixei a Terra!

Wolsey – Com efeito, essa infidelidade de que vos censuravam então cresceu desmesuradamente desde aquela época. Não que ela tenha hoje tantas pretensões; mas é mais profunda e mais universal; e, a menos que consigam detê-la, ameaça tragar a Humanidade no materialismo, mais do que o fez durante os séculos.

Voltaire – Infidelidade em que e referente a quem? Trata-se da lei de Deus e do homem? Pretendes acusar-me de infidelidade porque não me foi possível submeter-me aos acanhados preconceitos das seitas que me cercavam? É que a minha alma pedia amplidão de pensamento e um raio de luz além das doutrinas humanas. Sim, minha alma entenebrecida tinha sede de luz.

Wolsey – Eu também só queria falar da infidelidade que vos era *atribuída*, mas, infelizmente, não sabeis quanto essa imputação ainda vos pesa. Eu não vos quero censurar, mas vos manifestar o meu pesar porque o vosso desprezo pelas doutrinas em voga, que eram apenas materiais e inventadas pelos homens, não poderia prejudicar um Espírito semelhante ao vosso. Mas essa mesma causa, que agia sobre o vosso Espírito, operava igualmente sobre outros, demasiado fracos e pequenos para chegarem aos mesmos resultados que vós. Eis, pois, como aquilo que em vós era apenas uma negação dos dogmas dos homens se traduzia nos outros pela negação de Deus. Desta fonte é que se espalhou com rapidez terrível a dúvida sobre o futuro do homem. Eis também porque o homem, limitando a este mundo todas as suas aspirações, caiu cada vez mais no egoísmo e no ódio ao próximo. E a causa, sim, a causa desse estado de coisas que deve ser procurada e, uma vez achada, o remédio será relativamente fácil. Dizei-me: conheceis esta causa?

Voltaire – Na verdade, havia nas minhas opiniões, tais como foram dadas ao mundo, um sentimento de amargura e de sátira. Mas notai que então eu tinha o Espírito dilacerado, por assim dizer, por uma luta interior. Eu olhava a Humanidade como se me fosse inferior em inteligência e em perspicácia; via apenas marionetes que podiam ser conduzidos por qualquer homem dotado de vontade forte. Mas me indignava ver que essa Humanidade, arrogando-se uma existência imortal, era amassada com elementos ignóbeis. Seria possível crer que um ser dessa espécie fizesse parte da Divindade e que pudesse com suas mesquinhas mãos agarrar a imortalidade? Essa lacuna entre duas existências tão desproporcionadas me chocava e eu não a podia preencher. No homem eu via apenas o animal e não Deus.

Reconheço que em alguns casos minhas opiniões tiveram influência nefasta. Tenho, porém, a convicção de que, sob outros aspectos, tiveram seu lado bom. Elas puderam levantar várias almas que se haviam degradado na escravidão; quebraram as cadeias do pensamento e deram asas a grandes aspirações. Mas, ah! Eu também, que planava tão alto, perdi-me como os outros.

Se em mim a parte espiritual se houvesse desenvolvido tão bem quanto a material, eu teria podido raciocinar com mais discernimento. Confundindo-as, perdi de vista essa imortalidade da alma, que tanto procurava e desejava encontrar. Assim, tão empolgado me achava nessa luta com o mundo, que cheguei, quase contra minha vontade, a negar a existência de um futuro. A oposição que fazia às tolas opiniões, à cega credulidade dos homens, impelia-me a negar ao mesmo tempo e a contradizer todo o bem que a religião cristã poderia fazer. Contudo, por mais descrente que fosse, sentia que era superior aos meus adversários; sim, muito além do alcance da sua inteligência. A bela face da Natureza revelava-me o Universo, inspirava-me o sentimento de uma vaga veneração, misturada ao desejo de uma liberdade sem limites, sentimento que eles jamais experimentavam, agachados que estavam nas trevas da escravidão.

Minhas obras tiveram, pois, seu lado bom, porque sem elas o mal que teria atingido a Humanidade, por falta de qualquer oposição, teria sido pior. Muitos homens não aceitavam mais a servidão; entre eles, muitos se libertaram; e se aquilo que eu pregava lhes deu um único pensamento elevado, ou lhes fez dar um único passo no caminho da Ciência, não era isto abrir-lhes os olhos para a sua verdadeira condição? O que eu lamento é ter vivido tanto tempo na Terra sem saber o que teria podido ser e o que teria podido fazer. O que não teria feito se tivesse sido abençoado por essas luzes do Espiritismo, que se derramam hoje sobre os Espíritos dos homens!

Descrente e vacilante, entrei no mundo espírita. Minha presença, por si só, bastava para espantar qualquer clarão que tivesse podido iluminar a minha alma obscurecida; era a parte material de meu ser que se havia desenvolvido na Terra; quanto à parte espiritual, esta se havia perdido em meio aos meus transvios, na busca da luz: encontrava-se como que encerrada numa prisão de ferro. Altivo e zombeteiro, ali me iniciava, nem conhecendo, nem procurando conhecer esse futuro que tanto havia combatido quando no corpo. Mas anotemos aqui esta confissão: houve sempre em minha alma uma débil voz que se fazia ouvir através dos grilhões materiais e que pedia luz. Era uma luta incessante entre o desejo de saber e uma obstinação em não saber. Assim, pois, minha entrada estava longe de ser agradável. Não acabava eu de descobrir a falsidade e o nada das opiniões que havia sustentado com todas as forças de minhas faculdades? Depois de tudo, o homem se reconhecia imortal e eu não podia deixar de ver que, igualmente, deveria existir um Deus, um Espírito imortal que estava à frente e que governava esse espaço ilimitado que me circundava.

Como viajava incessantemente, sem me conceder nenhum repouso, a fim de me convencer de que esse ainda bem podia ser um mundo material, em que me encontrava, minha alma lutou contra a verdade que me esmagava! Eu não pude me realizar como Espírito que acabava de deixar a sua morada mortal! Não houve ninguém com quem pudesse estabelecer relações, porque eu tinha recusado a todos a imortalidade. Não havia repouso para mim: estava sempre errante e duvidoso. Em mim o Espírito, tenebroso e amargo, era como um maníaco, incapaz de seguir uma orientação ou de se deter.

Foi assim, já disse, como zombeteiro e lançando um desafio, que abordei o mundo espírita. A princípio fui conduzido longe das habitações dos Espíritos, e percorri o espaço imenso. A seguir foi-me permitido lançar o olhar sobre as construções maravilhosas, habitadas pelos Espíritos e, com efeito, pareceram-me surpreendentes. Fui arrastado aqui e ali por uma força irresistível. Era obrigado a ver, e ver até que a minha alma ficasse deslumbrada pelos esplendores e esmagada ante o poder que controlava tais maravilhas. Por fim, fui levado a querer esconder-me e acocorar-me nas cavidades das rochas, mas não o conseguia.

Foi então que o meu coração começou a sentir a necessidade de expandir-se. Tornava-se urgente uma associação qualquer, porque eu me sentia queimar pelo desejo de confessar quanto tinha sido induzido em erro, não pelos outros, mas por meus próprios sonhos. Não me restava mais nenhuma ilusão sobre a minha importância pessoal, porque sentia imensamente a minha pequenez neste grande mundo dos Espíritos. Eu tinha, enfim, caído de tal modo no cansaço e na humilhação, que me foi permitido reunir-me a alguns habitantes. Foi então que pude contemplar a posição em que me havia colocado na Terra e o que disso resultava no mundo espírita. Imaginai se esta apreciação podia ser risonha.

Uma revolução completa, uma transformação de ponta a ponta ocorreu no meu organismo espírita e, de mestre que eu era, tornei-me o mais ardente dos discípulos. Com a expansão intelectual que em mim encontrava, que progresso não fiz! Minha alma se sentia iluminada e abrasada pelo amor divino; suas aspirações à imortalidade, de constrangidas que eram, tomaram gigantesca expansão. Eu via quão grandes tinham sido os meus erros e quão maior devia ser a reparação, para

278 REVISTA ESPÍRITA

espiar tudo quanto tinha feito ou dito e que tivesse podido seduzir ou enganar a Humanidade. Como são magníficas essas lições da sabedoria e da beleza celeste! Ultrapassam tudo quanto na Terra teria podido imaginar.

Em resumo, vivi bastante para reconhecer na minha existência terrena uma guerra encarniçada entre o mundo e a minha natureza espiritual. Lamentei profundamente as opiniões que expendi e que desviaram muita gente; mas, ao mesmo tempo, é penetrado de gratidão ao Criador, o infinitamente sábio, que sinto ter sido um instrumento para auxiliar os Espíritos dos homens a voltar-se para o exame e o progresso.

Observação: Nenhum comentário adicionaremos a esta comunicação, cuja profundeza e cujo alcance todos apreciarão, e na qual se encontra toda a superioridade do gênio. É possível que jamais tenha sido dado um quadro tão grandioso e impressionante do mundo espírita e da influência das ideias terrenas sobre as ideias de além-túmulo. Na palestra que publicamos em nosso número anterior encontra-se o mesmo lastro de ideias, embora menos desenvolvidas e expressas menos poeticamente. Aqueles que apenas apreciam a forma talvez digam que não reconhecem essas duas comunicações como sendo do mesmo Espírito, e que, sobretudo a última, não lhes parece à altura de Voltaire. Disso concluirão que uma delas não é dele.

Certamente, quando o chamamos, ele não nos trouxe o seu registro civil, mas quem quer que veja abaixo da superfície ficará tocado pela identidade de pontos de vista e de princípios existentes entre essas duas comunicações, obtidas em épocas diversas, a uma enorme distância e em línguas diferentes. Se o estilo não é o mesmo, não há contradição de pensamento, e isto é o essencial. Mas se foi o mesmo Espírito que falou nas duas comunicações, por que é tão explícito e poético em uma delas, quanto lacônico e vulgar na outra? É preciso não ter estudado os fenômenos espíritas para não o compreender. O fato se deve à mesma causa que leva um Espírito a dar encantadoras poesias por um médium e não poder ditar um único verso por outro. Conhecemos médiuns que absolutamente não fazem versos, mas recebem poesias admiráveis, assim como há outros que jamais aprenderam desenho e fazem composições de coisas maravilhosas. É necessário, pois, reconhecer que, abstração feita das qualidades intelectuais, há nos médiuns aptidões especiais que os tornam, para certos Espíritos, instrumentos mais ou menos flexíveis e mais ou menos cômodos. Dizemos para certos Espíritos, porque estes também têm suas preferências, fundadas em razões que nem sempre conhecemos. Assim, o mesmo Espírito será mais ou menos explícito, segundo o médium que lhe serve de intérprete e, sobretudo, segundo o hábito que tenha de utilizá-lo. Além disso, é certo que um Espírito que se comunica frequentemente pela mesma pessoa o faz com mais facilidade que outro que venha pela primeira vez. A emissão do pensamento pode, pois, ser entravada por várias causas; mas, quando é o mesmo Espírito, o fundo do pensamento é o mesmo, embora a forma seja diferente, e o observador atento poderá reconhecê-lo com facilidade por certos traços característicos.

A propósito, relataremos o fato seguinte:

O Espírito de um soberano, que representou no mundo um papel preponderante, foi chamado a uma de nossas reuniões. Começou por um ato de cólera, rasgando o papel e quebrando o lápis. Sua linguagem estava longe de ser benevolente: sentia-se humilhado entre nós, e perguntou se julgávamos que devesse rebaixar-se a nos responder. Contudo concordava que, se o fazia, era como que constrangido e obrigado por uma força superior à sua; mas que, se isso dele dependesse, não o faria.

Um dos nossos correspondentes na África, que não tinha nenhum conhecimento do fato, escreveu-nos que, numa reunião em que tomara parte, quiseram evocar o mesmo Espírito. Em todos os pontos sua linguagem foi idêntica. Disse ele: "Credes que eu viria voluntariamente a esta casa de negociantes, que talvez um dos meus criados não quisesse habitar? Não vos respondo. Isso me lembra o meu reino, onde era feliz; tinha autoridade sobre todo o meu povo, e agora devo submeter-me". O Espírito de uma rainha, que em vida não se distinguira pela bondade, assim respondeu no mesmo grupo: "Não me interrogueis mais, pois me aborreceis. Se ainda tivesse o poder que tinha na Terra, eu vos faria arrepender bastante. Mas agora que nada posso sobre vós, zombais de mim e da minha miséria. Sou muito infeliz"!

Não está aqui um curioso estudo dos costumes espíritas?

PALESTRAS FAMILIARES DE ALÉM-TÚMULO

UM OFICIAL DO EXÉRCITO DA ITÁLIA

Segunda Palestra

SOCIEDADE, 1.º DE JULHO DE 1859 (Vide o n.º de julho).

1. (*Evocação*). R – Eis-me aqui. Falai.

2. – Prometestes voltar a ver-nos e aproveitamos a ocasião para vos pedir algumas explicações complementares. R – Com prazer.

3. – Depois da vossa morte assististes a alguns combates? R – Sim, ao último.

4. – Quando, como Espírito, sois testemunha de um combate e vedes os homens se estraçalharem, experimentais algum sentimento de horror, como nós experimentaríamos se assistíssemos a cenas semelhantes? R – Sim, eu o experimentava, mesmo como homem, mas então o respeito humano recalcava esse sentimento como indigno de um soldado.

5. – Há Espíritos que sentem prazer vendo essas carnificinas? R – Poucos.

6. – Ao verem isso, que sentimentos experimentam os Espíritos de uma ordem superior? R – Grande compaixão, quase desprezo. Aquilo que vós mesmos experimentais ao verdes os animais se dilacerarem entre si.

7. – Assistindo a um combate e vendo homens morrer, testemunhais a separação entre alma e corpo? R – Sim.

8. – Nesse momento vedes dois indivíduos, o Espírito e o corpo? R – Não, que é então o corpo?

– Mas nem por isso o corpo deixa de estar lá. Não deve ser distinto do Espírito? R – Um cadáver, sim; mas não é mais um ser.

9. – Qual a aparência que tem então o Espírito? R – Leve.

10. – O Espírito afasta-se imediatamente do corpo? Peço-vos a fineza de descrever tão explicitamente quanto possível as coisas como se passam e como nós as veríamos, se fôssemos testemunhas. R – Há poucas mortes realmente instantâneas. A maior parte do tempo o Espírito, cujo corpo foi atingido por uma bala ou uma granada, diz a si mesmo: "Vou morrer, pensemos em Deus e no céu. Adeus Terra que eu amava". Depois desse primeiro sentimento, a dor o arranca do corpo; e é então que podemos distinguir o Espírito *que se move* ao lado do cadáver. Isto parece tão natural que a vista do corpo morto não produz efeito desagradável. Tendo sido toda a vida transportada para o Espírito, só este chama a atenção; é com este que conversamos ou a este que damos ordens.

Observação: Poderíamos comparar esse efeito se produzido por um grupo de banhistas. O espectador não presta nenhuma atenção às roupas que deixaram na praia.

11. – Geralmente, surpreendido por uma morte violenta, durante algum tempo o homem não se julga morto. Como se explica a sua situa-

ção, e como pode ele ter ilusões, desde que deve sentir muito bem que o seu corpo não é mais material e resistente? R – Ele o sabe, ele não tem ilusão.

Observação: Isso não é perfeitamente exato. Sabemos que há Espíritos que em certos casos têm essa ilusão e julgam não estar mortos.

12. – No fim da batalha de Solferino desabou uma violenta tempestade. Foi por uma circunstância fortuita ou por um desígnio providencial? R – Toda circunstância fortuita é resultado da vontade de Deus.

13. – Essa tempestade tinha um objetivo? Qual seria ele? R – Sim, por certo: cessar o combate.

14. – Foi provocada no interesse de uma das partes beligerantes? Qual delas? R – Sim, sobretudo para os nossos inimigos.

– Por quê? Explicai-vos mais claramente. R – Perguntais-me por quê? Não sabeis que, sem essa tempestade, nossa artilharia não teria deixado escapar nenhum austríaco?

15. – Se essa tempestade foi provocada, deve ter tido os seus agentes. Quais eram estes? R – A eletricidade.

16. – É o agente material. Mas há Espíritos que tenham por atribuição conduzir os elementos? R – Não, basta a vontade de Deus. Ele não necessita de auxiliares tão comuns.

(Vide mais adiante o artigo sobre as tempestades).

O GENERAL HOCHE

(SOCIEDADE, 22 DE JULHO DE 1859)

1. (*Evocação*). R – Estou convosco.

2. – A Sra. J... nos disse que vos tínheis comunicado espontaneamente com ela. Com que intenção o fizestes, uma vez que ela não vos havia chamado? R – Ela é quem me traz. Eu desejava ser chamado por vós e sabia que, indo à casa dela, seríeis informados e provavelmente me evocaríeis.

3. – Dissestes a ela que estáveis acompanhando as operações militares na Itália. Isso é natural. Poderíeis dizer-nos o que pensais a respeito? R – Elas produziram grandes resultados. Em meu tempo a gente se batia mais longamente.

4. – Assistindo a essa guerra, tendes um papel ativo? R – Não, simples espectador.

5. – Outros generais do vosso tempo lá estiveram convosco? R – Sim, bem o podeis supor.

6. – Poderíeis apontar alguns? R – Seria inútil.

7. – Dizem-nos que Napoleão I estava presente, o que não é difícil de acreditar. Quando das primeiras guerras da Itália, ele era simples general. Poderíeis dizer-nos se nessa ele via as coisas do ponto de vista do general ou do imperador? R – Dos dois, e ainda de um terceiro: do diplomata.

8. – Quando vivo, vosso posto era mais ou menos igual ao dele. Como depois da vossa morte ele subiu muito, poderíeis dizer-nos, como Espírito, se o considerais vosso superior? R – Aqui reina a igualdade. O que perguntais com isso?

Observação: Sem dúvida ele entende como igualdade que os Espíritos não levam em conta as distinções terrenas, com as quais de fato pouco se preocupam e que nada vale entre eles Mas a igualdade moral está longe de existir. Há entre eles uma hierarquia e uma subordinação, baseadas nas qualidades adquiridas, e ninguém pode subtrair-se ao ascendente daqueles que são mais elevados e mais puros.

9. – Acompanhando as peripécias da guerra, previeis a paz tão próxima? R – Sim.

10. – Isso era para vós simples previsão ou tínheis um conhecimento prévio e certo? R – Não, me haviam dito.

11. – Sois sensível à lembrança que de vós guardamos? R – Sim, mas eu fiz tão pouco.

12. – Vossa viúva acaba de morrer. Vós a encontrastes imediatamente? R – Eu a esperava. Hoje vou deixá-la: a existência me chama.

13. – É na Terra que deveis ter uma nova existência? R – Não.

14. – O mundo para onde devereis ir nos é conhecido? R – Sim, Mercúrio.

15. – Esse mundo é moralmente superior ou inferior à Terra? R – Inferior. Eu o elevarei, eu contribuirei para fazê-lo classificar-se melhor.

16. – Atualmente conheceis esse mundo para onde deveis ir? R – Sim, muito bem, talvez melhor do que o conhecerei quando o habitar.

Observação: Esta resposta é perfeitamente lógica. Como Espírito, ele vê o mundo em seu conjunto; como encarnado, vê-lo-á do ponto de vista restrito da sua personalidade e da posição social que ocupar.

17. – Do ponto de vista físico, os habitantes desse mundo são tão materiais quanto os da Terra? R – Sim, completamente. E mais ainda.

18. – Fostes vós que escolhestes esse mundo para vossa nova existência? R – Não, não. Eu teria preferido uma terra calma e feliz. Lá encontrarei torrentes de mal a combater e furores de crimes a punir.

Observação: Quando nossos missionários cristãos vão aos povos bárbaros para tentar fazer que neles penetrem os germes da civilização, não desempenham uma função análoga? Por que então nos admirarmos de que um Espírito elevado vá a um mundo atrasado, com o fito de fazê-lo progredir?

19. – Essa existência vos é imposta por constrangimento? R – Não, foi-me aconselhada; fizeram-me compreender que o destino, a Providência, se assim quiserdes, ali me chamava. É como a morte antes de subir ao céu: é preciso sofrer e, infelizmente, eu não sofri bastante.

20. – Sois feliz como Espírito? R – Sim, sem dificuldades.

21. – Quais foram as vossas ocupações como Espírito, desde o momento em que deixastes a Terra? R – Visitei o mundo, a Terra, inteiramente. Isso exigiu um período de alguns anos. Aprendi as leis que Deus emprega para conduzir todos os fenômenos que contribuem para a vida terrena. Depois, fiz o mesmo em outras esferas.

22. – Nós vos agradecemos por terdes atendido a nosso apelo. R – Adeus. Não me vereis mais.

MORTE DE UM ESPÍRITA

(SOCIEDADE, 8 DE JULHO DE 1859)

O Sr. J..., negociante do departamento de La Sarthe, morto a 15 de julho de 1859, era, sob todos os pontos de vista, um homem de bem e de uma caridade sem limites. Tinha feito um estudo sério do Espiritismo e era um de seus fervorosos adeptos. Como assinante da *Revista Espírita*, estava em contato indireto conosco, sem que nos tivéssemos visto. Evocando-o, temos como objetivo não só corresponder ao desejo de seus parentes e amigos, como de lhe dar pessoalmente um testemunho de nossa simpatia e agradecer-lhe gentilezas que de nós havia dito e pensado. Além disso, era para nós motivo de estudo interessante, do ponto de vista da influência que pode ter o conhecimento aprofundado do Espiritismo sobre o estado da alma depois da morte.

1. (*Evocação*). R – Aqui estou há muito tempo.

2. – Jamais tive o prazer de ver-vos. Não obstante, vós me reconheceis? R – Reconheço-vos tanto melhor, quanto frequentemente vos visitei e tive mais de uma palestra convosco, como Espírito, durante a minha vida.

Observação: Isso confirma o fato muito importante, do qual temos numerosos exemplos, das comunicações que entre si tem os homens, sem o saber, durante a vida. Assim, durante o sono do corpo, os Espíritos viajam e se visitam reciprocamente. Despertando, conservam intuição das ideias que adquiriram nessas palestras ocultas, cuja fonte ignoram. Dessa maneira, temos durante a vida uma existência dupla: a corporal, que nos dá a vida de relação exterior, e a espírita, que nos dá a vida de relação oculta.

3. – Sois mais feliz do que na Terra? R – E sois vós que perguntais?

4. – Compreendo. Entretanto, desfrutáveis uma fortuna honradamente adquirida, que vos proporcionava os prazeres da vida; tínheis a estima e a consideração granjeadas pela vossa bondade e vossa beneficência. Poderíeis dizer-nos em que consiste a superioridade de vossa felicidade atual? R – Consiste naturalmente na satisfação que me proporciona a lembrança do pouco bem que fiz, e na certeza do futuro que ele me promete. Não considerais alguma coisa a ausência de inquietudes e dificuldades da vida? De sofrimentos corporais e de todos esses tormentos que nós criamos, a fim de satisfazer às necessidades do corpo? Durante a vida, a agitação, a ansiedade, as angústias incessantes, mesmo em meio à fortuna; aqui, a tranquilidade e o repouso: é a calma depois da tempestade.

5. – Seis semanas antes de morrer, dizíeis ter ainda que viver cinco anos. De onde vinha essa ilusão, quando tantas pessoas pressentem a morte próxima? R – Um Espírito benevolente queria afastar da minha mente esse momento que, sem o confessar, eu tinha a fraqueza de temer, embora soubesse do futuro do Espírito.

6. – Havíeis vos aprofundado seriamente na Ciência Espírita. Poderíeis dizer-nos se, ao entrar no mundo dos Espíritos, encontrastes

as coisas como as imagináveis? R – Mais ou menos a mesma coisa, salvo algumas questões de detalhe, que eu tinha compreendido mal.

7. – A leitura atenta que fazíeis da *Revista Espírita* e de *O Livro dos Espíritos* vos ajudaram bastante nisso? R – Incontestavelmente. Foi isso principalmente o que preparou a minha entrada na verdadeira vida.

8. – Sentistes algum espanto quando vos encontrastes no mundo dos Espíritos? R – Impossível que fosse de outro modo. Contudo, espanto não é bem o vocábulo: melhor seria dizer admiração. É tão difícil fazer-se uma ideia do que é isto!

Observação: Aquele que, antes de ir habitar um país, o estudou nos livros, identificou-se com os costumes dos seus habitantes, com a sua configuração, o seu aspecto, por meio de desenhos, de plantas e de descrições, fica sem dúvida menos surpreendido do que o que não leva nenhuma ideia. Entretanto, a realidade lhe mostra uma porção de detalhes que não tinha previsto e que o impressionam. Deve-se dar o mesmo no mundo dos Espíritos, cujas maravilhas não podemos totalmente compreender, porque há coisas que ultrapassam o nosso entendimento.

10. – Deixando o corpo, vistes e reconhecestes imediatamente alguns Espíritos junto a vós? R – Sim, e Espíritos queridos[1].

11. – Que pensais agora do futuro do Espiritismo? R – Um futuro mais belo do que pensais, apesar da vossa fé e do vosso desejo.

12. – Vossos conhecimentos relativos a assuntos espíritas, sem dúvida vos permitirão responder com precisão a algumas perguntas. Poderíeis descrever claramente o que se passou convosco no momento em que o corpo deu o último suspiro e o vosso Espírito se achou livre? R – Acho pessoalmente muito difícil poder encontrar um meio de vos fazer compreender de maneira diferente da que já se fez, comparando a sensação que a gente experimenta ao despertar de um sono profundo. Esse despertar é mais ou menos lento e difícil, em razão direta da situação moral do Espírito, e nunca deixa de ser fortemente influenciado pelas circunstâncias que acompanham a morte.

Observação: Isto está de acordo com todas as observações feitas sobre o estado do Espírito no momento de separar-se do corpo. Vimos sempre as circunstâncias *morais e materiais* que acompanham a morte reagirem poderosamente sobre o estado do Espírito, nos primeiros momentos.

---

[1] Conforme original francês não consta a questão número nove.

13. – Vosso Espírito conservou a consciência de sua existência até o último momento e a recobrou imediatamente? Houve um momento de falta de lucidez? Qual foi a sua duração? R –Houve um instante de perturbação, quase que inapreciável para mim.

14. – O momento de despertar teve algo de penoso? R – Não, pelo contrário. Eu me sentia, se assim posso falar, alegre e disposto, como se tivesse respirado um ar puro ao sair de uma sala cheia de fumaça.

Observação: Comparação engenhosa, que só pode ser a pura expressão da verdade.

15. – Lembrai-vos da existência que tivestes antes desta que acabais de deixar? Qual foi ela? R – Lembro-me como melhor se pode. Eu era um bom criado junto de um bom senhor, que me recebeu em companhia de outros, à minha entrada neste mundo bem-aventurado.

16. – Creio que o vosso irmão se ocupa menos das questões espíritas do que vos ocupáveis. R – Sim, farei com que ele tome mais interesse, caso me seja permitido. Se ele soubesse o que a gente ganha com isso, dar-lhe-ia mais importância.

17. – O vosso irmão pediu ao Sr. D... que me comunicasse a vossa morte. Ambos esperam ansiosos o resultado de nossa palestra. Serão, entretanto, mais sensíveis a uma lembrança direta de vossa parte, se quiserdes confiar-me algumas palavras para eles ou para outras pessoas que sentem a vossa falta. R – Por vosso intermédio dir-lhes-ei o que eu mesmo teria dito, mas receio muito não ter mais influência junto a alguns deles, como outrora. Entretanto, em meu nome e no de seus amigos, que bem vejo, concito-o a refletir e estudar seriamente esta grave questão do Espiritismo, quando mais não fosse, pelo auxílio que ela traz para passar esse momento tão temido pela maior parte, e tão pouco temeroso para aquele que se preparou previamente pelo estudo do futuro e pela prática do bem. Dizei-lhes que sempre estou com eles, em seu meio, que os vejo, e que serei feliz se suas disposições lhes puderem assegurar, no mundo onde me encontro, um lugar de que só terão de se felicitar. Dizei-o sobretudo ao meu irmão, cuja felicidade é o meu mais alto desejo e de quem não me esqueço, embora eu seja mais feliz que ele.

18. – A simpatia que tivestes a bondade de me testemunhar em

vida, mesmo sem me conhecer, faz-me esperar que nos encontremos facilmente quando eu estiver em vosso meio. E até lá serei feliz se quiserdes assistir-me nos trabalhos que me restam fazer para desempenhar a minha tarefa. R – Julgais-me muito favoravelmente. Não obstante, convencei-vos de que, se vos puder ser de alguma utilidade, não deixarei de o fazer, talvez mesmo sem que o suspeiteis.

19. – Agradecemos terdes vindo em atenção ao nosso apelo, e as instrutivas explicações que nos destes. R – À vossa disposição. Estarei muitas vezes convosco.

Observação: Esta comunicação é incontestavelmente uma das que descrevem a vida espírita com a maior clareza. Oferece um poderoso ensino relativamente à influência que as ideias espíritas exercem sobre o nosso estado depois da morte.

Esta palestra parece haver deixado algo a desejar ao amigo que nos participou a morte do Sr. J..., pois nos disse: "Ele não conservou na linguagem o cunho de originalidade que tinha conosco. Manteve uma reserva que não observava com pessoa alguma; seu estilo incorreto, brusco, continha inspiração; ousava tudo; vencia quem quer que formulasse uma objeção às suas crenças; reduzia-nos a nada para nos converter. Na sua aparição psicológica não dá a conhecer nenhuma particularidade das numerosas relações que tinha com uma porção de pessoas que frequentava. Todos nós gostaríamos de nos vermos citados por ele, não para satisfazer nossa curiosidade, mas para nossa instrução. Gostaríamos que nos tivesse falado claramente de algumas ideias por nós emitidas em sua presença, nas nossas conversas. A mim, pessoalmente, poderia ter dito se eu tinha ou não tinha razão de insistir em tal ou qual consideração; se aquilo que eu lhe havia dito era verdadeiro ou falso. Absolutamente não falou de sua irmã, ainda viva e tão digna de interesse".

Depois desta carta evocamos novamente o Sr. J..., e lhe dirigimos as perguntas seguintes:

20. – Tendes conhecimento da carta que recebi em resposta à remessa da vossa evocação? R – Sim, vi quando a escreviam.

21. – Teríeis a bondade de dar algumas explicações sobre certas passagens dessa carta e, como bem compreendeis, com um fim instrutivo, unicamente para me fornecer elementos para uma resposta? R – Se o considerais útil, sim.

288 REVISTA ESPÍRITA

22. – Acham estranho que a vossa linguagem não tenha conservado o cunho da originalidade. Parece que em vida éreis esmagador na discussão. R – Sim, mas o Céu e a Terra são muito diferentes e aqui eu encontrei mestres. Que quereis? Eles me impacientavam com suas objeções absurdas. Eu lhes mostrava o Sol e não o queriam ver. Como conservar o sangue frio? Aqui não há necessidade de discutir; todos nos entendemos.

23. – Esses senhores admiram-se de que não os tenhais interpelado nominalmente para os refutar, como fazíeis em vida. R – Que se admirem! Eu os espero. Quando vierem juntar-se a mim, verão qual de nós está com a razão. Será preciso que venham para este lado, quer queiram, quer não queiram, e uns mais cedo do que pensam. Sua jactância cairá como a poeira abatida pela chuva. Sua basófia... (Aqui o Espírito para e recusa concluir a frase).

24. – Eles inferem que não lhes demonstrais todo o interesse que tinham direito a esperar de vós. R – Eu lhes desejo o bem, mas nada farei contra sua própria vontade.

25. – Também se admiram de que nada tenhais dito relativamente à vossa irmã. R – Por acaso eles estão entre mim e ela?

26. – O Sr. B... gostaria que tivésseis dito algo do que vos contou na intimidade. Para ele e para outros isso teria sido um meio de esclarecimento. R – Qual a vantagem de repetir o que ele sabe? Pensa que não tenho outra coisa a fazer? Não têm eles os mesmos meios de esclarecimento que eu tive? Que os aproveitem. Garanto-lhes que se sentirão bem. Quanto a mim, dou graças aos céus por terem enviado a luz que me abriu o caminho da felicidade.

27. – Mas é essa luz que eles desejam e que seriam felizes se a recebessem de vós. R – A luz brilha para todo mundo. Cego é aquele que não quer ver. Cairá no precipício e amaldiçoará a sua cegueira.

28. – Vossa linguagem me parece marcada por grande severidade. R – Não me acharam eles muito brando?

29. – Nós vos agradecemos por terdes vindo e pelos esclarecimentos que nos destes. R – Sempre ao vosso serviço, pois sei que é para o bem.

AS TEMPESTADES

PAPEL DOS ESPÍRITOS NOS FENÔMENOS NATURAIS
(SOCIEDADE, 22 DE JULHO DE 1859)

1. – (*A. Fr. Arago*). Disseram-nos que a tempestade de Solferino tinha um objetivo providencial e nos assinalaram vários fatos desse gênero, principalmente em fevereiro e junho de 1848. Durante os combates tinham essas tempestades um fim análogo? R – Quase todas.

2. – Interrogado a respeito disse-nos o Espírito que em tais circunstâncias só Deus agia, sem intermediários. Permiti-nos algumas perguntas a respeito e que vos peçamos resolvê-las com a vossa clareza habitual. Compreendemos perfeitamente que a vontade de Deus seja a causa primeira, nisto, como em todas as coisas. Mas, também sabemos que os Espíritos são seus agentes. Ora, se sabemos que os Espíritos exercem ação sobre a matéria, não vemos por que alguns deles não tivessem ação sobre os elementos, a fim de os agitar, de os acalmar, de os dirigir. R – Mas é evidente. Isto não pode ser de outro modo. Deus não age diretamente sobre a matéria: tem seus agentes dedicados em todos os graus da escala dos mundos. Evocado, o Espírito falou assim por ter um conhecimento imperfeito dessas leis, como das leis da guerra.

Observação: A comunicação do oficial, acima referida, foi obtida a 1º de julho; esta o foi a 22, e *por um outro médium*. Na pergunta nada indica a qualidade do primeiro Espírito evocado, qualidade que, espontaneamente, este que acaba de responder lembrou. Essa circunstância é característica e prova que o pensamento do médium absolutamente não influiu na resposta. É assim que numa porção de circunstâncias fortuitas, o Espírito tanto revela sua identidade como sua independência. Eis porque dizemos que é preciso ver muito e muito observar. Então descobrimos uma porção de nuanças que escapam ao observador superficial e apressado. Sabe-se que é preciso apanhar os fatos quando estes se apresentam e que não será provocando-os que serão obtidos. O observador atento e paciente encontra sempre algo a respigar.

3. – A Mitologia está inteiramente fundada sobre as ideias espíritas. Nela encontramos todas as propriedades dos Espíritos, com a diferença de que os antigos os haviam transformado em deuses. Ora, a Mitologia nos representa esses deuses, ou Espíritos, com atribuições especiais. Assim, uns são encarregados dos ventos, outros dos raios,

outros de presidir a vegetação, etc. Essa crença será destituída de fundamento? R – É tão pouco destituída de fundamento que está ainda abaixo da verdade.

4. – No começo de nossas comunicações, os Espíritos nos disseram coisas que parecem confirmar esse princípio. Disseram-nos, por exemplo, que certos Espíritos habitam mais especialmente o interior da Terra e presidem aos fenômenos geológicos. R – Sim, e não tardareis muito a ter a explicação de tudo isso.

5. – Os Espíritos que habitam o interior da Terra e presidem aos fenômenos geológicos são de uma ordem inferior? R – Esses Espíritos positivamente não moram na Terra, mas presidem e dirigem; são de uma ordem completamente diversa.

6. – São Espíritos que se encarnam em homens, como nós? R – Serão e foram. Eu vos direi mais a respeito, dentro de pouco tempo, se quiserdes.

O LAR DE UMA FAMÍLIA ESPÍRITA

Há três anos a Sra. G... ficou viúva, com quatro crianças. O filho mais velho é um rapaz amável, de dezessete anos, e a filha mais moça uma encantadora menina de seis. Desde muito tempo essa família se dedica ao Espiritismo, e antes mesmo que esta crença se tivesse tornado tão popular como hoje, marido e mulher tinham uma espécie de intuição, que diversas circunstâncias haviam desenvolvido. O pai do Sr. G... lhe tinha aparecido várias vezes na mocidade, sempre para o prevenir de coisas importantes ou para lhe dar conselhos úteis. Fatos semelhantes também se haviam passado entre os seus amigos; de sorte que, para eles, a existência de além-túmulo não era objeto da menor dúvida, assim como não o era a possibilidade de nos comunicarmos com os seres que nos são caros.

Quando o Espiritismo surgiu, foi apenas a confirmação de uma ideia bem assentada e santificada pelo sentimento de uma religião esclarecida, pois aquela família é um modelo de piedade e de caridade evangélica. Na nova ciência aprenderam os meios mais diretos de comunicação. A mãe e um dos filhos tornaram-se excelentes médiuns. Mas, longe de empregar essa faculdade em questões fúteis, todos a consideravam como precioso dom da Providência, do qual não era permitido servir-se senão para coisas sérias. Assim, jamais a praticavam sem recolhimento e respeito, e longe das vistas dos importunos e curiosos.

Nesse meio tempo o pai adoeceu e, pressentindo seu fim próximo, reuniu os filhos e lhes disse: "Meus caros filhos e minha amada mulher: Deus me chama para Ele; sinto que vou deixar-vos daqui a pouco; mas também sinto que por vossa fé na imortalidade encontrareis a força para suportar esta separação com coragem, assim como eu levo o consolo de que poderei sempre estar entre vós e vos ajudar com os meus conselhos. Assim, chamai-me quando eu não estiver mais na Terra. Virei sentar-me ao vosso lado, conversar convosco, como o fazem os nossos antepassados. Porque, na verdade, estaremos menos separados do que se eu partisse para uma terra distante. Minha cara esposa, deixo-te uma grande tarefa; mas, quanto mais pesada for, mais gloriosa será; tenho a certeza de que os nossos filhos te ajudarão a suportá-la. Não é, meus filhos? Auxiliareis a vossa mãe; evitareis tudo quanto possa fazê-la sofrer; sereis sempre bons e benevolentes para com todos; estendereis a mão aos vossos irmãos infelizes, porque não haveis de querer estendê-la um dia pedindo em vão para vós. Que a paz, a concórdia e a união reinem entre vós; que jamais o interesse vos separe, porque o interesse material é a maior barreira entre a Terra e o Céu. Pensai que estarei sempre junto a vós que vos verei como vos vejo neste momento, e ainda melhor, pois verei o vosso pensamento. Não queirais, assim, entristecer-me depois da morte, do mesmo modo que não o fizestes em minha vida".

É um espetáculo realmente edificante a vida dessa piedosa família. Alimentadas nas ideias espíritas, essas crianças não se consideram separadas do pai. Para elas, ele está presente; temem praticar a menor ação que o possa desagradar. Uma noite por semana, e às vezes mais, é consagrada a conversar com ele. Existem, porém, as necessidades da vida, que devem ser providas, pois a família não é rica. É por isso que um dia certo é marcado para essas conversas piedosas e sempre esperadas com impaciência. Muitas vezes pergunta a pequenina: "É hoje que papai vem"? Nesse dia realizam conversas familiares e recebem instruções proporcionadas à inteligência, por vezes infantis, por vezes graves e sublimes; são conselhos dados a propósito de pequenas travessuras que ele assinala. Se faz elogios, também não falta a crítica, e o culpado baixa os olhos, como se o pai estivesse à sua frente; pede-lhe perdão e este por vezes só é concedido depois de algumas semanas de prova: sua sentença é esperada com febril ansiedade. Então, que alegria, quando o pai diz: "Estou contente contigo!" Entretanto, a mais terrível ameaça é dizer: "Não virei na próxima semana".

A festa anual não é esquecida. É sempre um dia solene, para o qual convidam os avós e demais mortos da família, sem esquecer um irmãozinho, falecido há alguns anos. Os retratos são enfeitados de flores; cada criança prepara um pequeno trabalho, por vezes mesmo uma saudação tradicional; o mais velho faz uma dissertação sobre assunto grave; uma das meninas toca um trecho de música; a menor recita uma fábula. É o dia das grandes comunicações, e cada convidado recebe uma lembrança dos amigos que deixou na Terra.

Como são belas essas reuniões, na sua tocante simplicidade! Como tudo, ali, fala ao coração! Como é possível sair delas sem estar impregnado do amor do bem? Nenhum olhar de mofa, nenhum sorriso cético vem perturbar o piedoso recolhimento: alguns amigos partilham das mesmas convicções e, devotados à religião da família, são os únicos admitidos a participar desse banquete do sentimento.

Ride quanto quiserdes, vós que zombais das coisas mais santas. Por mais soberbos e endurecidos que sejais, não vos faço a injúria de acreditar que o vosso orgulho possa ficar impassível e frio ante um tal espetáculo.

Um dia, entretanto, foi de luto para a família, dia de verdadeiro pesar: o pai havia anunciado que durante algum tempo, longo tempo mesmo, não poderia vir. Uma grande e importante missão o chamava longe da Terra. A festa anual não deixou de ser celebrada. Mas foi triste, pois o pai lá não estava. Partindo, havia dito: "Meus filhos, que em minha volta eu encontre todos dignos de mim", e cada um se esforça por tornar-se digno dele. Eles ainda esperam[1].

---

[1] A festa anual mencionada é a do Dia de Finados, que era celebrada pelos Druidas e foi adotada na França pelo Abade de Cluny, santo Odilon, em 998, mais tarde oficializada pela Igreja. Para essa família era o Dia dos Espíritos. (N. do R.)

AFORISMOS ESPÍRITAS E PENSAMENTOS AVULSOS

Quando evocamos um parente ou amigo, qualquer que seja a afeição que ele nos tenha conservado, não nos devemos empolgar por esses lances de ternura que pareceriam naturais, depois de uma separação dolorosa. Por ser calma, a afeição não é menos sentida e pode ser mais real que a que se traduz por grandes demonstrações. Os Espíritos pensam, mas não agem como os homens; dois Espíritos amigos se veem, amam-se, sentem-se felizes por se aproximarem, mas não têm necessidade de se atirarem aos braços um do outro. Quando se comunicam conosco pela escrita, uma palavra amiga lhes basta e lhes diz mais que as frases enfáticas.

Allan Kardec

ANO II
OUTUBRO DE 1859

OS MILAGRES

Com o título de *Um Milagre*, o Sr. Mathieu antigo farmacêutico do Exército, acaba de publicar uma relação de vários fatos de escrita direta, dos quais foi testemunha. Os fatos se produziram em circunstâncias mais ou menos idênticas aos que foram por nós relatados no número de agosto. Não apresentam nada de mais característico, pelo que não os descreveremos: mencionamo-los apenas para mostrar que os fenômenos espíritas não são privilégio de ninguém e aproveitamos a ocasião para felicitar o Sr. Mathieu pelo zelo com que os propaga. Várias outras pequenas brochuras e artigos do mesmo autor, em diversos jornais, são prova disto. O Sr. Mathieu é um homem de ciência que, como tantos outros, e como nós próprio, passou pelas fileiras da incredulidade. Cedeu, porém, à evidência, porque contra os fatos é necessário depor as armas. Permitimo-nos tão somente criticar o título dado à sua última publicação, não por uma questão de jogo de palavras, mas porque acreditamos que o assunto tenha uma certa importância e mereça um exame sério.

Em sua acepção primitiva e pela etimologia, o vocábulo *milagre* significa, *coisa extraordinária, coisa admirável de ver*. Como tantos outros, entretanto, afastou-se do sentido originário e, conforme a Academia, hoje se diz de *um ato do poder divino, contrário às leis comuns da Natureza*. Tal é, com efeito, sua acepção usual, e só por comparação e por metáfora é que se aplica às coisas vulgares que nos surpreendem e cuja causa é desconhecida.

O fenômeno relatado pelo Sr. Mathieu tem o caráter de um *milagre*, no verdadeiro sentido do vocábulo? Certo que não. O milagre, já o dissemos, é uma derrogação das leis da Natureza. Não entra absolutamente em nossa cogitação examinar se Deus julgou útil, em determinadas circunstâncias, derrogar as leis por Ele próprio estabelecidas; nosso objetivo é unicamente demonstrar que o fenômeno da escrita direta, por mais extraordinário que seja, não derrogando absolutamente essas leis, não tem nenhum caráter miraculoso. O milagre não se explica; ao contrário, a escrita direta explica-se da maneira mais racional, como vimos no nosso artigo sobre a matéria. Não é, pois, um milagre, mas simples fenômeno que tem sua razão de ser nas leis gerais. Tem o milagre ainda um outro caráter: o de ser insólito e isolado. Ora, desde que um fato se repete, por assim dizer, à vontade e por diversas pessoas, não pode ser milagre.

A Ciência diariamente faz milagres aos olhos dos ignorantes. Eis porque outrora aqueles que sabiam mais que o vulgo passavam por feiticeiros. E como se acreditava que toda Ciência vinha do Diabo, eles eram queimados. Hoje estamos muito mais civilizados: contentamo-nos em mandá-los para o hospício. Depois que deixamos os inventores morrer de fome, erigimo-lhes estátuas e os proclamamos benfeitores da Humanidade.

Deixemos, porém, essas tristes páginas da História e voltemos ao assunto.

Se um homem realmente morto for chamado à vida por uma intervenção divina, haverá um verdadeiro milagre, porque isto é contrário às leis da Natureza. Mas se esse homem tiver apenas a aparência da morte, se lhe restar *vitalidade latente*, e se a Ciência ou uma simples ação magnética conseguir reanimá-lo, para as pessoas esclarecidas isto será um fenômeno natural; mas aos olhos do vulgo ignorante o fato passará por miraculoso e o autor será apedrejado ou venerado, conforme o caráter das pessoas. Se em determinados campos um físico atirar um papagaio elétrico e fizer cair um raio sobre uma árvore, esse novo Prometeu certamente será olhado como dotado de um poder diabólico; e, digamos de passagem, Prometeu parece que se adiantou singularmente a Franklin. Para voltar à escrita direta, é um dos fenômenos que demonstram da maneira mais patente a ação das inteligências ocultas; mas pelo fato de ser produzido por seres ocultos não é mais miraculoso que todos os outros fenômenos devidos a agentes invisíveis, porque esses seres ocultos, que povoam os espaços, são forças da Natureza, poderes cuja ação é incessante sobre o mundo material, tanto quanto sobre o mundo moral. Esclarecendo-nos quanto a esse poder, dá-nos o Espiritismo a chave de uma porção de coisas inexplicáveis por qualquer outro meio, e que puderam, em tempos remotos, passar por prodígios. Como o magnetismo, ele revela urna lei, senão desconhecida, pelo menos mal compreendida; melhor dito, conheciam-se os efeitos porque se produziam em todos os tempos, mas não se conhecia a lei. Foi a ignorância dessa lei que gerou a superstição. Conhecida essa lei, cessa o maravilhoso e os fenômenos entram na ordem das coisas naturais. Eis porque os espíritas não fazem milagres quando fazem girar uma mesa ou os mortos escreverem, do mesmo modo que não o faz o médico quando revive um moribundo, ou o físico quando faz cair o raio. É por isto que repelimos com todas as nossas forças a qualificação empregada pelo Sr. Mathieu, conquanto estejamos persuadidos de que ele não quis dar ao vocábulo nenhum sentido místico, mas porque as pessoas que não descem ao fundo das coisas – e estas são em maior número – poderiam enganar-se e crer que alguns adeptos do Espiritismo a si mesmos se atribuem um poder sobrenatural. Aquele que, ajudado por esta ciência, pretendesse *operar milagres*, ou seria um ignorante do assunto ou um mistificador. Não se deve dar armas aos que riem de tudo, inclusive daquilo que desconhecem, pois isso seria entregar-se de boa vontade ao ridículo.

Assim como os fenômenos magnéticos, antes que se lhes conhecesse a causa, os fenômenos espíritas deveriam passar por prodígios. Ora, como os céticos, os espíritos fortes, isto é, aqueles que, na sua opinião, têm o privilégio exclusivo da razão e do bom senso, não acreditam que uma coisa seja possível pelo fato de não a compreenderem, todos os fatos reputados prodigiosos são objetos de ataques; e como a religião contém um grande número de fatos desse gênero, não acreditam na religião. Dai à incredulidade absoluta existe apenas um passo. Explicando a maioria desses fatos, o Espiritismo lhes dá uma razão de ser. Vem, portanto, em auxílio da religião, demonstrando a possibilidade de certos fatos que, por não terem mais o caráter miraculoso, nem por isso são menos extraordinários, e Deus não é menor nem menos poderoso pelo fato de não haver derrogado suas leis.

De quantas graçolas não foram objeto as elevações de São Cupertino? Ora, a suspensão etérea dos corpos sólidos é um fato demonstrado e explicado pelo Espiritismo; nós mesmos fomos *testemunha ocular* e o Sr. Home, bem como outras pessoas de nosso conhecimento, repetiram várias vezes o fenômeno produzido por São Cupertino. O fenômeno entra, pois, na ordem das coisas naturais. No número dos fatos desse gênero deve colocar-se em primeira linha a aparição, por ser o mais frequente. A aparição de Salette, que divide o próprio clero, nada tem de insólita. Certamente não podemos afirmar que o fato ocorreu, pois não temos a sua prova material; mas para nós ele é possível, desde que milhares de fatos análogos *recentes* são do nosso conhecimento; cremos neles não só porque sua realidade é constatada por nós, mas sobretudo porque conhecemos perfeitamente a maneira por que se produzem. Consulte-se a teoria que demos das aparições e ver-se-á que esse fenômeno se torna tão simples e tão plausível quanto uma porção de fenômenos físicos considerados prodigiosos, apenas porque nos falta a sua chave.

Quanto à pessoa que se apresentou a Salette, é outra questão: de modo algum está demonstrada sua identidade; constatamos apenas que ocorreu uma aparição. O resto não é da nossa competência. Nosso objetivo também não é examinar se Deus pode derrogar as suas leis fazendo milagres, no verdadeiro sentido do vocábulo. Isto é uma questão de Teologia, que não entra nas nossas cogitações. Cada um, portanto, guarde as suas convicções a esse respeito, pois o Espiritismo não tem que se preocupar com isso; dizemos que os fatos produzidos pelo Espiritismo nos revelam leis novas e dão a chave de uma porção de coisas que pareciam sobrenaturais. Se alguns deles, que passavam por miraculosos, nele encontram uma explicação lógica e uma razão de ser, não há motivo para nos apressarmos em negar aquilo que não compreendemos.

Certas pessoas nos criticam por expormos teorias espíritas que elas consideram prematuras. Esquecem que os fatos do Espiritismo são contestados por muitos precisamente porque lhes parecem fora da lei comum, e porque não se explicam. Demos-lhes uma base racional e a dúvida cessará. Digamos a alguém, pura e simplesmente, que vamos mandar um telegrama de Paris à América e receber a resposta em poucos minutos, e esse alguém nos rirá nas bochechas. Explicai o mecanismo do processo e ele acreditará, mesmo sem ver a operação.

Neste século em que não se poupam as palavras, a explicação é um poderoso motivo de convicção; assim vemos diariamente pessoas que não foram testemunhas de nenhum fato, que nem viram uma mesa mover-se ou um médium escrever, e que se acham tão convencidas quanto nós, unicamente porque leram e compreenderam. Se só devêssemos acreditar naquilo que temos debaixo dos olhos, nossas convicções estariam reduzidas a muito pouca coisa.

O MAGNETISMO RECONHECIDO
PELO PODER JUDICIÁRIO

Na *Revista Espírita* de outubro de 1858 publicamos dois artigos intitulados *Emprego Oficial do Magnetismo Animal* e *O Magnetismo e o Sonambulismo Ensinados pela Igreja*. No primeiro, ocupamonos do tratamento magnético aconselhado ao Rei Oscar, da Suécia, por seus próprios médicos; no segundo citamos várias perguntas e respostas extraídas de uma obra intitulada *Curso elementar de instrução cristã para uso dos catecismos e escolas cristãs*, publicada em 1853 pelo Abade Marotte, vigário geral da diocese de Verdun, no qual o magnetismo e o sonambulismo são claramente definidos e reconhecidos. Eis que agora a Justiça lhes vem dar uma sanção retumbante, pelo julgamento do Tribunal Correcional de Douai, a 27 de agosto último. Como todos os jornais noticiaram esse julgamento, seria inútil repeti-lo. Assim, relataremos sumariamente as circunstâncias.

Um jovem que só conhecia o magnetismo de nome e jamais o tinha praticado, consequentemente ignorando as medidas de prudência que a experiência aconselha, propôs-se um dia magnetizar o sobrinho do *maitre d'hotel* onde jantava. Depois de alguns passes, o menino caiu em sonambulismo, mas o magnetizador improvisado não soube como haver-se para fazê-lo sair daquele estado, que foi seguido de crises nervosas persistentes. Daí uma queixa à Justiça, apresentada pelo tio contra o magnetizador. Dois médicos foram chamados como peritos. Eis o extrato de seu depoimento, que é mais ou menos idêntico, pelo menos quanto à conclusão. Depois de descrito e constatado o estado sonambúlico do menino, acrescenta o primeiro médico:

"Não creio absolutamente na existência de um fluido novo, de um agente físico, mais ou menos semelhante ao magnetismo terrestre, desenvolvendo-se no homem sob a influência de passes, toques, etc., e que produziria nas pessoas influenciadas efeitos algumas vezes milagrosos.

"A existência de um tal fluido nunca foi cientificamente demonstrada. Longe disso, todas as vezes que homens difíceis de enganar, membros da Academia das Ciências ou médicos eminentes, quiseram verificar os fatos alegados, os príncipes do magnetismo recuaram: subtraíram-se escudados em pretextos muito transparentes, e nem a questão do fato, nem, muito menos e com mais forte razão, a questão de doutrina puderam ser elucidadas. Para o mundo científico, portanto, não existe magnetismo animal. Entretanto, daí não se segue que as práticas dos magnetizadores não produzam efeito; *e se, com boas razões, se nega o magnetismo, não se pode admitir a magnetização?*

"Estou convencido de que, se as imaginações nervosas e impressionáveis são todos os dias abaladas fortemente pelas manobras de que se trata, é nelas mesmas que devemos ver os fenômenos que apresentam e não numa espécie de radiação da parte do experimentador. Esta explicação seria aplicável ao caso Jourdain, se os ataques que seguiram o primeiro, supondo que este tenha sido determinado pela magnetização, fossem se espaçando e enfraquecendo: um impulso único deve logicamente produzir efeitos decrescentes. Ora, dá-se justamente o contrário: à medida que o tempo passa, os ataques se aceleram e aumentam de intensidade. Essa circunstância me confunde. Evidentemente está em jogo uma influência indeterminada. Qual será ela? Os antecedentes e a maneira de ser física de Jourdain não me são suficientemente conhecidos para que os possa atribuir ao seu temperamento. E devo declarar, entretanto, que não sei onde colocar a causa".

Nesse ponto, o menino tem um de seus ataques. Como o seu colega, a testemunha constata contrações musculares gerais crônicas, ponto de sensibilidade da pele e do olho, o qual desaparece sob a ação da luz, quando se abrem as pálpebras; ponto de espuma na boca; ponto de flexão dos polegares na palma da mão. Não houve o grito inicial. Aliás, o acesso termina gradativamente, passando pelo período sonambúlico. Os médicos declaram que o menino não é epiléptico, e ainda menos cataléptico.

Interpelada relativamente ao vocábulo sonambulismo, com o objetivo de saber se tudo isso não se explicaria admitindo-se que o paciente, antes sonâmbulo, teria tido a 15 de agosto um acesso dessa espécie de doença, a testemunha respondeu que "para começar, não ficou estabelecido que o menino fosse sonâmbulo, e, depois, o referido fenômeno teria ocorrido em condições inteiramente insólitas: em lugar de ocorrer à noite, em meio ao sono natural, teria vindo em pleno meio-dia e em plena vigília. Os passes magnéticos, segundo me parecem, são a causa do estado atual do menino: não vejo outra causa.

Assim depõe o segundo médico:

"Vi o pequeno doente a 13 de outubro de 1858; estava em estado sonambúlico, gozando de locomoção voluntária. Recitava o catecismo. Meu filho o viu na noite de 15; estava no mesmo estado e conjugava o verbo poder. Só algum tempo depois é que eu soube que tinha sido magnetizado, e que um viajante teria dito: se não for desmagnetizado, talvez fique assim por toda a vida. Conheci em minha juventude um estudante no mesmo estado e que, tendo sido curado sem recursos médicos, tornou-se um homem notável na profissão que abraçou. Os acidentes experimentados pelo doente são apenas distúrbios nervosos: não há qualquer sintoma de epilepsia, nem de catalepsia".

O tribunal pronunciou a seguinte sentença:

"Considerando que resulta dos debates que, a 15 de agosto de 1858, exercendo imprudentemente sobre a pessoa do jovem Jourdain, de 13 anos de idade, toques e aproximações qualificados como passes magnéticos, e pelo menos ferindo com esse aparato e por essas manobras não costumeiras a fraca imaginação desse menino, o acusado produziu sobre o paciente uma superexcitação, uma desordem nervosa, e enfim uma lesão ou doença, cujos acessos se repetiram desde então a diversos intervalos;

"Considerando que o fato de que se trata ocasionou à parte civil o prejuízo que deve ser reparado;

"Considerando que existem circunstâncias atenuantes;

"O Tribunal condena o acusado a 25 francos de multa, 1.200 francos de perdas e danos e às custas do processo".

Nada temos que dizer quanto ao julgamento em si. O Tribunal teve ou não teve razão de condenar? A pena é muito forte ou muito fraca? Isso não nos interessa. A justiça falou e nós respeitamos a sua decisão; mas examinaremos as consequências do julgamento, que tem um alcance capital. Houve condenação, portanto, houve delito. Como foi este cometido? Diz a sentença: Por toques e aproximações qualificadas como passes magnéticos; portanto, os toques e passes magnéticos têm uma ação e não são absolutamente um fingimento. Esses to-

302 REVISTA ESPÍRITA

ques e esses passes diferem, de certo modo, dos toques e gestos ordinários. Como os distinguir? Eis uma coisa importante, porque, se não houvesse uma diferença, não seria possível tocar a primeira pessoa que encontramos ou lhe fazer sinais, sem nos expormos a fazê-la cair em crise e sem incorrermos numa multa.

Não é ao Tribunal que nos cabe ensinar e, ainda menos, dizer como os passes e toques, *quando têm o caráter magnético*, podem produzir um efeito qualquer. Ele constata o fato de um acidente e a causa do mesmo; sua tarefa é apreciar o dano e determinar a devida reparação. Mas os peritos chamados a esclarecer o Tribunal certamente nos vão ensinar a respeito. Mesmo sem terem feito um curso sobre a matéria, devem fundamentar sua opinião, como se faz em todos os casos de medicina legal, provando que falam com conhecimento de causa, pois isto é a primeira condição a ser preenchida por um perito. Ora, ficamos chocados com a lógica desses senhores; seu depoimento revela completa ignorância daquilo sobre que devem opinar. Eles não só desconhecem o magnetismo, como os fatos do sonambulismo natural não lhes são familiares. É por isso que pensam – um deles pelo menos – que estes só se podem produzir durante a noite e durante o sono natural, o que é contrariado pela experiência.

Não é, porém, aí que está a parte mais notável do depoimento, pelo menos da primeira testemunha. Diz ela: "Se com boas razões se nega o magnetismo, não se pode admitir a magnetização"? Na verdade, não sei se há uma astúcia de lógica, mas confesso muito humildemente que isso ultrapassa a minha inteligência e que muita gente está comigo, porque seria o mesmo que dizer que é possível magnetizar sem magnetismo, ou que um homem pode receber bengaladas sem existir a bengala com que foi batido. Ora, nós acreditamos firmemente, de acordo com um velho ditado, e até prova em contrário, que para dar bengaladas é necessária a bengala e, por analogia, para magnetizar é preciso magnetismo, do mesmo modo que para purgar é preciso o purgante. Nossa inteligência não chega ao ponto de compreender efeito sem causa.

Direis que não nego o efeito; ao contrário, eu o constato; o que nego é a causa a que atribuis o efeito. Dizeis que entre os vossos dedos e o paciente existe algo invisível, a que chamais fluido magnético. Eu digo que não há tal coisa; que esse fluido não existe; o que existe é o

OUTUBRO DE 1859

303

magnetismo; vossos gestos são a magnetização. – De acordo; admite-se assim que simples gestos sem intermediário podem produzir crises nervosas e efeitos sonambúlicos, catalépticos e outros, unicamente porque a imaginação foi tocada. Vá lá que seja. – Quero que uma pessoa seja impressionada por meio desses gestos, e que essa impressão chegue a ponto de fazê-la dormir em pleno dia, e contra a vontade, o que – haveis de concordar – já seria um fato muito notável. Mas esse sono será um sono natural, causado pela monotonia dos movimentos, como querem alguns? Nesse caso, como explicaríeis a instantaneidade do sono produzido em alguns segundos? Por que não despertais facilmente essa pessoa adormecida, apenas lhe sacudindo o braço? Ponhamos de lado, por motivos óbvios, muitos outros fenômenos também pouco explicáveis pelo vosso sistema. Um, porém, há, cuja solução sem dúvida podereis dar, porque não creio que tenhais construído uma teoria sobre assunto tão importante, sem vos terdes assegurado de que ela resolve todos os casos, teoria que deve ser tanto menos arriscada, que a enunciais em pleno tribunal. Deveis, portanto, estar bem seguros. Então vos peço, em favor da instrução do público e de todas as pessoas bastante simples para acreditarem na existência de um fluido magnético, a gentileza de resolver pelo vosso sistema as duas perguntas seguintes:

1. – Se os efeitos atribuídos ao fluido magnético não são mais que o resultado de uma imaginação excitada e fortemente impressionada, como se produzem eles à revelia da pessoa, quando é magnetizada durante o sono natural, ou quando se encontra num compartimento vizinho, sem ver o magnetizador e sem saber que é magnetizada?

2. – Se os toques ou passes magnéticos podem produzir crises nervosas e estados sonambúlicos, como podem esses mesmos toques e passes produzir o efeito contrário, destruir o que fizeram e acalmar as mais violentas crises nervosas que eles ocasionaram, fazer cessar o estado sonambúlico subitamente e como que por encanto? Por um efeito da imaginação, quando a pessoa nem vê, nem ouve o que se passa em seu redor? É preciso admitir que se pode agir sobre a imaginação sem o concurso da imaginação, o que seria muito possível, já que se pode magnetizar sem magnetismo? Isso me lembra uma pequena anedota. Um imprudente manejava um fuzil; disparando um tiro, matou outro indivíduo. O perito foi chamado para examinar a arma; declarou

que o indivíduo tinha sido morto por um tiro de fuzil, mas que este não estava carregado.

Não está aí o caso do nosso magnetizador, que fere ao magnetizar, mas sem magnetismo? Com toda certeza o Tribunal de Douai, na sua alta sabedoria, não se atrapalhou com essas contradições, sobre as quais não tinha que se pronunciar. Como vimos, ele só considerou o efeito produzido; declarou-o produzido *por toques e passes magnéticos*; não tinha que decidir se existe ou não um fluido magnético; o julgamento não deixa de constatar de modo autêntico que o magnetismo é uma realidade, do contrário não seria condenado por ter feito gestos insignificantes. Que isto sirva de lição aos imprudentes, que brincam com aquilo que desconhecem.

Na opinião que emitiram, esses senhores não perceberam que chegavam a um resultado diametralmente oposto ao seu objetivo, que era atribuir aos magnetizadores um poder que estes estão longe de reivindicar. Com efeito, os magnetizadores pretendem que só agem com a ajuda de um intermediário; *que, quando esse intermediário lhes falta, nula é a sua ação*; que não se reconhecem com o poder de dar bengaladas sem bengalas, nem de matar a tiros com um fuzil descarregado.

Muito bem. Com a sua teoria, esses senhores chegam a fazer outro prodígio, porque agem sem ter nada nas mãos nem no bolso. Realmente, há coisas que não podem ser levadas a sério. Pedimos muitas desculpas, mas isto não lhes diminui o mérito. Eles podem ser muito hábeis e, como médicos, muito preparados. Foi por isso que o Tribunal os consultou. Só nos permitimos criticar a sua opinião no que se refere ao magnetismo.

Terminamos por uma observação importante.

Se o magnetismo é uma realidade, por que a Faculdade não o reconheceu oficialmente? A esse respeito muito há que dizer. Limitamo-nos, entretanto, a uma única consideração, perguntando por que as descobertas hoje mais aceitas não o foram, logo no início, pelas organizações científicas? Deixo a outros o cuidado de responder. A classe médica está dividida relativamente ao magnetismo, assim como à homeopatia, à alopatia, à frenologia, ao tratamento do cólera, aos purgantes e às sangrias, bem como sobre uma porção de outras coisas. Assim, uma

OUTUBRO DE 1859

opinião pró ou contra é sempre individual e não tem força de lei. O que faz a lei é a opinião geral, que se forma pelos fatos, a despeito de toda oposição, e que sobre os recalcitrantes exerce uma pressão irresistível. É o que acontece com o magnetismo, bem como com o Espiritismo. E não é avançar muito dizer que a metade dos médicos hoje reconhecem e admitem o magnetismo, e que três quartas partes dos magnetizadores são médicos. Dá-se o mesmo com o Espiritismo, que conta entre as suas fileiras uma porção de médicos e homens de Ciência. Que importa, pois, a opinião sistemática ou mais ou menos interessada de alguns? Deixemos passar o tempo, que varre o amor próprio ferido e as mesquinhas preocupações! A verdade pode ser discutida, mas não destruída, e a posteridade registra o nome dos que a combateram ou a sustentaram. Se o magnetismo fosse uma utopia, há muito dele não mais cogitariam, ao passo que como o seu irmão, o Espiritismo, lança raízes por todos os lados. Lutai, pois, contra as idéias que invadem o mundo inteiro, de alto a baixo da escala social!

MÉDIUNS INERTES

No número das questões importantes ligadas à Ciência Espírita, foi motivo de muitas controvérsias o papel dos médiuns. O Sr. Brasseur, diretor do Centro Industrial, expendeu a respeito idéias particulares, numa série de artigos muito bem redigidos, no *Moniteur de la Toilette*[1], principalmente no mês de agosto último, do qual extraímos as passagens transcritas adiante. Ele nos honra com o pedido de nossa opinião. E nós lha daremos com toda a sinceridade, sem pretender que o nosso ponto de vista se converta em lei. Deixemos que os nossos leitores e observadores julguem a questão. Aliás, basta resumir o que a respeito dissemos em várias ocasiões, quando tratamos o assunto com muito mais desenvolvimento do que aqui podemos fazer, pois não é possível repetir o que se acha em nossos vários escritos.

Eis as principais passagens de um dos artigos do Sr. Brasseur, seguidas de nossas respostas.

"Que é um médium? O médium é ativo ou passivo?" Tais são as perguntas que visam a elucidar um assunto que preocupa vivamente as

---

[1] Jornal dos Salões. Modas. Literatura. Teatro. Rue de l'Échiquier, 15.

306 REVISTA ESPÍRITA

pessoas desejosas de instruir-se sobre as coisas do além-túmulo e, consequentemente, sobre as suas relações com este mundo.

"A 18 de maio último dirigi ao senhor presidente da *Société Spirite* uma nota intitulada: *Do Médium e dos Espíritos*. A 15 de julho o Sr. Allan Kardec publicou um novo livro sob o título: *Que é o Espiritismo?* Abrindo-o, supunha encontrar uma resposta categórica, mas em vão. O autor persiste em seus erros: Os *médiuns*, diz ele à pág. 75, *são pessoas* aptas a receber, de *maneira patente, a impressão dos Espíritos e a servir de intermediários entre o mundo visível e o mundo invisível.*

"A obra citada não é um curso de Espiritismo; é uma exposição sumária dos princípios dessa Ciência, para uso das pessoas desejosas de adquirir as primeiras noções, e o exame das questões de detalhe e das diversas opiniões não pode entrar num quadro tão restrito e de finalidade especial. Quanto à definição que damos dos médiuns, parece perfeitamente clara, e é por ela que respondemos à pergunta do Sr. Brasseur: Que é um médium? É possível que ela não corresponda à sua opinião pessoal. Quanto a nós, entretanto, até agora não temos qualquer motivo para modificá-la.

"O Sr. Allan Kardec não reconhece o médium inerte. Fala muito de caixas, cartões ou pranchetas, mas não vê nessas coisas (pág. 62) senão *apêndices da mão, cuja inutilidade teria sido reconhecida...*

"Compreendamos bem.

"Na sua opinião, o médium é um *intermediário* entre o mundo visível e o invisível. Mas é *absolutamente necessário que esse intermediário seja uma pessoa?* Não basta que o invisível tenha à sua disposição um *instrumento qualquer* para se manifestar?"

A isto responderemos simplesmente: Não. Não basta que o invisível tenha à sua disposição um instrumento qualquer para se manifestar, pois lhe falta o concurso fluídico de uma pessoa, a qual é para nós o verdadeiro médium. Se ao Espírito bastasse dispor de um instrumento qualquer, veríamos cestas e pranchetas escrevendo sozinhas, o que jamais aconteceu. A escrita direta, aparentemente o fato mais independente de qualquer cooperação, só se produz sob a influência de médiuns dotados de uma aptidão especial. Uma consideração poderosa vem corroborar nossa opinião. Segundo o Sr. Brasseur, o instrumento é coisa principal, e a pessoa é acessória; em nossa opinião, é justamente o contrário. Se assim não fosse, por que as pranchetas não se moveriam com qualquer um? Se, pois, para fazê-las mover-se é necessário sermos dotados de uma aptidão especial, o papel da pessoa não é meramente passivo. É por isto que essa pessoa é para nós o verdadeiro médium. O instrumento não é, repetimos, mais do que um apêndice da mão, do qual nos podemos privar. E isto é tão verdadeiro, que toda pessoa que escreve por meio da prancheta pode fazê-lo diretamente com a mão, sem prancheta, e mesmo sem lápis, de vez que pode traçar os caracteres com o dedo, ao passo que a prancheta não escreve sem uma pessoa. Aliás, todas as variedades de médiuns, bem como seu papel *ativo ou passivo*, estão amplamente desenvolvidos em nossa *Instrução Prática Sobre as Manifestações*[1].

"Separada da matéria pela dissolução do corpo, a alma não tem mais nenhum elemento físico da humanidade."

E que fazeis do perispírito? O perispírito é o laço que une a alma ao corpo, o envoltório semimaterial que ela possui em vida e que conserva depois da morte: é através desse envoltório que ela se mostra nas aparições. Esse envoltório é também matéria, que embora eterizada, pode adquirir as propriedades da tangibilidade.

Sustentando o lápis diretamente, observou-se que a pessoa mistura os seus sentimentos e as suas idéias com idéias e sentimentos do invisível, de modo que assim apenas são dadas *comunicações com interferência*. Ao passo que, empregando as caixas, cartões e pranchetas, sob as mãos de duas pessoas em conjunto, estas absolutamente não intervêm na manifestação, que então é só do invisível. Por isso declaro este último meio superior e preferível ao da *Société Spirite*.

Essa opinião poderia ser verdadeira, se não fosse contraditada pelos milhares de fatos observados, quer na *Sociedade Parisiense de Estudos Espíritas*, quer alhures, os quais provam a evidência mais patente, que os médiuns animados, mesmo intuitivos, e com mais forte razão os médiuns *mecânicos*, podem ser instrumentos absolutamente passivos e gozar da mais completa independência de pensamento. No médium mecânico o Espírito age sobre a mão, que recebe o impulso

---

[1] Esse opúsculo foi eliminado pelo autor ao publicar *O Livro dos Médiuns*. Vide nota n.º 2 na *Revista* de Junho do 1858, pág. 188. (N. do T.)

308 REVISTA ESPÍRITA

inteiramente involuntário e desempenha o papel daquilo que o Sr. Brasseur chama *médium inerte*, quer seja ela só, quer munida de lápis, ou apoiada sobre um objeto móvel, munido de lápis.

No médium intuitivo o Espírito age sobre o cérebro, transmitindo pela corrente do sistema nervoso o movimento ao braço, e assim por diante. O médium mecânico escreve sem ter a menor consciência daquilo que produz: *o ato precede o pensamento*. No médium intuitivo, o pensamento acompanha o ato e por vezes o precede. É então o pensamento do Espírito que atravessa o cérebro do médium; e se por vezes parece que se confundem, sua independência não é menos manifesta quando, por exemplo, o médium escreve, *mesmo por intuição*, coisas que não pode saber, ou inteiramente contrárias às suas idéias, à sua maneira de ver, às suas próprias convicções. Numa palavra, quando ele pensa branco e escreve preto. Além disso há tantos fatos espontâneos e imprevistos, que não é possível a dúvida naqueles que os observaram.

O papel do médium é aqui o de um intérprete que recebe um pensamento estranho, transmite-o, deve compreendê-lo a fim de o transmitir, mas que não o assimila. É assim que as coisas se passam nos médiuns falantes, que recebem um impulso sobre os órgãos da palavra, como outros o recebem sobre o braço ou a mão, e ainda os médiuns *auditivos*, que escutam claramente uma voz lhes falar, ditando o que devem escrever. E que diríeis dos médiuns *videntes*, aos quais os Espíritos se mostram sob a forma que tinham em vida, médiuns que os veem circular em volta de nós, indo e vindo como a multidão que temos aos nossos olhos? E dos médiuns impressionáveis que sentem os toques ocultos, a impressão dos dedos e até das unhas, as quais marcam a pele e deixam sinal? Isso pode acontecer com um ser que nada mais tem de matéria? E os médiuns de dupla vista que, perfeitamente despertos, em pleno dia, veem claramente aquilo que se passa à distância? Não é uma faculdade própria, um gênero de mediunidade? A mediunidade é a faculdade dos médiuns. Os médiuns são pessoas acessíveis à influência dos Espíritos, e que lhes podem servir de intermediários. Tal é a definição que se encontra no pequeno *Dictionnaire des Dictionnaires français abrégé*, de Napoléon Landais, e até agora parece que nos dá a idéia muito exatamente.

Não contestamos a utilidade dos instrumentos que o Sr. Brasseur designa com o nome de médiuns inertes, nome para cuja escolha tem

OUTUBRO DE 1859

perfeita liberdade, se julga conveniente fazer tal distinção. Incontestavelmente eles têm uma vantagem, como resultado da experiência, para as pessoas que nada viram ainda. Como, porém, a Sociedade Parisiense de Estudos Espíritas se constitui de pessoas que não estão mais no início, cujas convicções já se formaram, e não faz nenhuma experiência visando a satisfazer a curiosidade do público, não faz convites para as suas sessões, a fim de não ser perturbada nas suas pesquisas e observações, esses meios primitivos nada de novo lhe ensinariam; eis porque prefere outros mais expeditos, de vez que possui uma experiência bastante grande do assunto para saber distinguir perfeitamente a natureza das comunicações que recebe.

Não acompanharemos o Sr. Brasseur em todos os raciocínios sobre os quais apóia sua teoria. Temeríamos enfraquecê-los, truncando-os; e, na impossibilidade de os reproduzir na íntegra, preferimos remeter aos leitores, que deles quisessem tomar conhecimento, o jornal que ele redige com incontestável talento, e no qual se encontram sobre o mesmo assunto artigos do Sr. Jules de Neuville, muito bem escritos, mas que aos nossos olhos têm apenas uma falha: não terem sido precedidos de um estudo suficientemente aprofundado da matéria, pelo que envolvem muitas questões supérfluas.

Em resumo, de acordo com a Sociedade Espírita, persistimos em considerar as pessoas como verdadeiros médiuns, que podem ser passivos ou ativos, segundo a sua natureza e a sua aptidão. Chamemos os instrumentos, se assim o quiserem, de médiuns inertes. É uma distinção que talvez seja útil. Cometeríamos, entretanto, um erro se lhes atribuíssemos o papel e as propriedades dos seres animados nas comunicações inteligentes. Dizemos inteligentes, por ser necessária a distinção de certas manifestações espontâneas puramente físicas. É um assunto de que já tratamos amplamente na *Revista*.

BOLETIM DA SOCIEDADE PARISIENSE
DE ESTUDOS ESPÍRITAS

SEXTA-FEIRA, 2 DE SETEMBRO DE 1859 (SESSÃO GERAL)

Leitura da ata e dos trabalhos da última sessão.

Comunicações: Fatos curiosos de previsões de morte e avisos de além-túmulo, ocorridos, um com os senhores de Chamissot e de Brunoy,

310   REVISTA ESPÍRITA

emigrados que residiam em Coblença em 1794; outro, com a Condessa Ch... (Serão publicados).

Observações microscópicas e analíticas da matéria da escrita direta (Vide o número de agosto de 1859).

Leitura de uma carta em resposta à remessa da evocação do Sr. J... (de La Sarthe), feita na sessão de 22 de julho.

Estudos: Perguntas complementares relativas ao repouso dos Espíritos. As respostas não parecem à altura do Espírito evocado, pois não se reconhecem nem a clareza nem a precisão habituais. A Sociedade não as leva em consideração, desde que não dão uma solução satisfatória. Perguntas dirigidas a François Arago relativamente às respostas equívocas acima referidas. Diz ele que o Espírito que as respondeu não é o que foi chamado. E acrescenta que não é um Espírito mau, mas é pouco adiantado e incapaz de resolver certas questões. Isso foi consentido para vos exercitar na apreciação das respostas, e ao mesmo tempo para dar a ele uma lição. Perguntas ao mesmo Espírito sobre a análise química da matéria da escrita direta. Perguntas, ainda, ao mesmo Espírito, sobre as tempestades e o papel dos Espíritos nos fenômenos da Natureza (Publicadas no número de setembro).

Segunda evocação do Sr. J... (de La Sarthe), depois da carta acima referida (Publicada no número de setembro, sob o título *Morte de Um Espírita*).

Evocação de Jacques Arago (Será publicada).

SEXTA-FEIRA, 2 DE SETEMBRO DE 1859 (SESSÃO PARTICULAR)

Leitura da ata e dos trabalhos da última sessão.

Negócios administrativos: Apresentação e admissão de novos membros efetivos e de um membro correspondente em Madri.

Comunicações: Carta do Sr. Det..., membro da Sociedade, citando uma passagem extraída do *Tableau de Paris*, de Mercier, edição de 1788, 12.º volume, intitulado Espiritualistas[1]. Essa passagem constata a existência, naquela época, de uma Sociedade formada em Paris, tendo por objetivo as comunicações com os Espíritos. Fornece assim mais

---

[1] Mercier (Louis Sebastian), escritor, oferece em sua obra famosa, *Tableau de Paris*, um quadro geral da vida parisiense no século XVIII. (N. do R.)

uma prova de que o Espiritismo não é uma criação moderna, e que era aceito pelos homens mais representativos (Publicada a seguir).

O Sr. S... observa, a propósito, que naquela época um tal *Martinez Pascalis* havia fundado a seita dos Martinistas, a qual também pretendia estar em relação com os Espíritos, por meios que os iniciados deviam manter em segredo.

Carta do Dr. B..., de Nova York, agradecendo à Sociedade o título de correspondente que lhe havia sido conferido, e dando interessantes detalhes relativos à exploração mercantil do Espiritismo na América.

Comunicação de várias cartas do Sr. Dumas, membro efetivo da Sociedade em Sétif, Argélia, contendo um grande número de evocações, muitas das quais de grande interesse do ponto de vista do estudo. Elas informam que vários médiuns se desenvolveram naquele país e que o Espiritismo é objeto de grande preocupação. Entre os fatos citados destaca-se principalmente o seguinte: Um carvoeiro pouco letrado, tendo experimentado escrever como médium, a princípio obteve apenas traços irregulares, com os quais encheu seguidamente seis páginas. A seguir, teve a idéia de colocar essas páginas uma depois da outra e achou que os traços concordavam, formando um conjunto. Depois, essa mesma pessoa escreveu páginas inteiras com grande facilidade. Mas a abundância, a prolixidade e a natureza de certas comunicações fazem recear uma obsessão.

O Sr. Allan Kardec ressalta um fato de manifestação espontânea, produzida em sua casa numa reunião e em circunstâncias notáveis. Presente à reunião, a Princesa S... manifestou desejo de evocar o Dr. Beaufils, seu médico, morto há sete ou oito meses. Três médiuns, entre os quais a filha da princesa, que também é muito boa médium, foram tomados de movimentos convulsivos violentos, quebrando os lápis e rasgando o papel. Intimado a se dar a conhecer, depois de alguma hesitação, o Espírito acabou dizendo que não ousava declinar o nome. Premido pelas perguntas, respondeu que sabiam o seu nome pelos jornais; era um miserável, havia matado; era ajudante de açougueiro, assassino da "rue de la Roquette", executado recentemente. Interrogado sobre os motivos de sua presença, sem ter sido chamado, disse que havia sido mandado por outros Espíritos, *a fim de convencer os médiuns de que não escreviam o seu próprio pensamento...* Termina pedindo que orem por ele, porque se arrepende de sua conduta e porque sofre. Retirou-se, depois da promessa de que seu desejo seria satisfeito, e de lhe terem dado alguns conselhos.

Veio então o Dr. Beaufils, que respondeu com muita calma e lucidez às várias perguntas que lhe foram dirigidas.

Com efeito, essa comunicação é prova manifesta da independência dos médiuns, porque todos os membros da reunião estavam preocupados com a evocação do doutor, e ninguém pensava naquele homem que veio surpreender a todos, manifestando-se por sinais idênticos a três médiuns diversos, que não dispunham de cartões nem de pranchetas.

Leitura de uma comunicação espontânea, obtida pelo Sr. R..., membro da Sociedade, sobre a antiguidade das crenças espíritas e os traços por elas deixados em todas as religiões. (Publicada a seguir).

Estudos: Evocação de Privat d'Anglemont. (Será publicada).

Evocação do milionário avarento de Lyon, conhecido pela alcunha de Père Crepin. (Será publicada).

SEXTA-FEIRA, 9 DE SETEMBRO DE 1859 (SESSÃO GERAL)

Leitura da ata e dos trabalhos da última sessão.

Comunicações: Leitura de uma comunicação espontânea recebida pelo Visconde de H..., médium recentemente desenvolvido, e transmitida pelo Sr. D..., membro da Sociedade, que residia em Lille. (Será publicada).

Leitura de uma comunicação espontânea de Lamennais, obtida pelo Sr. R..., membro da Sociedade. (Será publicada).

Outra comunicação espontânea obtida pelo mesmo, de parte do Dr. Olivier, que se apresentou sem ter sido chamado. Esta comunicação tem isto de notável: mostra aquele Espírito numa situação idêntica à de Voltaire, tal como este último a descreve nas suas confissões, publicadas na *Revista* de setembro. Ele duvida de tudo, mesmo de Deus. Errante, ninguém o encontra para o esclarecer, o que o mergulha numa ansiedade tanto mais penosa, quanto menos lhe vê o término. As palavras de consolo dirigidas pelo médium são para ele um raio de luz e um alívio. Promete voltar. (Será publicada).

O Sr. Allan Kardec relata um fato notável de obsessão por parte de um Espírito brutal, antigo carreteiro, sobre a pessoa do Sr. C..., ótimo médium. Além disso, o fato confirma a possibilidade de lugares assombrados por certos Espíritos. (Será publicada).

Os Espíritos barulhentos de Madri. Relato de um fato noticiado, sem comentário, por um jornal de Madri, relativamente a uma casa daquela cidade, inabitável pelo barulho e pelas desordens noturnas, tendo sido ineficazes as investigações e as medidas da polícia.

Estudos: Questões sobre a avareza, a propósito da evocação de Père Crepin, de Lyon. (Serão publicadas depois desta evocação).

Evocação de Privat d'Anglemont, segunda palestra. (Será publicada).

Evocação do Sr. Julien S..., feita a pedido do Sr. B. de Bouxhors.

Evocação do Sr. Adrien de S..., feita por uma pessoa estrangeira, presente à sessão. Essa evocação, conquanto de interesse puramente pessoal, oferece um traço característico quanto à influência exercida pelos Espíritos errantes sobre os encarnados.

A sepultura de Saint-Leu. Procurando a sepultura do grande chanceler Pasquier na Igreja de Saint-Leu, Paris, a 27 de julho de 1859, os operários fizeram um buraco numa parede e encontraram embaixo do coro uma sepultura de cinco metros de comprimento por quatro de altura e dois de largura, herméticamente fechada por uma laje. Nessa sepultura achavam-se de quinze a vinte esqueletos sem esquife e em diferentes posições, o que mostrava que não tinham sido enterrados. Na parede haviam gravado com um instrumento pontiagudo: Marvé, 1733; Chenest, 1733; Max, coroinha, 1727; Charles Remy, 1721; Gabriel, 1727; Thiévan, 1723; Maupain, 1728 e vários nomes ilegíveis.

O Espírito de São Luís foi interrogado sobre a possibilidade de evocar-se um dos Espíritos cujos nomes se acham na sepultura, a fim de obter-se esclarecimentos relativos a essa descoberta. Respondeu: "Aconselho-vos a deixar isso de lado. Há crimes nesse negócio muito recentes para se exumar algo que lhe diga respeito".

Verteuil, antigo autor dramático e ator do teatro de la Cité era um jovem inteligente, de uma beleza notável e possuía uma grande fortuna. Em pouco tempo perdeu todos os haveres numa bancarrota, depois a voz, o ouvido e a vista. Morreu em Bicêtre, onde ficou vinte anos surdo, mudo e cego; não recebia comunicações senão quando lhe riscavam os caracteres na palma da mão; então, respondia por escrito. Essa posição excepcional parecia oferecer interessante assunto para um estudo de Psicologia. Consultado a respeito, respondeu o Espírito de São Luís: "Não o evoqueis, pois está encarnado". A seguir, forneceu diversas informações sobre os antecedentes desse jovem e as causas e circunstâncias de sua enfermidade. Os detalhes dessa história tocante podem ser lidos na *La Patrie*, de 26 de julho de 1859.

Evocação do antigo carreteiro, de cujas comunicações já demos notícia. Ele se manifesta por sinais de violência, quebrando o lápis, que força sobre o papel, por uma escrita grosseira, sacudida e pouco legível. Essa evocação apresenta um caráter notável, sobretudo do ponto de vista da influência que o homem pode exercer sobre certos Espíritos inferiores, por meio da prece e dos bons conselhos (Será publicada).

SEXTA-FEIRA, 16 DE SETEMBRO DE 1859 (SESSÃO PARTICULAR)

Leitura da ata e dos trabalhos da sessão de 9 de setembro.

Comunicações: Leitura de um artigo da *Illustration* de 1853, comunicado pelo Sr. R..., e intitulado *As Mesas Volantes*. Este artigo demonstra, segundo um jornal russo, *Sjevernava Peschela*, de 27 de abril de 1853, e conforme documentos fornecidos pelo Sr. Tscherepanoff, que o fenômeno das mesas girantes é conhecido e praticado desde tempos imemoriais, na China, na Sibéria e entre os Kalmouks da Rússia meridional. Principalmente entre estes últimos, esse meio é utilizado para a descoberta de objetos perdidos. (Publicado a seguir).

O Sr. Dorgeval dirige à Sociedade um poema intitulado *Uranie*, do Sr. de Porry, de Marselha, no qual os pontos fundamentais da Doutrina Espírita são enunciados claramente, embora na época de sua composição o autor não tivesse nenhuma noção dessa ciência. Não menos digno de nota é que o Sr. de Porry parece ter escrito seu poema por uma espécie de faculdade mediúnica. À noite, meio adormecido, os versos se formavam em seu pensamento e ele escrevia ao despertar no dia seguinte. São lidos vários fragmentos desse poema, que será publicado nesta *Revista*.

Carta do Sr. P..., de Marselha, contendo a comunicação de um Espírito que se dá a conhecer pelo nome de Paulo, e uma outra de São Luís, notável por diversas respostas de grande profundeza.

Leitura de comunicação espontânea dada ao Sr. R..., membro da

OUTUBRO DE 1859

Sociedade, pelo açougueiro assassino da rua "de la Roquette", de que tratamos na sessão de 2 de setembro, e que veio interpor-se numa reunião havida em casa do Sr. Allan Kardec. Esse Espírito vem agradecer as preces feitas a seu favor, conforme havia pedido. Essa comunicação é notável pelos bons pensamentos que encerra, e lança uma luz nova sobre a assistência que pode ser dada aos Espíritos sofredores. (Será publicada).

Estudos: Perguntou-se ao Espírito de São Luís se, independentemente dos assuntos previamente preparados, os Espíritos poderiam dar-nos comunicações espontâneas relativas a um assunto de sua livre escolha. Respondeu afirmativamente e disse que, na próxima vez, César escreverá por intermédio do Sr. R... , com o consentimento deste último.

Presente à sessão, como ouvinte, o Sr. Col... pergunta se lhe permitem fazer a evocação de seu filho, cuja morte é para sua mãe uma causa de sofrimento que nada atenua. Devendo ir encontrá-la no dia seguinte, gostaria de lhe relatar a conversa como um motivo de consolação. Essa evocação não será publicada por ser de interesse puramente pessoal.

Exame da teoria do Sr. Brasseur sobre os médiuns. Ele considera as caixas, as pranchetas e outros instrumentos como os únicos verdadeiros médiuns, que classifica de *médiuns inertes*, visto como, diz ele, nos médiuns animados há sempre maior ou menor participação do pensamento pessoal. Vários membros entram na discussão e são concordes em combater a opinião do Sr. Brasseur, fundada, ao que dizem, sobre uma observação incompleta, pois a independência absoluta do médium animado está provada por fatos irrecusáveis. Um dos argumentos opostos ao Sr. Brasseur é de que os cartões e as pranchetas jamais falam por si sós, de onde resulta que não passam de instrumentos ou, como já ficou dito, de apêndices dispensáveis; são os acessórios e não o principal. A prancheta munida de lápis e influenciada pela pessoa não é mais médium que o lápis colocado diretamente na mão da pessoa.

O Sr. Sanson lê alguns versos por ele escritos em homenagem a São Luís e em agradecimento pela cura pessoal que havia obtido. Como não se julgue poeta, pergunta qual o Espírito que os inspirou. A resposta é que foi o seu próprio Espírito tomado de um justo reconhecimento por aquilo que aliviou as suas dores.

Evocação de Swedenborg. À evocação feita pelo Sr. Allan Kardec, responde: "Falai, meu velho amigo".

– Honrais-me com o título de vosso velho amigo. Estamos, entretanto, longe de ser contemporâneos; só vos conheço pelos vossos escritos.

– É verdade, mas eu vos conheço desde muito tempo.

– Desejamos fazer várias perguntas sobre diversos pontos de vossa doutrina; mas a hora está adiantada e nosso objetivo é apenas perguntar se poderíeis fazê-lo na próxima sessão.

– Com prazer. Deixai-me, porém, desde já, fazer nos meus escritos uma correção importante para mim. Quando escrevi minha doutrina, segundo os conselheiros do mundo celeste, que a ditavam, pretendia que cada povo se achava no céu, numa esfera separada, e que o caráter distintivo de cada nação reaparecia ainda, não por indivíduos, mas por grandes famílias. Convenceu-me a experiência de que isso não é assim.

– Não há outros pontos sujeitos à contestação?

– Sim, muitos outros; mas este é um dos mais importantes.

– Temos aqui vários médiuns. Preferis algum para vos comunicardes conosco?

– Não... ou antes, sim. Eu escolheria um médium mecânico, como os chamais, e ao mesmo tempo rápido.

SEXTA-FEIRA, 23 DE SETEMBRO DE 1859 (SESSÃO GERAL)

Leitura da ata da sessão do dia 16.

Apresentação de quatro candidatos como membros efetivos. Sua admissão será discutida na próxima sessão particular do dia 7 de outubro e proclamada a aceitação, se for o caso.

Comunicações: Leitura de uma carta de Ruão, que relata um fato autêntico ocorrido na família da pessoa que escreve, da aparição de sua avó no momento da morte.

Outro fato recente de aparição e aviso de além-túmulo, O Sr. D..., de Paris, doutor em Medicina, havia tratado durante algum tempo uma senhora que sofria de uma moléstia incurável e que no momento não morava mais em Paris. Há cerca de 15 dias o Sr. D... foi despertado por pancadas à porta de seu quarto de dormir. Supondo que viessem chamá-lo para algum doente, perguntou: "Quem é?" No mesmo instante viu aquela senhora à sua frente, que lhe disse com uma voz muito clara: "Sou eu, Sr. D..., venho vos dizer que morri". Tomando informações, foi verificado que aquela senhora havia morrido na mesma noite de sua aparição.

Fato curioso de separação momentânea entre alma e corpo aconteceu há alguns dias ao Sr. C..., médium da Sociedade. (Será publicada com a explicação dada pelos Espíritos).

Leitura de uma comunicação admirável do Espírito de Privat d'Anglemont ao Sr. Ch..., médium da Sociedade. (Será publicada com outras comunicações do mesmo Espírito).

Estudos: Três comunicações espontâneas tinham sido prometidas para essa sessão: uma de César, uma de Swedenborg e uma de Privat d'Anglemont. Fizeram escrevê-las simultaneamente por três médiuns diversos, todos mecânicos.

Diversas perguntas são, a seguir, feitas a Swedenborg sobre alguns pontos de sua doutrina, que ele reconhece errôneos. Fez-se a leitura prévia de uma notícia biográfica sobre Swedenborg, preparada pela Sra. P..., membro da Sociedade. (Serão publicadas).

O Sr. Det..., membro da Sociedade, preparara uma série de perguntas muito inteligentes, a respeito de César, mas as explicações espontâneas dadas por esse Espírito tornaram supérflua a maior parte delas. Não obstante, serão examinadas e escolhidas as que forem julgadas convenientes para ulterior proposição.

O Sr. Dumas, de Sétif, membro efetivo da Sociedade, participa da sessão. Pede para evocar-se alguns Espíritos que a ele se manifestaram, a fim de ter um controle das comunicações obtidas na Argélia. O resultado dessas evocações é idêntico e confirma as respostas que lhe haviam sido dadas. À questão de saber se ele pode concorrer eficazmente para a propagação do Espiritismo na África, não só foi respondido que pode, mas também que deve.

SOCIEDADE ESPÍRITA NO SÉCULO XVIII

AO SR. PRESIDENTE DA SOCIEDADE
PARISIENSE DE ESTUDOS ESPÍRITAS

"Senhor Presidente,

"Não é de 1853, época em que os Espíritos começaram a manifestar-se pelo movimento das mesas e por pancadas, que data a renovação das evocações. Na História do Espiritismo, que lemos em vossas obras, não mencionais uma Sociedade como a nossa, cuja existência, com grande surpresa minha, foi revelada por Mercier, em seu *Tableau de Paris*, edição de 1788, no capítulo intitulado *Espiritualistas*, do 12.º volume. Eis o que ele diz:

Por que a Teologia, a Filosofia e a História mencionam várias aparições de Espíritos, de gênios ou de demônios? A crença de uma parte na Antiguidade era a de que cada homem tinha dois Espíritos: um bom, que convidava à virtude, e outro mau, que incitava ao mal.

Uma seita nova *acredita na volta dos Espíritos a este mundo. Ouvi várias pessoas que estavam realmente persuadidas de que existem meios de os evocar. Somos rodeados por um mundo que não percebemos. Em volta de nós estão seres dos quais não fazemos a mínima idéia; dotados de uma natureza intelectual superior, eles nos veem. Nenhum vazio existe no Universo: eis o que asseguram os adeptos da* ciência nova.

Assim, a volta das almas dos mortos, aceita em toda a Antiguidade, e de que zombava a nossa Filosofia, é hoje aceita por homens que nem são ignorantes, nem supersticiosos. *Todos esses Espíritos, aliás chamados na Escritura os* Príncipes do Ar, *estão sempre sob as ordens do Senhor da Natureza. Diz Aristóteles que os Espíritos aparecem frequentemente aos homens por necessitarem uns dos outros. Não me refiro aqui senão ao que dizem os partidários da existência dos gênios.*

Se cremos na imortalidade da alma, devemos admitir que essa multidão de Espíritos deve manifestar-se depois da morte. Entre essa multidão de prodígios de que estão cheios todos os países da Terra, *se ocorrer um só, a incredulidade será um erro. Creio, pois, que não haveria menos temeridade em negar do que em sustentar a veracidade das aparições. Estamos num mundo desconhecido.* Mercier não será acusado de incredulidade e de ignorância. No extrato que precede vemos que não rejeita *a priori* as manifestações dos Espíritos, embora não tenha tido ocasião de as presenciar. Entretanto, como homem prudente, suspendia seu julgamento até melhores informações. A propósito do magnetismo, já havia dito: "Isto é tão misterioso; tão profundo e tão incrível, que, ou devemos rir, ou cair de joelhos. Eu não faço uma coisa nem outra: *observo e espero*".

Seria interessante saber por que essas evocações, retomadas em 1788, foram interrompidas até 1853. Teriam os membros da Sociedade, que a elas se dedicavam, perecido durante a revolução? É lamentável que Mercier não tenha declinado o nome do presidente daquela Sociedade.

Recebei, etc.

DET...
Membro titular da Sociedade

Observação: O fato referido por Mercier tem uma importância capital e um alcance que ninguém poderá desconhecer. Prova que, desde aquela época, homens recomendáveis pela inteligência se ocupavam seriamente com a Ciência Espírita. Quanto à causa que determinou a extinção dessa sociedade, é mais provável que as perturbações que se seguiram tivessem grande papel nisso. Mas não é certo dizer que as evocações foram interrompidas até 1853. Cerca dessa última época, é verdade que as manifestações tiveram o maior desenvolvimento, mas está provado que elas nunca cessaram. Em 1818 tivemos entre as mãos uma notícia manuscrita sobre a Sociedade dos Teósofos existente no começo deste século, a qual pretendia que, pelo recolhimento e pela prece, era possível entrar em comunicação com os Espíritos. Talvez fosse a continuação da Sociedade de que nos fala Mercier. No ano de 1800 o célebre Abade Faria, de acordo com um cônego seu amigo, antigo missionário no Paraguai, ocupava-se da evocação e obtinha comunicações escritas. Diariamente ficamos sabendo que algumas pessoas as obtinham em Paris, muito antes que se cogitasse dos Espíritos na América.

Mas convém esclarecer que antes dessa época todos aqueles que possuíam tal conhecimento faziam mistério. Hoje, que é do domínio público, ele se vulgariza. Eis toda a diferença. E se fosse uma quimera não se teria implantado apenas em alguns anos nas cinco partes do mundo. Já o bom senso lhe teria feito justiça, precisamente porque cada um está em condições de ver e de compreender. Certamente ninguém contestará o progresso que diariamente fazem essas idéias, mesmo nas camadas mais esclarecidas da Sociedade. Ora, uma idéia que exige o raciocínio, que cresce e se ilumina pela discussão e pelo exame, não tem as características de uma utopia.

PALESTRAS FAMILIARES DE ALÉM-TÚMULO

O PAI CRÉPIN

(SOCIEDADE, 2 DE SETEMBRO DE 1859)

Recentemente os jornais anunciaram a morte de um homem que vivia em Lião, onde era conhecido pela alcunha de Pai Crépin. Era muitas vezes milionário e de uma avareza pouco comum. Nos últimos tempos de sua vida fora morar com o casal Favre, que tinha assumido a obrigação de alimentá-lo mediante trinta cêntimos por dia, feita a dedução de dez cêntimos para o seu tabaco. Possuía nove casas e antes morava em uma delas, numa espécie de nicho que tinha mandado construir debaixo da escada. Na ocasião de receber os aluguéis, arrancava os cartazes das ruas e os utilizava para dar os recibos. O decreto municipal que prescrevia a caiação das casas lhe causava um tremendo desespero; andou tendo entendimentos, a fim de obter uma exceção, mas tudo foi inútil. Gritava que estava arruinado. Se tivesse uma só casa, ter-se-ia resignado; – mas, acrescentava ele, – tenho nove.

1. (*Evocação*). R – Eis-me aqui. Que quereis de mim? Oh! meu ouro! meu ouro! Que fizeram dele?

2. – Tendes saudades da vida terrena? R – Oh! sim!

3. – Por que tendes saudades? R – Não posso mais tocar no meu ouro, contá-lo e guardá-lo.

4. – Em que empregais o vosso tempo? R – Ainda estou muito preso à Terra e é difícil arrepender-me.

5. – Vindes muitas vezes rever o vosso querido tesouro e as vossas casas? R – Tantas vezes quanto posso.

6. – Quando vivo nunca pensastes que não levaríeis nada disso para o outro mundo? R – Não. Minha única ideia estava ligada às riquezas; visando acumulá-las, jamais pensei em separar-me delas.

7. – Qual era o vosso objetivo amontoando essas riquezas que não serviam para nada, nem para vós mesmo, pois vivíeis cheio de privações? R – Eu experimentava a volúpia de tocá-las.

OUTUBRO DE 1859

8. – De onde vos vinha tão sórdida avareza? R – Do prazer experimentado por meu Espírito e por meu coração por ter muito dinheiro. Aqui na Terra não tive outra paixão.

9. – Compreendeis o que era a avareza? R – Sim, compreendo agora que era um miserável. Entretanto, meu coração ainda é muito terreno e ainda experimento um certo prazer em ver o meu ouro. Mas não posso apalpá-lo. Isto é um começo de punição na vida em que estou.

10. – Não experimentáveis nenhum sentimento de piedade pelos infelizes que sofriam miséria? Nunca tivestes o pensamento de as aliviar? R – Por que eles não tinham dinheiro? Pior para eles!

11. – Tendes lembrança da vossa existência anterior a esta que acabais de deixar? R – Sim, eu era pastor, de corpo muito infeliz, mas feliz de coração.

12. – Quais foram os vossos primeiros pensamentos, quando vos reconhecestes no mundo dos Espíritos? R – Meu primeiro pensamento foi o de procurar as minhas riquezas e, sobretudo, o meu ouro. Quando não vi mais do que o espaço, senti-me muito infeliz; meu coração ficou dilacerado e o remorso começou a apoderar-se de mim. Parece que quanto mais tempo se passar, mais sofrerei por minha avareza terrena.

13. – Qual é agora a consequência de vossa vida terrena? R – Inútil para os meus semelhantes, inútil diante da eternidade, mas infeliz para mim perante Deus.

14. – Podeis prever uma nova existência corpórea? R – Não sei.

15. – Se devêsseis ter brevemente uma nova existência corpórea, qual escolheríeis? R – Escolheria uma existência em que pudesse tornar-me útil aos meus semelhantes.

16. – Quando vivo não tínheis amigos na Terra, pois um avarento como vós não os pode ter. Tende-os entre os Espíritos? R – Jamais rezei por alguém. Meu anjo da guarda, a quem muito ofendi, é o único que tem piedade de mim.

17. – Ao entrar no mundo dos Espíritos alguém vos veio receber? R – Sim, minha mãe.

18. – Já fostes evocado por outras pessoas? R – Uma vez, por pessoa a quem maltratei.

19. – Não estivestes na África, num Centro onde tratam com os Espíritos? R – Sim, mas toda aquela gente não tinha nenhuma pena de mim. Isso é muito triste. Aqui sois compassivos.

20. – Nossa evocação vos será proveitosa? R – Muito.

21. – Como adquiristes fortuna? R – Ganhei um pouco honestamente; mas explorei muito e roubei um pouco os meus semelhantes.

22. – Podemos fazer alguma coisa por vós? R – Sim, um pouco de vossa piedade para uma alma em sofrimento.

(SOCIEDADE, 9 DE SETEMBRO DE 1859)

PERGUNTAS DIRIGIDAS A SÃO LUÍS A PROPÓSITO DO PAI CRÉPIN

1. – O Pai Crépin, que evocamos ultimamente, era um raro tipo de avarento. Não nos pôde dar explicações sobre a fonte de sua paixão. Teríeis a bondade de no-las ministrar? Ele nos disse que tinha sido pastor, muito infeliz de corpo, mas feliz de coração. Nada vemos nisso que lhe pudesse desenvolver essa avareza sórdida. Poderíeis dizer-nos o que a fez nascer? R – Ele era ignorante, inexperiente; pediu a riqueza, ela lhe foi concedida, mas como punição para o seu pedido; tende certeza de que ele não a pedirá mais.

2. – O Pai Crépin nos oferece o tipo da avareza ignóbil, mas essa paixão tem gradações. Assim, há pessoas que só são avarentas para os outros. Perguntamos qual é o mais culpável: aquele que acumula pelo prazer de acumular e se priva até do necessário, ou aquele que, de nada se privando é avaro quando se trata do menor sacrifício para o próximo? R – É evidente que o último é mais culpado, porque é profundamente egoísta. O primeiro é louco.

3. – Nas provas que deve sofrer para chegar à perfeição, deve o Espírito passar por todos os gêneros de tentação. Poder-se-ia dizer que, para o Pai Crépin, a vez da avareza chegou por meio das riquezas que estavam à sua disposição, e que ele sucumbiu? R – Isso não é regra geral, mas é exato no seu caso particular. Sabeis que há muitos que desde o começo tomam um caminho que os liberta de muitas provas.

SRA. E... DE GIRARDIN, MÉDIUM

Extraímos o artigo seguinte da crônica do *Paris Journal*, n.º 44,

OUTUBRO DE 1859

Não há necessidade de comentário; ele mostra que, se os partidários do Espiritismo são loucos, como o dizem pouco delicadamente as pessoas que se arrogam sem cerimônia o privilégio do bom senso, podemos consolar-nos e até mesmo sentir-nos honrados de ir para os hospícios em companhia de inteligências da têmpera da Sra. de Girardin e de tantos outros.

"Outro dia eu vos prometi a história da Sra. de Girardin e de um célebre doutor. Contá-la-ei hoje, porque obtive permissão de fazê-lo. É uma história muito curiosa. Ficaremos ainda no sobrenatural, com o qual nos ocupamos mais do que nunca, nós que, por dever, tomamos o pulso de Paris e sentimos que a esse respeito ele está um tanto febril. Decididamente, para a imaginação humana, há uma certa necessidade de saber o futuro e penetrar os mistérios da Natureza. Quando se veem inteligências como a de Delphine Gay entregar-se a essas práticas, que consideramos pueris, não lhes podemos recusar uma certa importância, sobretudo quando apoiadas em testemunhos irrecusáveis, tais como este de que vos falo e que ireis conhecer. Refiro-me ao testemunho, mas não ao doutor – notai bem.

"A Sra. de Girardin tinha uma pequena prancheta e um lápis. Consultava-os incessantemente. Obtinha, assim, conversas com muitas celebridades da História, sem contar o Diabo, que nelas também se metia. Uma noite, ele mesmo veio revelar-se a uma importante pessoa que não teve medo, pois que seu papel é o de expulsá-lo. Nada fazia a grande Delphine sem consultar a prancheta. Pedia-lhe conselhos literários, que esta não lhe recusava, e para a ilustre poetisa era até mesmo de uma severidade magistral. Assim, repetia-lhe incessantemente que não escrevesse mais tragédias, sem nenhuma consideração pelos versos maravilhosos de sua peça *Judith e Cleópatra*. Quem é que vai assistir à representação de uma tragédia? Os fanáticos da poesia dramática. Que buscam eles numa tragédia? Os belos versos que os comovem e emocionam; e *Judith e Cleópatra* fervilha desses pensamentos de mulher, expressos por uma mulher de um espírito e de um coração eminentes, cujo talento ninguém contesta. Mas a prancheta não queria mais tragédias; obstinava-se na prosa e na comédia; colaborava nos desenlaces e corrigia a prolixidade.

"Não só Delphine lhe confiava seus trabalhos literários, como ainda da lhe contava os sofrimentos e pedia orientações para a sua saúde.

324   REVISTA ESPÍRITA

Ah! essas orientações, ditadas pela imaginação da doente ou pelo demônio, contribuíram para afastá-la de nós. Ela tomava remédios incríveis como fatias de pão com manteiga e pimentas, pimentões e todas as invencionices prejudiciais para uma natureza inflamável como a sua. Disso foram encontradas provas depois de sua morte, da qual os seus amigos e admiradores jamais se consolarão.

"Todo mundo conhecia Chasseriau, arrebatado também na flor da idade. De memória, fez um soberbo retrato da bela defunta. Fizeram dele uma gravura, que hoje está em toda parte. Ele levou o retrato ao doutor em questão e lhe perguntou se estava contente. Este último fez alguns ligeiros reparos. O pintor ia consentir nessas modificações, quando os dois tiveram a idéia de se dirigir ao próprio modelo. Colocaram as mãos sobre a prancheta e assim a Sra. de Girardin revelou-se quase que imediatamente. Compreende-se qual teria sido a emoção. Interrogada sobre o retrato, disse que não estava perfeito, mas que não o deviam retocar, pois se arriscariam a estragá-lo, sendo a semelhança muito difícil de captar, quando não se tem outro guia além da memória. Fizeram outras perguntas. Recusou-se a responder a algumas delas, mas atendeu a outras.

"Perguntaram o lugar onde se encontrava.

– Não quero dizê-lo, retrucou.

"E apesar de todos os pedidos nada puderam obter a esse respeito.

– Sois feliz?

– Não.

– Por quê?

– Porque não posso mais ser útil àqueles a quem amo.

"Ficou obstinadamente muda enquanto lhe falaram da outra vida e não deu nenhuma explicação. Também não disse se assim procedia por lhe ser proibido ou por vontade própria. Depois de uma longa conversa, foi-se embora. Lavrou-se a ata dessa sessão. As duas testemunhas ficaram tão impressionadas que não trataram mais do caso. O doutor podia agora evocar aquele que o ajudava naquele dia, e ter esses dois grandes Espíritos na sua prancheta. Como tudo passa neste mundo! E que ensinamento nesses fatos estranhos, se os considerarmos do ponto de vista filosófico e religioso!"

AS MESAS VOLANTES

Com este título encontramos o artigo seguinte na *Illustration*, de 1853, precedido das indispensáveis piadas que oferecemos aos leitores. "Trata-se das mesas girantes! Eis as mesas volantes! E não é de hoje que o fenômeno se produz: existe há longos anos. Perguntareis onde? Palavra que é um pouco longe, na Sibéria. Um jornal russo, *Sjevernava Peschela*, que quer dizer a *Abelha do Norte*, em seu número de 27 de abril último, contém sobre o assunto um artigo do Sr. Tscherepanoff, que viajou na região dos Kalmuks. Eis um trecho:

"Deve-se saber que os Lamas, sacerdotes da religião budista, à qual aderem todos os mongóis e os *buretas* russos[1], à maneira dos sacerdotes do antigo Egito não comunicam os segredos que descobriram, servindo-se deles, entretanto, para aumentar a influência que exercem sobre o povo, naturalmente supersticioso. É assim que pretendem ter o poder de encontrar os objetos roubados, para o que se servem da *mesa volante*. As coisas se passam da maneira seguinte:

A vítima do roubo dirige-se ao Lama, pedindo-lhe revelar o local onde os objetos estão escondidos. O sacerdote de Buda pede dois ou três dias a fim de se preparar para essa grave cerimônia. Expirado o prazo ele se senta no chão, coloca em sua frente uma pequena mesa quadrada, põe as mãos sobre ela e começa a ler algo obscuro; isto dura meia hora. Depois de haver balbuciado as orações, levanta-se, tendo sempre a mão na mesma posição inicial, e a mesa se ergue no ar. O Lama se empertiga, e põe as mãos no alto da cabeça, dá um passo à frente e o móvel segue no ar o seu exemplo; recua, e a mesa faz o mesmo; em breve esta toma várias direções, acabando por cair no chão. É nessa direção principal que a mesa toma, que se encontra o lugar procurado. A crer no que dizem as histórias da região, houve casos em que a mesa foi cair exatamente no lugar onde se encontrava oculto o objeto roubado.

Na experiência assistida pelo Sr. Tscherepanoff, a mesa voou

---

[1] Tribo mongólica dos kalmuks. As duas palavras: *kalmuks* e *bureta* ainda não figuram em nossos dicionários; *bureta* aparece em alguns como termo técnico da Química. (N. do R.)

até à distância de 15 toesas. O objeto roubado não foi encontrado imediatamente. Mas na direção indicada pelo móvel morava um camponês russo, que notou o sinal. No mesmo dia suicidou-se. Sua morte súbita levantou suspeitas. Fizeram-se pesquisas em sua residência, na qual encontraram o objeto procurado. O viajante viu três outras experiências que não deram resultado. A mesa não quis mover-se. Aliás, os Lamas não tiveram dificuldades em explicar tal imobilidade: se o móvel não se movia, é que os objetos não podiam ser encontrados.

O Sr. Tscherepanoff testemunhou esse fenômeno em 1831, na aldeia de Jélany: Eu não acreditava no que viam os meus olhos; mas estava persuadido de que ali existia alguma escamoteação e que o Lama se servia de uma corda habilmente dissimulada ou de um fio de ferro para levantar a mesa no ar. Olhando de perto, entretanto, não percebi qualquer traço de cordão ou de fio de ferro; a mesa era uma prancha fina de pinheiro, não pesando mais que uma libra e meia. Hoje estou persuadido de que o fenômeno é produzido pelas mesmas causas da dança das mesas.

"Assim, o chefe da seita dos *Espíritas*, que acreditava ter inventado o *table-moving*, não fizera mais do que espalhar uma invenção há muito conhecida entre outros povos. *Nihil sub sole novi*, dizia Salomão. Quem sabe se ao tempo do próprio Salomão não era conhecida a maneira de fazer girar as mesas!... Que digo eu? Esse processo era conhecido muito antes do digno filho de David. Leia-se o *North China Herald*, citado pela *Gazette D'Ausbourg* de 11 de maio, e ver-se-á que os habitantes do celeste império se divertiam com esse jogo desde tempos imemoriais."

Já dissemos centenas de vezes que, pertencendo à Natureza, o Espiritismo é uma das forças da Natureza e os fenômenos decorrentes deviam ter-se produzido em todos os povos, interpretados, comentados e vestidos segundo os respectivos costumes e graus de instrução. Jamais pretendemos que fosse uma invenção moderna. Quanto mais avançarmos, mais iremos descobrindo os traços que ele deixou por toda parte e em todas as idades. Os modernos não têm outro mérito senão o de tê-lo despido do misticismo, do exagero e das idéias supersticiosas dos tempos de ignorância. É significativo que a maior parte das pessoas que dele falam tão levianamente jamais se tenham dado ao trabalho de estudá-lo. Julgam-no pela primeira impressão, a maior parte das vezes por ouvir dizer, sem conhecimento de causa, e ficam surpreendidas quando lhes mostramos, no fundo de tudo isto, um do princípios referentes aos mais graves interesses da Humanidade. E não se pense que aqui tratamos apenas do interesse do outro mundo. Quem não se detém na superfície vê sem dificuldade que ele toca em todas as questões vitais do mundo atual. Quem teria pensado outrora que uma rã, dançando num prato, ao contato de uma colher de prata, faria nascer um meio de nos comunicarmos, em alguns segundos, de um a outro extremo da Terra, dirigir o raio, produzir uma luz semelhante a do Sol? Paciência, senhores zombadores: de uma mesa que dança poderá muito bem sair um gigante que porá de lado os galhofeiros. Na marcha em que vão as coisas, isto não começa mal.

Allan Kardec

ANO II
NOVEMBRO DE 1859

DEVEMOS PUBLICAR TUDO QUANTO OS ESPÍRITOS DIZEM?

Esta pergunta nos foi dirigida por um dos nossos correspondentes. Respondemô-la da maneira seguinte:

Seria bom publicar tudo quanto dizem e pensam os homens? Quem quer que possua uma noção do Espiritismo, por superficial que seja, sabe que o mundo invisível é composto de todos aqueles que deixaram na Terra o envoltório visível. Despojando-se, porém, do homem carnal, nem todos se revestiram, por isso mesmo, da túnica dos anjos. Há Espíritos de todos os graus de conhecimento e de ignorância, de moralidade e de imoralidade – eis o que não devemos perder de vista. Não esqueçamos que entre os Espíritos, assim como na Terra, há seres levianos, desatentos e brincalhões; falsos sábios, vãos e orgulhosos, de um saber incompleto; hipócritas, malévolos e, o que nos parecia inexplicável, se de algum modo não conhecêssemos a fisiologia desse mundo, há sensuais, vilões e crapulosos que se arrastam na lama. Ao lado disso, sempre como na Terra, temos seres bons, humanos, benevolentes, esclarecidos, de sublimes virtudes. Como, entretanto, o nosso mundo não está na primeira nem na última posição, embora mais vizinho da última que da primeira, disso resulta que o mundo dos Espíritos abrange seres mais avançados intelectual e moralmente que os nossos homens mais esclarecidos, e outros que ainda estão abaixo dos homens mais inferiores.

Desde que esses seres têm um meio patente de comunicar-se com os homens, de exprimir os seus pensamentos por sinais inteligíveis, suas comunicações devem ser um reflexo de seus sentimentos, de suas qualidades ou de seus vícios. Serão levianas, triviais, grosseiras, mesmo obscenas, sábias, científicas ou sublimes, conforme seu caráter e sua elevação. Revelam-se por sua própria linguagem. Daí a necessidade de não aceitar cegamente tudo quanto vem do mundo oculto, e submetê-lo a controle severo. Com as comunicações de certos Espíritos, do mesmo modo que com os discursos de certos homens, poder-se-ia fazer uma coletânea muito pouco edificante. Temos sob os olhos uma pequena obra inglesa, publicada na América, que é a prova disto. Dela pode-se dizer que uma senhora não a recomendaria como leitura à filha. Por isso, não a recomendamos aos nossos leitores.

Há pessoas que acham isso engraçado e divertido. Que se deliciem na intimidade, mas o guardem para si próprias. O que é ainda menos concebível é que se vangloriem de obter comunicações malsãs: é sempre indício de simpatias que não podem ser motivo de vaidade, sobretudo quando essas comunicações são *espontâneas e persistentes*, como acontece a certas pessoas. Isso não prejulga absolutamente nada em relação à sua moralidade *atual*, pois conhecemos pessoas afligidas por esse gênero de obsessão, ao qual de modo algum se presta o seu caráter. Entretanto, como todos os efeitos, este também deve ter uma causa. E se não a encontramos na existência presente, devemos procurá-la num estado anterior. Se não estiver em nós, estará fora de nós; mas nos achamos nesse estado por algum motivo, quando mais não seja, pela fraqueza de caráter. Conhecida a causa, de nós depende fazê-la cessar.

Ao lado dessas comunicações francamente más, e que chocam qualquer ouvido um pouco delicado, outras há que são simplesmente triviais ou ridículas. Se forem divulgadas pelo que valem, serão apenas inconvenientes. Se o forem como estudo do gênero, com as devidas precauções, os comentários e os corretivos necessários, poderão mesmo ser instrutivas, pois contribuem para se conhecer o mundo espírita em todos os seus graus. Com prudência e habilidade tudo pode ser dito. O mal é dar como sérias, coisas que chocam o bom senso, a razão e as conveniências. Neste caso, o perigo é maior do que se pensa.

Para começar, tais publicações têm o inconveniente de induzir em erro as pessoas que não estão em condições de examiná-las e discernir entre o verdadeiro e o falso, principalmente numa questão tão nova como o Espiritismo. Em segundo lugar, são armas fornecidas aos adversários que não perdem a oportunidade para tirar desse fato argumentos contra a alta moralidade do ensino espírita; porque, diga-se mais uma vez, o mal está em apresentar seriamente coisas que são notórios absurdos. Alguns mesmo podem ver uma profanação no papel ridículo que emprestamos a certas personagens justamente veneradas, e às quais atribuímos uma linguagem indigna. As pessoas que estudaram a fundo a Ciência Espírita sabem qual a atitude que convém a esse respeito. Sabem que os Espíritos zombeteiros não têm o menor escrúpulo de enfeitar-se com nomes respeitáveis. Mas sabem também que esses Espíritos só abusam daqueles que gostam de se deixar abusar, que não sabem ou não querem esclarecer as suas astúcias pelos meios de controle já conhecidos. O público, que ignora isso, vê apenas uma coisa: um absurdo oferecido seriamente à sua admiração. E por isso comenta: Se todos os espíritas são como esse, não desmerecem o epíteto com que foram agraciados? Sem a menor dúvida, tal julgamento é precipitado. Vós acusais com justa razão os seus autores de leviandade. Deve ser-lhes dito: estudai o assunto e não examineis apenas uma face da medalha. Há, porém, tanta gente que julga *a priori*, sem se dar ao trabalho de virar a página, principalmente quando não existe boa vontade, que é necessário evitar tudo quanto possa dar motivos de censura. Porque, se a má vontade juntar-se à malevolência, o que é muito comum, ficarão encantadas de achar o que criticar.

Mais tarde, quando o Espiritismo estiver vulgarizado, mais conhecido e compreendido pelas massas, tais publicações não terão mais influência do que hoje teria um livro de heresias científicas. Até lá, nunca seria demasiada a circunspecção, porque há comunicações que podem prejudicar essencialmente a causa que querem defender, em escala muito maior que os grosseiros ataques e as injúrias de certos adversários. Se algumas fossem feitas com tal objetivo, não teriam melhor êxito. O erro de certos autores é escrever sobre um assunto antes de tê-lo aprofundado suficientemente, dando lugar, assim, a uma crítica fundamentada. Esses se queixam do julgamento temerário de seus antagonistas, sem atentar para o fato de que muitas vezes são eles mesmos que mostram uma falha na couraça. Aliás, a despeito de todas as precauções, seria presunção suporem-se ao abrigo de toda crítica. A princípio, porque é impossível contentar a todo o mundo; depois, porque há os que riem de tudo, mesmo das coisas mais sérias, uns por seu *estado*, outros por seu caráter. Riem muito da religião. Não é, pois, de admirar que riam dos Espíritos, que não conhecem. Se pelo menos essas brincadeiras fossem espirituosas, haveria compensação; infelizmente, em geral não brilham nem pela finura, nem pelo bom gosto, nem pela urbanidade e muito menos pela lógica. Tomemos, então, o melhor partido: pondo de nosso lado a razão e a conveniência, poremos também os trocistas.

Essas considerações serão facilmente compreendidas por todos, mas há uma não menos importante, pois se refere à própria natureza das comunicações espíritas, e por isso não a devemos omitir: os Espíritos vão aonde acham simpatia e onde sabem que *serão ouvidos*. As comunicações grosseiras e inconvenientes, ou simplesmente falsas, absurdas e ridículas, só podem emanar de Espíritos Inferiores: o simples bom senso o indica. Esses Espíritos fazem o que fazem os homens que se veem complacentemente escutados: ligam-se àqueles que admiram as suas tolices e, muitas vezes, se apoderam deles e os dominam a ponto de os fascinar e subjugar. A importância que, pela publicidade, é dada às suas comunicações, os atrai, excita e encoraja. O único e verdadeiro meio de os afastar é provar-lhes que não nos deixamos enganar, rejeitando impiedosamente, como apócrifo e suspeito, tudo aquilo que não for racional, tudo aquilo que desmentir a superioridade que se atribui ao Espírito que se manifesta e de cujo nome ele se serve. Então, quando vê que perde o tempo, afasta-se.

Julgamos ter respondido suficientemente à pergunta do nosso correspondente sobre a conveniência e a oportunidade de certas publicações espíritas. Publicar sem exame, ou sem correção, tudo quanto vem dessa fonte, seria, em nossa opinião, dar prova de pouco discernimento. Esta é, pelo menos, a nossa opinião pessoal, que apresentamos à apreciação daqueles que, *desinteressados pela questão*, podem julgar com imparcialidade, pondo de lado qualquer consideração individual. Como todo mundo, temos o direito de dizer a nossa maneira de pensar sobre a Ciência que é objeto de nossos estudos, e de tratá-la à nossa maneira, não pretendendo impor nossas ideias a quem quer que seja, nem apresentá-las como leis. Os que partilham da nossa maneira de ver é porque creem, como nós, estar com a verdade. O futuro mostrará quem está errado e quem tem razão.

MÉDIUNS SEM O SABER

Na sessão da Sociedade, a 16 de setembro de 1859, foram lidos diversos fragmentos de um poema do Sr. de Porry, de Marselha, intitulado

Urânia. Como então se observou, no poema abundam as ideias espíritas, aparentemente hauridas na fonte mesma de *O Livro dos Espíritos*. Entretanto, constatou-se que na época em que o autor o escreveu não possuía nenhum conhecimento da Doutrina Espírita. Nossos leitores certamente ficariam gratos se lhes déssemos alguns fragmentos. Lembram-se do que foi dito relativamente à maneira por que o Sr. de Porry escreveu o seu poema. Parece denunciar uma espécie de mediunidade involuntária (vide o n.º de outubro de 1859). Aliás, constantemente os Espíritos que nos cercam, que exercem sobre nós, malgrado nosso, uma influência incessante, aproveitam as disposições que encontram em certos indivíduos para as transformar em instrumentos das ideias que querem exprimir e levar ao conhecimento dos homens. Tais indivíduos são, sem o saber, verdadeiros médiuns, e para isto não necessitam possuir a mediunidade mecânica. Todos os homens de gênio, poetas, pintores e músicos estão neste caso; certamente seu próprio Espírito pode produzir por si mesmo, caso seja bastante adiantado para tal; mas muitas ideias também lhe podem vir de uma fonte estranha. Pedindo inspiração não parece que estejam fazendo um apelo? Ora, o que é a inspiração senão uma ideia sugerida? Aquilo que tiramos do nosso próprio íntimo não é inspirado: possuímo-lo e não temos necessidade de o receber. Se o homem de gênio tirasse tudo de si mesmo, por que então lhe faltariam ideias exatamente no momento em que as busca? Não seria ele capaz de as tirar de seu cérebro, como aquele que tem dinheiro o tira de seu bolso? Se nada encontra em dado momento é porque nada tem. Por que, quando menos espera, as ideias brotam como por si mesmas? Poderiam os fisiologistas dar a explicação desse fenômeno? Algum dia procuraram resolvê-lo? Dizem eles: o cérebro produz hoje, mas não produzirá amanhã. Mas por que não produzirá amanhã? Limitam-se a dizer que é porque produziu na véspera.

Segundo a Doutrina Espírita, o cérebro pode sempre produzir aquilo que está dentro dele. Por isso é que o homem mais inepto acha sempre alguma coisa a dizer, mesmo que seja uma tolice. Mas as ideias das quais não somos os donos, não são nossas; elas nos são sugeridas; quando a inspiração não vem é porque o inspirador não está presente ou não julga conveniente inspirar. Parece-nos que esta explicação é melhor do que a outra.

Poder-se-ia objetar que o cérebro, não produzindo, não devia fatigar-se. Isto seria um erro: o cérebro não deixa de ser o canal por onde passam as ideias estranhas, o instrumento que executa. O cantor não fatiga seus órgãos vocais, embora a música não seja de sua autoria? Por que não se fatigaria o cérebro ao exprimir ideias que está encarregado de transmitir, embora não as tenha produzido? Sem dúvida é para lhe dar o repouso necessário à aquisição de novas forças, que o inspirador lhe impõe um intervalo.

Pode ainda objetar-se que esse sistema tira ao produtor o mérito pessoal, ao lhe atribuir ideias de uma fonte estranha. A isso respondemos que, se as coisas assim se passassem, não saberíamos o que fazer e não teríamos muita necessidade de nos enfeitar com penas de pavão. Mas essa objeção não é séria, porque de início não dissemos que o homem de gênio nada possa de si mesmo; em segundo lugar, porque as ideias que lhe são sugeridas se confundem com as suas próprias e nada as distingue. De modo que ele não é censurado por atribuir a sua paternidade, a menos que as tenha recebido a título de comunicação espírita constatada e quisesse ter a glória das mesmas. Isso, entretanto, poderia levar os Espíritos a fazê-lo passar por algumas decepções. Diremos, enfim, que se os Espíritos sugerem grandes ideias a um homem, dessas ideias que caracterizam o gênio, é porque o julgam capaz de as compreender, de as elaborar e de as transmitir. Eles não tomariam um imbecil para seu intérprete.

Podemos, pois, sentir-nos honrados de receber uma grande e bela missão, sobretudo se o orgulho não a desviar do seu objetivo louvável e não nos fizer perder o seu mérito.

Quer os pensamentos seguintes sejam do Espírito pessoal do Sr. de Porry, quer tenham sido sugeridos por via mediúnica indireta, o poeta não terá menos mérito. Porque, se a ideia lhe foi dada, cabe-lhe a honra de a ter elaborado.

URÂNIA

Fragmentos de um poema do Sr. De Porry, de Marselha

Abri aos meus clamores, ó véus do Santuário!
Trema o mau, brilhe o bom à luz do lampadário!
Agite-se o meu peito à santa claridade
Em cintilante flux dardejando a verdade!

NOVEMBRO DE 1859

E vós, ó pensadores que nas lutas coevas
Prometem-nos a luz e só nos dão as trevas,
Que em sonhos mentirosos, ilusões levianas
Embalais sem cessar as angústias humanas,
Assembléias de sábios, de orgulho a fremir,
Uma voz de mulher vos há de confundir!
Esse Deus que quereis do Universo afastar,
E que em vão pretendeis loucamente explicar,
Buscando em vãos sistemas descobrir-lhe a essência,
Malgrado vós, se revela à vossa consciência;
E aquele que se entrega a um raciocínio ledo,
Se o nega em alta voz, o proclama em segredo!
Tudo à sua vontade nasce, cresce e alterna;
Ele é a suprema base e a própria Vida Eterna;
Tudo nele repousa: o espírito e a matéria;
Que retire o seu sopro... eis a morte sidérea!
Um dia disse o ateu: "Oh, Deus é uma quimera;
Filha do acaso, a vida é apenas uma espera;
O mundo, em que é lançado o ser em tenra idade,
É regido tão só pela necessidade.
Se a morte nos apaga os sentidos em chama,
O báratro do nada logo nos reclama;
A Natura imutável, em seu curso eterno,
Recolhe os nossos restos no seio materno.
Gozemos os instantes que os fados nos doem;
Nossas frontes em luz de rosas se coroem;
Só há um Deus: o prazer; em nossos desatinos
Desafiemos a fúria de incertos destinos!"
Mas logo que a consciência, a interna vingadora
Te censurar, ó louco, a culpa embriagadora,
O pobre repelido em gesto desumano,
O crime em que manchaste as tuas mãos de insano,
Será do selo escuro da matéria cega
Que no teu coração surge a luz que renega
Os teus crimes e os põe ao teu olhar ansioso,
Fazendo-te, que horror, ante ti mesmo odioso?
Então, do Soberano que a tua audácia ainda
Quer negar, sentirás a sua pujança infinda

A oprimir-te, a assediar-te, e embora teus esforços,
Em ti se revelar nos gritos do remorso!
Evitando os humanos, cheio de inquietude
Procuras da floresta a negra solitude;
E pensas, nos selvagens dédalos que segues,
Escapar a esse Deus que sempre te persegue!
Sobre a presa em pedaços dorme o tigre em paz;
O homem vela em sangue na treva mordaz;
De olhar espavorido em fulgurante horror
Treme-lhe o corpo envolto em gélido suor;
Rumor surdo e sinistro fere-lhe os ouvidos;
Espectros ferozes cercam-no em gemidos;
E sua voz, confessando horríveis erros seus,
Exclama com terror: Graças vos dou, meu Deus!
É o remorso, o carrasco eterno da consciência,
Que nos revela em Deus nossa imortal essência;
É ele que, frequente, faz de um criminoso,
Pelo arrependimento, um mártir glorioso;
Dos brutos separando a humana criatura
Eis o remorso, a chama em que a alma se depura;
E é por seu aguilhão que o ser regenerado
Pela escala do bem se faz mais elevado.
Sim, a verdade brilha e do soberbo ateu
A audácia é repelida pelo esplendor seu.
O panteísmo vem, então, tentando expor
Do seu tolo argumento o estonteante licor.
"Oh! mortais fascinados por sonho risível,
Onde ireis encontrar o Grão-Ser invisível?
Ei-lo ante o vosso olhar, o eterno Grande-Todo;
Tudo lhe forma a essência, ele resume o Todo;
Deus explende no Sol, verdeja na folhagem,
Ruge pelo vulcão e troa na voragem,
Floresce nos jardins, murmura nas nascentes,
Suspira pela voz das aves docemente,
E tinge pelos ares diáfanos tecidos.
É ele quem nos move e os órgãos entretidos
Em nós mantém; que pensa em nós, e os mais diversos
Seres são ele; enfim, eis Deus: é o Universo!

NOVEMBRO DE 1859

Oh! Deus se manifesta a si mesmo contrário!
É ovelha e lobo, rola e víbora! Tão vário
Que se faz, vez a vez, pedra, planta e animal;
Sua natureza liga e funde o bem e o mal,
Percorre toda a escala, do bruto ao arcanjo!
É luz e lama, eterno, antitético arranjo!
Ele é bravo e covarde, é pequenino e ingente,
Verídico e farsante, imortal e morrente!
É ao mesmo tempo vítima e opressor, oprime;
Cultivando a virtude rola pelo crime;
Lamettrie e Platão num único epitélio,
Sócrates e Melito, Nero e Marco Aurélio,
Um servidor da glória e da ignomínia!
É a força que se afirma e que é também fulmínea!
Contra a sua própria essência afia o gume eterno,
Vota-se ao Paraíso e lança-se ao Inferno,
Invoca o nada e, para cúmulo da injúria,
Contra a sua própria obra eleva a voz em fúria!
Oh, não, mil vezes não, tal dogma monstruoso
Jamais pôde nascer num coração virtuoso.
Imerso no remorso, onde o crime se expia,
O temerário autor da doutrina doentia,
No seio do prazer sentiu-se apavorar
Pela imagem de um Deus que quisera negar;
E para o afastar, blasfemo dos blasfemos!
Uniu-o a este mundo e uniu-o a si mesmo.
Pelo menos, o ateu, premido no tumulto,
Ousando negar Deus, não lhe degrada o vulto.

....

Deus, que esta raça humana busca sem cessar,
Deus, que embora ignoto temos de adorar,
E de todos os seres o princípio e o fim:
Mas, para o atingir, qual o caminho enfim?
Não será pela Ciência, efêmera miragem
Que nos fascina o olhar com sua brilhante imagem
E que, frustrando sempre um incapaz querer,
Esvai-se sob a mão que a julgava deter.

Sábios, acumulais escombros sobre escombros,
E os vossos vãos sistemas passam quais ribombos!
Esse Deus que ninguém pode ver sem morrer,
Cuja essência contém um terrível poder
Mas a seus filhos sabe ternamente amar,
Não podes compreendê-lo sem o igualar!
Ah, para unir-se a ele, reencontrá-lo um dia,
Deve a alma voar como o Amor o faria.
Atiremos ao vento o orgulho e a descrença,
Deus nos aplainará os caminhos da crença:
Seu amor infinito jamais afastou
Uma alma que sinceramente o procurou,
E que, calcando aos pés a riqueza e o prazer,
Aspira a confundir-se com o seu puro Ser.
Mas Deus, que ama o humilde, o coração piedoso,
Que expulsa do seu seio o déspota orgulhoso,
Que se oculta ao sábio e se abandona ao prudente,
Não admite partilha, como o amante inclemente.
E, para o agradar, é necessário opor
Às ilusões do mundo um firme desamor.
Felizes os seus filhos que, na solidão,
Ao Bom, ao Verdadeiro e ao Belo é que se dão.
Feliz o homem justo, absorvido inteiro
No tríplice clarão desse foco primeiro!
Em meio às aflições, no seu caudal profundo,
No círculo fechado deste pobre mundo,
Semelhante a um oásis em flor no deserto
O tesouro da fé à sua alma está aberto;
E Deus, sem se mostrar, o coração lhe invade
E dá-lhe uma alegria estranha à humanidade.
Então o homem prudente aceita o seu destino
E da calma inviolável guarda o bem divino.
Quando a noite o envolve em seu véu constelado
Ele dorme tranquilo e absorve, embalado
Nos sonhos que inebriam o seu coração
Um antegozo celeste da suprema unção.
Tua alma que tem sede ardente da verdade
Quer mergulhar do Todo na profundidade?

Como um pintor, primeiro, cria pela mente
A obra-prima que o seu pincel torna patente,
O Eterno tudo tira da própria natura,
Mas sem se confundir com sua criatura,
Que recebendo a inteligência, luz dos céus,
É livre de falir ou de elevar-se a Deus.
Obra de sua mente e de sua palavra
Cada criação parte do seu seio... e lavra,
Num círculo traçado por leis imutáveis,
O destino escolhido, os fins realizáveis.
Como o artista, Deus pensa antes de produzir.
Como ele, o que produz poderá destruir.
Sim, fonte inesgotável de seres diversos
E dos globos semeados no imenso Universo,
Deus, Força irrefreável, da sua Vida Eterna
Transmite às criações a chispa da luzerna.
O livro e a pintura pelo artista feitos,
São inertes produtos, jazem imperfeitos.
Mas o Verbo lançado pelo Onipotente
Destaca-se e se faz por si mesmo existente;
Sem cessar se transforma e jamais perecível
Do metal se projeta a espírito invisível.
O Verbo criador adormece na planta,
Sonha no animal, no homem se levanta;
Desce de grau em grau para logo subir,
Brilha na Criação, no conjunto a fulgir,
Forma nas ondas do éter a imensa cadeia
Que na pedra começa e no arcanjo se alteia.
Obedecendo às leis que regem os meios seus
Cada germe se achega ou se afasta de Deus,
Conforme se devota ao bem, ou o mal o atrai.
O ser inteligente, por si, sobe ou cai.
Ora, se o homem, na atmosfera do mal,
Se lança pelo crime ao plano do animal,
Já o homem puro em anjo se transforma, e esse anjo
Subindo grau a grau pode tornar-se arcanjo.
Elevado ao seu trono, o arcanjo, divindade,
Poderá conservar a personalidade

Ou fundir-se, afinal, na própria Onipotência
Que pode assimilar uma tão pura essência.
Assim, mais de um arcanjo, em celeste esplendor,
Com Deus se confundiu, num excesso de amor.
Mas outros, invejando a glória soberana,
Fascinados de orgulho, o pai da ira humana,
Quiseram discutir os desígnios de Deus
E mergulhar na noite dos segredos seus;
E esse Deus, que um olhar em pó os reduziria,
Apenas os queimou com sua luz que fulgia.
Depois, desfigurados, no Universo, errantes,
Sempre assaltados por remorsos devorantes,
Esses anjos perdidos por seu gesto incréu
Não ousam mais surgir no patamar do céu.
E a vergonha, aguçando os aguilhões ferais,
Atira a alma rebelde às penas infernais,
Enquanto o homem puro, as provas acabadas,
Se eleva ao Paraíso, atravessando escadas.
Todos esses diversos mundos no infinito,
Que firam teu olhar com seus raios benditos.
Que role pelo espaço a vaga universal
De mundos, como os seres, juntos em caudal.
Esses globos reunidos, focos luminosos,
São navios celestes, barcos fabulosos
Em que vagam no espaço, em planos distanciados,
As *coortes* de luz de Espíritos graduados.
Há mundos horrorosos e mundos felizes:
Nestes últimos reinam, soberanos juízes,
Três princípios divinos – honra, amor, justiça,
Cimentando a estrutura social sem cobiça.
Eternamente amados por seus habitantes
Constituem o penhor de venturas constantes.

Outros mundos, rodando em insolentes vertigens,
Seguiram o que os anjos em pecado exigem.
Esses mundos, autores da própria desgraça,
Trocaram por sua lei a lei de Deus sem jaça,
E em seu solo varrido por louca tormenta

A impura multidão dos seres se lamenta.
Nosso globo noviço, em seus passos primeiros,
Até hoje flutua entre esses dois roteiros.
Ultrajando a moral e a própria Natureza,
Quando um mundo de crime excede a sua devesa;
Quando os povos mergulham em prazeres frementes,
Fechando seus ouvidos à voz dos videntes;
Quando o Verbo divino, em seu mais leve traço,
Se apaga nesse mundo enceguecido e baço;
Então do Onipotente a cólera a ferver
Cai sobre o condenado e o leva a perecer.
Arcanjos vingadores, com asas possantes
Batem a terra ímpia... e os mares ululantes
Alteando enormes ondas sobrepassam as fragas
E devastando o solo precipitam as águas;
Explode e ruge a chama dos vulcões rotundos
Dispersando no espaço os resíduos do mundo.
E o Soberano Ser, cuja vingança explode,
Quebra esse globo impuro que já crer não pode.

Nossa Terra mesquinha é uma região de prova
Em que o justo a sofrer em prantos se renova;
Purificando as lágrimas seu coração
Preparam-lhe o caminho de melhor mansão.
Não é, portanto, em vão que o sono anestesiante
Nos leva num transporte ao sonho inebriante,
E num rápido impulso somos conduzidos
A um radiante astro novo em luz entretecido,
Onde cremos errar em vastas pradarias
Percorridas por seres de sabedoria;
E vemos esse globo iluminado a sóis
brancos, azuis e rubros, que, nos arrebóis,
Fazem cruzar no espaço os seus variados tons
E ao luar tingem os campos com seus entretons.
Se manténs neste mundo um coração virtuoso
Irás para esses globos de aspecto suntuoso,
Onde há alegria e paz, onde a sabedoria
mora e a felicidade eterna se irradia.

Sim, tua alma vê essas radiosas regiões
Que os favores do céu embelezam em festões,
Onde o ser se depura e sobe pouco a pouco
Enquanto o mau regride em seu caminho louco,
E do reino do mal rodando em seus anéis
Cai de círculo em círculo entre os infiéis.

Espelho que reflete a imagem do Universo,
Nossa alma pressagia esses fados diversos.
A alma, essa energia que rege os sentidos,
Que logo lhe obedecem aos mínimos pedidos, –
Que, como chama presa num vaso de argila,
Com seu ardor a frágil prisão aniquila, –
A alma, que guarda a lembrança do passado

E, às vezes, sabe ler no futuro afastado,
Não é breve centelha do fogo vital,
Tu mesmo, tu compreendes que a alma é imortal.
Nas regiões espaciais, em plena eternidade,
Conservando a constância e a própria identidade,
Não, a alma não morre, apenas se transporta,
E de abrigo em abrigo ela sempre se exorta.
Nossa alma, ao isolar-se do mundo exterior,
Poderá conquistar um senso superior,
E na ebriez do sono magnético
Possuir outra visão e o dom profético.
Por instantes liberta dos liames terrestres,
Facilmente percorre as amplidões celestes,
E ágil, num salto, lançando-se ao firmamento,
Vê através dos corpos e lê no pensamento.

URANIE

Fragments d'un poème de M. De Porry, de Marseille

Ouvrez-vous à mes cris, voiles du sanctuaire!
Que le méchant frémisse et que le bon s'éclaire!
Uu jour divin m'inonde, et mon sem agité
A flots étincelants darde la vérité!

Et vous, graves penseurs dont les travaux célèbres
Promettent la lumière et donnent les tenèbres,
Qui de songes menteurs et de prestiges vains
Bercez incessamment les malheureux humains,
Conciles de savants, que tant d'orgueil enflamme.
Vous serez confondus par la voix d'une femme!
Ce Dieu, que vous voulez de l'univers bannir,
Ou que vous prétendez follement définir,
Dont vos systèmes vains veulent sonder l'essence,
Malgré vous, se révèle à votre conscience;
Et tel qui, se livrant à de subtils débats,
L'osa nier tout haut, le proclame tout bas!
Tout par sa volonté naît et se renouvelle:
C'est la Base suprême et la Vie éternelle;
Tout repose sur lui: la matière et l'esprit;
Qu'il retire sou soufle... et l'univers périt!
L'athée a dit un jour: "Dieu n'est qu'une chimère,
Et, fille du hasard, la vie est éphémère,
Le monde, ou l'homme faible en naissant fut jeté,
Est régi par les lois de la necessité.
Quand le trépas éteint et nos sens et notre âme,
L'abîme du néant de nouveau nous réclame;
La nature, immuable en son cours éternel,
Recueille nos débris dans son sein maternel.
Usons des courts instants que ses faveurs nous donnent;
Que nos fronts radieux de roses se couronnent;
Le plaisir setd est Dieu: dans nos bruyants festins,
Défions te courroux des mobiles destins!"
Mais quand ta conscience, intime vengeresse,
Insensé! te reproche une coupable ivresse,
L'indigent repoussé par un geste inhumain,
Ou le crime impuni dont tu souillas ta main,
Est-ce du sein obscur de l'aveugle matière
Que jaillit dans ton coeur l'importune lumière
Qui, ramenant toujours tes forfaits sous tes yeux,
T'épouvante et te rend à toi-même odieux?
Alors, du souverain que ton audace nie
Tu sens passar sur toi la puissance infinie,

Il te presse, il t'assiége, et, malgré tes efforts,
Se révèle à ton coeur par le cri du remords!...
Evitant les humains, brisé d'inquiétude,
Tu cherches des forêts la noire solitude;
Et tu crois, parcourant leurs sauvages détours,
Échapper à ce Dieu qui te poursuit toujoursl
Sur sa proie en lambeaux le tigre heureux sommeille;
L'homme, couvert de sang, dans les ténèbres veille,
Son oeil est ébloui d'une affreuse lueur;
Son corps tremble inondé d'une froide sueur;
Un bruit sourd et sinistre à son oreille tonne;
De spectres menaçants l'escorte l'environne;
Et sa voix, qui forle un redoutable aveu,
S'écrie avec terreur: Grâce, grâce, ò mon Dieu!
Oui, le remords, bourreau de tout être qui pense,
Nous révèle avec Dieu, notre immortelle essence;
Et souvent la vertu, d'un noble repentir
Transforme un vil coupable en glorieux martyr;
Des brutes séparant l'humaine créature,
Le remords est la flamme ou notre âme s'épure;
Et par son aiguillon l'être régénéré,
Sur l'échelle du bien avance d'un degré.

Oui, la vérité brille, et du superbe athée
Par ses rayons vengeurs l'audace est réfutée.
Le panthéisme vient exposer à son tour
De son fol argument le captieux détour:
"O mortels fascinés par un songe risible,
Où le trouverez-vous, ce Grand-Etre invisible?
Il est devant vos yeux, cet éternel Grand-Tout;
Tout forme son essence, en lui tout se résout;
Dieu luit dans le soleil, verdit dans le feuillage,
Rugit dans le volcan et tonne dans l'orage,
Fleurit dans nos jardins, murmure dans les eaux,
Soupire mollement par la voix des oiseaux,
Et colore des airs les tissus diaphanes;
C'est lui qui nous anime et qui meut nos organes;
C'est lui qui pense en nous; tous les êtres divers;

Sont lui même; en un mot, ce Dieu, c'est l'univers."
Quoi! Dieu se manifeste à lui-même contraire!
Il est brebis et loup, tourterelle et vipère!
Il devient tour à tour pierre, plante, animal;
Sa nature combine et le bien et le mal,
Parcourt tous les degrés de la brute à l'archange!
Eternelle antithèse, il est lumière et fange!
Il est vaillant et lâche, il est petit et grand,
Véridique et menteur, immortel et mourant!...
Il est en même temps oppresseur et vietime,
Cultive la vertu, se roule dans le crime;
Il est en même temps Lamettrie et Platon,
Socrate et Mélitus, Marc-Aurèle et Néron;
Serviteur de la gloire et de l'ignominie!...
Lui-même tour à tour il s'affirme et se nie!
Contre sa propre essence il aiguise le fer,
Se voue au paradis, se condamme à l'enfer,
Invoque le néant; et pour comble d'outrage,
Sa voix raille et maudit son magnifique ouvrage!...
Oh! non, mill efois non, ce dogme monstrueux
N'a jamais pu germer dans un coeur vertueux.
Plongé dans ses remords ou le crime s'expie,
Le téméraire auteur de la doctrine impie,
Dans le sein des plaisirs, se sentit effrayer
Par l'image d'un Dieu qu'il ne pouvait nier;
Et pour s'en affranchir, blasphême du blasphême!...
Il l'unit à ce monde, il l'unit à lui-même.
L'athée au moins, pressé d'un pareil embarras,
Osant nier son Dieu, ne le dégrade pas.

....

Dieu, que la race humaine a recherché sans cesse,
Dieu, qul veut qu'on l'adore et non qu'on le connaisse,
Est des êtres divers le principe et la fin:
Mais, pour monter vers lui, quel est done le chemin?
Ce n'est point la Science, éphémère mirage
Qui fascine nos yeux de sa brillante image,
Et qui, trompant toujours un impuissant désir,

Disparaît sons la main qui pense le saisir.
Savants, vous entassez décombres sur décombres
Et vos systèmes vains passent comme des ombres! -
Ce Dieu, que sans périr nul être ne peut voir,
Dont l'essence renferme un terrible pouvoir,
Mais qui pour ses enfants nourrit un amour tendre,
A moins de l'égaler, tu ne peux le comprendre!
Ah! pour s'unir à lui, pour le rejoindre un jour,
L'âme doit emprunter les ailes de l'Amour.
Jetons au vent l'orgueil et les cendres du doute;
Dieu lui-même aux croyants aplanira la route:
Son amour infini n'a jamais écarté
L'âme qui le recherche avec sincérité,
Et qui, foulant aux pieds richesse et jouissance,
Aspire à se confondre avec sa pure essence.
Mais ce Dieu, qui chérit le coeur humble et pieux,
Qui bannit de son sein le despote orgueilleux,
Qui se voile au savant, qui s'abandonne au sage,
Comme un amant jaloux ne souffre aucun partage;
Et, pour lui plaire, il faut aux prestiges mondains
Opposer constamment d'inflexibles dédains.
Heureux donc ses enfants qui, dans la solitude,
Du bon, du vrai, du beau, font leur unique étude!
Heureux donc l'homme juste absorbé tout entier
Dans la triple lueur de ce divin foyer!
Au milieu des chagrins dont le cortège abonde
Sur le cercle borné de notre pauvre monde,
Pareil à l'oasis qui fleurit au désert,
Le trésor de la Foi pour son âme est ouvert;
Et Dieu, sans se montrer, dans son coeur s'insinue,
Et lui verse une joie au vulgaire inconnue.
Alors, de son destin le sage est satisfait;
D'un calme inaltérable il garde le bienfait;
D'un voile constellé lorsque la nuit l'entoure,
Sur sa couche paisible il s'endort, et savoure,
Dans les songes brillants dont s'enivre son coeur,
Un céleste avant-goût du suprême bonheur.
Ton âme que du vrai l'ardente soif altère,

De la Création veut sonder le mystère?...
Comme un peintre a d'abord conçu dans son cerveau
Le chef-d'oeuvre enchanteur qu'enfante son pinceau,
L'Eternel tire tout de sa propre nature,
Mais ne se confond pas avec sa créature
Qui, de l'intelligence ayant reçu le feu,
Est libre de faillir ou de monter vers Dieu.
Oeuvre de sa Pensée, oeuvre de sa parole,
Chaque création de son sein part... et vole,
Dans un cercle tracé par d'inflexibles lois,
Accomplir le destin dont elle a fait le choix.
Comme l'artiste, Dieu pense avant de produire.
Comme lui, ce qu'il crée, il pourrait le détruire;
Or, source intarissable et des êtres divers
Et des globes semés dans l'immense Univers,
Dieu, la Force sains frein, de sa Vie éternelle,
A ses créations transmet une étincelle.
Le livre ou le tableau par l'artiste inventé,
Produit inerte, gît dans l'immobilité;
Mais le Verbe jailli de sa Toute-Puissance,
S'en détache et se meut dans sa propre existence;
Sans cesse il se transforme et jamais ne périt;
De l'inerte métal s'élevant à l'esprit,
Le Verbe créateur dans la plante sommeille,
Rêve dans l'animal, et dans l'homme s'éveille;
De degrés en degrés descendant et montant,
De la Création l'assemblage éclatant,
Sur les flots de l'éther forme une chaîne immense
Que l'archange finit, que la pierre commence.
Obéissant aux lois qui règlent son milieu,
Chaque élément s'approche ou s'éloigne de Dieu;
Soit qu'au bien il se voue ou qu'au mal il succombe,
Chaque être intelligent à son gré monte ou tombe.
Or, si l'homme habitant l'atmosphère du mal,
S'abaisse par le crime au rang de l'animal,
En ange l'homme pur se transforme, - et cet ange
De degrés en degrés peut devenir archange.
Sur son trône brillant cet archange monté,

Est libre de garder sa personnalité,
Ou de se fondre au sein de la Toute-Puissance
Qui peut s'assimiler une parfaite essence.
Ainsi plus d'un archange, au céleste séjour,
A Dieu s'est réuni par un excès d'amour;
Mais d'autres, jalousant sa gloire souveraine,
Fascinés par l'orgueil, ce père de la haine,
Ont voulu du Très-Haut discuter les arrêts,
Et plonger dans la nuit qui cache ses secrets;
Ce Dieu dont un regard les aurait mis en poudre,
Les noircit des carreaux de sa brûlante foudre.
Depuis, défigurés, dans l'univers errants,
Suivis par les assauts des remords dévorants,
Ces anges qu'égara leur audace funeste,
N'osent plus se montrer sur le parvis céleste;
Et la honte, aiguisant son aiguillon amer,
Livre leur coeur rebelle aux tourments de l'enfer,
Tandis que l'homme pur dont l'épreuve s'achève,
De triomphe en triomphe au paradis s'élève.
Tous ces mondes divers dans l'infini semés,
Qui blessent tes regards de leurs traits enflammés,
Que roule de l'éther la vague universelle,
Ainsi que les Esprits, sont groupés en échelles.
De globes variés ces lumineux faisceaux
Sont de vastes séjours, de célestes vaisseaux
Où voguent dans l'espace, à d'énormes distances,
Des Esprits gradués les cohortes immenses.
Il est des mondes purs et des mondes affreux:
Sans entraves régnant sur les globes heureux,
Trois principes divins, honneur, amour, justice,
De l'ordre social cimentent l'édifice;
Et, sans cesse chéris de tous leurs habitants,
De leur félicité sont les gages constants.

D'autres globes, livrés à d'insolents vertiges,
Des anges réprouvés ont suivi les vestiges:
Ces mondes, artisans de leur propre malheur,
Ont à la loi de Dieu substitué la leur;

Et, sur leur sol où gronde une horrible tourmente,
De leurs hôtes impurs la foule se lamente.
Notre globe novice, en ses pas incertains,
Flotta jusqu'à nos jours entre ces deux destins.
Outrageant la morale, outrageant la nature,
Quand un globe du crime a comblé la mesure;
Que ses hôtes, plongés dans leurs plaisirs bruyants,
Ont fermé leur oreille aux discours des voyants;
Que du Verbe divin la plus légère trace
Dans ce monde aveuglé se dissipe et s'efface,
Alors du Tout-Puissant le courroux déchaîné
Descend sur le rebelle à périr condamné:
Les archanges vengeurs de leurs ailes puissantes
Battent la terre impie... et ses mers bondissantes,
D'une immense hauteur dépassant leurs niveaux,
Sur le sol nettoyé précipitent leurs eaux;
Des volcans souterrains la flamme éclate, gronde,
Disperse dans l'éther les débris de ce monde;
Et l'Etre-Souverain dont la vengeance a lui,
Brise ce globe impur qui ne croit plus en lui!

Notre terre chétive est un séjour d'épreuve
Où le juste souffrant, de ses larmes s'abreuve,
Larmes qui, par degrés purifiant son coeur,
Préparent son chemin vers un monde meilleur.
Et ce n'est pas en vain, quand le sommeil nous plonge
Dans les riants transports de l'ivresse d'un songe,
Que d'un rapide élan nous sommes emportés
Dans un astre nouveau rayonnant de clartés;
Que nous croyons errer sous de vastes bocages
Sans cesse parcourus par un peuple de sages;
Que nous voyons ce globe éclairé de soleils
Aux rayons tour à tour blancs, azurés, vermeils,
Qui, croisant dans les airs leurs teintes mariées,
Colorent ces beaux champs de lueurs variées!...
Si ton coeur ici-bas se maintient vertueux,
Tu les traverseras, ces globes luxueux
Que la paix réjouit, qu'habite la sagesse,

Où règne du bonheur l'éternelle largesse.
Oui, ton âme les voit, ces radieux séjours
Que les faveurs du ciel embellissent toujours,
Où l'esprit s'épurant monte de grade en grade,
Lorsque le pervers suit un chemin rétrograde,
Et du règne du mal parcourant les anneaux,
Descend de cercle en cercle aux gouffres infernaux.

Miroir où l'univers reflète son image,
Ces destins différents, notre âme les présage.
L'âme, ce vif ressort qui domine les sens,
A ses moindres désirs soudain obéissant, –
Qui, comme un feu captif dans un vase d'argile,
Consume en ses transports son vêtement fragile; –
L'âme, qui du passé garde le souvenir
Et sait lire parfois dans l'obscur avenir,
N'est point du feu vital l'éphémère étincelle:
Toi-même, tu le sens, ton âme est immortelle.
Dans les champs de l'espace et de l'éternité,
Gardant sa permanence et son identité,
Non, l'âme ne meurt point, mais change son domaine,
Et d'asile en asile à jamais se promène.
Notre âme, s'isolant du monde extérieur,
Parfois peut conquérir un sens supérieur;
Et, dans l'enivrement du sommeil magnétique,
S'armer d'un nouvel oeil et du don prophétique;
Affranchie un instant des terrestres liens,
Sans obstacle parcourt les champs aériens;
Et, d'un agile bond, dans l'infini lancée,
Voit à travers les corps et lit dans la pensée.

SWEDENBORG

Swedenborg é um desses personagens mais conhecidos de nome que de fato, ao menos pelo vulgo. Suas obras muito volumosas, e em geral muito abstratas, são lidas quase só pelos eruditos. Assim, a maioria das pessoas que delas falam ficariam muito embaraçadas para dizer o que ele era. Para uns, é um grande homem, objeto de profunda veneração, sem saberem por quê; para outros, um charlatão, um visionário, um taumaturgo.

Como todos os homens que professam ideias contrárias à maioria, ideias que ferem certos preconceitos, ele teve e tem ainda os seus contraditores. Se estes se tivessem limitado a refutá-lo, estariam no seu direito. Mas o facciosismo nada respeita, e as mais nobres qualidades não são reconhecidas por ele. Swedenborg não poderia ser uma exceção.

Sua doutrina, sem dúvida, deixa muito a desejar. Ele próprio, hoje, está longe de aprová-la em todos os pontos. Entretanto, por mais refutável que seja, nem por isso deixará de ser um dos homens mais eminentes do seu século.

Os dados que seguem foram extraídos da interessante notícia enviada pela Sra. P... à Sociedade Parisiense de Estudos Espíritas.

Emmanuel Swedenborg nasceu em Estocolmo, em 1688, e morreu em Londres, em 1772, aos 84 anos de idade. Seu pai, Joeper Swedenborg, bispo de Scava, era notável pelo mérito e pelo saber. O filho, porém, o ultrapassou. Destacou-se em todas as ciências, sobretudo na Teologia, na Mecânica, na Física e na Metalurgia. Sua prudência, sabedoria, modéstia e simplicidade lhe valeram a alta reputação que ainda hoje desfruta. Os reis o chamaram para os seus conselhos. Em 1716, Carlos XII o nomeou assessor na Escola de Metalurgia de Estocolmo. A Rainha Ulrica o fez nobre, e ele ocupou os mais destacados postos, com distinção, até 1743, época em que teve a primeira revelação espírita. Tinha então 55 anos. Pediu demissão e não quis mais ocupar-se senão do seu apostolado e do estabelecimento da doutrina da Nova Jerusalém.

Eis como ele próprio conta a sua primeira revelação:

"Eu estava em Londres e jantava muito tarde, na minha modesta hospedaria, onde havia reservado um quarto, a fim de ter liberdade de meditar à vontade. Senti fome e comia com muito apetite. Depois da refeição, percebi que uma espécie de névoa se espalhava ante os meus olhos e vi o assoalho do meu quarto coberto de répteis horríveis, tais como serpentes, sapos, lagartos e outros. Sentia-me tomado de espanto, à medida que aumentavam as trevas, mas em breve estas se dissiparam. Então vi claramente um homem em meio a uma luz viva e radiante, sentado a um canto da sala. Os répteis haviam desaparecido com as trevas. Encontrava-me só. Imaginai o medo que se apoderou de mim, quando o ouvi pronunciar distintamente, mas com um tom de voz capaz de imprimir terror: "Não comas tanto"! A estas palavras, minha vista se obscureceu, mas restabeleceu-se pouco a pouco. Encontrei-me só no quarto. Ainda um pouco apavorado por tudo quanto havia visto, apressei-me em recolher-me ao alojamento sem dizer palavra sobre o que havia acontecido. Aí me entreguei à reflexão, mas não concebia que aquilo fosse efeito do acaso ou qualquer causa física.

"Na noite seguinte, o mesmo homem, ainda radiante de luz, apresentou-se e me disse: *Eu sou Deus, o Senhor, Criador e Redentor. Escolhi-te para explicar aos homens o sentido interior e espiritual da Sagrada Escritura. Ditarei o que deves escrever.*

"Desta vez não fiquei tão apavorado, e a luz que o envolvia, embora muito viva e resplendente, não me produziu nos olhos nenhuma impressão dolorosa. Estava vestido de púrpura, e a visão durou um bom quarto de hora.

"Naquela mesma noite os olhos do meu homem interior foram abertos e dispostos para ver o céu, o mundo dos Espíritos e os infernos, e eu encontrei por toda parte várias pessoas de nmeu conhecimento, algumas mortas há muito tempo, outras recentemente. Desde aquele dia renunciei a todas as ocupações mundanas para trabalhar exclusivamente nas coisas espirituais, para me submeter à ordem que eu havia recebido. Muitas vezes me aconteceu, a seguir, ter abertos os olhos de meu Espírito e ver em pleno dia aquilo que se passava no outro mundo, falar aos Anjos e aos Espíritos como falo aos homens."

Um dos pontos fundamentais da doutrina de Swedenborg repousa naquilo que ele chama as *correspondências*. Na sua opinião, estando os mundos espiritual e natural ligados entre si, como o interior ao exterior, resulta que as coisas espirituais e as coisas naturais constituem uma unidade, por influxo, e que há entre elas uma correspondência.

Eis o princípio; mas o que deve ser entendido por essa correspondência e esse influxo: eis o que é difícil apreender.

A Terra, diz Swedenborg, corresponde ao homem. Os diversos produtos que servem à nutrição do homem correspondem a diversos gêneros de bens e de verdades, a saber: os alimentos sólidos a gêneros de bens, e os alimentos líquidos a gêneros de verdades. A casa corresponde à vontade e ao entendimento, que constitui o mental humano. Os alimentos correspondem às verdades ou às falsidades, segundo a substância, a cor e a forma que apresentam.

Os animais correspondem às afeições; os úteis e mansos, às boas afeições; os nocivos e maus às afeições más; os pássaros mansos e belos às verdades intelectuais; os maus e feios às falsidades; os peixes, às ciências que se originam das coisas sensoriais; os insetos nocivos, às falsidades que vêm dos sentidos. As árvores e os arbustos correspondem a diversos gêneros de conhecimento; as ervas e a grama a diversas verdades científicas. O ouro corresponde ao bem celeste; a prata, à verdade espiritual; o bronze, ao bem natural, etc. etc. Assim, desde os últimos degraus da criação até o sol celeste e espiritual, tudo se mantém, tudo se encadeia pelo influxo que produz a correspondência.

O segundo ponto de sua doutrina é o seguinte: há um só Deus e uma só pessoa, que é Jesus Cristo.

O homem, criado livre, segundo Swedenborg, abusou de sua liberdade e de sua razão. Caiu. Mas sua queda tinha sido prevista por Deus e devia ser seguida da reabilitação; porque Deus, que é o amor mesmo, não podia deixá-lo no estado em que sua queda o havia mergulhado. Ora, como operar tal reabilitação? Colocá-lo no estado primitivo seria o mesmo que lhe tirar o livre arbítrio e, assim, aniquilá-lo. Foi subordinando-o às leis de sua ordem eterna que Ele procedeu à reabilitação do gênero humano. Vem a seguir uma teoria muito difusa dos três sóis transpostos por Jeová, para se aproximar de nós e provar que ele é o *próprio homem*.

Swedenborg divide o mundo dos Espíritos em três lugares diferentes: os céus, os intermediários e os infernos, mas sem lhes assinalar um lugar. "Depois da morte", diz ele, "entramos no mundo dos Espíritos. Os santos se dirigem de boa vontade para um dos três céus e os pecadores para um dos três infernos, de onde jamais sairão".

Essa doutrina desesperadora anula a misericórdia de Deus, porque lhe recusa o poder de perdoar os pecadores surpreendidos por morte violenta ou acidental.

Ainda que rendendo justiça ao mérito pessoal de Swedenborg como cientista e como homem de bem, não nos podemos constituir defensores de doutrinas condenadas pelo mais elementar bom senso. O que resulta mais claramente, conforme o que conhecemos agora dos fenômenos Espíritas, é a existência de um mundo invisível e a possibilidade de nos comunicarmos com ele. Swedenborg gozou de uma faculdade que em seu tempo pareceu sobrenatural. É por isso que admiradores fanáticos o encararam como um ser excepcional. Em tempos mais remotos teriam levantado altares em sua honra. Aqueles que não acreditavam nele o consideraram como um cérebro exaltado ou um charlatão. Para nós, era um médium vidente e um escritor intuitivo, como os há aos milhares, faculdade que pertence ao rol dos fenômenos naturais.

Ele cometeu um equívoco imperdoável, apesar de sua experiência das coisas do mundo oculto: o de aceitar muito cegamente tudo quanto lhe era ditado, sem o submeter ao controle severo da razão. Se tivesse pesado maduramente os prós e os contras, teria reconhecido princípios inconciliáveis com a lógica, por menos rigorosa que ela fosse. Hoje, provavelmente não teria caído na mesma falta, pois disporia dos meios de julgar e apreciar o valor das comunicações de além-túmulo. Teria sabido que constituem um campo onde nem todas as ervas devem ser colhidas, e que entre umas e outras o bom senso, que não nos foi dado à toa, deve saber escolher.

A qualidade que a si mesmo se atribuiu o Espírito que a ele se manifestou bastaria para o pôr em guarda, sobretudo considerando a trivialidade de sua apresentação. Aquilo que ele próprio não fez, devemos fazê-lo agora, só aceitando de seus escritos o que eles contêm de racional. Seus próprios erros devem ser um ensinamento para os médiuns demasiado crédulos, que certos Espíritos procuram fascinar, lisonjeando-lhes a vaidade ou os preconceitos por uma linguagem pomposa ou de aparências enganadoras.

A anedota seguinte prova o grau de má-fé dos adversários de Swedenborg, que procuravam todas as oportunidades para o denegrir. Conhecendo suas faculdades, a Rainha Luísa Ulrica o havia encarregado, um dia, de saber do Espírito de seu irmão, o príncipe da Prússia, porque algum tempo antes de sua morte não respondera a uma carta que ela lhe havia mandado, pedindo conselhos. Ao cabo de 24 horas, em audiência secreta, Swedenborg teria relatado à rainha a resposta do príncipe, concebida em termos tais, que esta, plenamente convencida de que ninguém, exceto ela própria e o seu falecido irmão conheciam o conteúdo da referida carta, foi tomada da mais profunda estupefação e reconheceu o poder miraculoso do grande homem.

Eis a explicação que dá a esse fato um dos seus antagonistas, o cavalheiro Beylon, leitor da rainha:

Consideravam a rainha como um dos principais autores da tentativa de revolução ocorrida na Suécia em 1756, e que custou a vida ao conde Barhé e ao marechal Horn. Pouco faltou para que o partido dos chapéus[1], que então triunfava, não a tornasse responsável pelo sangue derramado.

Nessa situação crítica, ela escreveu ao irmão, o príncipe da Prússia, pedindo conselho e assistência. A rainha não recebeu resposta e como o príncipe tivesse morrido logo depois, jamais soube ela a causa de seu silêncio. Por isso encarregou Swedenborg de interrogar o Espírito do príncipe a tal respeito. Justamente à chegada da mensagem da rainha, estavam presentes os senadores Conde T... e Conde H...

Este último, que tinha interceptado a carta, sabia tão bem quanto seu cúmplice, o Conde T..., por que razão a carta ficara sem resposta, e ambos resolveram aproveitar a circunstância para fazer com que a rainha recebesse seus conselhos sobre muitas coisas. Então, foram à noite procurar o visionário e lhe ditaram a resposta. Swedenborg, que não estava inspirado, aceitou-a com açodamento. No dia seguinte correu para a rainha e, no silêncio do gabinete lhe disse que o Espírito do príncipe lhe aparecera e o havia encarregado de anunciar-lhe o seu descontentamento e garantir-lhe que, se não respondera a carta, é que desaprovava a sua conduta, pois sua política imprudente e a sua ambição eram a causa do sangue derramado; que ela era culpada perante Deus e tinha que expiar essa culpa. Mandava pedir-lhe que não mais se intrometesse nos negócios do Estado, etc. etc. Convencida por essa revelação, a rainha acreditou em Swedenborg e tomou ardorosamente a sua defesa.

Essa anedota deu lugar a uma polêmica contínua entre os discípulos de Swedenborg e os seus detratores. Um padre sueco, chamado Malthesius, que veio a ficar louco, tinha publicado que Swedenborg, do qual era inimigo declarado, se havia retratado antes de morrer. A balela

---

[1] Os dois partidos em luta chamavam-se dos *Chapéus* e dos *Bonés*. O primeiro era partidário de uma aliança com a França e queria a guerra. (N. do T.)

espalhou-se na Holanda, pelo outono de 1785, levando Robert Hindmarck a instaurar um inquérito e demonstrar a inteira falsidade da calúnia inventada por Malthesius.

A história de Swedenborg prova que a visão espiritual, de que era dotado, em nada lhe prejudicou o exercício das faculdades naturais. Seu elogio fúnebre, pronunciado por Landel, na Academia de Ciências de Estocolmo, mostra quanto era vasta a sua erudição; e pelos discursos pronunciados na Dieta, em 1761, vemos a parte que tomava na direção dos negócios públicos do pais.

A doutrina de Swedenborg fez numerosos prosélitos em Londres, na Holanda e mesmo em Paris, onde deu origem às Sociedades de que tratamos no número de outubro, a dos Martinistas, dos Teósofos, etc. Se não foi aceita por todos em todas as suas consequências, teve contudo o resultado de propagar a crença na possibilidade da comunicação com os seres de além-túmulo, crença aliás muito antiga, como todos sabem, mas até agora oculta ao público pelas práticas misteriosas que a tinham envolvido.

O incontestável mérito de Swedenborg, seu profundo saber e sua alta reputação de sabedoria foram de grande influência na propagação dessas ideias, que hoje mais e mais se popularizam, pois crescem em plena luz e, longe de buscar a sombra do mistério, apelam à razão. Apesar dos erros do seu sistema, Swedenborg não deixa de ser uma das grandes figuras cuja lembrança ficará ligada à História do Espiritismo, do qual foi um dos primeiros e mais zelosos pioneiros.

COMUNICAÇÃO DE SWEDENBORG PROMETIDA NA SESSÃO DE 16 DE SETEMBRO

(SOCIEDADE, 23 DE SETEMBRO DE 1859)

Meus bons amigos e crentes fiéis. Desejei vir entre vós para vos encorajar no caminho que seguis com tanto ânimo, relativamente à questão espírita. Vosso zelo é apreciado no mundo dos Espíritos. Prossegui, mas não vos descuideis, porque os obstáculos vos entravarão ainda por algum tempo. Assim como a mim, a vós não faltarão detratores. Há um século preguei o Espiritismo e tive inimigos de todos os gêneros; também tive fervorosos adeptos, e isso sustentou a minha coragem.

A minha moral espírita e a minha doutrina não estão isentas de grandes erros, que hoje reconheço. Assim, as penas não são eternas; bem o vejo: Deus é muito justo e muito bom para punir eternamente a criatura que não tem força suficiente para resistir às paixões. Aquilo que eu também dizia do mundo dos Anjos, que é o que pregam nos templos, não passava de ilusão dos meus sentidos. Eu julgava vê-lo; agia de boa fé, mas enganei-me. Vós, sim, estais no melhor caminho, porque estais mais esclarecidos do que estávamos em meu tempo.

Continuai, mas sede prudentes, para que os vossos inimigos não tenham armas muito fortes contra vós. Vede o terreno que ganhais diariamente. Coragem, pois! o futuro vos está garantido. O que vos dá forças é que falais em nome da razão. Tendes perguntas a dirigir-me? Eu vos responderei.

Swedenborg

1. – Foi em Londres, em 1745, que tivestes a primeira revelação? Vós a desejáveis? Então já vos ocupáveis das questões teológicas? R – Já me ocupava com isso. Mas de modo algum havia desejado essa revelação: ela me veio espontaneamente.

2. – Qual foi o Espírito que vos apareceu e disse ser o próprio Deus? Era realmente Deus? R – Não. Acreditei no que me dizia porque nele via um ser sobre-humano e ficara lisonjeado.

3. – Por que tomou ele o nome de Deus? R – Para ser melhor obedecido.

4. – Pode Deus manifestar-se diretamente aos homens? R – Certamente o poderia, mas não o faz mais.

5. – Houve então um tempo em que ele se manifestou? R – Sim, nas primeiras idades da Terra.

6. – Aquele Espírito vos fez escrever coisas que hoje reconheceis como errôneas. Fê-lo de boa ou de má intenção? R – Não o fez com má intenção. Ele próprio estava enganado, pois não era bastante esclarecido. Hoje eu vejo que as ilusões do meu próprio Espírito e da minha inteligência o influenciavam, malgrado seu. Entretanto, no meio de alguns erros de sistema, fácil é reconhecer grandes verdades.

7. – O fundamento da vossa doutrina repousa sobre as correspondências. Ainda acreditais nessas relações que descobríeis entre cada

coisa do mundo material e cada coisa do mundo moral? R – Não. É uma ficção.

8. – Que *entendeis* por estas palavras: *Deus é o próprio homem?* R – Deus não é o homem: o homem é que é uma imagem de Deus.

9. – Por favor, desenvolvei o vosso pensamento. R – Digo que o homem é a imagem de Deus, porque a inteligência, o gênio que ele recebe por vezes do céu é uma emanação da Onipotência Divina. Ele representa Deus na Terra, pelo poder que exerce sobre toda a Natureza e pelas grandes virtudes que tem a possibilidade de adquirir.

10. – Devemos considerar o homem como uma parte de Deus? R – Não. O homem não é parte da Divindade: é apenas a sua imagem.

11. – Podereis dizer-nos de que maneira eram recebidas por vós as comunicações dos Espíritos? Escrevíeis aquilo que vos era revelado, à maneira dos médiuns, ou por inspiração? R – Quando eu estava em silêncio e em recolhimento, meu Espírito como que ficava deslumbrado, em êxtase, e eu via claramente uma imagem à minha frente, que me falava e ditava o que eu deveria escrever. Por vezes, minha imaginação se misturava a isso.

12. – Que devemos pensar do fato referido pelo cavaleiro de Beylon, relativamente à revelação que fizestes à Rainha Luísa Ulrica? R – Essa revelação é verdadeira. Beylon a desnaturou.

13. – Qual a vossa opinião sobre a Doutrina Espírita, tal qual é hoje? R – Eu vos disse que estais num caminho mais seguro que o meu, visto como as vossas luzes são em geral mais amplas. Eu tinha que lutar contra a maior ignorância e sobretudo contra a superstição.

A ALMA ERRANTE

No volume intitulado *Les Six Nouvelles*[1] de Maxime Ducamp, encontra-se uma história tocante, que recomendamos aos nossos leitores. É a de uma alma errante que conta suas próprias aventuras.

Não temos a honra de conhecer o Sr. Maxime Ducamp, a quem jamais vimos. Consequentemente, não sabemos se colheu seus ensina-

---

[1] Librairie Nouvelle, Boulevard des Italiens.

NOVEMBRO DE 1859

mentos em sua própria imaginação ou em estudos espíritas. Mas, seja como for, não podia ser mais felizmente inspirado.

Podemos julgá-lo pelo seguinte fragmento. Não falaremos do quadro fantástico no qual a novela é encaixada. Isso é um acessório sem importância e puramente formal.

"Eu sou uma alma errante, urna alma penada. Vago através dos espaços, esperando um corpo. Viajo nas asas do vento, no azul do céu, no canto dos pássaros, nas pálidas claridades do luar. Eu sou uma alma penada...

"Desde o instante em que Deus nos separou d'Ele muitas vezes temos vivido na Terra, subindo de geração em geração, abandonando sem pesar os corpos que nos são confiados e continuando a obra do nosso próprio aperfeiçoamento através das existências que sofremos.

"Quando deixamos este hospedeiro incômodo, que nos serve tão mal; quando ele vai fecundar e renovar a terra, de onde saiu; quando em liberdade, enfim, abrimos as asas, então Deus nos dá a conhecer o nosso objetivo. Vemos nossas existências precedentes, avaliamos o nosso progresso realizado durante séculos; compreendemos as punições e as recompensas que nos atingiram, pelas alegrias e pelas dores de nossa vida: vemos nossa inteligência crescer de nascimento em nascimento, e aspiramos ao estado supremo, pelo qual deixaremos esta pátria inferior para ganhar os planetas radiosos, onde as paixões são mais elevadas, o amor menos ambicioso, a felicidade mais constante, os órgãos mais desenvolvidos, os sentidos mais numerosos, e onde a residência é reservada aos habitantes de mundos que, por suas virtudes, se aproximaram da beatitude, mais do que nós.

"Quando Deus nos envia novamente a corpos que devem viver para nós uma vida miserável, perdemos toda a consciência daquilo que antecedeu a esses novos renascimentos. O eu, que havia despertado, readormece; não persiste mais; de nossas passadas existências restam apenas vagas reminiscências, que nos causam simpatias, antipatias e, por vezes, ideias inatas.

"Não falarei de todas as criaturas que viveram do meu sopro. Mas a minha última existência sofreu uma desgraça tão grande, que é apenas desta que eu vos quero contar a história."

Seria difícil definir melhor o princípio e a finalidade da reencarnação, a progressão dos seres, a pluralidade dos mundos e o futuro que nos espera. Eis agora, em duas palavras, a história daquela alma.

"Um moço amava a uma jovem e era correspondido. Havia obstáculos opondo-se à sua união. Ele pediu a Deus lhe permitisse que, durante o sono do corpo, sua alma se desprendesse a fim de ir visitar a bem-amada. Esse favor lhe foi concedido.

"Assim, todas as noites sua alma se evola, deixando o corpo em estado de completa inércia, estado de que não sai senão quando a alma retorna para se reincorporar. Durante esse tempo, vai visitar a sua amada.

"Ele a vê, sem que ela o suspeite; quer falar-lhe, mas ela não o escuta; observa-lhe os menores movimentos e surpreende-lhe o pensamento. É feliz com as alegrias dela; é triste com as suas dores. Nada mais gracioso e mais delicado que o quadro dessas cenas entre a moça e a alma invisível.

"Mas, oh! fraqueza do ser encarnado! Um dia, ou melhor, uma noite, ele se esquece. Três dias se passam sem que pense em seu corpo, que não pode viver sem a alma. De repente, pensa em sua mãe, que o espera e que deve estar inquieta devido a um sono tão prolongado. E corre, mas é demasiado tarde. Seu corpo cessara de viver.

"Assiste aos seus funerais, depois consola sua mãe. Em desespero a noiva não quer ouvir falar de nenhuma outra união. Vencida, entretanto, pelas solicitações da própria mãe, acaba cedendo, depois de longa resistência.

"A alma errante lhe perdoa uma infidelidade que não está em seu pensamento. Mas, para receber suas carícias e não mais a deixar, pede para encarnar-se no filho que vai nascer."

Se o autor não está convencido das ideias espíritas, devemos convir que representa muito bem o seu papel.

O ESPÍRITO E O JURADO

Um dos nossos correspondentes, homem de grande saber e portador de títulos científicos oficiais, o que não o impede de cometer a fraqueza de acreditar que temos uma alma e que esta alma sobrevive ao corpo, que depois da morte fica errante no espaço e ainda pode comunicar-se com os vivos, tanto mais quanto ele próprio é um bom médium e mantém palestras com os seres de além-túmulo, dirige-nos a seguinte carta:

"Senhor,

"Talvez julgueis acertado agasalhar na vossa interessante *Revista* o fato seguinte:

"Há algum tempo eu era jurado. O tribunal devia julgar um moço, apenas saído da adolescência, acusado de ter assassinado uma senhora idosa em circunstâncias horríveis. O acusado confessava e contava os detalhes do crime com uma impassibilidade e um cinismo que faziam fremir a assembléia.

"Entretanto é fácil prever, em virtude da sua idade, da sua absoluta falta de educação e dadas as excitações recebidas em família, que fossem apresentadas em seu favor circunstâncias atenuantes, tanto mais que ele fora levado pela cólera, agindo contra uma provocação por injúrias.

"Eu quis consultar a vítima a respeito do grau de sua culpabilidade. Chamei-a durante uma sessão, por uma evocação mental. Ela me fez saber que estava presente e eu pus minha mão às suas ordens. Eis a conversação que tivemos – eu, mentalmente, ela pela escrita:

– Que pensa do seu assassino?

– Não serei eu quem o acuse.

– Por quê?

– Porque ele foi levado ao crime por um homem que me fez a corte há cinquenta anos e que, nada tendo conseguido de mim, jurou vingar-se. Conservou na morte o desejo de vingança. E aproveitou as disposições do acusado para lhe inspirar o desejo de me matar.

– Como o sabe?

– Porque ele mesmo o disse, quando cheguei a este mundo que hoje habito.

– Compreendo sua ressalva, diante da excitação que o seu assassino não repeliu como devia e podia. Mas a senhora não pensa que a inspiração criminosa, à qual ele voluntariamente obedeceu, não teria sobre ele o mesmo poder, se não houvesse nutrido ou entretido, durante muito tempo, sentimentos de inveja, de ódio e de vingança contra a senhora e a sua família?

– Seguramente. Sem isso ele teria sido mais capaz de resistir. Eis por que digo que aquele que quis vingar-se aproveitou as disposições desse moço; o senhor compreende que ele não se teria dirigido a alguém que se dispusesse a resistir.

– Ele goza com a sua vingança? – Não, pois vê que esta lhe custará caro. Além disso, em lugar de me fazer mal, ele me prestou um serviço, fazendo-me entrar mais cedo no mundo dos Espíritos, onde sou mais feliz. Foi, pois, uma ação má sem proveito para ele.

"Circunstâncias atenuantes foram admitidas pelo júri, baseadas nos motivos acima indicados, e a pena de morte foi afastada.

"A respeito do que acabo de contar, deve fazer-se uma observação moral de grande importância. É necessário concluir, com efeito, que o homem deve vigiar os seus menores pensamentos malévolos, até os seus maus sentimentos, aparentemente os mais fugidios, pois estes podem atrair para ele Espíritos maus e corrompidos, e oferecê-lo, fraco e desarmado, às suas inspirações culposas. É uma porta que ele abre ao mal, sem compreender o perigo. Foi, pois, com um profundo conhecimento do homem e do mundo Espiritual que Jesus Cristo disse: "Qualquer que atentar numa mulher para a cobiçar, já em seu coração adulterou com ela. (Mat. 5:28)

"Tenho a honra, etc."

Simon M...

ADVERTÊNCIAS DE ALÉM-TÚMULO

O OFICIAL DA CRIMÉIA

L'Indépendance Belge, que não pode ser acusado de excessiva benevolência para com as crenças espíritas, referiu o fato seguinte, reproduzido por vários jornais, e que por nossa vez transcrevemos com todas as reservas, pois não tivemos ocasião de constatar a sua realidade.

"Seja porque a nossa imaginação inventa e povoa um mundo das almas ao lado e acima de nós; seja porque o mundo no qual estamos, vivemos e agimos existe realmente, é fora de dúvida, pelo menos para mim, que se produzem acidentes inexplicáveis que provocam a ciência e desafiam a razão.

"Na guerra da Criméia, durante uma dessas noites tristes e lentas, que se prestam maravilhosamente à melancolia, ao pesadelo e a todas as nostalgias do céu e da Terra, um jovem oficial, levantando-se de repente, sai de sua tenda, vai procurar um dos seus camaradas e lhe diz:

– Acabo de receber a visita de minha prima, a Srta. de T...

– Sonhaste.

– Não, ela entrou, pálida e sorridente, apenas deslizando no chão muito duro e muito áspero para os seus pés delicados. Olhou-me, depois que a sua voz doce bruscamente me despertara, e me disse: – Demoras muito! Toma cuidado! Algumas vezes a gente morre na guerra sem ir à guerra!

"Eu lhe quis falar, quis levantar-me e correr para ela. Mas ela recuou. E, pondo o dedo sobre os lábios, disse: – Silêncio! Tem coragem e paciência. Nós nos tornaremos a ver. Ah, meu amigo, ela estava muito pálida! Tenho certeza de que ela está doente, de que ela me chama.

– Estás doido, sonhas acordado, retorquiu o amigo.

– É possível, Mas o que é esta agitação do meu coração, que a evoca e me faz vê-la?

"Os dois moços conversaram e pela madrugada o amigo acompanhou à tenda o oficial visionário, quando este estremeceu de repente e lhe disse:

– Ei-la, meu amigo; ei-la, diante da minha tenda... faz-me sinais, dizendo que não tenho fé nem confiança.

"Já se vê que o amigo nada via. Mas fez o que pôde para animar o camarada. Nasceu o dia, e com o dia as ocupações muito sérias para deixarem pensar nos fantasmas da noite. Mas, por uma precaução muito razoável, no dia seguinte uma carta partiu para a França, pedindo urgentes notícias da Srta. de T... Alguns dias depois responderam que a Srta. de T... estava muito gravemente doente e que, se o oficial pudesse obter uma licença, talvez a sua visita lhe causasse melhor efeito.

"Pedir licença no momento das lutas mais rudes, nas vésperas de um assalto decisivo, dando como razão temores sentimentais, era coisa em que não se podia pensar. Contudo, creio lembrar que a licença foi pedida e concedida e que o moço oficial ia partir para a França, quando teve mais uma visão. Esta era pavorosa. A Srta. de T..., pálida e muda, deslizou uma noite para dentro da tenda e lhe mostrou o longo vestido branco que arrastava. O moço oficial nem um momento duvidou que sua noiva estivesse morta. Estendeu a mão, pegou uma de suas pistolas e arrebentou os miolos.

"Com efeito, naquela mesma noite, naquela mesma hora a Srta. de T... havia dado o último suspiro.

"Essa visão era produzida pelo magnetismo? Não sei. Era loucura? Assim fosse! Mas era qualquer coisa que escapava às zombarias dos ignorantes e às zombarias ainda mais inconvenientes dos cientistas.

"Quanto à autenticidade do fato, posso garanti-la. Interrogai os oficiais que passaram esse longo inverno na Criméia, e não serão poucos os que vos contarão fenômenos de pressentimento, de visão, de miragem da pátria e de parentes, análogas a esta que acabo de contar.

"O que se deve concluir? Nada. A não ser que eu terminasse a minha correspondência de maneira muito lúgubre, e que soubesse fazer dormir sem saber magnetizar."

Thécel

Como dissemos no começo, não podemos constatar a autenticidade do fato. Mas o que podemos garantir é a sua possibilidade. Os exemplos verificados, antigos e recentes, de advertências de além-túmulo são tão numerosos que esse nada tem de mais extraordinário que outros, testemunhados por tantas pessoas dignas de fé.

Em outros tempos podiam parecer sobrenaturais; mas hoje, que se conhece a sua causa e que estão psicologicamente explicados, graças à teoria espírita, nada têm que os afaste das leis da Natureza. Acrescentaremos apenas uma observação: se esse oficial tivesse conhecido o Espiritismo saberia que o meio de se ligar à sua noiva não seria o suicídio, pois esta ação pode afastá-los por tempo mais longo que o que ele teria vivido na Terra. O Espiritismo lhe teria dito, além disso, que uma morte gloriosa, no campo de batalha, lhe teria sido mais proveitosa do que essa morte voluntária por um ato de fraqueza.

* * *

Eis outro fato de advertência de além-túmulo, referido pela *Gazette d'Arad* (Hungria) de novembro de 1858:

"Dois irmãos israelitas de Gyek, Hungria, tinham ido a Grosswardein, levar suas duas filhas de 14 anos a um internato. Durante a noite seguinte à sua partida, outra filha de um deles, de 10 anos de idade, que ficara em casa, levantou-se sobressaltada e, chorando, contou à mãe que vira em sonhos o pai e o tio cercados por vários camponeses, que lhes queriam fazer mal.

"A princípio a mãe não ligou nenhuma importância a essas palavras. Vendo, porém, que não podia acalmar a criança, levou-a à casa do *maire*[1] local, onde a menina contou novamente o sonho, acrescentando que reconhecera entre os camponeses dois de seus vizinhos, e que o fato se passara na orla de uma floresta.

"Imediatamente o *maire* mandou verificar na casa dos dois camponeses, que realmente estavam ausentes. Depois, para se assegurar da verdade, mandou outros emissários na direção indicada, que encontraram cinco cadáveres nos confins de um bosque. Eram os dois pais com as filhas e o cocheiro que os conduzia. Os cadáveres haviam sido atirados sobre um braseiro para se tornarem irreconhecíveis. Logo a polícia começou a fazer pesquisas. Prendeu os dois camponeses designados, no momento em que procuravam trocar dinheiro manchado de sangue. Na prisão confessaram o crime, dizendo que reconheciam o dedo de Deus na pronta descoberta do seu crime."

OS CONVULSIONÁRIOS DE SAINT-MÉDARD

(SOCIEDADE, 15 DE JULHO DE 1859)

Notícia – François Pâris, famoso diácono de Paris, morto em 1727, aos trinta e sete anos de idade, era filho mais velho de um conselheiro do Parlamento. Naturalmente devia sucedê-lo no cargo, mas preferiu abraçar a carreira eclesiástica. Quando da morte do pai deixou os bens para o irmão. Durante algum tempo ensinou catecismo na paróquia de São Cosme, encarregou-se da direção dos clérigos e lhes fez conferências. O Cardeal de Noailles, a cuja causa estava ligado, quis nomeá-lo cura dessa paróquia, mas sobreveio um obstáculo imprevisto. O Padre Pâris consagrara-se inteiramente ao retiro. Depois de ter experimenta-

---

[1] *Maire*, chefe da comuna, encarregado da administração e da polícia local e rural, bem como do registro civil. (N. do R.)

do diversos ermitérios, fechou-se numa casa no bairro de São Marcelo. Lá entregou-se à prece, às práticas mais rigorosas da penitência e ao trabalho manual. Fazia meias para os pobres, que considerava como seus irmãos; morreu nesse asilo.

O Padre Pâris havia aderido ao "apelo" da bula *Unigenitus*[1], interposta pelos Quatro Bispos; ele renovou seu apelo em 1720. Por isso devia ser descrito diversamente pelos partidos opostos. Tendo que fazer meias, produzira livros muito medíocres. Dele possuímos explicações da Epístola de São Paulo aos Romanos, da Epístola aos Gálatas, e uma análise da Epístola aos Hebreus, que pouca gente lê.

Seu irmão mandou erigir-lhe um túmulo no pequeno cemitério de Saint-Médard, onde iam fazer preces os pobres que o piedoso diácono havia socorrido, alguns ricos que tinha edificado, algumas mulheres que tinha instruído. Houve curas que pareceram maravilhosas e convulsões que foram consideradas perigosas e ridículas.

A autoridade foi obrigada a fazer cessar esse espetáculo, determinando o fechamento do cemitério a 27 de janeiro de 1732. Então os mesmos entusiastas passaram a realizar suas convulsões em casas particulares. Na opinião de muita gente o túmulo do diácono Pâris foi o túmulo do jansenismo. Mas algumas pessoas viram nisso o dedo de Deus, e mais se ligaram a uma seita que produzia tais maravilhas. Há diferentes "vidas" desse diácono do qual jamais teriam talvez falado se não houvessem querido transformá-lo num taumaturgo.

Entre os fenômenos estranhos apresentados pelos Convulsionários de Saint-Médard citam-se:

A faculdade de resistir a pancadas tão terríveis, que os corpos deveriam ficar esmagados; a de falar línguas ignoradas ou por eles esquecidas; um desdobramento extraordinário da inteligência; os mais ignorantes entre eles improvisavam discursos sobre a graça, sobre os males da igreja, sobre o fim do mundo etc.; a faculdade de ler o pensamento; postos em contato com os doentes, experimentavam as dores destes e exatamente nos mesmos lugares; nada mais frequente do que

---

[1] *Unigenitus Dei Filius*, bula de Clemente XI condenando o jansenismo. Houve apelos, entre os quais o dos bispos a que François Pâris aderiu. Os dois partidos opostos que se formaram no clero eram o dos "apelantes", que não aceitavam a condenação, e a dos "aceitantes", que a aceitavam. (N. do R.)

ouvi-los predizer diversos fenômenos anormais, que deveriam sobrevir no curso de suas doenças.

A insensibilidade física produzida pelo êxtase deu lugar a cenas atrozes. A loucura chegou a ponto de realmente crucificarem vítimas infelizes, de lhes fazer sofrer todos os detalhes da Paixão do Cristo. E essas vítimas – o fato é atestado pelas mais autenticas testemunhas – solicitavam as terríveis torturas, designadas entre os convulsionários pelo nome de grande socorro.

A cura dos doentes se operava pelo simples toque da pedra tumular ou pela poeira que encontravam em redor e que tomavam com qualquer bebida ou aplicavam sobre as úlceras. Essas curas, que foram muito numerosas, são atestadas por milhares de testemunhas, muitas das quais são homens de Ciência, no fundo, incrédulos, que registraram os fatos sem saber a que atribuí-los.

Paulyne Roland

1. – Evocação do diácono Pâris. R – Estou às vossas ordens.

2. – Qual é o vosso estado atual como Espírito? R – Errante e feliz.

3. – Tivestes outras existências corporais, depois desta que conhecemos? R – Não, estou constantemente ocupado em fazer o bem aos homens.

4. – Qual foi a causa dos estranhos fenômenos que se passavam com os visitantes do vosso túmulo? R – Intriga e magnetismo.

Observação: Entre as faculdades de que eram dotados os convulsionários se reconhecem, sem dificuldade, algumas das quais o sonambulismo e o magnetismo oferecem numerosos exemplos. Tais são, entre outras: a insensibilidade física, a percepção do pensamento, a transmissão simpática das dores, etc. Assim não se pode duvidar de que os crisíacos estivessem numa espécie de estado de sonambulismo acordado, provocado pela influência que exerciam uns sobre os outros, inadvertidamente. Eram, ao mesmo tempo, magnetizadores e magnetizados.

5. – Por que motivo toda uma população foi subitamente dotada dessas estranhas faculdades? R – Elas se comunicam muito facilmente em certos casos, e vós não sois tão estranhos às faculdades dos Espíritos para não compreender que eles nisso tomaram uma grande parte, por simpatia para com aqueles que as provocavam.

6. – Participastes diretamente, como Espírito? R – Nem de leve.

7. – Outros Espíritos participaram? R – Muitos.

8. – Em geral de que natureza eram? R – Pouco elevada.

9. – Por que essas curas e esses fenômenos cessaram quando a autoridade se opôs, fechando o cemitério? A autoridade tinha, então, mais poder que os Espíritos? R – Deus quis fazer cessar a coisa porque havia degenerado em abuso e escândalo. Foi preciso um meio, e ele empregou a autoridade dos homens.

10. – Desde que não participastes dessas curas, por que prefeririam o vosso túmulo ao de outro? R – Pensais que eu tenha sido consultado? Escolheram o meu túmulo calculadamente: minhas opiniões religiosas, primeiro, e o pouco de bem que eu tinha procurado fazer foram explorados.

OBSERVAÇÕES A PROPÓSITO DO VOCÁBULO MILAGRE

O Sr. Mathieu, que citamos em nosso artigo de outubro, a propósito dos milagres, dirige-nos a reclamação seguinte, que nos apressamos em atender:

"Senhor,

"Se eu não tenho a vantagem de estar de acordo convosco em todos os pontos, pelo menos estou naquilo que tivestes ocasião de dizer de mim no último número de vosso jornal. Assim, concordo perfeitamente com vossa observação a respeito do vocábulo *milagre*.

"Se dele me servi em meu opúsculo, tive o cuidado de dizer, ao mesmo tempo, à pág. 4: *Convencido de que o vocábulo* milagre *exprime um fato produzido fora das leis conhecidas da Natureza; um fato que escapa a toda explicação humana, a toda interpretação científica.* Supunha assim indicar suficientemente que dava ao vocábulo *milagre* um valor relativo e convencional. Parece-me, desde que tivestes o trabalho de me censurar, que me enganara.

"Em todo caso, conto com a vossa imparcialidade para que estas linhas, que tenho a honra de vos dirigir, encontrem acolhida no vosso próximo número. Não me sinto agastado, uma vez que os vossos leitores saibam que eu não quis dar ao vocábulo em questão o sentido que lhe censurais, e que houve inabilidade da minha parte ou mal-entendido da vossa, talvez mesmo um pouco de uma e de outra coisa.

"Recebei, etc."

Mathieu

Como dissemos no nosso artigo, estávamos perfeitamente convencido do sentido em que o Sr. Mathieu havia empregado o vocábulo *milagre*. Assim, nossa crítica de modo algum visava à sua opinião, mas ao emprego do vocábulo, mesmo na sua mais racional acepção. Há tantas pessoas que não veem senão a superfície das coisas e que não se dão ao trabalho de aprofundá-las, o que não as impede de julgar como se as conhecessem, que um tal título dado a um fato Espírita poderia ser tomado ao pé da letra, de boa fé por uns, de má fé pelo maior número.

Nossa observação a esse respeito é tanto mais fundada quanto nos lembramos de ter lido algures, num jornal cujo nome nos escapa, um artigo onde aqueles que gozam da faculdade de provocar fenômenos espíritas eram classificados, por irrisão, como fazedores de milagres, e isso a propósito de um adepto muito zeloso, que estava, ele próprio, convencido de os produzir. É o caso de lembrar que nada é mais perigoso do que um amigo imprudente. Nossos adversários são muito ansiosos de nos levar ao ridículo, sem que lhes ofereçamos pretexto.

AVISO

A abundância de matéria não nos permite inserir neste número o *Boletim da Sociedade Parisiense de Estudos Espíritas*. Dá-lo-emos no do mês de dezembro, num suplemento, juntamente com outras comunicações que tivemos de adiar por falta de espaço.

Allan Kardec

ANO II
DEZEMBRO DE 1859

RESPOSTA AO SR. OSCAR COMETTANT

Senhor,

Consagrastes o folhetim de *Le Siècle* de 27 de outubro último aos Espíritos e aos seus partidários. Apesar do ridículo que atirais sobre um problema muito mais sério do que pensais, apraz-me reconhecer que, atacando o princípio, guardais as conveniências pela urbanidade da forma, pois não é possível dizer com mais polidez que a gente não tem bom senso. Assim, não confundirei o vosso espirituoso artigo com as grosseiras diatribes que dão uma triste ideia do bom gosto de seus autores, aos quais fazem justiça todas as pessoas educadas, sejam ou não nossas partidárias.

Não tenho o hábito de responder à crítica. Assim, teria deixado passar o vosso artigo, como tantos outros, se não tivesse dos Espíritos o encargo, primeiramente, de vos agradecer por vos terdes ocupado deles e, depois, para vos dar um conselho. Compreendereis, senhor, que de mim mesmo não o faria: desincumbo-me de minha tarefa – eis tudo.

Perguntareis: "Como! Os Espíritos se ocupam de um folhetim que escrevi sobre eles? Será muita bondade de sua parte".

Certamente, pois estavam ao vosso lado quando escrevíeis. Um deles, que vos quer bem, chegou mesmo a tentar impedir que utilizásseis certas reflexões, que não eram por ele julgadas à altura da vossa sagacidade, temendo por vós a crítica, não dos Espíritos, com os quais vos ocupais muito pouco, mas daqueles que conhecem a extensão do vosso conhecimento.

Ficai certo de que eles estão por toda parte, sabem tudo quanto se diz e se faz e, no momento em que lerdes estas linhas, estarão ao vosso lado, vos observando. Podeis dizer:

– "Não posso crer na existência desses seres que povoam o espaço mas que não vemos".

– Credes no ar que não vedes e que, entretanto, nos envolve?

– "Isto é muito diferente. Eu creio no ar porque, embora não o veja, sinto-o, ouço-o na tempestade e ressoar no tubo da chaminé; vejo os objetos por ele derrubados".

– Pois então! Os Espíritos também se fazem ouvir; também movem os corpos sólidos, levantam-nos, transformam-nos, quebram-nos.

– "Ora essa, Sr. Allan Kardec! Apelai para a vossa razão. Como quereis que seres impalpáveis – supondo que eles existam (o que só admitiria se os visse) – tenham tal poder? Como podem seres imateriais agir sobre a matéria? Isso não é razoável."

– Credes na existência dessas miríades de animálculos que estão em vossa mão e que podem ser cobertos aos milhares pela ponta de uma agulha?

– "Sim, porque não os vejo com os olhos, mas o microscópio me permite vê-los."

– Mas antes da invenção do microscópio, se alguém vos tivesse dito que tendes sobre a pele milhares de insetos que nela pululam; que uma límpida gota d'água encerra toda uma população; que os absorveis em massa com o ar mais puro que respirais, que teríeis respondido? Teríeis gritado contra o disparate e, se fôsseis folhetinista, não teríeis deixado de escrever um belo artigo contra os animálculos, o que não teria impedido que existissem. Hoje o admitis porque o fato é patente; antes, porém, teríeis declarado que era coisa impossível.

Que há, pois, de mais irracional em crer que o espaço seja povoado de seres inteligentes que, embora invisíveis, não são microscópicos? Quanto a mim, confesso que a ideia de seres pequenos como uma parcela homeopática e, não obstante, providos de órgãos visuais, sensoriais, circulatórios, respiratórios, etc., me parece ainda mais extraordinária.

– "Concordo, mas, ainda uma vez, são seres materiais, são qualquer coisa, enquanto os vossos Espíritos, que são? Nada, seres abstratos, imateriais".

– Para começar, quem vos disse que são imateriais? A observação, – peço-vos que peseis bem neste vocábulo observação, que não quer dizer *sistema*, – a observação, digo eu, demonstra que essas inteligências ocultas têm um corpo, um envoltório invisível, é certo, mas não menos real. Ora, é por esse intermediário semimaterial que elas agem sobre a matéria. Serão apenas os corpos sólidos que têm força motriz? Não são, ao contrário, os corpos rarefeitos que possuem esse poder no mais alto grau, tal como o ar, o vapor, todos os gases, a eletricidade? Por que, então, o negareis à substância que constitui o invólucro dos Espíritos?

– "De acordo, mas se essas substâncias são invisíveis e impalpáveis em certos casos, a condensação pode torná-las visíveis e mesmo sólidas. Poderemos pegá-las, guardá-las, analisá-las, com o que sua existência ficaria irrecusavelmente demonstrada."

– Ora! essa é boa! Negais o Espírito porque não podeis metê-lo numa retorta e saber se são compostos de oxigênio, hidrogênio e nitrogênio. Dizei-me, por obséquio, se antes das descobertas da Química moderna eram conhecidas a composição do ar, da água, e as propriedades de uma porção de corpos invisíveis, cuja existência nem suspeitávamos. Que teriam dito, então, a quem anunciasse todas as maravilhas que hoje admiramos? Tê-lo-iam tratado como charlatão e visionário. Suponhamos que vos caia nas mãos um livro de um cientista de então, negando todas essas coisas e que, além do mais, lhes tivesse tentado *demonstrar* a impossibilidade. Diríeis: "Eis um cientista bem pretensioso, que se pronunciou muito levianamente, decidindo sobre o que não sabia; para sua reputação teria sido melhor abster-se". Numa palavra, faríeis um juízo muito pouco lisonjeiro de sua opinião. Então! Em alguns anos veremos o que se pensará daqueles que hoje tentam demonstrar que o Espiritismo é um quimera.

É sem dúvida lamentável para certas pessoas, e para os colecionadores, que os Espíritos não possam ser postos dentro de um frasco, para serem observados à vontade. Não penseis, entretanto, que eles escapem aos nossos sentidos de maneira absoluta. Se a substância que constitui o seu envoltório é invisível em estado normal, também pode, em certos casos, como o vapor, mas por outra causa, experimentar uma espécie de condensação ou, para ser mais exato, uma modificação molecular, que a torna momentaneamente visível e mesmo tangível. Podemos então vê-los, como nos vemos, tocá-los, apalpá-los. Eles podem pegar-nos, deixar impressão sobre os nossos membros. Mas esse estado é temporário; podem deixá-lo tão rapidamente quanto o tomaram, não em virtude de uma rarefação mecânica, mas por efeito da vontade, pois são seres inteligentes e não corpos inertes. Se a existência dos seres inteligentes que povoam o espaço está provada; se, como acabamos de ver, eles exercem ação sobre a matéria, que há de admirável em que possam comunicar-se conosco e transmitir seus pensamentos por meios materiais?

– "Se a existência desses seres for provada, sim. Aí, porém, é que está a questão".

– Inicialmente, o importante é provar essa possibilidade: a experiência fará o resto. Se essa existência não está provada para vós, está para mim. Ouço daqui dizerdes intimamente: "Eis um argumento fraquíssimo". Concordo que minha opinião pessoal tenha pouco valor; mas não estou só. Muitos outros, antes de mim, pensavam do mesmo modo. Eu não inventei nem descobri os Espíritos. Essa crença conta milhões de aderentes, tanto ou mais inteligentes do que eu. Quem decidirá entre os que creem e os que não creem?

– "O bom senso", direis vós.

– Seja. Acrescento eu: o tempo que, diariamente, nos auxilia. Mas com que direito aqueles que não creem se arrogam o privilégio do bom senso, quando principalmente os que acreditam são recrutados, não entre os ignorantes, mas entre gente esclarecida, cujo número cresce dia a dia? Eu o julgo por minha correspondência, pelo número de estrangeiros que me vêm ver, pela propagação de meu jornal, que completa o seu segundo ano e tem assinantes nas cinco partes do mundo, nas mais altas camadas da sociedade e até nos tronos. Dizei-me, em consciência, se isto é marcha de uma ideia oca, de uma utopia.

Constatando esse fato capital no vosso artigo, dizeis que ele ameaça tomar as proporções de um flagelo e acrescentais: "Já não tinha a espécie humana, ó bom Deus! tantas futilidades para lhe perturbar a razão, sem esta nova doutrina que vem apoderar-se de nosso pobre cérebro?"

Parece que não apreciais as doutrinas. Cada um tem o seu gosto. Nem todos gostam das mesmas coisas. Direi apenas que não sei a que papel intelectual o homem seria reduzido se, desde que se acha na face da Terra, não tivesse tido suas doutrinas que, fazendo-o refletir, o tiraram do estado passivo de bruto. Sem dúvida as há boas e más, justas e falsas; mas foi para as discernir que Deus nos deu a razão.

Esquecestes uma coisa: a definição clara e precisa daquilo que capitulais entre as futilidades. Há pessoas que assim taxam todas as ideias de que não compartilham. Mas vós tendes inteligência suficiente para acreditar que esta se tenha condensado apenas em vós. Há outras pessoas que dão esse nome a todas as ideias religiosas, e que olham a crença em Deus, na alma e na sua imortalidade, nas penas e recompensas futuras como boas somente para as beatas e para intimidar as crianças. Não conheço vossa opinião a respeito; mas do sentido do vosso artigo alguém poderia inferir que aceitais um pouco essas ideias. Quer as partilheis, quer não, eu me permitirei dizer, com muitos outros, que nelas estaria o verdadeiro flagelo, caso se propagassem. Com o materialismo, com a crença de que morremos como os animais e depois de nós será o nada, o bem não terá nenhuma razão de ser, os laços sociais nenhuma consistência: é a sanção do egoísmo. A lei penal será o único freio a impedir que o homem viva à custa de outrem. Se assim for, com que direito puniremos o homem que mata o seu semelhante para apoderar-se de seus bens?

Direis que porque é um mal. Mas por que esse mal? E ele vos responderá: "Depois de mim não há nada; tudo se acaba. Nada receio; quero viver aqui o melhor possível; para isso, tomarei dos que têm. Quem mo proíbe? Vossa lei? Vossa lei terá razão se for mais forte, isto é, se me pegar. Mas se eu for mais fino, se lhe escapar, a razão estará comigo".

Então vos perguntarei qual a sociedade que poderá subsistir com semelhantes princípios?

Isso me recorda o seguinte fato:

Um senhor que, como se diz vulgarmente, não acreditava em Deus, nem no Diabo, e não o ocultava, notou que vinha sendo roubado por seu criado. Um dia pilhou-o em flagrante e lhe perguntou:

– Como ousas tomar o que não te pertence? Não crês em Deus?

O criado pôs-se a rir e respondeu:

– Como haveria eu de crer, se vós também não credes. Por que tendes mais do que eu? Se eu fosse rico e vós pobre, quem vos impediria de fazer o mesmo que faço? Desta vez não tive sorte, – eis tudo. De outra, procurarei agir melhor.

Aquele senhor teria ficado mais contente se seu criado não tivesse tomado a crença em Deus como uma futilidade. É a essa crença e às que da mesma decorrem que deve o homem a sua verdadeira segurança social, muito mais que à severidade da lei, pois a lei não pode tudo alcançar. Se a crença se arraigasse no coração de todos, nada deveriam temer uns dos outros. Atacá-la de frente é soltar a rédea a todas as paixões e destruir todos os escrúpulos. Foi isto que levou recentemente um sacerdote, quando lhe provocaram a opinião sobre o Espiritismo, a dizer estas palavras sensatas: "O Espiritismo conduz à crença em alguma coisa. Ora, eu prefiro aqueles que acreditam em alguma coisa aos que em nada acreditam, pois estes não creem nem mesmo na necessidade do bem".

Com efeito, o Espiritismo é a destruição do materialismo. É a prova patente e irrecusável daquilo que certas pessoas chamam futilidades, a saber: Deus, a alma, a vida futura feliz ou infeliz. Esse flagelo, como vós o chamais, tem outras consequências práticas. Se soubésseis, como eu, quantas vezes ele fez voltar a calma a corações ulcerados pela mágoa; que doce consolação espalha sobre as misérias da vida; quanto acalma o ódio e impede os suicídios: zombaríeis menos.

Suponde que um de vossos amigos venha dizer-vos: "Eu estava desesperado; ia estourar os miolos; mas hoje, graças ao Espiritismo, sei quanto isso me custa, e desisto". Se outra pessoa vos disser: "Eu invejava o vosso mérito e a vossa superioridade; o vosso sucesso tirava-me o sono; queria vingar-me, queria derrotar-vos, arruinar-vos, queria, mesmo, matar-vos. Confesso que correstes grandes perigos. Hoje, porém, que sou espírita, compreendo tudo quanto esses sentimentos possuem de ignóbil e os abjuro. E, em vez de vos fazer mal, venho prestar-vos um obséquio". Provavelmente diríeis: "Ainda bem que existe algo de bom nessa loucura".

O que estou dizendo, senhor, nem visa convencer-vos, nem vos converter às minhas ideias. Tendes convicções que vos bastam e que, para vós, resolvem todas as questões sobre o futuro. É, pois, muito natural que as conserveis. Mas vós me apresentais aos vossos leitores como o propagador de um *flagelo*. Eu tinha, pois, de lhes mostrar que seria desejável que todos os flagelos não fizessem maior mal, a começar pelo materialismo. E conto com a vossa imparcialidade para lhes transmitir minha resposta.

– "Mas", direis, "eu não sou materialista; pode-se muito bem não ter essa opinião e não crer nas manifestações dos Espíritos".

– Concordo, então se é *espiritualista e não espírita*. Se me equivoquei quanto à vossa maneira de ver, é porque tomei ao pé da letra a profissão de fé do fim do vosso artigo. Dizeis: "Creio em duas coisas: no amor dos homens por tudo quanto é maravilhoso, mesmo quando esse maravilhoso seja absurdo, e no editor que me vendeu o fragmento da sonata ditada pelo Espírito de Mozart, pelo preço de 2 francos". Se toda a vossa crença se limita a isso, está bem: ela parece ser prima irmã do ceticismo. Mas aposto que credes em algo mais do que no Sr. Ledoyen, que vos vendeu por 2 francos um fragmento de sonata: credes no produto de vossos artigos, que, salvo engano, não ofereceis pelo amor de Deus, como o Sr. Ledoyen não oferece os seus livros. Cada um tem o seu ofício: o Sr. Ledoyen vende livros, o literato vende prosa e verso. Nosso pobre mundo não está suficientemente adiantado para que possamos morar, comer e vestir-nos de graça. Talvez um dia os proprietários, os alfaiates, os açougueiros, os padeiros estejam bastante esclarecidos para compreender que é ignóbil para eles pedir dinheiro: então os livreiros e os literatos serão arrastados pelo exemplo.

– "Com tudo isto, não me destes o conselho que me dão os Espíritos". Ei-lo: É prudente não nos pronunciarmos muito levianamente sobre aquilo que não conhecemos; imitemos a sábia reserva do sábio Arago, que dizia, a propósito do magnetismo animal: "Eu não poderia aprovar o mistério que hoje fazem os cientistas sérios quando vão assistir às experiências de sonambulismo. A *dúvida* é prova de modéstia e raramente prejudica o progresso das ciências. Já o mesmo não podemos dizer da *incredulidade*. *Aquele que, fora das matemáticas puras, pronunciar o vocábulo impossível, denota falta de prudência*. A reserva é um dever, principalmente quando se trata do organismo animal". (Notícia sobre Bailly).

Respeitosamente,

Allan Kardec

EFEITOS DA PRECE

Um dos nossos assinantes nos escreve de Lausanne:

"Há mais de quinze anos professo muito daquilo que a vossa Ciência Espírita hoje ensina. A leitura de vossas obras mais não faz do

378 REVISTA ESPÍRITA

que reforçar essa crença. Além disso traz-me grandes consolações e lança uma viva claridade sobre uma parte que para mim era treva.

Embora muito convencido de que minha existência devia ser múltipla, não podia fazer uma ideia daquilo em que me converteria o meu Espírito nesses intervalos.

"Mil vezes obrigado, senhor, por haverdes iniciado nesses grandes mistérios, indicando-me a via única a seguir a fim de ganhar um lugar melhor no outro mundo. Abristes o meu coração à esperança e duplicastes a minha coragem para suportar as provas deste mundo. Vinde, pois, Senhor, em meu auxílio, esclarecendo uma verdade que me interessa em alto grau.

"Sou protestante e em nossa Igreja jamais se ora pelos mortos, porque o Evangelho não o ensina. Como dizeis, os Espíritos que evocais frequentemente pedem o auxílio de vossas preces. Estarão eles sob a influência das ideias adquiridas na Terra ou é certo que Deus leva em conta as preces dos vivos para abreviar o sofrimento dos mortos?

"Senhor, esta questão é muito importante para mim e para outros correligionários meus, que contraíram matrimônios católicos. A fim de ter uma resposta satisfatória, creio que seria necessário o Espírito de um protestante esclarecido, como um dos nossos ministros, querer manifestar-se em vossa sessão, em companhia de um dos vossos eclesiásticos."

A pergunta é dupla: I – É a prece agradável àqueles por quem é feita? II – É-lhes útil?

Para começar ouçamos, sobre a primeira pergunta, o Rev. Pe. Félix, numa introdução notável a um pequeno livro intitulado *Les morts soufrants et délaissés*[1]:

"A devoção para com os mortos não é só a expressão de um dogma e a manifestação de uma crença – é um encanto da vida, um consolo para o coração. Com efeito, que há de mais suave ao coração do que esse culto piedoso, que nos liga à memória e ao sofrimento dos mortos? Crer na eficácia da prece e das boas obras para aliviar aqueles que perdemos; crer, quando os choramos, que essas lágrimas que por eles derramamos ainda lhes podem servir de auxílio; crer, enfim, que mesmo *nesse mundo invisível que habitam*, o nosso amor pode ainda

---

[1] Os mortos sofredores e abandonados.

visitá-los em seu benefício: que doce, que suave crença! E nessa crença, que consolação para aqueles que viram a morte entrar sob o seu teto e feri-los no coração! Se essa crença e esse culto não existissem, o coração humano, pela voz de seus mais nobres instintos, diz a todos que o compreendem que seria necessário inventá-los, quando mais não fosse para pôr doçura na morte e encanto até nos nossos funerais. Com efeito, nada transforma e transfigura o amor que ora sobre um túmulo ou chora nos funerais, como essa devoção à lembrança e ao sofrimento dos mortos. Essa mistura da religião e da dor, da prece e do amor tem simultaneamente não sei quê de esquisito e de enternecedor. A tristeza que chora se torna um auxiliar da piedade que reza; por sua vez, a piedade se torna, para a tristeza, o mais delicioso aroma; e a fé, a esperança e a caridade jamais se conjugam melhor para honrar a Deus consolando os homens e fazer do alívio aos mortos a consolação dos vivos!

"Esse encanto suavíssimo que encontramos em nosso intercâmbio fraterno com os mortos, quanto se torna ainda mais suave quando nos persuadimos de que, sem dúvida, Deus não deixa esses entes queridos inteiramente ignorantes do bem que lhes fazemos. Quem não desejou, ao orar por um pai ou um irmão falecido, *que ele ali estivesse para escutar* e que, quando fazia por ele os seus votos *ali estivesse para ver?* Quem não teria dito, ao enxugar uma lágrima junto ao féretro de um parente ou de um amigo perdido: *Se ao menos pudesse ouvir-me!* quando meu amor lhe oferece com as lágrimas a prece e o sacrifício, *se eu tivesse a certeza de que ele o sabe e que seu amor compreende sempre o meu!* Sim; se eu pudesse crer que não só o alívio que lhe envio chega até ele, mas se pudesse persuadir-me, também, de que *Deus se digna destacar um de seus anjos para lhe contar*, ao levar-lhe o meu benefício, que esse alívio vem de mim: oh! Deus, que sois bom para os que choram, que bálsamo em minha ferida! que consolação em minha dor!

"A Igreja não nos obriga, é verdade, a crer que os nossos irmãos falecidos saibam, com efeito, no Purgatório, aquilo que por eles fazemos aqui na Terra, *mas também não o proíbe; ela o insinua e parece persuadir-nos pelo conjunto de seu culto e de suas cerimônias;* e homens sérios e respeitáveis da Igreja não receiam afirmá-lo. Aliás, seja como for, se os mortos não têm o conhecimento presente e claro das preces e das boas obras que por eles fazemos, é certo que sentem os seus salutares efeitos. E essa crença firme não basta a um amor que deseja consolar-se da dor através do benefício e fecundar as lágrimas pelos sacrifícios?"

Isso que o Pe. Félix admite como hipótese, a Ciência Espírita admite como verdade incontestável, porque dá a sua prova patente. Com efeito, sabemos que o mundo invisível é composto dos que abandonaram seu envoltório corporal ou, por outras palavras, das almas dos que viveram na Terra. Estas almas ou Espíritos, o que é a mesma coisa, povoam o espaço, estão em toda parte, ao nosso lado como nas regiões mais afastadas. Desembaraçados do pesado e incômodo fardo que os retinha na superfície do solo, tendo apenas um envoltório etéreo, semimaterial, transportam-se com a rapidez do pensamento. A experiência prova que podem vir ao nosso apelo; mas vêm mais ou menos de boa vontade, com maior ou menor prazer, conforme a intenção, como bem se compreende. A prece é um pensamento, um laço que a eles nos liga: é um apelo, uma verdadeira evocação. Ora, como a prece, eficaz ou não, é sempre um pensamento benévolo, não pode deixar de ser agradável àqueles a quem se dirige.

É-lhes útil? Esta é outra pergunta.

Os que contestam a eficácia da prece dizem: "Os desígnios de Deus são imutáveis e Ele não os derroga a pedido do homem".

Isso depende do objeto da prece, pois é muito certo que Deus não pode infringir suas leis a fim de satisfazer a todos os pedidos inconsiderados que lhe dirigimos. Encaremo-la apenas do ponto de vista do alívio das almas sofredoras. Para começar, diremos que, admitindo que a duração efetiva dos sofrimentos não possa ser abreviada, a comiseração e a simpatia são um abrandamento para aquele que sofre. Se um prisioneiro for condenado a vinte anos de prisão, não sofrerá mil vezes mais estando só, isolado, abandonado? Mas se uma alma caridosa e compassiva vier visitá-lo, consolá-lo, encorajá-lo, não terá o poder de quebrar suas cadeias antes de cumprida a pena, não as tornará menos pesadas e os anos não parecerão mais curtos? Quem na Terra não encontra na compaixão um alívio às suas misérias, um consolo nas expansões da amizade?

Podem as preces abreviar os sofrimentos?

Diz o Espiritismo que sim. E o prova pelo raciocínio e pela experiência. Pela experiência, porque são as próprias almas sofredoras que vêm confirmá-lo e nos contam a sua mudança de situação. Pelo raciocínio, considerando o seu modo de agir.

As comunicações que temos com os seres de além-túmulo fazem passar aos nossos olhos toda a gama do sofrimento e da felicidade. Vemos, pois, seres infelizes, horrivelmente infelizes; e se, de acordo com um grande número de teólogos, o Espiritismo não admite o *fogo* senão como uma figura, como um símbolo das maiores dores, numa palavra, como um fogo moral, devemos convir em que a situação de alguns não é muito melhor do que se estivessem no fogo material. O estado feliz ou infeliz após a morte não é, pois, uma quimera ou um verdadeiro fantasma. O Espiritismo, porém, ensina, ainda mais, que a duração do sofrimento depende, *até certo ponto*, da vontade do Espírito e este pode abreviá-lo pelos esforços que fizer para progredir. A prece, bem entendido, a prece real, de coração, ditada por uma verdadeira caridade, incita o Espírito ao arrependimento, desenvolve-lhe os bons sentimentos. Ela o esclarece, fá-lo compreender a felicidade dos que lhe são superiores; anima-o a fazer o bem, a *tornar-se útil*, porque os Espíritos podem fazer o bem e o mal. De certo modo, tira-o do desencorajamento em que se entorpece; fá-lo entrever a luz. Por seus esforços pode, pois, sair do atoleiro em que está preso. É assim que a mão protetora que lhe estendemos pode abreviar-lhe os sofrimentos.

Nosso assinante pergunta se os Espíritos que solicitam preces não estariam ainda sob a influência das ideias terrenas. A isto respondemos que entre os Espíritos que se comunicam conosco há os que, em vida, professaram todos os cultos: católicos, protestantes, judeus, muçulmanos e budistas. A pergunta: "Que podemos fazer que vos seja útil?" respondem: "Orai por mim". – Uma prece segundo o rito que professastes será para vós mais útil ou mais agradável? – "O rito é a forma; a prece de coração não tem rito".

Nossos leitores certamente se recordam da evocação da viúva do Malabar, inserta na *Revista* de dezembro de 1858. Quando lhe dissemos: "Pedis que oremos por vós, mas nós somos cristãos. Nossas preces poderiam agradar-vos"? Ela respondeu:

"Só há um Deus para todos os homens".

Os Espíritos sofredores ligam-se aos que oram por eles, como o ser reconhecido àquele que lhe faz bem. Essa mesma viúva do Malabar veio várias vezes às nossas reuniões, sem ser chamada. Segundo dizia, vinha para instruir-se; chegava a nos acompanhar na rua, conforme o constatamos através de um médium vidente. O assassino Lemaire, cuja evocação publicamos em nosso número de março de 1858, evocação que, diga-se de passagem, excitou a veia trocista de alguns céticos, esse mesmo assassino, infeliz, abandonado, encontrou em um de nossos leitores um coração compassivo, que teve pena dele; veio algumas vezes visitá-lo e procurou manifestar-se por todos os meios e modos até que essa pessoa, tendo ocasião de esclarecer-se quanto a essas manifestações, soube que era Lemaire que lhe queria demonstrar o seu reconhecimento. Quando lhe foi possível externar o seu pensamento, disse-lhe: "Obrigado, alma caridosa! Eu me achava só, com os remorsos de minha vida passada e tivestes piedade de mim; estava abandonado e pensastes em mim; estava no abismo e estendestes-me a mão. Vossas preces foram para mim como um bálsamo consolador. Compreendi a enormidade de meus crimes e peço a Deus que me conceda a graça de os reparar por uma nova existência, na qual possa fazer tanto bem quanto mal já fiz. Obrigado mais uma vez, obrigado"!

Eis a opinião atual do ilustre pastor protestante, Sr. Adolphe Monod, morto em abril de 1856, sobre os efeitos da prece:

"O Cristo disse aos homens: *Amai-vos uns aos outros*. Esta recomendação encerra a de empregar os meios possíveis de testemunhar afeição aos nossos semelhantes, sem entretanto entrar em detalhes quanto à maneira de atingir esse fim. Se é certo que nada pode desviar o Criador de aplicar a justiça, de que ele próprio é modelo, a todas as ações do Espírito, não é menos certo que a prece que lhe dirigis, em favor daquele por quem vos interessais, é para este um testemunho de recordação, que só poderá contribuir para lhe aliviar os sofrimentos e o consolar. Desde que testemunha o menor arrependimento, e *só então*, é socorrido; mas nunca o deixam na ignorância de que foi uma alma simpática que dele se ocupou. Este pensamento o incita ao arrependimento e o deixa na doce persuasão de que a intercessão dessa alma. lhe foi útil. Disso resulta, necessariamente, de sua parte, um sentimento de reconhecimento e de afeto. Por conseguinte, o amor recomendado pelo Cristo aos homens cresceu entre eles: ambos obedeceram à lei do amor e de união de todos os seres, lei de Deus, que deve conduzir à unidade, que é a finalidade do Espírito".

DEZEMBRO DE 1859

– Nada tendes a acrescentar a estas explicações?

– Não, elas encerram tudo.

– Agradeço-vos por terdes vindo trazê-las.

– Para mim é um felicidade poder contribuir para a união das almas, união que os bons Espíritos procuram fazer prevalecer sobre todas as questões de dogma, que as dividem.

UM ESPÍRITO QUE NÃO SE ACREDITA MORTO

Um dos nossos assinantes do departamento do Loiret, ótimo médium psicógrafo, escreve-nos o seguinte, relativamente a várias aparições que lhe ocorreram:

"Não querendo deixar no esquecimento nenhum dos fatos que vem em abono da Doutrina Espírita, venho comunicar os novos fenômenos de que sou testemunha e médium, e que, como haveis de reconhecer, concordam perfeitamente com tudo quanto haveis publicado em vossa *Revista*, relativamente aos vários estados do Espírito, depois que se separa do corpo.

"Há cerca de seis meses eu me ocupava de comunicações de Espíritos com algumas pessoas, quando me veio a ideia de perguntar se entre os assistentes se encontrava algum médium vidente, O Espírito respondeu afirmativamente, designou-me e acrescentou: *Tu já o és, mas em pequeno grau e apenas durante o sono. Mais tarde modificar-se-á o teu temperamento de tal maneira que te tornarás excelente médium vidente; mas pouco a pouco, e, a princípio, apenas durante o sono.*

"No decorrer deste ano passamos pela dor de perder três de nossos parentes. Um deles, meu tio, apareceu-me em sonho, pouco depois de morto; tivemos uma longa palestra e ele me conduziu ao lugar que habita e me disse que era o último grau da felicidade eterna. Era minha intenção dar-vos a descrição daquilo que admirei nessa morada incomparável. Tendo, porém, consultado o meu Espírito familiar a esse respeito, respondeu-me ele: *A alegria e a felicidade que experimentaste poderiam influenciar a descrição das maravilhosas belezas que admiraste e tua imaginação poderia criar coisas inexistentes. Espera até que teu Espírito esteja mais calmo.* Paro, então, em obediência ao meu guia, não me ocupando senão de duas outras visões mais positivas. Referirei apenas às últimas palavras de meu tio. Quando eu tinha admirado *aquilo que me era permitido ver*, disse-me ele: *Agora vais voltar à Terra.* Pedi-lhe que me deixasse ficar mais alguns instantes e ele retorquiu: *Não, são cinco horas e tu deves retomar o curso de tua existência.* No mesmo instante despertei: meu relógio batia cinco horas.

"Minha segunda visão foi de um dos dois outros parentes mortos durante o ano. Era um homem virtuoso, amável, bom pai de família, bom cristão e, embora doente desde muito tempo, morreu quase subitamente e talvez quando menos se esperava. Seu rosto tinha uma expressão indefinível, séria, triste e, ao mesmo tempo, feliz. Disse-me: *Expio as minhas faltas; mas tenho um consolo – o de ser protetor de minha família. Continuo a viver junto à minha mulher e meus filhos e lhes inspiro bons pensamentos. Orai por mim.*

"A terceira visão é mais característica e me foi confirmada por um fato material: é a do terceiro parente. Era um homem excelente, mas vivo, arrebatado, imperioso com os criados e, sobretudo, apegado além de qualquer medida aos bens do mundo. Mais cético, ocupava-se mais desta vida do que da vida futura.

Algum tempo depois de morto, veio à noite e pôs-se a sacudir as cortinas com impaciência, como se me quisesse despertar. Como lhe perguntasse: – És tu? respondeu-me:

– Sim, vim procurar-te porque és a única pessoa que me pode responder. Minha mulher e meu filho foram para Orléans; quis acompanhá-los, mas ninguém quer obedecer-me. Disse a Pedro que fizesse a minha bagagem, mas ele não me escuta. Ninguém me dá atenção. Se tu pudesses vir atrelar os cavalos na outra carruagem e fazer as minhas malas, prestar-me-ias um grande obséquio, pois eu poderia ir juntar-me à minha mulher em Orléans.

– Mas não podes fazê-lo tu mesmo?

– Não. *Não consigo levantar nada.* Depois do sono que experimentei durante a doença, fiquei mudado: não sei mais onde me encontro; sinto-me num pesadelo.

– De onde vens?

– De B...

– Do Castelo?

– Não! respondeu-me com um grito de horror, levando a mão à fronte; venho do cemitério.

Depois de um gesto de desespero, acrescentou:

– Olha, meu caro amigo: dize a todos os parentes que orem por mim, pois me sinto muito infeliz!

"A estas palavras fugiu; perdi-o de vista.

"Quando me veio procurar e sacudir as cortinas com impaciência, seu rosto exprimia terrível alucinação. Quando lhe perguntei como tinha podido sacudir as cortinas, pois se ele me dizia nada poder levantar, respondeu bruscamente: *Com o meu sopro.*

"Soube no dia seguinte que, realmente, sua viúva e o filho tinham partido para Orléans."

Esta última aparição é notável sobretudo pela ilusão que têm certos Espíritos, supondo-se ainda vivos, e que neste se prolongou por muito mais tempo do que em casos análogos. Muito comumente ela dura apenas alguns dias, ao passo que ele ainda se julgava vivo depois de mais de três meses. Aliás, a situação é perfeitamente idêntica à que observamos muitas vezes. Ele vê tudo como quando vivo; quer falar e se surpreende por não ser ouvido. Ocupa-se, ou julga ocupar-se com suas tarefas habituais. A existência do perispírito é aqui demonstrada de modo notável, abstração feita da visão. Uma vez que se julga vivo, é que vê um corpo semelhante ao que deixou. Esse corpo age como teria agido o outro: nada lhe parece mudado: apenas não estudou ainda as propriedades de seu novo corpo. Julga-o denso e material como o primeiro, e espanta-se porque nada pode levantar. Não obstante, acha na sua situação algo de estranho, que não compreende. Supõe encontrar-se num pesadelo; toma a morte por um sono: é um estado misto entre a vida corpórea e a vida espírita, estado sempre penoso e cheio de ansiedade, que tem algo de ambas aquelas vidas. Como já dissemos é o que ocorre de modo mais ou menos constante nas mortes instantâneas, tais como as que se dão por suicídio, apoplexia, suplício, combate, etc.

Sabemos que a separação entre o corpo e o perispírito se opera gradativamente, e não de modo brusco: começa antes da morte, quando esta ocorre pela natural extinção das forças vitais, quer pela idade, quer pela doença e sobretudo nas pessoas que, ainda vivas, pressentem o seu fim e *em pensamento se identificam com a existência futura*, de tal sorte que, ao exalarem o último suspiro, a separação é mais ou menos completa. Quando a morte surpreende um corpo cheio de vida, só nesse momento começa a separação, para acabar pouco a pouco. Enquanto existir uma ligação entre o corpo e o Espírito, este estará perturbado; e se entrar bruscamente no mundo dos Espíritos, experimentará um sobressalto, que não lhe permitirá, de início, reconhecer a sua situação, bem como as propriedades de seu novo corpo. É necessário ensaiar de alguma maneira e é isso que o faz pensar que ainda está neste mundo.

Além das circunstâncias de morte violenta, outras há que tornam mais tenazes os laços entre o corpo e o Espírito, porque a ilusão de que falamos é igualmente observada em certos casos de morte natural : é quando o indivíduo viveu mais a vida material que a vida moral. Compreende-se que o seu apego à matéria o retenha ainda depois da morte, prolongando, assim, a ideia de que nada mudou para ele. Tal é o caso da pessoa de quem acabamos de falar.

Notemos a diferença existente entre a situação dessa criatura e a do seu segundo parente: um ainda quer mandar; julga necessitar de suas malas, dos cavalos, da carruagem, para ir encontrar a esposa; como Espírito, ainda não sabe que pode fazê-lo instantaneamente ou, melhor dito, seu perispírito ainda é tão material que se julga submetido às necessidades do corpo. Outro, que viveu a vida moral, que tinha sentimentos religiosos, que se havia identificado com a vida futura, embora surpreendido mais bruscamente que o primeiro, já está desprendido: diz que vive no meio da família, mas sabe que é um Espírito; fala à esposa e aos filhos, mas sabe que o faz por pensamento; numa palavra, já não tem ilusões, ao passo que o outro ainda se acha perturbado e angustiado. Tem um tal sentimento da vida real que viu a esposa e o filho que partiam, como de fato partiram no dia indicado, circunstância que era ignorada pelo parante a quem apareceu.

Notemos, além disso, uma expressão característica, que bem mostra a sua posição. À pergunta: "De onde vens"? respondeu indicando o lugar que habitava; a seguir, à pergunta: "Do castelo"? respondeu com pavor: "Não, venho do cemitério". Ora, isto prova uma coisa: que não sendo completo o desprendimento, existia uma espécie de atração entre o Espírito e o corpo, que o levou a dizer que vinha do cemitério. Mas nesse momento parece que começou a compreender a verdade. A própria pergunta parece colocá-lo no caminho, chamando-lhe a atenção para seus despojos. Por isso respondeu com pavor.

Os exemplos dessa natureza são muito numerosos. Um dos mais expressivos é o do suicida da Samaritana, que referimos no nosso número de junho de 1858. Evocado alguns dias depois de sua morte, também afirmava estar vivo e dizia: "Entretanto sinto que os vermes me roem". Como fizemos notar no relato, não se tratava de uma lembrança, desde que em vida não era roído pelos vermes: era então um sentimento atual, uma espécie de repercussão transmitida do corpo ao Espírito pela comunicação fluídica ainda existente entre eles. Esta comunicação nem sempre se traduz da mesma maneira, mas é sempre mais ou menos penosa e como um primeiro castigo para quem, quando vivo, muito se identificou com a matéria.

Que diferença da calma, da serenidade, da suave quietude dos que morrem sem remorsos, com a consciência de ter bem empregado seu tempo de estágio na Terra, dos que não se deixaram dominar por suas paixões! A passagem é curta e sem amargura, porque a morte é para eles o regresso do exílio para a verdadeira pátria. Há nisto uma teoria ou um sistema? Não. É o quadro que nos oferecem todos os dias as nossas comunicações de além-túmulo, cujos aspectos variam ao infinito e nas quais cada um pode colher um ensinamento útil, porque encontra exemplos que poderá aproveitar, se quiser dar-se ao trabalho de consultá-las. É um espelho onde pode mirar-se quem quer que não esteja enceguecido pelo orgulho.

DOUTRINA DA REENCARNAÇÃO ENTRE OS HINDUS

(NOTA COMUNICADA À SOCIEDADE PELO SR. TUG...)

Geralmente se pensa que os Hindus só admitem a reencarnação como uma expiação e que, na sua opinião, só se dá em corpos de animais. Entretanto, as linhas que seguem, extraídas da viagem da Sra. Ida Pfeiffer, parecem provar que os indianos têm a esse respeito ideias mais claras.

Diz a Sra. Pfeiffer:

"Geralmente as meninas ficam noivas com um ano de idade. Se o noivo morrer, a menina é considerada viúva, ficando impedida de casar-se. A viuvez é considerada como uma grande infelicidade. Pensam eles que é a situação das mulheres cuja conduta não foi irrepreensível *numa vida anterior*".

Apesar da importância que não se pode recusar a estas últimas palavras, deve-se reconhecer que entre a metempsicose dos Hindus e a doutrina admitida pela Sociedade Parisiense de Estudos Espíritas há uma diferença capital. Citemos o que diz Zimmermann sobre a religião hindu, no *Diário de Viagem*. (*Taschenbuch der Reisen*).

"O fundo dessa religião é a crença num ser primeiro e supremo, na imortalidade da alma e na recompensa à virtude. O verdadeiro e único Deus é chamado *Brahm* que não deve ser confundido com *Brahma*, criado por ele. É a verdadeira luz, que é a mesma, eterna, bem-aventurada em todos os tempos e lugares. Da essência imortal de *Brahm* emanou a deusa *Bhavani*, isto é, a Natureza, e uma legião de 1.180 milhões de Espíritos. Entre estes há três semideuses ou gênios superiores: *Brahma, Vishnu* e *Shiva*, a trindade dos Hindus. Durante muito tempo a concórdia e a felicidade reinaram entre os Espíritos. Com o tempo, entretanto, eclodiu entre eles uma revolta e alguns se recusaram a obedecer. Os rebeldes foram precipitados do alto do céu no abismo das trevas. Deu-se, então, a metempsicose: cada planta, cada ser foi animado por um anjo decaído. Essa crença explica a bondade dos Hindus para com os animais: consideram-nos como seus semelhantes e não querem matar nenhum.

"Somos levados a crer que somente com o tempo tudo quanto existe de bizarro nessa religião, mal compreendida e falseada na boca do povo, desceu até a insensata charlatanice. Basta indicar os atributos de algumas de suas principais divindades, para explicar o estado atual de sua religião. Eles admitem 333 milhões de divindades inferiores: são as deusas dos elementos, dos fenômenos da Natureza, das artes, das doenças, etc. Além disso, existem os bons e os maus gênios: o número dos bons ultrapassa o do maus em três milhões.

"O que é extremamente notável", acrescenta Zimmermann, "é que entre os Hindus não se encontra uma só imagem do Ser Supremo: este se lhes afigura demasiado grande. Toda a Terra, dizem eles, é o seu templo; e o adoram sob todas as formas."

Assim, conforme os Hindus, as almas tinham sido criadas felizes e perfeitas; sua falência resultou de uma rebelião; sua encarnação em corpos de animais é uma punição. Conforme a Doutrina Espírita,

DEZEMBRO DE 1859

389

as almas foram e *são ainda* criadas simples e ignorantes; é pelas reencarnações sucessivas que chegam, graças a seus esforços e à misericórdia divina, à perfeição, único meio de alcançar a felicidade eterna. Deve a alma progredir; pode, entretanto, ficar estacionária durante um período mais ou menos longo; mas não retrograda, o que adquiriu em conhecimento e em moralidade não se perde: se não progride, também não recua. Eis por que não pode voltar a animar os seres inferiores à Humanidade.

Assim, a metempsicose dos Hindus está fundada sobre o princípio da degradação das almas. A reencarnação, segundo os Espíritos, está fundada no princípio da progressão contínua. Segundo os Hindus, a alma começou pela perfeição para chegar à abjeção; a perfeição é o começo e a abjeção, o resultado. Segundo os Espíritos, a ignorância é o começo; a perfeição, o objetivo e o resultado.

Seria supérfluo procurar demonstrar qual dessas duas doutrinas é a mais racional, qual a que dá mais elevada ideia da bondade e da justiça de Deus. É, pois, por uma completa ignorância de seus princípios que algumas pessoas as confundem.

Tug...

PALESTRAS FAMILIARES DE ALÉM-TÚMULO

SRA. IDA PFEIFFER, CÉLEBRE VIAJANTE

(SOCIEDADE, 7 DE SETEMBRO DE 1859)

O relato seguinte é extraído da *Segunda Viagem ao Redor do Mundo*, da Sra. Ida Pfeiffer, pág. 345:

"Já que vou falar de coisas tão esquisitas é preciso referir um acontecimento enigmático, passado em Java, há alguns anos, e que causou tal sensação que chegou a chamar a atenção do governo.

"Na residência de Chéribon havia uma casita, na qual, segundo dizia o povo, apareciam Espíritos. Ao cair da noite, choviam pedras de todos os lados no quarto e por todos os lados cuspiam *siri*[1]. Tanto as

---

[1] Preparação que os javaneses mascam continuamente e que dá à boca e à saliva a cor do sangue. O nome de siris, do hindustani siris e do sânscrito sirisa, é dado a várias plantas do gênero Albizzia, especialmente à *A. Iebbek* e à *À. julibrissin*. (Nota do original, acrescentada pelo T.)

pedras quanto as cusparadas caiam junto às pessoas que estavam no aposento, mas nem as atingiam, nem as feriam. Parece que tudo isso era dirigido particularmente contra uma criança. Tanto se falou desse caso inexplicável que o governador holandês encarregou um oficial superior, de sua confiança, de o examinar.

"Este postou em torno da casa homens sérios e fiéis, com ordem de vedar a entrada e a saída de quem quer que fosse, examinou tudo, escrupulosamente e, tomando em seu colo a criança designada, sentou-se na sala fatal. Ao anoitecer começou, como de costume, a chuva de pedras e de *siri*. Tudo caía perto do oficial e do menino, sem os atingir. Novamente examinaram cada recanto, cada buraco. Nada, porém, foi descoberto. O oficial não podia compreender. Mandou juntar as pedras, marcá-las e as esconder num recanto bem afastado. Foi tudo em vão: as mesmas pedras caíram novamente na sala, à mesma hora.

"Por fim, e para pôr termo a essa história inconcebível, o governador mandou demolir a casa."

A pessoa que colheu esse fato em 1853 era uma senhora realmente superior, menos por sua instrução e por seu talento do que pela incrível energia de caráter. À parte essa ardente curiosidade e essa coragem indômita, que a tornaram a mais admirável viajante que jamais existiu, a Sra. Pfeiffer nada tinha de excêntrico. Era uma senhora de uma piedade suave e esclarecida e que provou muitas vezes estar longe de ser supersticiosa. Tinha como lei só contar aquilo que ela mesma tivesse visto, ou captado em fonte insuspeita (Veja-se a *Revue de Paris,* de 1.º de setembro de 1856 e o *Dictionnaire des Contemporains,* de Vapereau).

1. – Evocação da Sra. Pfeiffer. R – Aqui estou.

2. – Estais surpreendida pelo nosso chamado e por vos encontrardes entre nós? R – Estou surpreendida com a rapidez de minha viagem.

3. – Como fostes prevenida de que desejaríamos falar-vos? R – Fui trazida aqui sem o perceber.

4. – Entretanto deveríeis ter recebido um aviso qualquer. R – Um arrastamento irresistível.

5. – Onde estáveis quando do nosso chamado? R – Junto a um Espírito que tenho a missão de encaminhar.

6. – Tivestes consciência dos lugares que atravessáveis para vir até aqui, ou aqui vos encontrastes subitamente, sem transição? R – Subitamente.

7. – Sois feliz como Espírito? R – Sim, não se pode ser mais.

8. – De onde vinha o vosso pronunciado gosto pelas viagens? R – Eu havia sido marinheiro numa vida precedente; o gosto adquirido pelas viagens naquela existência refletiu-se nesta, a despeito do sexo que eu havia escolhido, para me subtrair a isso.

9. – As viagens contribuíram para o vosso progresso como Espírito? R – Sim, porque eu as fiz com espírito de observação, que me faltou na existência anterior, em que não me ocupara senão do comércio e das coisas materiais. Eis porque supunha progredir bastante numa vida sedentária. Mas Deus, tão bom e tão sábio em seus desígnios, para nós impenetráveis, permitiu que eu utilizasse as minhas inclinações em favor do progresso que eu solicitava.

10. – Das nações que visitastes, qual a que vos pareceu mais adiantada e a qual preferis? Não dissestes em vida que colocaríeis certas tribos da Oceania acima das mais civilizadas nações? R – Era uma ideia errada. Hoje prefiro a França, porque compreendo sua missão e prevejo o seu destino.

11. – Que destino prevedes para a França? R – Não vos posso dizer o seu destino. Sua missão, porém, é semear o progresso e as luzes e, portanto, o *Espiritismo Verdadeiro*.

12. – Em que vos pareciam os selvagens da Oceania mais adiantados que os americanos? R – Eu lhes via, junto aos vícios do estado selvagem, qualidades sérias e sólidas que não encontrava nos outros.

13. – Confirmais o fato passado em Java e referido numa de vossas obras? R – Confirmo-o em parte: o caso das pedras marcadas e novamente atiradas merece uma explicação. Eram pedras semelhantes, mas não as *mesmas*.

14. – A que atribuis esse fenômeno? R – Não sabia a que atribuílo. Eu me perguntava se, efetivamente, o Diabo existia. E me respondia: não! Fiquei nisso.

15.– Agora que percebeis a causa poderíeis dizer-nos de onde vinham essas pedras? Eram transportadas ou fabricadas especialmente pelos Espíritos? R – Eram transportadas. Para eles era mais fácil trazê-las do que aglomerá-las[1].

16. – E de onde vinha aquele *siri*? Era feito por eles? R – Sim. Era mais fácil e mesmo inevitável, pois que impossível lhes era encontrá-lo já preparado.

17. – Qual o objetivo dessas manifestações? R – Como agora, atrair a atenção e fazer constatar um fato do qual se tinha de falar e procurar a explicação.

Observação: Alguém observa que tal constatação não poderia conduzir a nenhum resultado sério entre aquela gente. Respondem que há um resultado real, pois que, pelo relato e testemunho da Sra. Pfeiffer, o mesmo chegou ao conhecimento de povos civilizados, que o comentam e lhe tiram as conclusões. Aliás, os holandeses é que foram chamados a constatá-los.

18. – Devia haver um motivo especial, sobretudo quanto à criança atormentada por esses Espíritos? R – A criança possui uma influência favorável, eis tudo, pois pessoalmente não sofreu sequer um toque.

19. – Desde que esses fenômenos eram produzidos por Espíritos, por que cessaram quando a casa foi demolida? R – Cessaram porque foi julgado inútil continuar, mas não iríeis de certo perguntar se eles *teriam podido* continuar.

20. – Agradecemos a vossa vinda e a bondade de responder às nossas perguntas. R – Estou inteiramente às vossas ordens.

PRIVAT D'ANGLEMONT

(PRIMEIRA PALESTRA, 2 DE SETEMBRO DE 1859)

Na edição de 15 ou 16 de agosto de 1859 de *Le Pays*, lê-se o seguinte necrológio de Privat d'Anglemont, homem de letras, falecido no Hospital Dubois:

"Suas fantasias jamais fizeram mal a ninguém: só a última foi má e voltou-se contra ele próprio. Entrando na casa de saúde onde acaba de extinguir-se, mas onde se extinguiu feliz de uma felicidade nova, Privat d'Anglemont imaginou dizer que era anabatista e da doutrina de

---

[1] A expressão "aglomerá-las" equivale, no caso, a "fabricá-las". O Espírito se refere ao processo de aglomeração dos elementos materiais do espaço para a produção de objetos materiais no fenômeno de materialização. (N. do R.)

Swedenborg. Em vida teria dito muitas outras! Dessa vez, porém, a morte pegou-lhe a palavra e não lhe deixou tempo de se desdizer. A suprema consolação da cruz foi afastada de sua cabeceira; seu cortejo encontrou uma igreja e passou ao largo; a cruz não veio recebê-lo à porta do cemitério. Quando o féretro desceu ao túmulo, Édouard Fournier pronunciou tocantes palavras sobre esse corpo, mas não ousou desejar-lhe senão o sono; e todos os seus amigos se afastaram, admirados de que não o tivessem saudado, um por um, com aquela água que se parece com as lágrimas e que purifica. Fazei, pois, uma subscrição e tentai, depois de tudo isso, edificar alguma coisa sobre uma sepultura sem esperança! Pobre Privat! Eu não o confio menos àquele que conhece todas as misérias de nossa alma e que pôs o perdão como lei na efusão de um coração afetuoso".

Faremos uma observação sobre essa notícia. Não haverá algo de atroz no pensamento de uma sepultura sem esperança e que nem merece a honra de um monumento? É possível que a vida de Privat tivesse podido ser mais meritória. É fora de dúvida que ele teve os seus erros. Mas ninguém dirá que foi um mau, que, como tantos outros, fazia o mal por gosto e sob o manto da hipocrisia. Devemos crer, pelo fato de, nos seus últimos momentos sobre a Terra ter sido privado das preces que se fazem pelos crentes, preces que também os seus amigos pouco caridosos não lhe deram, que Deus o condene para sempre e não lhe deixe como suprema esperança senão o sono da eternidade? Por outras palavras, que, aos olhos de Deus, não passe de um animal, ele que foi um homem de inteligência, é certo que despreocupado dos bens e dos favores do mundo, vivendo ao-deus-dará, despreocupado com o amanhã, mas, em definitivo, um homem de pensamento, senão um gênio transcendente? Se assim for deve ser tremendo o número dos que mergulham no nada! Convenhamos que os Espíritos nos dão de Deus uma ideia muito mais sublime, no-lo apresentando sempre pronto a estender a mão em socorro daquele que reconhece os seus erros, ao qual sempre deixa uma âncora de salvação.

1. – (*Evocação*). R – Eis-me aqui. Meus amigos, que desejais de mim?

2. – Tendes consciência clara de vossa situação atual? R – Não, não completamente. Mas espero tê-la sem tardança, porque, felizmente para mim, Deus não me parece querer afastar dele, apesar da vida

quase inútil que levei na Terra, e mais tarde terei uma posição bastante feliz no mundo dos Espíritos.

3. – Tivestes o conhecimento imediato de vossa situação, no momento da morte? R – Fiquei perturbado, como se compreende, mas não tanto quanto se poderia supor. É que eu sempre gostei do que era etéreo, poético, sonhador.

4. – Podeis descrever o que então se passou convosco? R – Nada se passou de extraordinário e diferente daquilo que já sabeis. Inútil, pois, falar ainda disto.

5. – Vedes as coisas claramente como quando vivo? R – Não, ainda não; mas eu as verei.

6. – Que impressão vos causa a visão atual dos homens e das coisas? R – Meu Deus! Aquilo mesmo que sempre pensei.

7. – Em que vos ocupais? R – Eu nada faço, sou errante. Procuro, não uma posição social, mas uma posição espírita: outro mundo, outra ocupação. É a lei natural das coisas.

8. – Podeis transportar-vos para qualquer parte, à vontade? R – Não, serei muito feliz, meu mundo é restrito.

9. – Necessitais de um tempo apreciável para vos transportar de um a outro lugar? R – Bastante apreciável.

10. – Quando vivo, vossa individualidade era comprovada por meio do corpo. Agora que não tendes corpo, como a comprovais? R – E esta! É estranho! Eis uma coisa em que ainda não tinha pensado. É bem certo dizer que se aprende alguma coisa todos os dias. Obrigado, caro confrade.

11. – Então! Já que chamamos a vossa atenção para este ponto, refleti e respondei-nos. R – Eu vos disse que estou limitado quanto ao espaço. Mas ah! eu que sempre tive uma imaginação viva, também estou limitado quanto ao pensamento. Responderei mais tarde.

12. – Quando vivo, qual a vossa opinião sobre o estado da alma depois da morte? R – Eu a supunha imortal, isso é evidente. Entretanto, para minha vergonha, confesso que não acreditava ou, pelo menos, não tinha uma opinião segura sobre a reencarnação.

13. – Qual era a causa do caráter original que vos distinguia? R – Não havia uma causa direta; uns são profundos, sérios, filósofos, eu era alegre, vivo, original. É uma variedade de caráter. Eis tudo.

DEZEMBRO DE 1859

14. – Não teríeis podido, pelo vosso talento, libertar-vos dessa vida boêmia, que vos deixava preso às necessidades materiais, pois creio que muitas vezes vos faltava o necessário? R – Muito frequentemente. Mas, que quereis? Eu vivia como ordenava o meu caráter. Depois, jamais me soube dobrar às tolas convenções do mundo. Eu não sabia o que era ir mendigar proteção. "Arte pela arte", eis o meu princípio.

15. – Qual a vossa esperança para o futuro? R – Ainda não sei.

16. – Lembrai-vos da existência anterior a esta? R – Foi boa.

Observação: Alguém lembra que estas últimas palavras poderiam ser tomadas como uma exclamação irônica, o que estaria muito conforme o caráter de Privat. Ele respondeu espontaneamente:

– Peço-vos mil desculpas; mas não estava gracejando. É verdade que para vós sou um Espírito pouco instrutivo. Mas, enfim, não quero brincar com as coisas sérias. Terminemos. Não desejo falar mais. Até à vista.

(SEGUNDA PALESTRA – 9 DE SETEMBRO DE 1859)[1]

1. – (*Evocação*). R – Vamos, amigos! Quando acabareis de fazer-me perguntas, muito sensatas, é certo, mas que não posso responder?

2. – É, sem dúvida, por modéstia que assim dizeis. Pois a inteligência que mostrastes em vida e a maneira por que respondestes provam que o vosso Espírito paira acima do vulgo. R – Lisonjeiro!

3. – Não. Não lisonjeamos: dizemos aquilo que pensamos. Aliás, sabemos que a lisonja não teria cabimento para com os Espíritos. Por ocasião de vossa última palestra deixastes-nos bruscamente. Podeis explicar o motivo? R – A razão, em toda a sua simplicidade, é a seguinte: Fazeis perguntas tão fora de minhas ideias que eu me sentia embaraçado para responder. Compreendeis, pois, o natural movimento de orgulho que eu devia experimentar, ao ficar calado.

---

[1] No original lê-se *quatrième*. Deve ser um lapso de revisão. Vemo-lo pela ordem das palestras e suas respectivas datas: a 4ª palestra a 9 de setembro, a outra 4ª palestra a 30 do mesmo mês, tendo de permeio a 3ª, não datada. Essas palestras se deram em sessão realizadas às sextas-feiras, que naquele ano de 1859 caíram, realmente, nos dias 2, 9, 16, 23 e 30 do referido mês de setembro. Assim, o original registra a primeira no dia 2; uma no dia 9, como quarta, mas que foi segunda; a terceira, não datada, que deve ter ocorrido a 16 ou 23 e a quarta no dia 30, como consta do original. (N. do T.)

396 REVISTA ESPÍRITA

4. – Tendes outros Espíritos ao vosso lado? R – Vejo-os em quantidade: aqui, ali, por todos, todos os lados!

5. – Refletistes sobre a pergunta que vos fizemos e que prometestes responder de outra feita? Eu a repito: Quando vivo, vossa individualidade era comprovada por meio do corpo. Agora, que não tendes corpo, como a comprovais? Numa palavra: como vos distinguis dos outros seres espirituais, que vedes em vosso redor? R – Se posso exprimir aquilo que me toca, dir-vos-ei que ainda conservo uma espécie de essência, dada por minha individualidade, e que nenhuma dúvida me deixa de que eu sou eu mesmo, embora morto para a Terra. Ainda estou num mundo novo, muito novo para mim... (Depois de alguma hesitação:) Enfim, constato a minha individualidade por meu perispírito, que é a forma que eu tinha neste mundo.

Observação: Pensamos que esta última resposta lhe foi soprada por outro Espírito, porque sua precisão contrasta com o embaraço que parecia demonstrar no começo.

6. – Assististes aos vossos funerais? R – Sim. Assisti, mas nem mesmo sei por quê.

7. – Que sensação ele vos causou? R – Vi com prazer, com muita satisfação, que deixando a Terra, nela deixava muitos desgostos.

8. – De onde vos veio a ideia de vos dizerdes anabatista e swedenborguiano? Tínheis estudado a doutrina de Swedenborg? R – Entre outras, é uma das minhas excentricidades.

9. – Que pensais do pequeno necrológio que vos dedicou *Le Pays*? R – Vós me confundis, acreditai. Se publicais essas comunicações na *Revista* e isso causa prazer a quem as escreveu, que direi eu, para quem elas foram feitas? Que são frases bonitas, nada mais que frases bonitas.

10. – Ides algumas vezes rever os lugares que frequentáveis em vida, e os amigos que deixastes? R – Sim. Ouso dizer que ainda encontro alguma satisfação. Quanto aos amigos, tinha poucos sinceros; muitos me apertavam a mão sem ousar dizer que eu era excêntrico, e por detrás me censuravam e me tratavam de louco.

11. – Onde pretendeis ir ao deixar-nos? Isto não é uma pergunta indiscreta, mas para a nossa instrução. R – Onde irei?... Vejamos!... Ah! uma excelente ideia!... Vou ter uma pequena alegria... uma vez só

não cria hábito. Vou dar um passeio, visitar um quartinho que me deixou em vida lembranças muito agradáveis... Sim, é uma boa ideia. Passarei a noite à cabeceira de um pobre diabo, um escultor que não jantou hoje... e que pediu ao sono o alívio para a fome... Quem dorme janta ... Pobre rapaz! Fica tranquilo: irei levar-te sonhos magníficos.

12. – Não se poderia saber a morada desse escultor e ir em seu auxílio? R – É uma pergunta que poderia ser indiscreta, se eu não conhecesse o louvável sentimento que a dita... Não posso responder à pergunta.

13. – Teríeis a bondade de fazer um ditado sobre um assunto de vossa escolha? Vosso talento de literato deve tornar fácil a tarefa. R – Ainda não. Entretanto, pareceis tão afáveis, tão compassivos, que prometo escrever alguma coisa. Talvez agora eu fosse um pouco eloquente; mas temo que minhas comunicações sejam ainda muito terrenas; deixai que minha alma se depure um pouco; esperai que ela deixe esse invólucro grosseiro que ainda a prende, para então vos prometer uma comunicação. Só uma coisa vos peço: rogai a Deus, nosso soberano senhor, que me conceda perdão e o esquecimento de minha inutilidade na Terra, pois cada homem tem a sua missão aqui embaixo. Infeliz daquele que não a desempenha com fé e religião! Orai! orai! Até outra vez.

(TERCEIRA PALESTRA)

– Há muito tempo estou aqui. Prometi dizer alguma coisa e direi.

Sabeis, amigos, que nada é mais embaraçoso do que falar assim, sem preâmbulo e atacar um assunto sério. Um cientista não prepara suas obras senão após longa reflexão, depois de haver amadurecido longamente aquilo que vai dizer, aquilo que deve empreender. Quanto a mim – eu o lamento – ainda não encontrei um assunto digno de vós, Não vos poderia dizer senão puerilidades. Por isso prefiro pedir-vos um adiamento de oito dias, como se perante um tribunal. Talvez, então, eu tenha encontrado algo que possa interessar-vos e instruir-vos.

Tendo o médium insistido mentalmente para que ele dissesse alguma coisa, acrescentou:

– Mas, meu caro, eu te acho admirável! Não, eu prefiro ficar como ouvinte. Não sabeis, então, que há para mim tanta instrução quanto para vós, em ouvir o que aqui se discute? Não, repito: fico apenas como ouvinte: é para mim um papel muito mais instrutivo. A despeito de tua insistência, não quero responder. Crês que para mim seria muito mais agradável que se dissesse: Ah! esta noite foi evocado Privat d'Anglemont? – É verdade? Que disse ele? – Nada, absolutamente nada! – Obrigado! Prefiro que conservem de mim uma boa impressão. A cada um as suas ideias.

COMUNICAÇÃO ESPONTÂNEA DE PRIVAT D'ANGLEMONT

(QUARTA PALESTRA, 30 DE SETEMBRO DE 1859)

Eis que enfim o Espiritismo faz um grande barulho por toda parte; e eis que os jornais dele se ocupam, de maneira indireta, é verdade, citando fatos extraordinários de aparições, de batidas, etc. Meus exconfrades citam os fatos sem comentários, dando assim prova de inteligência, porque jamais a Doutrina Espírita deverá ser mal discutida ou tomada como coisa má. Eles ainda não admitiram, entretanto, a veracidade do papel do médium. Duvidam. Mas eu lhes refuto as objeções dizendo simplesmente que eles mesmos são médiuns. Todos os escritores, grandes e pequenos, o são mais ou menos. E o são no sentido de que os Espíritos que estão em seu redor atuam sobre o seu sistema mental e muitas vezes lhes inspiram pensamentos. Certamente jamais aceitariam que eu, Privat d'Anglemont, Espírito leviano por excelência, tivesse resolvido essa questão. Entretanto, digo apenas a verdade e, como prova, dou uma coisa muito simples: como é que depois de haverem escrito durante algum tempo, eles se acham superexcitados e num estado febril pouco comum? E o esforço da atenção, direis. Mas quando do estais muito atentos numa coisa, como, por exemplo, na contemplação de uma quadro, também sentis febre? Não, isso não. É, pois, necessário que haja outra causa. Pois bem, eu repito: a causa está no excesso de comunicação existente entre o cérebro do escritor e os Espíritos que o rodeiam. Agora, meus caros confrades, chicoteai o Espiritismo, se vos parece bem; ridicularizai-o, ride, mas seguramente zombais de vós mesmos, estais dando para mais tarde vergastadas em vós mesmos... Compreendeis?

Privat D'Anglemont

O médium que servira de intérprete a Privat d'Aglemont na Sociedade teve a ideia de evocá-lo particularmente. Obteve, então, a palestra que segue. Parece que o Espírito sentiu por ele uma certa afeição, seja porque o achasse um instrumento fácil, seja porque há simpatia entre ambos. O médium é um estreante na carreira literária, e os seus promissores ensaios anunciam disposições que, certamente, Privat terá prazer de encorajar.

1. – Evocação. R – Eis-me aqui. Já estou contigo há algum tempo. Eu esperava que me evocasses. Fui eu que, faz pouco tempo, te inspirei alguns bons pensamentos. Meu caro amigo, isso era para te consolar um pouco e fazer-te suportar com mais coragem as penas deste mundo. Pensais então que eu também não tenha sofrido, mais do que imaginais, vós todos que sorríeis de minhas excentricidades? E, debaixo dessa couraça de indiferença, que eu sempre afetava, quantos pesares e quantas dores não ocultei! Mas eu tinha uma qualidade muito preciosa para um homem de letras e para um artista: sempre, não importa em que ocasião, temperei meus sofrimentos com a alegria. Quando sofria muito, fazia pilhérias, trocadilhos, e pregava peças. Quantas vezes a fome, a sede e o frio não me bateram à porta! E quantas vezes não lhes respondi com uma longa e alegre gargalhada! Gargalhada fingida, dirás tu. Oh! Não, meu amigo, confesso-te que eu era sincero. Que queres? Eu sempre tive o mais despreocupado caráter que se possa ter. Jamais me preocupei com o futuro, com o passado e com o presente. Vivi sempre como um verdadeiro boêmio, ao léu da vida: gastando cinco francos quando os tinha, e mesmo que não os tivesse; e não era mais rico quatro dias depois de ter recebido o ordenado, do que o era na véspera.

Certamente não desejo a ninguém que leve esta vida inútil, incoerente e irracional. As excentricidades não são mais de nosso tempo. As ideias novas, por isso mesmo, fizeram rápidos progressos. É uma vida de que absolutamente não me vanglorio, e da qual por vezes me envergonho. A juventude deve ser estudiosa: deve pelo trabalho fortalecer a inteligência, a fim de melhor conhecer e apreciar os homens e as coisas.

Desiludi-vos, moços, se pensais que ao sair do colégio sois homens feitos ou sois sábios. Tendes a chave para tudo saber. Cabe-vos agora trabalhar e estudar; deveis entrar mais resolutamente no vasto campo que se vos oferece, e cujos caminhos foram aplainados por vossos estudos no colégio. Sei que a juventude necessita de distrações: o contrário seria antinatural; não obstante, não as deve ter em demasia. Porque aquele que na primavera da vida só pensou no prazer, prepara para mais tarde terríveis remorsos. É então que a experiência e as necessidades do mundo lhe ensinam que os momentos perdidos jamais se recuperam. Os moços precisam de leituras sérias. Muitas vezes os autores antigos são os melhores, porque seus bons pensamentos sugerem outros. Eles devem sobretudo evitar os romances, que apenas excitam a imaginação e deixam o coração vazio. Os romances não deveriam ser tolerados senão como distração, uma vez ou outra, e para algumas dessas senhoras que não têm mais o que fazer. Instruí-vos, instruí-vos! Aperfeiçoai a inteligência que Deus vos deu. Só a este preço somos dignos de viver.

P. – Tua linguagem me espanta, meu caro Privat. Tu te apresentaste com aparências muito espirituais, não há dúvida: mas não como um Espírito profundo e, agora... R – Basta, moço: paremos. Eu apareci, ou antes, a todos vós me comuniquei como um Espírito pouco profundo, é bem verdade, Mas é que eu ainda não estava completamente desprendido do meu envoltório terreno, e a condição de Espírito ainda não se havia revelado em toda a sua realidade. Agora, amigo, sou um Espírito e nada mais que um Espírito. Vejo, sinto e experimento tudo como os outros, e minha vida na Terra apenas se me afigura um sonho. E que sonho! Já estou em parte habituado a este mundo novo, que por algum tempo será a minha morada.

P. – Quanto tempo pensas ficar como Espírito e o que fazes na tua nova existência? Quais são as tuas ocupações? R – Ainda está nas mãos de Deus o tempo que devo ficar como Espírito; durará – suponho tanto quanto posso conceber – até que Deus julgue minha alma bastante depurada para encarnar numa região superior. Quanto às minhas ocupações, são quase nulas. Ainda estou errante e isto é uma consequência da vida que levei na Terra. Assim é que aquilo que me parecia um prazer no vosso mundo é agora uma pena para mim. Sim, é verdade, eu desejaria ter uma ocupação séria, interessar-me por alguém que merecesse a minha simpatia, inspirar-lhe bons pensamentos. Mas, meu caro amigo, já palestramos bastante, e se me dás licença, vou retirar-me. Até logo. Se tiveres necessidade de mim, não receies chamar-me: virei com prazer. Coragem! Se feliz!

DIRKSE LAMMERS

(SOCIEDADE, 11 DE NOVEMBRO DE 1859)

Presente à sessão, o Sr. Van B..., de Haya, relata o seguinte fato pessoal:

Numa reunião espírita a que assistia em Haya, um Espírito manifesta-se espontaneamente, dizendo chamar-se Dirkse Lammers. Interrogado sobre as particularidades que lhe dizem respeito, e sobre o motivo de sua visita a pessoas que o não conhecem e que não o chamaram, assim conta ele a sua história:

"Eu vivia em 1592 e enforquei-me no lugar onde estais agora, num estábulo existente no mesmo lugar onde agora fica esta casa. As circunstâncias foram estas: eu tinha um cão e minha vizinha tinha galinhas. Meu cachorro estrangulou as galinhas, e para vingar-se a vizinha envenenou meu cachorro. Na minha cólera espanquei e feri aquela mulher; ela levou-me à justiça e eu fui condenado a três meses de prisão e a uma multa de vinte e cinco florins. Embora a condenação fosse leve, nem por isso fiquei com menos ódio do advogado X... que a havia conseguido. Resolvi vingar-me dele. Em consequência, esperei-o num caminho pouco frequentado, que ele fazia todas as tardes para ir a Loosduinen, perto de Haya. Estrangulei-o e o pendurei numa árvore. Para fazer crer num suicídio, pus em seu bolso um papel previamente preparado como se por ele escrito, no qual dizia que ninguém deveria ser acusado de sua morte, visto como ele próprio se suicidara. Desde então o remorso me perseguiu e três meses depois enforquei-me, como já disse, no lugar onde estais. Impulsionado por uma força a que não posso resistir, venho fazer a confissão de meu crime, na esperança de que isto possa trazer algum alívio à pena que suporto desde então".

Esta descrição, feita com tão detalhadas circunstâncias, causou admiração à assembléia. Foram tomadas informações, e pelas pesquisas feitas no Fórum verificou-se, com efeito, que em 1592 um advogado chamado X... se havia enforcado no caminho de Loosduinen.

Evocado na sessão da Sociedade a 11 de novembro de 1859, manifestou-se o Espírito de Dirkse Lammers, de maneira violenta, quebrando os lápis. Sua letra era grande, nervosa, quase ilegível, e o médium experimentou extrema dificuldade em traçar os caracteres.

1. (*Evocação*). R – Eis-me aqui. Para quê?

2. – Reconheceis aqui uma pessoa com a qual vos comunicastes ultimamente? R – Dei bastantes provas de minha lucidez e de minha boa vontade. Isto devia bastar.

3. – Com que fim vos comunicastes espontaneamente em casa do senhor Van B...? R – Não sei. Uma ordem. Por mim mesmo não tinha muita vontade de contar aquilo que fui forçado a dizer.

4. – Quem vos obrigou a fazê-lo? R – A força que nos conduz. Nada mais sei a respeito. Fui arrastado, malgrado meu, e forçado a obedecer aos Espíritos que tinham o direito de se fazerem obedecidos.

5. – Estais contrariado de vir ao nosso apelo? R – Bastante, aqui eu não estou em meu lugar.

6. – Sois feliz como Espírito? R – Bela pergunta!

7. – Que podemos fazer para vos ser agradáveis? R – Será que podeis fazer alguma coisa que me seja agradável?

8. – Certamente. Manda a caridade que nos tornemos úteis sempre que pudermos, tanto aos Espíritos como aos homens. Desde que sois infeliz, pediremos para vós a misericórdia de Deus. Iremos orar por vós. R – Afinal, depois de séculos são estas as primeiras palavras que com esse sentido me são dirigidas. Obrigado! Obrigado! Por Deus, que esta não seja uma promessa vá, eu vos peço.

MICHEL FRANÇOIS

(SOCIEDADE, 11 DE NOVEMBRO DE 1859)

O ferrador Michel François, que vivia no fim do século XVII, dirigiu-se ao intendente de Provence e lhe anunciou que um espectro lhe aparecera e ordenara que fosse revelar ao rei Luís XIV certas coisas as mais importantes e as mais secretas.

Mandaram-no para a corte no mês de abril de 1697. Dizem uns que ele falou ao rei; outros, que o rei se recusou a vê-lo.

O que é certo, acrescenta-se, é que em lugar de o mandarem para a prisão, deram-lhe dinheiro para a viagem, isenção de talha[1] e de outros impostos reais.

---

[1] Talha, espécie de pedágio que se cobrava na época. (N. do R.)

1. (*Evocação*). R – Aqui estou.

2. – Como soube que lhe desejamos falar? R – Como fazeis esta pergunta? Não sabeis que estais rodeados de Espíritos, que avisam àqueles com quem desejais falar?

3. – Onde estava quando nós o chamamos? R – No espaço, pois ainda estou errante.

4. – Está surpreendido de encontrar-se entre pessoas vivas? R – Absolutamente, encontro-me muitas vezes.

5. – Lembra-se da sua existência em 1697, ao tempo de Luís XIV, quando era ferrador? R –Muito confusamente...

6. – Lembra-se da revelação que foi fazer ao rei? R – Lembro-me que lhe devia fazer uma revelação.

7. – E a fez? R – Sim.

8. – Disse-lhe que um espectro lhe havia aparecido e ordenado que fosse revelar certas coisas ao rei? Quem era o espectro? R – Era o seu irmão.

9. – Quer dizer o nome? R – Não, vós não me compreenderíeis.

10. – Era um homem designado pelo apelido de Máscara de Ferro? R – Sim.

11. – Agora, que já estamos muito distanciados daqueles tempos, poderia dizer-nos qual era o objetivo daquela revelação? R – Era exatamente informá-lo da sua morte.

12. – Morte de quem? Do seu irmão? R – É claro.

13. – Que impressão causou ao rei a sua revelação? R – Um misto de tristeza e de satisfação. Aliás, isto ficou provado pela maneira por que ele me tratou.

14. – Como o tratou ele? R – Com bondade e afabilidade.

15. – Dizem que uma coisa semelhante aconteceu a Luís XVIII. Sabe se isto é verdade? R –Creio que houve qualquer coisa parecida, mas não estou bem informado.

16. – Por que aquele Espírito o escolheu para tal missão, sendo você um homem obscuro, em vez de escolher um personagem da corte, que mais fàcilmente se acercasse do rei? R – Eu fui encontrado em seu caminho, dotado da faculdade que ele queria encontrar e que era necessária; e ainda porque um personagem da corte não seria capaz de

fazer que aceitassem a revelação. Teriam pensado que fosse informado por outros meios.

17. – Qual era o fim dessa revelação desde que o rei estaria necessariamente informado da morte de seu irmão, antes de sabê-la por seu intermédio? R – Era para fazê-lo refletir sobre a vida e sobre a sorte a que se expunha e realmente se expôs. Seu fim foi manchado por ações com as quais supunha garantir um futuro que aquela revelação poderia tornar melhor.

COMUNICAÇÕES ESPONTÂNEAS EM SESSÕES DA SOCIEDADE

(30 DE SETEMBRO DE 1859. MÉDIUM, SR. R.)

Amai-vos uns aos outros, eis toda a lei: lei divina, pela qual Deus cria incessantemente e governa os mundos. O amor é a lei da atração para os seres vivos e organizados; a atração é a lei do amor para a matéria inorgânica.

Não vos esqueçais nunca de que o Espírito, seja qual for o seu grau de adiantamento e a sua situação, seja numa reencarnação ou seja na erraticidade, está *sempre* colocado entre um superior, que o guia e aperfeiçoa, e um inferior, perante o qual tem os mesmos deveres a cumprir.

Sede pois caridosos, não somente desta caridade que vos leva a tirar do bolso o óbolo que dais friamente àquele que ousa vô-lo pedir: Ide à procura das misérias ocultas.

Sede indulgentes para com os erros dos vossos semelhantes. Em lugar de desprezar a ignorância e o vício, instruí-os e moralizai-os. Sede mansos e benevolentes para com tudo o que vos é inferior. Sede-o, mesmo perante os mais ínfimos seres da criação, e tereis obedecido à lei de Deus.

Vicente de Paulo

Observação: Geralmente os Espíritos considerados pelos homens como santos não se apresentam com esta qualidade. Assim, São Vicente de Paulo assina simplesmente Vicente de Paulo, São Luís assina Luís. Ao contrário, aqueles que usurpam nome e qualidades que lhes não pertencem muito comumente exibem falsos títulos, sem dúvida pensando impor-se mais facilmente. Contudo, essa máscara não pode enganar a quem quer que se dê ao trabalho de lhes estudar a linguagem. A dos Espíritos realmente superiores tem um cunho que não permite enganar-nos.

(18 DE NOVEMBRO DE 1859. MÉDIUM: M. R.)

A união faz a força; sede unidos e sereis fortes. O Espiritismo germinou, lançou raízes profundas; vai estender sobre a Terra seus ramos benfazejos. Deveis tornar-vos invulneráveis às setas envenenadas da calúnia e da negra falange dos ignorantes, dos egoístas e dos hipócritas. Para chegar a isso, que as vossas relações sejam presididas por uma indulgência e uma benevolência recíprocas; que os vossos defeitos passem inapercebidos e que só as vossas qualidades sejam notadas; que o facho da santa amizade reúna, esclareça e aqueça os vossos corações.

Assim resistireis aos ataques impotentes do mal, como o rochedo inabalável ante a vaga furiosa.

Vicente de Paulo

(23 DE SETEMBRO DE 1859. MÉDIUM, SR. R.)

Até o presente não encarastes a guerra senão do ponto de vista material: guerras intestinas, guerras de povos contra povos; nela não vistes mais do que conquistas, escravidão, sangue, morte e ruínas. É tempo de a considerar do ponto de vista moralizador e progressivo.

A guerra semeia em sua passagem a morte e as ideias. As ideias germinam e crescem. Depois de se haver retemperado na vida espírita, vem o Espírito fazê-las frutificar. Não carregueis, pois, com as vossas maldições, o diplomata que preparou a luta, nem o capitão que conduziu seus soldados à vitória.

Grandes lutas se preparam. Lutas do bem contra o mal, das trevas contra a luz, do Espírito de progresso contra a ignorância estacionária. Esperai com paciência, porque nem as vossas maldições, nem os vossos louvores poderiam em nada mudar a vontade de Deus. Ele saberá sempre manter ou afastar seus instrumentos do teatro dos acontecimentos, conforme tenham eles cumprido a sua missão ou dela abusado, a fim de servir a pontos de vista pessoais, do poder que tiverem adquirido por seu sucesso. Tendes o exemplo do César moderno e o meu. Por várias existências miseráveis e obscuras eu tive que expiar as minhas faltas e, da última vez, vivi na Terra com o nome de Luís IX.

Júlio César

O MENINO E O REGATO

(PARÁBOLA)

(11 DE NOVEMBRO DE 1859. MÉDIUM, SR. DID...)[1]

Um dia um menino chegou junto a um regato tão rápido que tinha quase a impetuosidade de uma torrente. A água descia de uma colina vizinha e engrossava, à medida que avançava pela planície. Pôs-se o menino a examinar a torrente, depois juntou toda sorte de pedras que podia carregar nos braços pequeninos. Tinha a cega presunção de construir um dique.

Apesar de todos os seus esforços e da sua cólera infantil, não o conseguiu.

Refletindo, então, mais seriamente, se é que tal expressão se pode atribuir a uma criança, subiu mais alto, abandonou sua primeira tentativa e quis fazer seu dique perto da própria fonte do regato. Mas, ah! seus esforços ainda foram impotentes. Desanimou e lá se foi chorando.

Estava-se ainda na bela estação e o regato não era muito rápido, em comparação com o seu curso no inverno. Engrossou, e o menino viu o seu progresso: a água lançava-se roncando com maior furor, derrubando tudo em sua passagem, e o próprio menino infeliz teria sido arrastado, se tivesse ousado aproximar-se, como da primeira vez.

Oh! Homem fraco! Oh, criança! Queres levantar uma barragem, um obstáculo intransponível à marcha da verdade, mas não és mais forte do que aquela criança e tua infantil vontade não é mais forte que os seus pequenos braços. Ainda mesmo que a queiras atingir em sua fonte, tem certeza, a verdade arrastar-te-á inevitavelmente.

Basílio

---

[1] O médium, Sr. Didier, era conhecido editor de Kardec. Seu nome aí aparece abreviado, segundo norma adotada para a publicação das mensagens. (N. do R.)

OS TRÊS CEGOS

(PARÁBOLA)

(7 DE SETEMBRO DE 1859. MÉDIUM, SR. DID...)

Um homem rico e generoso, que é coisa rara, encontrou em seu caminho três infelizes cegos, exaustos de fome e de fadiga. Ofereceu a cada um uma moeda de ouro. O primeiro, cego de nascença, amargurado pela miséria, nem mesmo abriu a mão. Jamais tinha visto, dizia ele, oferecer-se ouro a um mendigo. Isto era *impossível*.

O segundo estendeu maquinalmente a mão, mas logo repeliu a oferta que lhe faziam. Como seu amigo, considerava aquilo uma ilusão ou uma brincadeira de mau gosto. Numa palavra, para ele a moeda era falsa.

Ao contrário, o terceiro, cheio de fé em Deus e de inteligência, em quem o fino tato havia parcialmente substituído o sentido que lhe faltava, tomou a moeda, apalpou-a, levantou-se, e, abençoando o benfeitor, partiu para a cidade vizinha, a fim de adquirir o que faltava à sua existência.

Os homens são os cegos. O Espiritismo é o ouro. Julgai a árvore por seus frutos.

Luc

(30 DE SETEMBRO DE 1859. MÉDIUM, SRTA. H...)

Pedi a Deus que me deixasse vir por um instante entre vós, para vos dar o conselho de jamais participar de disputas religiosas. Não direi guerras religiosas, pois os tempos estão agora muito adiantados para isso. Mas no tempo em que vivi era uma desgraça geral e eu não pude evitá-la. A fatalidade arrastou-me e eu empurrei os outros, eu que deveria tê-los retido. Assim, tive a minha punição, a princípio na Terra, e há três séculos espio cruelmente o meu crime.

Sede mansos e pacientes para com aqueles a quem ensinardes. Se a princípio não querem aceitar, que o façam mais tarde, quando virem a vossa abnegação e o vosso devotamento.

Meus amigos, meus irmãos, nunca me seria demais vos recomendar, pois nada há de mais horrível do que o estraçalhar recíproco em nome de um Deus clemente, em nome de uma religião santa, que não prega senão a misericórdia, a bondade e a caridade! Em vez disso, a gente se mata, se massacra a fim de forçar as criaturas que se quer converter a um Deus bom, conforme se diz. Em lugar de acreditar em vossa palavra, os que sobrevivem se apressam em vos deixar, em se afastarem, como se fôsseis animais ferozes. Sede bons, eu vo-lo repito e, sobretudo, cheios de amenidade para com aqueles que não creem como vós.

Carlos IX

1. – Quereis ter a complacência de responder a algumas perguntas que desejamos dirigir-vos? R – Terei prazer.

2. – Como expiastes as vossas faltas? R – Pelo remorso.

3. – Tivestes outras existências corpóreas, depois daquela que conhecemos? R – Tive uma, reencarnei-me como um escravo das duas Américas. Sofri muito. Adiantou à minha purificação[1].

4. – Que aconteceu à vossa mãe Catarina de Médicis? R – Ela sofreu também. Encontra-se num outro planeta, onde leva uma vida de devotamento.

5. – Poderíeis escrever a história do vosso reino, como o fizeram Luís IX, Luís XI e outros? R – Também o poderia...

6. – Quereis fazê-lo através do médium que neste momento vos serve de intérprete? R – Sim, este médium pode servir-me; mas não começarei esta noite, pois não vim para isso.

7. – Também não vos pedimos que comeceis hoje: esperamos que possais fazê-lo nas vossas folgas e nas do médium, pois isto seria um trabalho de muito fôlego, que requer um certo lapso de tempo. Podemos contar com a vossa promessa? R – Fá-lo-ei. Até logo.

COMUNICAÇÕES ESTRANGEIRAS LIDAS NA SOCIEDADE

(COMUNICAÇÃO PELA SRTA. P...)

A bondade do Senhor é eterna, Ele não quer a morte de seus

---

[1] Os espanhóis traziam escravos para as duas Américas, pois dominavam em ambas. Daí a expressão do Espírito, que revela ter sido escravo dos espanhóis na América. (N. do R.)

filhos queridos. Mas, ó homens! pensai que depende de vós apressar o Reino de Deus na Terra, bem como afastá-lo; que sois responsáveis uns pelos outros; que, melhorando-vos, trabalhais pela regeneração da Humanidade. A tarefa é grande; a responsabilidade pesa sobre cada um e ninguém pode excusar-se. Abraçai com fervor a gloriosa tarefa que o Senhor vos impõe, mas pedi-lhe que envie trabalhadores para os seus campos, porque, como vos disse o Cristo, a seara é grande e os trabalhadores pouco numerosos.

Mas eis que somos enviados como trabalhadores dos vossos corações. Nele semeamos o bom grão. Tende cuidado de não abafá-lo; regai-o com as lágrimas do arrependimento e com a alegria. Do arrependimento, por terdes vivido tanto tempo sobre uma terra maldita pelos pecados do gênero humano, afastados do único Deus verdadeiro, adorando os falsos prazeres do mundo, que não deixam no fundo da taça senão desgostos e tristezas. Chorai de alegria porque o Senhor vos concedeu graça; porque Ele quer apressar a vinda dos filhos bem amados ao seio paternal. Porque Ele quer que todos vós sejais revestidos da inocência dos anjos, como se jamais Dele vos tivésseis afastado.

O único que vos mostrou o caminho pelo qual remontareis a esta glória primitiva; o único ao qual não podeis censurar, porque nunca se enganou em seu ensino; o único justo perante Deus; o único, enfim, que vós deveríeis seguir a fim de serdes agradáveis a Deus, é o Cristo. Sim, o Cristo, vosso divino mestre, que esquecestes e desconhecestes durante séculos. Amai-o, porque ele pede incessantemente por vós; quer vir em vosso socorro.

Como? A incredulidade ainda resiste! As maravilhas do Cristo não podem abatê-la! As maravilhas de toda a Criação ficam impotentes diante desses Espíritos zombadores; sobre essa poeira que não pode prolongar de um só minuto a sua miserável existência! Esses sábios que pensam ser os únicos a possuir todos os segredos da Criação não sabem de onde vêm, não sabem para aonde irão e, no entanto, tudo negam e tudo desafiam. Porque conhecem algumas das leis mais vulgares do mundo material, pensam poder julgar o mundo imaterial, ou antes, dizem que nada existe de imaterial, que tudo deve obedecer a essas mesmas leis materiais que chegaram a descobrir.

Mas vós, cristãos! sabeis que não podeis negar a nossa intervenção sem que, ao mesmo tempo, negueis o Cristo e negueis toda a Bíblia, pois não há uma única página onde não encontreis traços do mundo visível em relação com o mundo invisível.

Então! Dizei: sois ou não sois cristãos?

Rembrand

(OUTRA, OBTIDA PELO SR. PÊC...)

Cada pessoa tem em si aquilo que chamais uma voz interior. É o que o Espírito chama consciência, juiz severo que preside a todas as ações da vossa vida. Quando o homem está só, escuta essa consciência e pesa as coisas em seu justo valor. Frequentemente se envergonha de si mesmo. Nesse momento, reconhece a Deus. Mas a ignorância, conselheiro fatal, o impele e ele afivela a máscara do orgulho. Apresenta-se-vos estourando a sua vacuidade; procura enganar-vos pelo aprumo que toma.

Mas o homem de coração reto não tem a cabeça emproada. Ouve com proveito as palavras do sábio, sente que não é nada e que Deus é tudo. Procura instruir-se no livro da Natureza, escrito pela mão do Criador. Eleva o seu Espírito, expele de seu envoltório as paixões materiais, que muito frequentemente vos transviam.

Uma paixão que vos arrasta é um guia perigoso. Lembra-te disto, amigo. Deixa rir o cético, pois o seu riso se extinguirá. Em sua hora derradeira o homem torna-se crente. Assim, pensa sempre em Deus, pois só Ele não engana. Lembra-te de que há apenas um caminho que a Ele conduz: a fé e o amor aos seus semelhantes.

Um Membro da Família

UM ANTIGO CARRETEIRO

O excelente médium Sr. V... é um moço que geralmente se distingue pela pureza de suas relações com o mundo espírita. Contudo, depois que se mudou para os aposentos que atualmente ocupa, um Espírito inferior se mistura em suas comunicações, interpondo-se até em seus trabalhos pessoais.

Encontrando-se, na noite de 6 de setembro de 1859, em casa do Sr. Allan Kardec, com quem devia trabalhar, foi entravado por aquele Espírito, que lhe fazia traçar coisas incoerentes, impedindo-o de escrever.

Então o Sr. Allan Kardec, dirigindo-se ao Espírito, manteve com ele a seguinte palestra:

1. – Por que vens aqui sem ser chamado? R – Quero atormentá-lo.

2. – Quem és tu? Dize o teu nome. R – Não o direi.

3. – Qual o teu objetivo, intrometendo-te naquilo que não te diz respeito? Isso não te traz nenhum proveito. R – Não, mas eu o impeço de ter boas comunicações e sei que isto o magoa muito.

4. – És um mau Espírito, pois que te alegras em fazer o mal. Em nome de Deus eu te ordeno que te retires e nos deixes trabalhar tranquilamente. R – Pensas que metes medo com essa voz grossa?

5. – Se não é a mim que tens medo, tê-lo-ás sem dúvida de Deus, em nome de quem te falo e que poderá fazer que te arrependas de tua maldade. R – Não nos zanguemos, burguês.

6. – Repito que és um mau Espírito, e mais uma vez te peço que não nos impeças de trabalhar. R – Eu sou o que sou, é a minha natureza.

Tendo sido chamado um Espírito superior, ao qual foi pedido que afastasse o intruso, a fim de não ser interrompido o trabalho, o mau Espírito provavelmente se foi, porque durante o resto da noite não houve mais nenhuma interrupção.

Interrogado sobre a natureza desse Espírito, respondeu o superior:

Esse Espírito, da mais baixa classe, é um antigo carreteiro, falecido perto da casa onde mora o médium. Escolheu para domicilio o próprio quarto deste, e há muito tempo é ele que o obsidia e o atormenta incessantemente. Agora que ele sabe que o médium deve, por ordem de Espíritos superiores, mudar de residência, atormenta-o mais que nunca. É ainda uma prova de que o médium não escreve o seu próprio pensamento.

Vês assim que há boas coisas, mesmo nas mais desagradáveis aventuras da vida. Deus faz ver o seu poder por todos os meios possíveis.

– Qual era em vida o caráter desse homem?

– Tudo o que mais se aproxima do animal. Creio que seus cavalos tinham mais inteligência e mais sentimento do que ele.

– Por que meio pode o Sr. V... desembaraçar-se dele?

– Há dois: o meio espiritual, pedindo a Deus; o meio material, deixando a casa onde está.

– Então há realmente lugares assombrados por certos Espíritos?

– Sim, os Espíritos que ainda estão sob a influencia da matéria ligam-se a certos locais.

– Os Espíritos que assombram certos lugares podem torná-los fatalmente funestos ou propícios para as pessoas que neles habitam?

– Quem poderia impedi-los? Mortos, exercem influência como Espíritos; vivos, exercem-na como homens.

– Alguém que não fosse médium, que jamais tivesse ouvido falar de Espíritos e que nem acreditasse neles poderia sofrer tal influência, e ser vítima de vexames de tais Espíritos?

– Indubitavelmente. Isso acontece mais frequentemente do que pensais, e explica muitas coisas.

– Há fundamento na crença de que os Espíritos frequentam de preferência as ruínas e as casas abandonadas?

– Superstição.

– Então os Espíritos assombrarão uma casa nova da rua de Rivoli, do mesmo modo que um velho pardieiro?

– Por certo. Eles podem ser atraídos antes para um lugar do que para outro, pela disposição de espírito dos seus moradores.

Tendo sido evocado na Sociedade, o Espírito do carreteiro manifestou-se por sinais de violência, quebrando lápis, enfiando-o com força no papel, e por uma escrita grosseira, trêmula, irregular e pouco legível.

1. (*Evocação*). R – Aqui estou.

2. – Reconheceis o poder de Deus sobre vós? R – Sim, e dai?

3. – Por que escolhestes o quarto do Sr. V..., e não um outro? R – Porque isso me agrada.

4. – Ficareis ali muito tempo? R – Tanto quanto me sentir bem.

5. – Então não tendes a intenção de melhorar? R – Veremos, eu tenho tempo.

6. – Estais contrariado porque vos chamamos? R – Sim.

7. – Que fazíeis quando vos chamamos? R – Estava no bar.

DEZEMBRO DE 1859

8. – Então bebíeis? R – Que tolice! Como posso beber?

9. – Então o que queríeis dizer falando do vendedor de vinho? R – Quis dizer o que disse.

10. – Quando vivo, maltratáveis os vossos cavalos? R – Sois da polícia municipal?

11. – Quereis que oremos por vós? R – E faríeis isto?

12. – Certamente. Nós oramos por todos aqueles que sofrem, porque temos piedade dos infelizes e sabemos que a misericórdia de Deus é grande. R – Oh! muito. Sois, assim mesmo, uns zinhos direitos. Eu queria poder vos dar um aperto de mão. Procurarei merecê-lo. Obrigado[1].

Observação: Esta palestra confirma o que a experiência já provou muitas vezes, relativamente à influência que podem os homens exercer sobre os Espíritos, e por meio da qual contribuem para a sua melhora. Mostra a influência da prece.

Assim, essa natureza bruta e quase selvagem encontra-se como que subjugada pelo pensamento do interesse que se pode ter por ele. Temos numerosos exemplos de criminosos que vieram espontaneamente comunicar-se a médiuns que haviam orado por eles, testemunhando-nos assim o seu arrependimento.

Às observações acima juntaremos as considerações que seguem, relativas à evocação de Espíritos inferiores.

Temos visto médiuns, justamente ciosos de conservar suas boas relações de além-túmulo, recusar-se a servir de intérpretes dos Espíritos inferiores que podem ser chamados. É de sua parte uma suscetibilidade mal entendida. Pelo fato de evocarmos um Espírito vulgar, e mesmo mau, não ficaremos sob a dependência deste. Longe disso, e ao contrário, nós é que o dominaremos: não é ele que vem impor-se, contra a nossa vontade como nas obsessões; somos nós que nos impomos; ele não ordena, obedece, nós somos o seu juiz e não a sua presa. Além disso, podemos ser-lhes úteis por nossos conselhos e por nossas preces e eles nos ficam reconhecidos pelo interesse que lhes demonstramos. Estender a mão em socorro é praticar uma boa ação; recusá-la é falta de caridade; ainda mais, é orgulho e egoísmo. Esses seres inferiores, aliás, são para nós um grande ensinamento. Foi por seu intermédio que pudemos conhecer as camadas inferiores do mundo Espírita e a sorte que aguarda aqueles que aqui fazem mau emprego de sua vida.

---

[1] A expressão "zinhos" é empregada no texto francês, onde se lê: *"vous êtes de bons zigues tout de même"*, zigue e zinho são equivalentes.(N. do R.)

Notemos, além do mais, que é quase sempre tremendo que eles vêm às reuniões sérias, onde dominam os bons Espíritos; ficam envergonhados e se mantêm à distância, ouvindo a fim de instruir-se. Muitas vezes vêm com esse objetivo, sem terem sido chamados.

Por que, pois, recusaríamos ouvi-los, quando muitas vezes seu arrependimento e seu sofrimento constituem motivo de edificação ou, pelo menos, de instrução?

Nada há que temer dessas comunicações, desde que visem o bem. Que seria dos pobres feridos se os médicos se recusassem tocar em suas chagas?

BOLETIM DA SOCIEDADE PARISIENSE DE ESTUDOS ESPÍRITAS

(SEXTA-FEIRA, 30 DE SETEMBRO DE 1859. SESSÃO GERAL)

Leitura da ata da sessão de 23 de setembro.

Apresentação do Sr. S..., negociante, Cavaleiro da Legião de Honra, como membro efetivo. Adiamento da admissão para a próxima sessão particular.

Comunicações diversas: 1. – Leitura de uma comunicação espontânea dada ao Sr. R... pelo Espírito do Dr. Olivier.

Esta comunicação é notável sob dois pontos de vista: o melhoramento moral do Espírito que, cada vez mais, reconhece o erro, suas opiniões terrenas e agora compreende sua posição; em segundo lugar, o fato de sua próxima reencarnação, cujos efeitos começa a sentir por um princípio de perturbação, o que confirma a teoria que foi dada sobre a maneira pela qual se opera tal fenômeno, e a fase que precede a reencarnação propriamente dita. Essa perturbação, consequência do laço fluídico que começa a estabelecer-se entre o Espírito e o corpo que deve ser por este animado, torna a comunicação mais difícil do que em seu estado de completa liberdade. O médium escreve com mais lentidão e sente a mão pesada; as ideias do Espírito são menos lúcidas. Esta perturbação, que vai sempre aumentando, da concepção ao nascimento, é completa ao aproximar-se este último momento; e não se dissipa senão gradualmente, algum tempo depois.

Será publicada com as outras comunicações do mesmo Espírito.

2. – História da manifestação física espontânea ocorrida ultima-

mente em Paris, numa casa do bairro de Saint-Germain, e relatada pelo Sr. A... Um piano se fazia ouvir durante vários dias seguidos sem que ninguém o tocasse. Todas as precauções tinham sido tomadas para assegurar-se de que o fato não era devido a nenhuma causa acidental.

Interrogado a respeito, um sacerdote achou que devia ser uma alma penada reclamando assistência e com vontade de comunicar-se.

3. – Assassínio cometido por um menino de sete anos e meio, com premeditação e todas as circunstâncias agravantes. Relatado por vários jornais, prova o fato que nesse menino o instinto assassino inato não pôde ser desenvolvido nem pela educação, nem pelo meio em que se encontra, não podendo assim explicar-se senão por um estado anterior à existência atual.

Interrogado a respeito, respondeu São Luís que o Espírito do menino está quase no início do período humano; não tem mais que duas encarnações na Terra; antes de sua existência atual pertencia às tribos mais atrasadas das ilhas marítimas. Quis nascer num mundo mais adiantado, na esperança de progresso.

À pergunta de saber se a educação poderia modificar essa natureza, respondeu São Luís: "É difícil, mas possível. Seria preciso tomar grandes precauções, cercá-lo de boas influências, desenvolver a sua razão, mas é de temer que se fizesse exatamente o contrário".

4. – Leitura de um trabalho em versos, escrito por uma jovem que começa a trabalhar como médium mecânica. Reconheceu-se que os versos não eram inéditos e eram da autoria de poeta morto há alguns anos. O estado de instrução da médium, que escreveu um grande número de poesias desse gênero, não permite supor seja realmente um produto de sua memória. Daí deve-se concluir que o Espírito que se manifestou trouxe, ele mesmo, essas produções já feitas e que são estranhas à médium.

Vários fatos análogos provam que isto é possível e, entre outros, o de um médium da Sociedade ao qual um Espírito ditou uma passagem escrita pelo Sr. Allan Kardec e que ele não tinha ainda mostrado a ninguém.

Estudos: 1. – Evocação do negro que serviu de alimento aos seus companheiros no naufrágio do navio Le Constant.

2. – Perguntas diversas e problemas morais dirigidos a São Luís

sobre o fato precedente. A respeito estabeleceu-se uma discussão entre vários membros da Sociedade.

3. – Três comunicações espontâneas foram obtidas simultaneamente, através de três médiuns diferentes: a primeira, pelo Sr. R..., assinada por São Vicente de Paulo; a segunda, pelo Sr. Ch..., assinada Privat d'Anglemont e a terceira, pela Srta. H..., assinada por Carlos IX.

4. – Perguntas diversas dirigidas a Carlos IX. Ele promete escrever a história de seu reinado, a exemplo de Luís XI.

(Essas diversas comunicações são publicadas).

(SEXTA-FEIRA, 7 DE OUTUBRO DE 1859. SESSÃO PARTICULAR)

Leitura da ata dos trabalhos da sessão de 30 de setembro.

Apresentação e admissões – Srta. S... e Conde de R..., oficial de marinha, propostos como candidatos apresentados na qualidade de membros efetivos.

Admissão dos cinco candidatos apresentados na sessão de 23 de setembro e da Srta. S...

O senhor presidente observou, a respeito dos novos membros apresentados, que para a Sociedade é muito importante assegurar-se das suas disposições. Não basta, diz ele, que sejam partidários do Espiritismo em geral; é necessário que concordem com a sua maneira de ver. A homogeneidade de princípios é condição sem a qual uma sociedade qualquer não poderia ter vitalidade. É, pois, necessário conhecer a opinião dos candidatos, a fim de que não sejam introduzidos elementos de discussões ociosas, que acarretam perda de tempo e poderiam degenerar em dissensões.

A Sociedade não visa de modo algum ao aumento indefinido de seus membros. Antes de mais nada, objetiva ela prosseguir seus trabalhos com calma e recolhimento. Por isso deve evitar tudo o que possa perturbá-la.

Sendo seu objetivo o estudo da Ciência, é evidente que cada um é perfeitamente livre para discutir os pontos controvertidos e emitir sua opinião pessoal. Outra coisa, porém, é dar conselho ou chegar com ideias sistemáticas e preconcebidas, em oposição às bases fundamentais.

Nós nos reunimos para o estudo e a observação e não para transformar nossas sessões numa arena de controvérsias. Aliás, em relação a esses pontos devemos reportar-nos aos conselhos que nos foram dados, em múltiplas circunstâncias pelos Espíritos que nos assistem e que incessantemente nos recomendam a união como condição essencial para atingir o objetivo que nos propomos e obter o seu concurso. A união faz a força, dizem-nos eles. Sede, pois, unidos se quiserdes ser fortes. Do contrário arriscai-vos a atrair os Espíritos levianos, que vos enganarão. É por isso que nunca seria demasiada a atenção dispensada aos elementos que introduzimos em nosso meio.

Designação de três novos comissários para as três próximas sessões gerais.

Comunicações diversas: 1. – O Sr. Tug.. transmite uma nota sobre um fato curioso de manifestação física, contado pela Sra. Ida Pfeiffer no relato de sua viagem a Java.

2. – O Sr. Pêch... relata o fato de uma comunicação espontânea, ocorrida com ele, do Espírito de uma mulher que em vida era lavadeira e tinha o pior caráter. Como Espírito seus sentimentos não mudaram e ela continua a mostrar uma maldade verdadeiramente cínica. Entretanto os sábios conselhos do médium parece que exercem sobre ela uma influência benéfica: suas ideias modificam-se sensivelmente.

3. – O Sr. R... apresenta uma folha na qual obteve a escrita direta, produzida à noite, em sua casa, espontaneamente, depois de em vão tê-la solicitado durante o dia. Aliás, a folha contém apenas duas palavras: *Deus, Fénelon.*

Estudos: 1 – Evocação da Sra. Ida Pfeiffer, célebre viajante.

2. – Os três cegos, parábola de São Lucas, dada em comunicação espontânea.

3. – O. Sr. L. G. escreve de São Petersburgo que é médium intuitivo e pede à Sociedade o obséquio de obter de um Espírito superior alguns conselhos a seu respeito, a fim de esclarecê-lo sobre a natureza e extensão de sua faculdade, para que possa dirigir-se de acordo com os mesmos. Um Espírito dá espontaneamente, e sem perguntas prévias, os conselhos que deverão ser transmitidos ao Sr. G.

O senhor presidente avisa que, a pedido de vários membros que moram muito longe, as sessões começarão de ora em diante às oito horas, a fim de que sejam terminadas mais cedo.

(SEXTA-FEIRA, 14 DE OUTUBRO. SESSÃO GERAL)

Leitura da ata dos trabalhos da sessão de 7 de outubro.

Apresentações: O Sr. A..., livreiro e o Sr. De la R..., proprietário, são apresentados como membros efetivos. Adiamento para a próxima sessão particular.

O Sr. J..., fiscal de rendas no departamento do Alto Reno é apresentado e admitido como membro correspondente.

Comunicações diversas: 1. – O Sr. Col... comunica um extrato da obra intitulada *Ciel et Terre*, do Sr. Jean Raynaud, onde o autor emite ideias inteiramente de acordo com a Doutrina Espírita e com o que ultimamente disse o Espírito sobre o futuro papel da França.

2. – O conde de R... informa de uma comunicação espontânea de Savonarola, monge dominicano, obtida numa sessão particular. Essa comunicação é notável porque esse personagem, embora desconhecido dos assistentes, indicou com precisão a data de sua morte, ocorrida em 1498, a sua idade e os seus suplícios. Admite-se que poderia ser instrutiva a evocação desse Espírito.

3. – Explicação dada por um Espírito sobre o papel dos médiuns, ao Sr. P..., antigo reitor da Academia e também médium. Para comunicar-se entre si, os Espíritos não necessitam da palavra: basta-lhes o pensamento. Quando querem comunicar-se aos homens, devem traduzir seu pensamento em sinais humanos, isto é, em palavras. Tiram essas palavras do vocabulário do médium de que se servem, de certo modo como de um dicionário. Por isso é mais fácil ao Espírito exprimir-se na língua familiar do médium, posto que possa fazê-lo numa língua que este não conheça. Mas então o trabalho é mais difícil; por isso o evita quando não é necessário.

O Sr. P... acha nessa teoria a explicação de vários fatos que lhe são pessoais e relativos a comunicações que lhe foram dadas por diversos Espíritos em latim e em grego.

4. – O fato relatado pelo mesmo, de um Espírito que assiste ao enterro de seu próprio corpo e que, não se julgando morto, não pensava que o enterro lhe dissesse respeito. Dizia ele: "Não fui eu quem morreu". Depois, quando viu os parentes, acrescentou: "Começo a pensar que talvez você tenha razão, e que é bem possível que eu não seja mais deste mundo, mas isto me é indiferente".

5. – O Sr. S... comunica um fato notável de advertência de além-túmulo, referido pela *Patrie*, de 16 de dezembro de 1858.

6. – Carta do Sr. Bl... de La... que, segundo leu na *Revue* sobre o fenômeno do desprendimento da alma durante o sono, pergunta se a Sociedade teria a bondade de evocá-lo um dia, juntamente com sua filha, que perdeu há dois anos, a fim de, como Espírito, ter com ela uma palestra que ainda não conseguiu como médium.

Estudos: 1. – Evocação de Savonarola, proposta pelo conde de R...

2. – Evocação simultânea por dois médiuns diferentes, do Sr. Bl... de La... (vivo) e de sua filha morta há dois anos. Palestra do pai com a filha.

3. – Duas comunicações espontâneas são obtidas simultanea-mente, a primeira de São Luís, pelo Sr. L.... e a segunda da Srta. Clary, por seu irmão.

(SEXTA-FEIRA, 21 DE OUTUBRO DE 1859. SESSÃO PARTICULAR)

Leitura da ata dos trabalhos da sessão de 14 de outubro

Apresentações e admissões: O Sr. Lem..., negociante, e o Sr. Pâq..., doutor em direito, foram apresentados como membros efeti-vos. A Srta. H... foi apresentada como membro honorário, à vista do concurso dado à sociedade como médium, e que promete dar ainda para o futuro.

Admissão dos dois candidatos apresentados na sessão 14 de ou-tubro e da Srta. H...

O Sr. S... propõe que no futuro as pessoas que desejarem fazer parte da Sociedade o solicitem por escrito e que lhes seja enviado um exemplar do regulamento.

Leitura de uma carta do Sr. Th.... que faz proposição análoga, motivada pela necessidade de se admitirem na Sociedade apenas pes-soas já iniciadas no objetivo de seus trabalhos e que professem os mes-mos princípios. Pensa que um pedido feito por escrito e com assinatura de dois apresentantes é uma garantia maior das intenções sérias do candidato, que um simples pedido verbal.

Essa proposição foi adotada por unanimidade em seus termos,

que são os seguintes: *toda pessoa que desejar fazer parte da* Sociedade Parisiense de Estudos Espíritas *deverá fazer o pedido por escrito ao presidente. Esse pedido deverá ser assinado por dois apresentantes e relatar: 1 – que o postulante tomou conhecimento do regulamento e se compromete a observá-lo; 2. – as obras lidas sobre Espiritismo e sua adesão aos princípios da Sociedade, que são os de* O Livro dos Espíritos.

O senhor Presidente assinala a conduta pouco conveniente de dois assistentes admitidos na última sessão geral, os quais perturbaram a tranquilidade dos vizinhos, por sua conversação e por palavras fora de propósito. A respeito, lembra os artigos do regulamento, relativos aos ouvintes e novamente convida os senhores membros da Sociedade a uma excessiva reserva na escolha das pessoas às quais dão cartões de ingresso e, sobretudo, que se abstenham de modo absoluto de dar tais cartões a todo aquele que seja atraído por simples curiosidade e também aos que, não tendo nenhuma noção prévia do Espiritismo, sejam por isto mesmo impossibilitados de compreender aquilo que se faz na Sociedade. As sessões da Sociedade não são um espetáculo, devem ser assistidas com recolhimento. Aqueles que só buscam distrações não devem vir procurá-las numa reunião séria.

O Sr. Th... propõe a nomeação de uma comissão de dois membros, encarregada de examinar a questão das entradas concedidas às pessoas estranhas e propor as medidas necessárias a fim de evitar a repetição de abusos. São designados os Srs. Th... e Col... para a constituição dessa comissão.

Estudos: 1. – Problemas morais e perguntas diversas dirigidas a São Luís.

2. – O Sr. R... propõe a evocação de seu pai, por considerações de utilidade geral e não particulares, presumindo que disto possam advir ensinamentos.

Interrogado sobre a possibilidade dessa evocação, responde São Luís: "vós podereis fazê-lo perfeitamente. Entretanto eu observaria, meus amigos, que essa evocação requer uma grande tranquilidade de espírito. Esta noite discutistes longamente negócios administrativos. Julgo que seria bom adiá-la para outra sessão, visto como pode ser muito instrutiva".

3. – O Sr. Leid... propõe a evocação de um de seus amigos que foi padre. Interrogado, responde São Luís: "Não, porque para começar, o tempo é escasso; em segundo, como Presidente espiritual da Sociedade, eu não vejo nenhum motivo de instrução. Seria preferível esta evocação na intimidade".

O Sr. S... pede que se mencione na ata o título de *Presidente espiritual*, que São Luís aceitou de bom grado.

(SEXTA-FEIRA, 28 DE OUTUBRO DE 1859. SESSÃO GERAL)

Leitura da ata dos trabalhos da sessão de 21 de outubro.

Apresentação de cinco novos candidatos, como membros efetivos: o Sr. N..., negociante em Paris; a Sra. Emilie N..., esposa do precedente; Sra. Viúva G..., de Paris; Srta. De P..., de Estocolmo; Sra. De L..., de Estocolmo.

Leitura dos artigos do regimento, relativos aos ouvintes e de uma notícia para instrução das pessoas estranhas à Sociedade, a fim de que as mesmas não se equivoquem quanto ao objetivo dos trabalhos.

Comunicações: 1. – Leitura de um artigo do Sr. Oscar Comettant sobre o mundo dos Espíritos, publicado no *Le Siècle* de 27 de outubro. Refutação de certas passagens desse artigo.

2. – Leitura de um artigo de um novo jornal intitulado *Girouette*, publicado em Saint-Étienne. O artigo é escrito de forma benevolente para com o Espiritismo.

3. – Oferta de quatro poemas do Sr. De Porry, de Marselha, autor de *Uranie*, do qual foram lidos alguns fragmentos; são eles *La Captive Chrétienne, Les Bohémiens, Poltawa, Le Prisonnier du Caucase*.

Foram enviados agradecimentos ao Sr. de Porry. As obras serão depositadas na biblioteca da Sociedade.

4. – Leitura de uma carta do Sr. Det..., membro efetivo, contendo diversas observações sobre o papel dos médiuns, a propósito da teoria exposta na sessão de 14 de outubro, e segundo a qual o Espírito retiraria suas palavras do vocabulário do médium. Ele combate tal teoria, pelo menos do ponto de vista absoluto, por fatos que a contradizem. Solicita que a questão seja examinada cuidadosamente. Ela será revista na ordem do dia.

5. – Leitura de um artigo da *Revue Française* do mês de abril de 1858, pág. 416, onde é relatada uma conversa de Béranger, da qual resulta que em vida suas opiniões eram favoráveis às ideias espíritas.

6. – O senhor Presidente transmite à Sociedade a despedida da Sra. Br..., membro titular que partiu para Havana.

Estudos: 1. – Propõe a evocação da Sra. Br..., que partiu para Havana, e que no momento se encontra no mar, a fim de obter as suas próprias notícias.

Interrogado a respeito, responde São Luís: seu Espírito está muito preocupado esta noite porque o vento sopra com violência (era na ocasião de grandes tempestades noticiadas pelos jornais) e o instinto de conservação toma-lhe todo o pensamento. No momento o perigo não é grande. Mas não poderá tornar-se grande? Só Deus o sabe.

2. – Evocação do pai do Sr. R..., proposta na sessão de 21 de outubro. Resultaria dessa evocação que o cavalheiro R..., seu tio, do qual não há notícias há cinquenta anos, não estaria morto: habitaria uma ilha da Oceania Meridional, onde estaria identificado com os costumes de seus habitantes e de onde não teve possibilidade de dar notícias. Será publicada.

3. – Evocação do Rei de Kanala, Nova Caledônia, morto a 24 de maio de 1858. Essa evocação revela que é um Espírito de relativa superioridade, apresentando a característica notável de uma grande dificuldade de escrever, apesar da aptidão do médium. Anuncia que com o hábito escreverá mais facilmente, o que é confirmado por São Luís.

4. – Evocação de *Mercure Jean*, aventureiro, que apareceu em Lyon em 1478 e foi apresentado a Luís XI. Ele fornece esclarecimentos sobre as faculdades sobrenaturais de que o supunham dotado e dá indicações curiosas sobre o mundo que atualmente habita. Será publicada.

(SEXTA-FEIRA, 4 DE NOVEMBRO DE 1859. SESSÃO PARTICULAR)

Leitura da ata dos trabalhos da sessão de 28 de outubro.

Admissão de sete candidatos apresentados nas duas sessões precedentes.

Projeto apresentado pela comissão encarregada de estudar as medidas a serem tomadas para admissão de assistentes.

DEZEMBRO DE 1859

Depois de uma discussão em que participam vários membros, é resolvido que a proposição seja adiada e que provisoriamente se obedeça às disposições do regulamento; os senhores membros são convidados a uma rigorosa obediência aos dispositivos que regulam a admissão dos ouvintes e a abster-se de modo absoluto de dar cartas de ingresso a quem quer que tenha em vista apenas a curiosidade e não possua nenhuma noção própria da Ciência Espírita.

A Sociedade adota, então, as duas seguintes medidas:

1. – *Os assistentes não serão admitidos às sessões depois das oito horas e um quarto; os cartões de ingresso mencionarão isto.*

2. – *Todos os anos, na renovação do ano social, os membros honorários serão submetidos a novo voto de admissão, a fim de serem eliminados os que não mais estiverem nas condições requeridas, e que a Sociedade julgar não dever manter.*

O Senhor Administrador tesoureiro da Sociedade apresenta o balanço semestral de primeiro de abril a primeiro de outubro, assim como os comprovantes das despesas. Vê-se do balanço que a Sociedade tem um saldo suficiente para fazer face às suas necessidades. A Sociedade aprova as contas do tesoureiro e lhe dá quitação.

Comunicações diversas: Carta do Sr. Bl... de La... em resposta à remessa da evocação de sua filha e da sua própria. Ele constata um fato, que confirma uma das circunstâncias da evocação.

Carta do Sr. Dumas, de Sétif, na Argélia, membro efetivo, remetendo à Sociedade um certo número de comunicações por ele obtidas.

Estudos: 1. – O Sr. P.., e o Sr. R... chamam a atenção para uma nova versão do naufrágio do navio *Le Constant*, publicada no *Le Siècle*. Vê-se por aí que o negro morto para ser comido não se teria oferecido voluntariamente, como consta do primeiro relato. Assim, haveria uma contradição com as palavras do Espírito do negro. O Sr. Col... não vê contradição, pois o mérito atribuído ao negro foi constatado por São Luís, e o negro nem mesmo disto se prevaleceu.

2. – Exame de uma pergunta proposta pelo Sr. Les... sobre o espanto dos Espíritos depois da morte. Pensa ele que, já tendo vivido no estado de Espírito, o Espírito não devia espantar-se. É-lhe respondido: esse espanto é apenas temporário; depende do estado de perturbação que se segue à morte; cessa à medida que o Espírito se desprende da matéria e recupera suas faculdades de Espírito.

424 REVISTA ESPÍRITA

3. – Pergunta sobre os sonâmbulos lúcidos, que confundem os Espíritos com os seres corporais. O fato é confirmado e explicado por São Luís.

4. – Evocação de Urbain Grandier. Como as respostas são muito lacônicas, por causa da falta de hábito do médium, o Espírito disse que seria mais explícito através de outro intérprete. Por isso a evocação foi transferida para outra sessão.

(SEXTA-FEIRA, 11 DE NOVEMBRO DE 1859. SESSÃO GERAL)[1]

Leitura da ata.

Apresentação do Sr. Pierre D... , escultor em Paris, como membro efetivo.

Comunicações diversas: 1. – Carta do Sr. T..., contendo fatos muito interessantes de manifestações visuais e verbais, que confirmam o estado de certos Espíritos que duvidam de sua morte. Um dos casos referidos oferece a particularidade de que o Espírito em questão permanecia nessa ilusão ainda mais de três meses após a morte. Essa descrição será publicada.

2. – Fatos curiosos de precisão referidos pelo Sr. Van Br..., de Haya, de caráter pessoal. Jamais tinha ele ouvido falar dos Espíritos e de sua comunicação quando, por acaso e inopinadamente, foi conduzido a uma sessão espírita em Dordrecht. As comunicações obtidas em sua presença o surpreenderam tanto mais quanto ele era estranho àquela cidade e desconhecido dos membros da reunião.

Disseram-lhe sobre a sua pessoa, sua posição e sua família uma porção de particularidades de que só ele tinha conhecimento.

Tendo evocado sua mãe e lhe perguntado, como prova de identidade, se ela havia tido vários filhos, ela respondeu: "Não sabes, meu filho, que eu tive onze filhos"? E o Espírito designou a todos por seus prenomes e pelas datas do nascimento.

Desde então esse senhor é um adepto fervoroso; e sua filha, uma jovem de quatorze anos, tornou-se um bom médium, mas sua mediunidade apresenta particularidades bizarras. A maior parte do tempo escreve às avessas, de modo que para ler-se o que recebe é preciso pôr as folhas

---

[1] No original lê-se 11 de novembro de 1854, visível engano tipográfico. Nesse ano não existia ainda a Sociedade Parisiense de Estudos Espíritas. (N. do T.)

diante de um espelho. Muitas vezes, também, a mesa de que se serve para escrever inclina-se diante dela como uma carteira e fica nessa posição equilibrada e sem calços até que ela acabe de escrever.

O Sr. Van Br... relata outro fato curioso de precisão por um Espírito que se lhe comunica espontaneamente, com o nome Dirkse Lammers e que se enforcou no próprio local onde dava sua comunicação, em circunstâncias cuja exatidão foi verificada.

Esse relato será publicado, bem como a evocação dele decorrente.

Estudos: 1. – Exame da pergunta feita pelo Sr. Det... sobre a fonte em que os Espíritos buscam seu vocabulário.

2. – Pergunta sobre a obsessão de certos médiuns.

3. – Evocação de Michel François, o ferreiro que fez uma revelação a Luís XIV.

4. – Evocação de Dirkse Lammers, cuja história foi contada anteriormente.

5. – Três comunicações espontâneas foram obtidas simultaneamente: a primeira pelo Sr. R..., assinada por Lammenais, a segunda pelo Sr. D... Filho: o Menino e o Regato, parábola assinada por São Basílio; a terceira pela Srta. L. J..., assinada por Orígenes.

6. – A Srta. J..., médium desenhista, traça espontaneamente um grupo admirável, assinado pelo Espírito de Lebrun.

Todas as perguntas e comunicações acima serão publicadas.

(SEXTA-FEIRA, 18 DE NOVEMBRO DE 1859. SESSÃO PARTICULAR)

Leitura da ata.

Admissão do Sr. Pierre D..., apresentado na última sessão.

Comunicações diversas: 1. – Leitura de uma comunicação espontânea obtida pelo Sr. P..., membro da Sociedade, ditada pelo Espírito de sua filha.

2. – Detalhes sobre a Srta. Désiré Godu, residente em Hennebont, Morbihan, dotada de notável faculdade mediadora. Ela passou por todas as fases da mediunidade. A princípio teve as mais extraordinárias manifestações físicas; depois tornou-se sucessivamente médium auditivo, falante, vidente e escrevente. Hoje todas as suas faculdades estão

426 REVISTA ESPÍRITA

concentradas na cura dos doentes, que trata a conselho dos Espíritos. Opera curas que noutros tempos seriam consideradas miraculosas.

Os Espíritos anunciam que sua faculdade se desenvolverá ainda mais: ela começa a ver as doenças internas, por efeito da segunda vista, sem estar em sonambulismo.

Sobre esse assunto admirável, daremos notícias oportunamente.

Estudos: 1. – Pergunta sobre a faculdade da Srta. Désiré Godu.

2. – Evocação de Lamettrie.

3. – Quatro comunicações espontâneas obtidas simultaneamente: a primeira pelo Sr. R..., assinada por São Vicente de Paulo; a segunda pelo Sr. Col..., assinada por Platão; a terceira pelo Sr. D... Filho, assinada por Lamennais; e a quarta pela Srta. H..., assinada por Margarida, chamada a rainha Margot.

(25 DE NOVEMBRO DE 1859. SESSÃO GERAL)

Leitura da ata.

Comunicações diversas: – O Dr. Morhéry dá de presente à Sociedade uma brochura intitulada *Système Pratique d'Organisation Agricole.* Conquanto esta obra seja sobre assunto estranho aos trabalhos da Sociedade, será levada para a biblioteca e serão mandados agradecimentos ao autor.

Carta do Sr. T..., completando informações sobre visões e aparições por ele relatadas na sessão de 11 de novembro.

Carta do Sr. Conde de R..., membro titular, ausente devido a uma indisposição, e que se põe ao dispor da Sociedade para que esta faça com ele todas as experiências que julgar convenientes, com referência à evocação de pessoas vivas.

Estudos: 1. – Evocação de *Jardin*, morto em Nevers, que havia conservado os restos de sua esposa num genuflexório.

3.[1] – Evocação do Sr. Conde de R... Essa evocação, de uma importância notável pela extensão dos desenvolvimentos dados, com uma perfeita precisão e grande clareza de ideias, lança uma grande luz sobre o estado do Espírito separado do corpo, e resolve numerosos problemas psicológicos.

---

[1] Conforme original francês não consta o número dois.

Será publicada na *Revista* de janeiro de 1860.

4. – Quatro comunicações espontâneas foram obtidas simultaneamente: a primeira de uma alma sofredora, pela Sra. B...; a segunda do Espírito de Verdade, pelo Sr. R...; a terceira de Paulo, o Apóstolo, pelo Sr. Col... (Esta comunicação está assinada em grego); a quarta pelo Sr. Did... Filho, assinada por Charlet, o pintor, e anuncia uma série de comunicações que devem formar um todo.

OS CONVULSIONÁRIOS DE SAINT-MÉDARD

(Continuação. Vide o número de novembro)

1. – (*A São Vicente de Paulo*). Na última sessão evocamos o diácono Pâris, que teve a bondade de vir. Desejaríamos ter a vossa opinião pessoal sobre ele como Espírito. R – É um Espírito cheio de boas intenções, porém mais elevado moralmente de que noutros sentidos.

2. – Na verdade, como ele o diz, é estranho ao que se fazia junto ao seu túmulo? R – Completamente.

3. – Poderíeis dizer-nos como considerais aquilo que se passava com os convulsionários? Era um bem ou um mal? R – Era antes um mal que um bem. É fácil sabermos disto pela impressão geral produzida por esses fatos sobre os contemporâneos esclarecidos e sobre os seus sucessores.

4. – A esta pergunta dirigida a Pâris: "Se a autoridade tinha mais poder que os Espíritos, porque pôs fim aos prodígios", sua resposta não nos pareceu satisfatória; que pensais? R – Ele deu uma resposta mais ou menos conforme à verdade. Os fatos eram produzidos por Espíritos pouco elevados e a autoridade pôs termo a isto interditando aos seus promotores a continuação dessa espécie de saturnais.

5. – Entre os convulsionários alguns se submetiam a torturas atrozes. Qual era o resultado disto sobre os seus Espíritos depois da morte? R – Praticamente nulo. Não havia nenhum mérito em atos sem resultado útil.

6. – Os que sofriam tais torturas pareciam insensíveis à dor. Eram simplesmente resignados ou realmente insensíveis? R – Insensibilidade completa.

7. – Qual a causa dessa insensibilidade? R – Um efeito magnético.

8. – Elevada a um certo grau, não poderia a superexcitação moral aniquilar-lhes a sensibilidade física? R – Isso acontecia nalguns deles e os predispunha a sofrer a comunicação de um estado que noutros tinha sido provocado artificialmente, pois nesses fatos estranhos um grande papel foi representado pelo charlatanismo.

9. – Desde que esses Espíritos operavam curas, prestavam um serviço. Então, como podiam ser de uma ordem inferior? R – Não vedes isso todos os dias? Não recebeis por vezes excelentes conselhos e ensinos úteis de certos Espíritos pouco elevados e até levianos? Não podem eles procurar fazer algo de bom como resultado definitivo, em consequência de um melhoramento moral?

10. – Nós vos agradecemos as explicações que tivestes a bondade de nos dar. R – Sempre vosso.

AFORISMOS ESPÍRITAS E PENSAMENTOS AVULSOS

Os bons Espíritos aprovam aquilo que acham bom, mas não fazem elogios exagerados. Estes, como tudo o que denota lisonja, são sinais de inferioridade da parte dos Espíritos.

* * *

Os bons Espíritos não lisonjeiam preconceitos de qualquer espécie, nem políticos, nem religiosos. Podem não os atacar bruscamente, porque sabem que isso aumentaria a resistência. Há, porém, uma grande diferença entre essa atitude que poderíamos chamar de precaução oratória e a aprovação absoluta dada a ideias muitas vezes as mais falsas, de que se servem os Espíritos obsessores para captar a confiança daqueles a quem querem subjugar, explorando-lhes o ponto fraco.

* * *

Há pessoas que têm uma mania singular: encontram uma ideia perfeitamente elaborada por outro; esta lhes parece boa e, sobretudo, proveitosa; dela se apropriam, dão-na como própria e acabam com a ilusão de que são realmente seus autores, chegando a declarar que lhes foi roubada.

* * *

Um dia, um homem viu fazer uma experiência de eletricidade e tentou reproduzi-la. Como não tivesse nem o conhecimento necessário, nem os instrumentos indispensáveis, a experiência falhou. Então, sem ir mais longe e sem procurar saber se a causa do insucesso poderia estar em si mesmo, declarou inexistente a eletricidade e que ia escrever para o demonstrar.

Que pensar da lógica de quem assim raciocinasse? Não se parece tal criatura ao cego que, não podendo ver, começasse a escrever contra a luz e contra a faculdade de ver?

Entretanto, é esse o raciocínio que ouvimos a propósito dos Espíritos, por um homem que passa por espirituoso. Vá lá que tenha espírito; mas capacidade julgadora é outra coisa, ele procura escrever como médium, e porque não o consegue, conclui que não existe mediunidade. Ora, na sua opinião, se a mediunidade é uma faculdade ilusória, os Espíritos só podem existir nas cabeças fracas. Que sagacidade!

Allan Kardec

Nota: Com o número do mês de janeiro de 1860 a *Revista Espírita* começará o seu terceiro ano.

ÍNDICE GERAL

Janeiro

Carta a S. A. O Príncipe G. 9
Adrien, médium vidente (2.º artigo) 16
O Duende Bayonne 20
Palestras Familiares de Além-túmulo:
   Chaudruc Duclos e Diógenes 28
Anjos da Guarda – Comunicação Espírita 32
Uma noite esquecida – conto, pelo espírito de
   Frédéric Soulié (cont.) 34
Aforismos Espíritas 38
Aviso 39

Fevereiro

Escolhos dos médiuns 41
Os agêneres 49
Meu amigo Hermann 55
Espíritos barulhentos. Como livrar-se deles 60
A Infância – Comunicação Espírita 63
Correspondência 65
Uma noite esquecida – Frédéric Soulié (conclusão) 67

Março

Estudos sobre os médiuns 73
Médiuns interesseiros 77
Fenômeno de transfiguração 79
Diatribes 83
Palestras Familiares de Além-túmulo:
   Paul Gaimard 85
Senhora Reynaud 89
Hitoti – chefe taitiano 93
Um duende 95

Plínio, o Moço – carta a Sura 97

Abril

Quadro da vida espírita 103
Fraudes espíritas 113
Problema moral – os canibais 116
A Indústria – comunicação espírita 118
Palestras Familiares de Além-túmulo:
    Benevenuto Cellini 119
    Girard de Codemberg 124
    Poitevin, o aeronauta 126
Pensamentos Poéticos – comunicação de Alfred de Musset 130
Sonâmbulos assalariados 131
Aforismos espíritas e pensamentos avulsos 133
Aviso 133

Maio

Cenas da vida particular espírita 135
Música de Além-túmulo:
    Mozart 146
    Chopin 147
Mundos Intermediários ou Transitórios 149
Ligação entre Espírito e Corpo 150
Refutação de um artigo de "L'Univers" 152
O Livro dos Espíritos entre os Selvagens 162
Aforismos espíritas e pensamentos avulsos 164

Junho

O músculo que range 167
Intervenção da Ciência no Espiritismo 177
Palestras Familiares de Além-túmulo:
    Humboldt 182
    Goethe 188
    Pai César 190
Variedades: Princesa de Rebinina 191

Julho

S.P. E. E.: Discurso de encerramento do ano social 199
Boletim da Sociedade Parisiense de Estudos Espíritas 215
Palestras Familiares de Além-túmulo:
Notícias da Guerra 216
O Zuavo de Magenta 216
Um Oficial Superior morto em Magenta 221
Resposta à réplica do Abade Chesnel 223
Variedades: Lord Castlereagh e Bernadotte 226
Que é o Espiritismo? Nova obra do Sr. Allan Kardec 229

Agosto

Mobiliário de Além-túmulo 231
Pneumatografia ou Escrita direta 240
Um Espírito serviçal 246
O Guia da Sra. Mally 250
Palestras Familiares de Além-túmulo:
Voltaire e Frederico 254
Boletim da Sociedade 257

Setembro

Processos para afastar os Maus Espíritos 263
Confissão de Voltaire 273
Palestras Familiares de Além-túmulo:
Um Oficial do Exército da Itália (2.ª palestra) 279
O General Hoche 281
Morte de um Espírita 283
O Lar de uma Família Espírita 290
Aforismos Espíritas e Pensamentos Avulsos 293

Outubro

Os Milagres 295
O Magnetismo reconhecido pelo Poder Judiciário 299
Médiuns inertes 305
Boletim da Sociedade Parisiense de Estudos Espíritas 309
Sociedade Espírita no Século XVIII 318

ÍNDICE GERAL

Palestras Familiares de Além-túmulo 320

 Pére Crépin 322

Sra. E. de Girardin, médium 322

As Mesas Volantes 325

Novembro

Devemos publicar tudo quanto os Espíritos dizem? 329

Médiuns sem o saber 332

Urânia 334

Swedenborg 350

Comunicação de Swedenborg 356

A Alma Errante 358

O Espírito e o Jurado 360

Advertências de Além-túmulo: O Oficial da Criméia 362

Os Convulsionários de Saint-Médard 365

Observações a propósito do vocábulo Milagre 368

Dezembro

Resposta ao Sr. Oscar Comettant 371

Efeitos da Prece 377

Um Espírito que não se acredita morto 383

Doutrina da Reencarnação entre os Hindus 387

Palestras Familiares de Além-túmulo:

 Sra. Ida Pfeiffer, célebre viajante 389

 Privat D'Anglemont 392

Comunicação espontânea de Privat D'Anglemont 398

Dirkse Lammers 401

Michel François 402

Comunicações espontâneas em sessões da Sociedade 404

O Menino e o Regato (Parábola) 406

Os Três Cegos 407

Comunicações estrangeiras lidas na Sociedade 408

Um antigo carreteiro 410

Boletim da Sociedade Parisiense de Estudos Espíritas 414

Os Convulsionários de Saint-Médard 427

Aforismos Espíritas e Pensamentos Avulsos 428

REVISTA ESPÍRITA

REVUE SPIRITE
Journal D'Etudes Psychologiques

Publié sous la direction de

ALLAN KARDEC

EDICEL®

Allan Kardec, de janeiro de 1858 a março de 1869, portanto durante onze anos e quatro meses de trabalho intensivo, ofereceu-nos, ao vivo, toda a História do Espiritismo, no processo de seu desenvolvimento e sua propagação no século dezenove. Podemosacompanhar nestas páginas da Revue Spirite – Journal D'Études Psychologiques, passo a passo, o esforço ao mesmo tempo grandioso e minucioso do Codificador na construção metódica da Doutrina e na estruturação do movimento espírita. A História do Espiritismo se nos apresenta, assim, como uma forma de vivência que se auto fixou na escrita. Podemos senti-la e revivê-la no registro preciso das reuniões, das pesquisas, das comunicações espirituais e dos trabalhos vários da Sociedade Parisiense de Estudos Espíritas, dos grupos familiares e dos Centros Espíritas, bem como das Sociedades estrangeiras a ela ligadas. Numerosas questões apenas afloradas nos livros da Codificação, que não podiam abranger tudo nem tudo esmiuçar, são amplamente tratadas na Revista, com todos os seus pormenores, e exaustivamente analisadas. A coleção da Revista Espírita é a mais prodigiosa fonte de instruções doutrinárias e informações sobre o Espiritismo.

DEPOIS DA MORTE
Léon Denis

Vida no além
Formato: 16x23cm
Páginas: 304

Quem de nós, em algum momento da vida, não teve a curiosidade de se perguntar qual seria seu destino após a morte do corpo físico? Existe realmente um mundo invisível para onde iremos?

O grande pensador Léon Denis responde a essas e a muitas outras perguntas relativas à vida e à morte nesta obra. Para apresentar suas conclusões, o autor retorna no tempo e pesquisa a Grécia, a Índia, o Egito, além de várias outras culturas, em busca de respostas. Aprofundando-se em temas complexos como a existência de Deus, a reencarnação e a vida moral, trata ainda dos caminhos que temos à disposição para chegarmos ao "outro mundo" com segurança e o senso de dever cumprido.

 www.boanova.net

 www.facebook.com/boanovaed

 www.instagram.com/boanovaed

 www.youtube.com/boanovaeditora

Entre em contato com nossos consultores e confira as condições
Catanduva-SP 17 3531.4444 | boanova@boanova.net

O Evangelho Segundo o Espiritismo

Autor: Allan Kardec | Tradução de J. Herculano Pires

Os Espíritos Superiores que acompanharam a elaboração das obras codificadas por Allan Kardec, assim se manifestaram a respeito de O Evangelho Segundo o Espiritismo: "Este livro de doutrina terá influência considerável, porque explana questões de interesse capital. Não somente o mundo religioso encontrará nele as máximas de que necessita, como as nações, em sua vida prática, dele haurirão instruções excelentes". Conforme palavras do Codificador "as instruções dos Espíritos são verdadeiramente as vozes do Céu que vêm esclarecer os homens e convidá-los à prática do Evangelho".

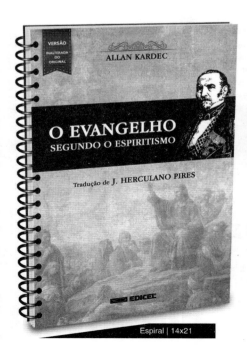

Espiral | 14x21

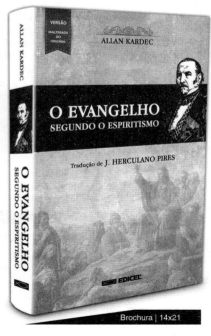

Brochura | 14x21

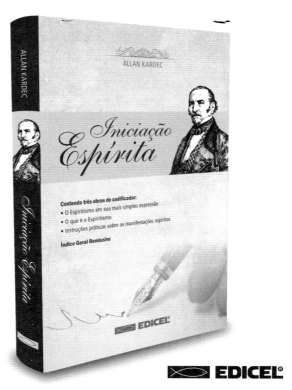

INICIAÇÃO ESPÍRITA
Allan Kardec | Apresentação e notas de J. Herculano Pires

Doutrinário | 14x21 cm | 368 páginas

Evite o desastre moral e espiritual estudando a doutrina na fonte, com o respeito e a humildade de quem compreende que está lidando com a mais elevada sabedoria já concedida à espécie humana. Espiritismo quer dizer SABEDORIA DOS ESPÍRITOS SUPERIORES. É a Ciência do Espírito que se desdobra em Filosofia e Religião. Pense bem nisto: se a Ciência dos homens e as religiões feitas pelos homens exigem anos de estudo, como se pode querer adquirir a Sabedoria dos Espíritos de uma hora para outra?

——————— ADQUIRA JÁ O SEU ———————

CATANDUVA SP - 17 3531.4444 | www.boanova.net | boanova@boanova.net

JOANA D'ARC MÉDIUM

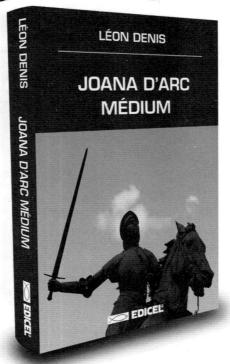

Léon Denis | Tradução: Guillon Ribeiro
Biografia | 16x23 cm | 288 páginas

Em qualquer obra na qual constem nomes de mulheres que mudaram a História, com certeza Joana d'Arc estará entre eles. Camponesa de família humilde, ela tinha visões e ouvia vozes, sen dotada de ostensiva mediunidade. Neste livro, a vida dessa notável médium é estudada em detalhes. Aos poucos, a cada página, o leitor vai entender e desmistificar fatos que foram tratados como bruxaria, tendo culminado com Joana na fogueira. Uma história empolgante, escrita de forma didática por Léos Deniz, uma das maiores autoridades no assunto.

Entre em contato com nossos consultores e confira as condições
Catanduva-SP 17 3531.4444 | boanova@boanova.net

NO INVISÍVEL
Léon Denis

Filosófico
Formato: 16x23cm
Páginas: 464

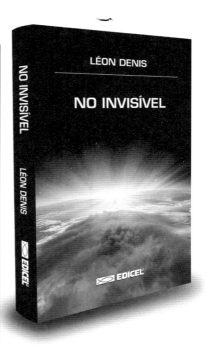

A mediunidade, desde épocas imemoriais, tem se mostrado um componente sempre presente na experiência humana. Sua manifestação, cada vez mais, ajuda o homem a compreender seu lugar no universo e a buscar respostas sobre o chamado mundo invisível, aquele que nos aguarda após a experiência física. Léon Denis, um dos autores clássicos do Espiritismo, utiliza a presente obra para tratar de questões relacionadas ao Espiritismo experimental, à mediunidade, a aparições de espíritos, além de muitos outros temas que despertam o interesse daqueles que querem estudar e entender as experiências mediúnicas.

 www.boanova.net

 www.facebook.com/boanovaed

 www.instagram.com/boanovaed

 www.youtube.com/boanovaeditora

Entre em contato com nossos consultores e confira as condições
Catanduva-SP 17 3531.4444 | boanova@boanova.net

Levamos o livro espírita cada vez mais longe!

 Av. Porto Ferreira, 1031 | Parque Iracema
CEP 15809-020 | Catanduva-SP

 www.**boanova**.net

 boanova@boanova.net

 17 3531.4444

 17 99257.5523

Siga-nos em nossas redes sociais.

@boanovaed

boanovaeditora

CURTA, COMENTE, COMPARTILHE E SALVE.
utilize #boanovaeditora

Acesse nossa loja   Fale pelo whatsapp